海外中国
研究丛书

刘 东 主编

[美] 韩书瑞 著

陈仲丹 译

千年末世之乱

1813年八卦教起义

MILLENARIAN REBELLION IN CHINA

The Eight Trigrams Uprising of 1813

江苏人民出版社

图书在版编目(CIP)数据

千年末世之乱:1813年八卦教起义/[美]韩书瑞著;陈仲丹译.
—南京:江苏人民出版社,2011.3(2021.5重印)
(海外中国研究丛书/刘东主编)
ISBN 978-7-214-06836-1

Ⅰ.①千⋯ Ⅱ.①韩⋯②陈⋯ Ⅲ.①白莲教起义—
研究—中国—1813 Ⅳ.①K249.305

中国版本图书馆CIP数据核字(2011)第027811号

Millenarian Rebellion in China：The Eight Trigrams Uprising of 1813
Copyright ©️ 1987 by Yale University
Published by arrangement with Yale University Press
Simplified Chinese translation copyright ©️ 2010 by Jiangsu People's Publishing House
All rights reserved
江苏省版权局著作权合同登记:图字10-2006-329

书　　　名	千年末世之乱:1813年八卦教起义	
著　　　者	[美]韩书瑞	
译　　　者	陈仲丹	
责 任 编 辑	张晓薇	
装 帧 设 计	陈　婕	
责 任 监 制	王　娟	
出 版 发 行	江苏人民出版社	
地　　　址	南京市湖南路1号A楼,邮编:210009	
网　　　址	http://www.jspph.com	
照　　　排	江苏凤凰制版有限公司	
印　　　刷	江苏凤凰扬州鑫华印刷有限公司	
开　　　本	652毫米×960毫米　1/16	
印　　　张	21.75　插页4	
字　　　数	300千字	
版　　　次	2012年1月第1版	
印　　　次	2021年5月第4次印刷	
标 准 书 号	ISBN 978-7-214-06836-1	
定　　　价	65.00元	

(江苏人民出版社图书凡印装错误可向承印厂调换)

序 "海外中国研究丛书"

中国曾经遗忘过世界,但世界却并未因此而遗忘中国。令人嗟讶的是,20世纪60年代以后,就在中国越来越闭锁的同时,世界各国的中国研究却得到了越来越富于成果的发展。而到了中国门户重开的今天,这种发展就把国内学界逼到了如此的窘境:我们不仅必须放眼海外去认识世界,还必须放眼海外来重新认识中国;不仅必须向国内读者迻译海外的西学,还必须向他们系统地介绍海外的中学。

这个系列不可避免地会加深我们150年以来一直怀有的危机感和失落感,因为单是它的学术水准也足以提醒我们,中国文明在现时代所面对的绝不再是某个粗蛮不文的、很快就将被自己同化的、马背上的战胜者,而是一个高度发展了的、必将对自己的根本价值取向大大触动的文明。可正因为这样,借别人的眼光去获得自知之明,又正是摆在我们面前的紧迫历史使命,因为只要不跳出自家的文化圈子去透过强烈的反差反观自身,中华文明就找不到进入其现代形态的入口。

　　当然,既是本着这样的目的,我们就不能只从各家学说中筛选那些我们可以或者乐于接受的东西,否则我们的"筛子"本身就可能使读者失去选择、挑剔和批判的广阔天地。我们的译介毕竟还只是初步的尝试,而我们所努力去做的,毕竟也只是和读者一起去反复思索这些奉献给大家的东西。

　　　　　　　　　　　　　　　刘　东

目　录

1

译者的话

    本书是美国学者韩书瑞根据她的博士论文修订充实而成的,原书出版于1976年。当年韩女士是一个刚获得博士学位不久的青年学子,而现在她已渐近老年,在"耳顺"和"古稀"之间游移。真是岁月无情,虽没有白驹过隙般迅疾但也流逝得不慢,然而可幸的是韩女士一向惜时如金,嗜学深思,勤于著述,已写出好几本厚重的中国学研究专著,全都在美国有名的大学出版社出版,算得上是成果斐然。若说句褒扬的话,她的光阴没有虚度,实现了人生的价值。

    韩女士的著作不少,不过要是排起队来本书有资格当排头兵。一则出版最早,万事靡不有初,这第一的头衔是免不了的;二则本书的蓝本是她的博士论文,对博士论文作者总是会精雕细琢,其中当耗费了她不少心血,说是代表作估计她本人也会首肯。正因为如此,韩女士希望本书能有机会译成中文,在中国的学者、读者中流传。她对我从事这一译事颇为关心。我所用的翻译底本就是她寄来的,在书的扉页还附有签条,感谢我做这件事。受到这一远在万里之外的嘱托,我也欲不辱使命,想要按时保质做好本书在不同语言间的转换。翻译进程中,隐约听到韩女士的身体欠佳,我则在遥祝她早日康复的同时加快了翻译进度，希望能以译本新书对她稍有慰藉。可喜的是，就在我即将完成译事的当下传来好消息，韩女士已战胜病魔，又可继续全身心地授徒撰述了，真是天佑良善，斯文永延。

韩书瑞是她的汉文名，英文名为 Susan Naquin。据她介绍，这一名字与法语有关，许多人在读她名字时不按法语发音，常会念错，或许她若干代前的祖先是法国人。她在上中学时曾迷上了女作家赛珍珠（Pearl S. Buck）的小说。赛珍珠是一个在华传教的美国教士的女儿，出生在中国，所写小说也多以中国为背景，其中最有名的是《大地》，1938年赛氏为此获得了诺贝尔文学奖。在读了这些小说后，韩书瑞对中国产生了兴趣，萌发了"一定要到教中文的一个大学"去读书的念头。后来她进了斯坦福大学，学习历史，其间曾获得前往台湾学中文的机会。后来她又进入耶鲁大学，师从著名史学家史景迁（Jonathan Spence），获得博士学位，而本书则是她这段求学经历的最终成果。其后，她先在宾夕法尼亚大学任教，1993年去普林斯顿大学，现任历史系教授和东亚系执行主任。

在本书的"致谢"中，韩书瑞首先感谢的是她的导师史景迁："本书即从他的帮助、敏锐洞察力和准确判断中获益良多。""他还教导我要把书写得有故事性，且还示范我如何做到这一点。"对如何"把书写得有故事性"，史景迁不愧为行家里手。他写的书尽管都是历史著作，却本本畅销，这与他擅长讲故事有很大关系。据说，史教授在耶鲁校园开中国历史公选课是一道奇景，每次都有几百上千的学生选修，连带着使得在耶鲁学历史的众多中国留学生有了当助教的机会。与乃师相比，韩女士似乎没有这样讲故事的能力，她更多的是依据丰富的史料复原历史场景，旁征博引，丝毫也不回避史学考证的精细繁缛，本书就是一例。带有这一学术风格的个人专著还有《北京：寺庙和城市生活，1400—1900年》，这是她最新的著作，出版于2000年，篇幅厚达 800 多页,研究北京寺庙与民众生活、社会变迁之间的关系,依据的史料主要是北京首都图书馆收藏的寺庙碑刻材料。

与她的导师每有著述即有中译本不同,韩教授的著作起初很少被译成中文。她对此的解释是其著作涉及的内容"太复杂",也就是专业性强,这样有兴趣翻译的人就不会多。而这种状况近来有了变化,除本书外,译者还曾翻译了她与罗友枝(Evelyn Raskwi)合著的《十八世纪中国社会》。前几年,她的《山东叛乱——1774 年王伦起义》已译成中文出版。听说《北京:寺庙和城市生活,1400—1900 年》也有人正在翻译。这样她的主要著作很快就能以全貌展现在中国读者面前,人们并没因其表面的"太复杂"而忽略其精彩的内核。

本书的中文译名为《千年末世之乱——1813 年八卦教起义》,以前有人按字面译为《中国的千禧年叛乱——1813 年八卦教起义》。译者以为"千禧年"一词多在基督教文献中使用,而在中国大众宗教中表达相近意思用的多是"末世"、"末劫"、"劫变"一类词汇。在许多民间宗教经卷中描述当时的社会是动乱不已的"劫变世界",只有救世主降临,大劫过后才能获得永恒的幸福和安宁。到清代,八卦教将这种劫变观念发展为三劫应世说,认为有青阳期、红阳期、白阳期三个劫期,此后无生老母要派弥勒佛下凡应劫,救度世人。而在基督教的教义中是以"千禧年"表示在世界末日到来前上帝国(天国)在世上统治的时期。两者之间意蕴可相比附而又有差异,在用词上显有中西之别,故而作此更动,以求回归原本的语境。

就韩书瑞教授的学术历程论,她是以宗教作为切入点研究中国的政治史和社会史,范围主要在明清时期,即西方学者所说的近代早期。本书是她学术路径的起点,在形成其学术风格上有着重要作用。译者耗费数年时光翻译此书,早晚翻阅,孜孜不弃,前后通读不下十遍,对其特点也略有所知,现归纳为以下几点:

小切口而大纵深 1813 年的八卦教起义在历史上是件不大不小

的事。说其小也不小，八卦教教首林清策划，命人分两路攻打皇宫紫禁城，弄得嘉庆皇帝大惊，下《遇变罪己诏》；说其大也不大，正史上是点到为止，除当时人写的《靖逆记》外，至今还未见有人为这次起义单写一本书。与鸦片战争、太平天国起义等大事相比，这又要算是一桩小事。本书作者竟"小"题大作，先将之作为博士论文选题，后又扩为数十万字的大书。就是将其放在中文语境的学术著作阵列中，本书也要算专而深的一类，在学术上自有其显微昭彰的追求。不过外表的切口虽小，内里却是五脏俱全。由这次起义向里深探，向前可追溯大众宗教主要是白莲教（八卦教是白莲教的一个分支）的缘起，其教义、教规、活动规律等，向四周可考察这次起事的组织特点以及官方的镇压手段等，最后还可与其他教派活动甚至其他有影响的事件进行比较。作者的视野还不止于此，她提到："因为本书的研究只是列举了白莲教组织的一个个案，所以它仅描绘了多样而变化的白莲教义内容的一部分，叙述了一次由教派领导的起义。对这一宗教的信仰的活动的进一步研究可揭示其是如何产生、发展，并在先是面对清朝征服，后面对安定、繁荣岁月，以及19世纪的剧变、外国人和外来宗教的来临，和20世纪的混乱和新正统观念出现时所产生的反应。"正是从这一视野着眼，"1813年的八卦教起义也必须置于一长串由教派发起的起义的场景中来考虑"。这就使其学术视野有了最大限度的纵深感。

搜寻史料竭泽而渔 韩女士研究中国清代史和我们研究罗马史一样，研究的对象都是域外文明。研究域外文明，对研究者来说比视野开阔更难做到的是掌握丰富的史料。由于地域的相隔加之非母语的疏离，研究域外文明在史料的搜集和使用上总会有许多难以克服的困难，掌握史料难得如意。而本书是个例外，作者对相关的史料可谓搜集殆尽，几达竭泽而渔的地步。书中所用的主要史料，印本有《靖逆记》、《啸亭杂录》、《钦定平定教匪纪略》、《清实录》、《那文毅公奏议》、《破邪详辩》、《林案供词档》等,档案有《官中档》、《上谕档》、《剿捕档》等。尤其是后一类史料更为珍贵,这些清朝档案都收藏在台湾的故宫博物院。韩书瑞是最早前往台湾利用清朝档案的美国学者之一。这批档案对她完成本书十分关键。后来她能写成《山东叛乱》一书,也主要得益于对清朝档案的继续利用。这样深层次地利用史料,别说是外国学者,即使是中国本土的学者做到如此程度也不容易。再说,作者还能利用她对海外学者研究成果的了解,大量引证各种外文文献,对中国学者更有参考旁通的价值。

考证精详 翻开本书,会发现这是本考证精详的学术著作。除正文有内容的考实外,书中的注释十分详尽,整个注释的篇幅几乎与正文相等,有的地方甚至多于正文。这种著述的风格不像是美国学者通常的做法,倒与几十年前老派德国学者的研究旨趣相近,或是与中国清代乾嘉学派的考据之风合拍。究其注释有两类:一是出处的注释,某一活动、某一事物在档案、文献中某处出现,不厌其烦,一一列出,以示所言不虚;另一是内容的注释,对某一现象详加考证,何人在何书提及,情形如何,有何变化,不厌其详。现在的学界已少见这样的著述,刊印一两本,让大家知道曾有人如此治学,或有厚重学风的效果。

好话说了三点,是否也有不足。归结起来似也有两点:一是在史料引用时因理解有误,有些地方意思翻译不确,译者在核对原文时都做了改正,好在这样的讹误不多。二是在义理上有的地方分析不够深入,这在书的"结语"中可见出,有些问题在提出后未能展开论述。但这些不足与其显赫的成功相比是不必苛责的。

译者对本书尽力想译得好一些,在用语上尽可能贴近事件发生的时代,以回归历史场景,有时一个地名的翻译也得用上福尔摩斯的侦探技法,反复考量。书中能查核的原文都进行了回译,有少数地方在遍查无着的情况下则酌情试译。有人称"电影是遗憾的艺术",以示其有改之不尽难得完善的特点。而译作与电影一样似乎也是遗憾的艺术，本译作想来也会有不当之处。读者若是在赏目阅读时发现了问题，径请告知译者。好在译作的改动要比电影容易，在再版重印时就能正误。经过反复修订，译作的质量或能差几与原作相配，以对得住原作者的辛劳。

地图目录

致　谢

　　我很幸运有史景迁（Jonathan Spence）这样的老师和导师。本书即从他的帮助、敏锐洞察力和准确判断中获益良多。他对八卦教一直抱有兴趣，由此给了我鼓励，并让我感到颇多快乐。他还教导我要把书写得有故事性，且还示范我如何做到这一点。

　　我还要对其他全部或是部分读过我博士论文并提出改进意见的人表示谢意，本书就是在这篇论文的基础上写成的。他们是白彬菊（Beatrice S. Bartlett）、白蒂（Hilary J. Beattie）、庄吉发、罗吉·德福奇（Roger V. DesForges）、约瑟夫·弗莱彻（Joseph Fletcher）、欧大年（Daniel L. Overmyer）、魏斐德（Frederic Wakeman）、芮沃寿（Jr., Arthur F. Wright），还有耶鲁大学出版社的朱迪·梅特罗（Judy Metro）。耶鲁大学东亚书库的安东尼·马尔（Antony Marr）和金子秀夫（Hideo Kaneko）以及哈佛—燕京图书馆的乔治·波特（George E. Potter）多年来也给我提供了很多帮助。

　　欧大年在我之前早就对白莲教有兴趣。他慷慨地给了我许多宝贵的助益，很高兴能与他分享对这个问题的关注。我还要感谢其他在台湾的朋友，他们让我了解到中国的大众宗教，并带我观察仍还在流行的大众宗教。我特别受益于耶鲁大学的黄伯飞，他以丰厚的学识和耐心帮助我读懂清代文献，尤其是那些与宗教活动、观念和象征意义有关的文献。

台北故宫博物院的清代档案对这一研究特别重要。我最为感激的是博物院院长蒋慰堂（复璁）博士以及博物院图书文献部的职员，他们允许我阅读这些材料并给予了善意的帮助。最早是白彬菊让我注意到1813 年的攻打皇宫事件，她对台北故宫博物院嘉庆朝档案的熟悉使我在那里的工作变得容易得多，颇感欣慰。我还要感谢美国大学女学者学会（American Association of University Women）和耶鲁大学国际和地区研究委员会（Yale Concilium on International and Area Studies）。它们向我提供了财政资助，使我有可能去台湾使用这些档案。

对那些在这个世界上多年来一直关注我做什么事的家人和朋友，我要高兴地对他们说："瞧，就做这些事。"

韩书瑞
写于康涅狄格州纽黑文
1975 年 3 月

导　言

　　1813 年春,自称八卦教的教派策划了一次同时在华北几个城市(其中包括北京)起事的起义。这些教派的成员是一个已有三百年历史宣扬千年末世劫难的宗教的信徒,他们信仰的主神叫"无生老母"。教派首领许诺,这次起事注定要推翻清朝的统治,开创一个"无穷富贵"的新时代。起事按计划发动,但协调得很不好。想要占领北京紫禁城的尝试很快就失败,官军迅速被派出去恢复各省的秩序。起义者后来被围困在豫北的一座城里,经过三个月的战事这座城被攻克,八卦教起义最终结束。

　　对这次反叛史学家的称呼不一,这种混乱的情况反映了对之研究不够。虽然让人意想不到的是有丰富的原始材料可用,但对这个问题竟没人用汉语、日语和西方语言做过专题研究。① 中国的农民运动和民众起

---

① 最好的英文叙述见恒慕义(Arthur W. Hummel)等编:《清代名人传略》(*Eminent Chinese of the Ch'ing Period*),华盛顿:政府印书局(Government Printing Office),1943—1944 年,第585—586 页,书中由房兆楹执笔的那彦成传写到了这次叛乱;德·格鲁特(J. J. M. de Groot):《中国的教派活动与宗教迫害》(*Sectarianism and Religious Persecution in China*),阿姆斯特丹,1903—1904 年,1969 年台北重印本,第 401—469 页。最好的中文叙述是《靖逆记》,由文人盛大士以笔名"兰簃外史"撰述。该书出色地详尽描述了这次起义,内容包括对官兵作战的叙述,还有对主要起义首领生平的简介。而更常见的介绍或许可以在魏源的《圣武记》(1842 年)第 10 卷中找到。昭梿在《啸亭杂录》(约在 1814—1815 年完稿)中的(转下页)

义并不总是研究的热门课题，在最近的著作中 1813 年起义不为人注意，人们更关注 19 世纪中期那些大的反叛事件（太平天国起义、捻军起义、回民起义），这些事件对帝国的秩序以及中国近代历史的进程有更明显的影响。再者，1813 年发生的事正好处于清中后期不为人关注的时段，对中国"近代"历史（通常被认为从 1840 年开始）来说它太早了，而对"早期"清史（现在已延至 18 世纪后期）来说它又太晚了。然而，八卦教反叛是鸦片战争（1840 年）前在华北对清政府构成真正威胁的最后一次起义，后来西方势力就侵入了中国。据称当时中国正处于衰落时期，军队无能，官员腐败，国库空虚，而叛乱却被清政府迅速并有效地镇压了下去。这次叛乱组织完善、历时较长，使皇帝感到震惊，花费了几个月时间才将其镇压，而其规模不大又让外人难以弄清其核心组织和动机，它给人们提供了一个研究中国传统农民起义的好机会。

　　或许更重要的是，八卦教起义在清代（1644—1911 年）华北的农民起义中是相当典型的，它是通过组织教派宣扬千年末世思想而表现出来的。虽然在中国清代常有这种受到宗教鼓动的农民起义，但它们却不为西方史学家重视。在历史文献中一再出现叛乱者和叛乱群体各种各样的名称，让人弄不清这种宣传千年劫变宗教的性质。宗教教派与各种犯罪团伙被归在一起，笼统地称为"秘密社会"，它们都是现存秩序的反对者。有些历史学家假定在这些组织中有地域的区别，但对华北和华南的组织有何差异仍争论不休，既不能明确加以区分，也不能进一步说明问

（接上页）叙述（第 4 卷，第 44—59 页）很生动但不太可靠。有两篇中国当代历史学者写的有关这一事件的论文，张一纯："关于天理教起义二三事"，《历史教学》，1962 年第 1 期；萧育民："清嘉庆天理教起义"，载《中国农民起义论集》，北京，1958 年。据我所知日文有关的文献有，小野田佐代子："嘉庆十八年天理教徒叛乱"，《史草》，1966 年。

　　《靖逆记》的作者盛大士在书的序言中谈到，他在 1814 年走访了当时的目击者以及参与镇压起义的人，还参考了 1816 年出版的《钦定平定教匪纪略》中的文档。不过上述作者都没有查阅现在存放在台湾故宫博物院中的档案。

题所在。① 有些历史学家看到其在北方有相似性,显然更多带有宗教秘密社会的特点,于是他们认为这些组织实际上完全是一个历史悠久善于伪装的称为"白莲教"的密谋集团的分支。② 这些宗教群体与叛乱之间有时涉及到的联系能够感觉到但却不好理解。

我在对"白莲教"做详尽研究的过程中提出的观点是,这不是一个铁板一块的神秘组织,而是由信徒组成的众多分散的小团体。自 16 世纪以来它就通过绵延、松散的师徒联系传播其共同的教义。这一宗教的信徒通常只关心自己个人的祭拜活动,但他们也预料将会出现一个灾难深重的时期,到那时他们就不能过正常的生活,而要去追随被派来引导他们的神,团聚在一起毅然起事,开创一个完美的新世界。在这个世界中所有人通过自己的信仰也只需要靠其信仰来获得拯救。在其首领预言千年末世已迫在眉睫时,这一分散传播的异教的信徒就正好成了公开反抗国家和现存秩序的叛乱者。正是这一在看来分散却又实际很有凝聚力的组织中长久存在的末劫观念,让信徒和反叛者使同样的拯救过程有所不同。

1813 年的八卦教反叛是这些教派在其漫长历史上所进行的众多起义中的一次。通过这一个案可以了解到,那些有着共同信仰的分散信徒是如何被组织起来,受引导要冒捐躯毁家的危险在人间建立天国的。另外,这次叛乱的观念和组织也可以作为一种尺度,以此可与后来受到西方近代文明影响的起义进行比较,弄清并理解它们有何新的内容,或是

---

① 见让·谢诺(Jean Chesneaux):"中国历史变迁中的秘密社会"(Secret Societies in China's Historical Evolution),载谢诺编《中国的民众运动与秘密社会,1840—1850 年》(*Popular Movements and Secret Societies in China, 1840—1850*),斯坦福:斯坦福大学出版社,1972 年,第 1—22 页;陈志让(Jerome Ch'en):"秘密社会"(Secret Societies),《清史问题》(*Ch'ing-shih-wen-t'i*),第 1 卷,第 3 期(1966 年),第 13—16 页,这两篇英文论文概述了在中国出现的主要争论。有关这个问题两篇最重要的中文文献为,陶成章:《教会源流考》,广州,1910 年,重印本见萧一山编《近代秘密社会史料》,台北,1965 年;熊德基:"中国农民战争与宗教及其相关诸问题",《历史论丛》,1964 年。
② 例见朱永德:"对中国历史上白莲教的初步研究"(An Introductory Study of the White Lotus Sect in Chinese History),哥伦比亚大学博士论文,1967 年。

有何传统的内容。这些比较会对我们理解 1900 年的义和团运动有意义，义和团运动受到了白莲教的影响。还有太平天国起义（1850—1865年），这次起义未受白莲教影响。

清政府对镇压八卦教起义非常重视，结果所有与这次反叛有关的主要官方档案都得以保存，有一些还得到出版。保存在台湾故宫博物院的八卷文档以及许多其他更具体的档案为我们提供了了解这些教派、它们短命的起义，尤其是现有和潜在叛乱者的极为丰富的材料。在大多数情况下，官方档案是通过敌视起义者的官员的目光去描述的，由于几乎全是由统治阶级来记载，因而所有这些反叛在后代人看来都显得很有选择性且很雅致。八卦教起义是特别让人感兴趣的一个事件，因为在官方文献中有许多策划、组织这次叛乱者的供词。

清代各级官员通常的做法是要在判决被捕者之前审问他们，并将审讯笔录上报。在 1813 年的叛乱事件中这一程序执行得特别认真，一直被送至最高层，因为在朝的嘉庆皇帝（1796—1820 年）认为攻打紫禁城是对他个人的冒犯，而且在离朝廷这样近的地方居然有这个危险团伙存在简直让人不能容忍。被抓的叛乱者受到了仔细的审问，要他们交代参加教派和叛乱活动的性质和内容，搜捕和审问的过程至少延续了五年。有不少于 400 人的口供保存了下来，虽然在细节上不总是那么可靠，①但它

---

① 我参考的文件包括参加 1813 年叛乱的 367 个人的 471 份供词。这些人中 60%（221 人）住在北京地区，其余来自河南、山东和直隶南部，他们没有参加攻打皇宫。这些供词的出处（因文献不同而未能顺序排列）如下：地方志 8 份，《教匪案》41 份，《那文毅公奏议》31 份，《钦定平定教匪纪略》83 份，《林案供词档》92 份，《上谕档方本》140 份，《宫中档》76 份。几乎有 50%（《上谕档方本》和《宫中档》中奏折所录）只见于台湾故宫博物院。

自然大多教派成员或是叛乱者都想要否认或是减轻他们参与犯罪活动的责任，就此而言他们的话本身不能相信。不过在北京地区的教派成员和叛乱者的案子中几乎每个案子中都有其他参加者确凿可靠的旁证。官府的审讯者不断提审，特别关注其他人的活动，在北京教派的案子中两百人相互对证的证据一致，因而是可信的。我还注意到只要有可能每个人都会减轻其亲戚参与的罪责（或是不承认有这个亲戚）。许多教派首领尽可能只交代几个信徒的名字，在这点上有些最高层首领的交代最无价值。例见《钦定平定教匪纪略》，（转下页）

们中间有丰富的内容和细节,而这在中国大多数大众宗教的历史上是极为罕见的。

　　本书分为四部分,第一部分对千年末世宗教作一概述,在清代这些宗教发动了像八卦教起义这样的反叛。第二、三和四几部分重点探讨1813年起义,涉及的内容有原始的八卦教及其在有活力的领导下重组的过程,还有其信徒是如何成为反抗国家的叛乱者的,最后要谈到他们在与官兵交锋的战事中失败。

（接上页）第3卷,第9—13页,嘉庆十八年九月十八日(简写为18/9/18,下同),林清供词;第4卷,第5—9页,18/9/19,林清供词;《林案供词档》(藏台湾故宫博物院。嘉庆十八年九月、十月送交军机处的供词。刊于《故宫周刊》,第195—236期,1931—1933年),第202期(为《故宫周刊》的总期数),第1页,18/9/19,林清供词;《林案供词档》,第207期,第1页,18/9/24,刘兴礼供词。刘兴礼的供词只得到了他儿子的证明,他们两人的供词几乎是相同的。在北京,所有被捕的教徒差不多都是先由刑部官员讯问,再由军机处讯问。主管官员既负责调查又负责审问,一般来说他们对所有证据都很清楚。在下层弄出的虚假的、不可靠的供词通常在这时都会被推翻。

　　为了表明获得这些证词所采用的司法程序,并说明从几个不同的人处得到相互印证的材料就可再现一个事件多重的实际情况,我在本书附录一中列出了从不同来源搜集到的十多份供词。

第一部分　神启：白莲教的组织与观念

　　1813年，一些原本既不协调也无暴力倾向的教徒坚信他们宗教经卷中的预言，期望立即摧毁现有的社会，以一个更好的世界取而代之。他们聚集在一起想要实现这一变化。大约有八万人在这场企图推翻清政府的不成功事变中丧生。大多数反叛的支持者只能以献出生命来表示其强烈的不满，而那些身为首领位居运动核心层的教徒却可以且已确实将其目的和愿望表达了出来。正是他们所具有的这种末世劫难和理想世界的观念造成了这场起义，并给了那些为事业献身的人以神的启示。此外，正是这几千教徒在清政府警觉的注视下事先策划了起义，然后又聚集了十多万人参加他们的事业。在三个省十多个城市中组织起义不是一件容易的事，集中成千上万人与清军作战也非简单的鸣锣聚众可比。这样的一次起义可能看起来就像草原上的一场大火，一点火星就能燃起，烧光所有的一切，但实际并非如此。为这样规模的冒险事业寻找、招募、动员人力需要暗中组织并维系广泛而慎选的人员网。对这类活动并不是每个人都有兴趣，派得上用处，值得信任，会去参与。正是这一教派机制为发动和延续这场起义提供了组织手段。为了理解这场八卦教起义，就有必要先来考察引起这场起义的组织体系和末劫观念。

策动八卦教起义的宗教有自己的信仰、活动、经卷、仪式和组织。在明清两朝，八卦教被当做邪教，遭到法律的禁止。结果其教义和活动只能以个人为基础以简单的方式传播，不能依靠像庙宇和庙祝这样公开的传教手段。因而这一宗教的组织形式就只能表现为由一个资深师父与其徒子徒孙组成的短命群体。每个群体都会有自己的名字，偶尔在某人家里小规模地聚会，也会在某个地方延续一两代人时间。在资深师父死后，这个群体常会分裂为更小的分支，有些会用不同的名字。这些群体不仅在时间和地点上彼此分离，举行的具体仪式也常有不同，而且是有意为之。每个师父都想保守住其真实的内部体系以及获得拯救的仪式，并将之传承下去。但所有群体都来源于一个共同的传统，信奉一个共同的基本信仰，并以该教特有的经卷作为教义的基础。

信徒们称这一宗教为"教"（teaching，教义）。他们还将"教"这个字用来指让教义延续的组织。因为很可惜没有别的字可用，我把"教"这个字用于组织的说法译为"sect"。在选择用一个名字来称呼这一显然内容纷繁的大众宗教教义时，我极为勉强地采用历史学家传统的做法，称之为白莲教（White Lotus religion）。① 不过不存在一个独立的"白莲教"组织（White Lotus Society）。只有一个内容纷繁的白莲教教义，要通过有着众多名字的教派来表达这些教义。下面我要较详尽地探讨这个问题。

在清代以前有关白莲教传说的大部分甚而所有内容就已存在，它深深植根于中国过去的历史。这一情况以及自宋代以来教派和反叛群体

① 在我的博士论文中，我给了在晚明时期发展起来的教派阶段的白莲教一个新的名字，我按照其主神称之为无生老母教。在此为了清楚起见，我要沿用更常用的名字白莲教。见我的论文"千年末世之乱：中国 1813 年的八卦教起义"（Millenarian Rebellion in China：The Eight Trigrams Uprising of 1813），耶鲁大学，1974 年。

偶或也会用白莲教的名字,①使这一教派宗教后来的起源模糊不清。实际上直到 16 世纪中期各相关部分才被凝聚成这样一个独特的宗教传统。就是在这一时期该教的主神无生老母第一次出现在历史文献中,也是从 16 世纪后期起大多数教派文献才一代代地在信徒中流传。② 许多教派都将其建立定在明代后期,正是在这时历史学家才经常记载这类教派的活动。③

_____

① 公元 4 世纪慧远和尚建立了白莲社。1133 年,茅子元借这个名字用于他建立的宗教社团,称白莲宗,即白莲教。大多数对“白莲教”的研究将其源头追溯至 12 世纪。见欧大年(Daniel L. Overmyer):“民间佛教:中国中古的创世论和末世论”(Folk-Buddhist Religion: Creation and Eschatology in Medieval China),《历史与宗教》(History and Religions),第 12 卷(1972 年),第 1 期;还有他的《民间佛教:传统中国晚期的异端教派》(Folk Buddhist Religion: Dissenting Sects in Late Traditional China),即出(该书中译本为《中国民间教派研究》,上海古籍出版社,1993 年——译者)。另见陈学霖:“中国明清时期的白莲弥勒教义与民众起义”(The White Lotus-Maitreya Doctrine and Popular Uprisings in Ming and Ch'ing China),《汉学》(Sinologica),第 10 卷(1969 年),第 4 期;朱永德:“对中国历史上白莲教的初步研究”。

② 欧大年:“民间佛教”,第 53—57 页;欧大年:《民间佛教》,第 7 章。昭梿:《啸亭杂录》(上海,1880 年),第 2 卷,第 55—56 页。有关文献的年代,另见黄育楩:《破邪详辩》,“序”;《大清历朝实录》(沈阳,1937 年;台北,1964 年重印本),第 281 卷,第 19—21 页,18/12/24,上谕。

③ 下面是一些著名教派建立的情况:红阳教和混元教是在 1594 年由飘高建立的。见赵卫邦:“明代华北的秘密宗教结社”(Secret Religious Societies in North China in the Ming Dynasty),《民俗研究》(Folklore Studies),第 7 卷(1948 年),第 96—97 页;欧大年:“民间佛教”,第 56 页;詹姆斯·英格利斯(James Inglis):“混元门”(The Hun Yuen Men),《教务杂志》(Chinese Recorder),第 39 卷(1908 年),第 270 页;库寿龄(Samuel Couling):《中国百科全书》(Encyclopedia Sinica),上海:别发洋行(Kelly and Walsh),1917 年,第 246 页。先天教、龙华教和无为教称万历年间(1573—1619 年)的罗清老祖是它们的创始人。见库寿龄:《中国百科全书》,第 241 页,第 609 页,第 610 页;艾约瑟(Joseph Edkins):《中国佛教》(Chinese Buddhism),波士顿,1878 年,第 371—377 页;欧大年:《民间佛教》,第 6 章。在理教是明末羊person人建立的。见陈荣捷:《中国近代的宗教潮流》(Religious Trends in Modern China),纽约:哥伦比亚大学出版社,1953 年,第 156 页;赵东书:《理教史画》,台北,1956 年。黄天教于 16 世纪中期建立。见杨庆堃:《中国社会的宗教》(Religion in Chinese Society),伯克利:加州大学出版社,1961 年,第 215 页。龙门教是万历年间由直隶省的一位刘氏夫人传播的。见《那文毅公奏议》(1834 年,台北重印本,1968 年),第 41 卷,第 28—31 页,21/3/3。
　　下面是从来源不一也并不总是可靠的二手材料中涉及到白莲教活动的一些情况。1528 年:山西省的李福达。见陶希圣:“明代弥勒白莲教及其他‘妖贼’”,载包遵彭编《明代论丛》第 10 卷《明代宗教》,台北:学生书局,1968 年,第 9—12 页(引《明史》卷 206)。1545 年:安徽的罗廷玉。见“明代弥勒白莲教及其他‘妖贼’”,第 13 页(引《明史》卷 117)。1551 年:山西的肖芹。见李守孔:“明代白莲教考略”,载包遵彭编《明代论丛》第 10 卷《明代宗教》,第 42 页(引《明史》卷 327)。1547 年:山东的杨辉。见朱永德:“对中国历史上白莲教的初步研究”,第 116—117 页。1557 年:察哈尔的阎浩。见陶希圣:“明代弥勒白莲教及其他‘妖贼’”,第 13—14 页。浙江的马祖师。见李守孔:“明代白莲教考略”,第 43 页。1565 年:直隶的张朝永。见李守孔:“明代白莲教考略”,第 43 页。1566 年:四川的教派。见“明代弥勒白莲教及其他‘妖贼’”,第 12 页(引《明史》卷 206)。1591 年:南京的刘天绪。李守孔:“明代白莲教考略”,第 44 页(引《明史》卷 221)。1600 年:安徽的赵一平。见李守孔:“明代白莲教考略”,第 44—45 页(引《明史》卷 232)。1621—1627 年:20 次教派领导的起义。见朱永德:“对中国历史上白莲教的初步研究”,第 109 页,第 258 页。

虽然还不清楚这一宗教是如何以及为何而形成，但其观念和活动要容易了解一些。对这一课题研究得很少，现有材料很分散，其价值也大不一样。本篇下面的内容只是将许多不为人知的零碎材料缀合在一起。我主要依靠的是在1812年至1820年（嘉庆十七年至二十五年）清代档案中发现的材料，再以19世纪30年代以后这些教派宗教文献（有些现在还保存着）中的材料加以补充，①还用了少部分19、20世纪的原始和二手材料。

宇宙观与历史

这些教派的主神是个有权势的母亲女神。虽然她是在16世纪成了宗教崇拜的对象，但在中国大众宗教中她的前身可以追溯到更早的时候。公元前1世纪，有个叫西王母的神就已经与千年末世的期望有关。②

---

① 那些被录供词交代嘉庆年间教派情况的人分为三类：(1) 属于北京附近的某个教派，后来加入了林清的坎卦教，参加了八卦教起义，约有600人，其中215人被捕，他们提供了详细的证词；(2) 参与了八卦教起义或是参与策划了这次起义，他们来自河南、直隶和山东的某个地区，材料中提到1090人的名字，其中140人有供词；(3) 加入了华北的白莲教，但与八卦教没有联系，有几百人，只有几十人有供词。（第三类人的材料较多，主要藏于台湾故宫博物院。）

《破邪详辩》中收有教派文献。该书作者黄育楩1833年为直隶省中部巨鹿县知县。在巨鹿打击教派成员时，他收缴了约70部不同的这些团体的教义经卷。为了批驳这一宗教的信仰，黄育楩写了三篇文章，在文章中他先是大量引用被没收经卷的段落，然后提出自己的看法反驳这些段落中的观点。因而他的《破邪详辩》(1883年)是收录这些已佚宗教文献的最佳来源。（见《破邪详辩》，"序"。）黄育楩所引用的许多选段已被西方学者译出并进行了探讨。见欧大年：《民间佛教》，第3章；赵卫邦："明代华北的秘密宗教结社"，第95—115页。还有不少以黄育楩的著作为主要材料写成的中文和日文论文。

在1813年起义刚刚过去20年黄育楩就在该县进行调查，那里长期以来就有白莲教信徒，有些还参加了八卦教。

② 见伯希和(Paul Pelliot)："Les Bronzes de la Collection Eumorfopoulos publiés par M. W. P. Yetts(I et II)"，《通报》(*T'oung Pao*)，第27卷(1930年)，第392页；德效骞(H. H. Dubs)："中国古代的一场神秘崇拜"(An Ancient Chinese Mystery Cult)，《哈佛神学评论》(*Harvard Theological Review*)，第35卷(1942年)，第223页；《破邪详辩》，第4卷，第5页；马伯乐(Henri Maspero)："中国近代神话"(The Mythology of Modern China)，载哈金(Hackin)等编《亚洲神话》(*Asiatic Mythology*)，伦敦，1932年，第382页。德效骞有趣的论文写的是公元前3年的一场民众运动，当时人们相信世界末日就要来临，西王母要来拯救他们。（转下页）

明清两代的白莲教称她为无生老母。她又被称为无生父母,或是更少用的无生佛母。①自 19 世纪后期以来,她还有别的名字,如瑶池金母、王母娘娘、老圣母。②

无生老母的故事在教派文献中能找到。她被描绘为人类的先辈:生了儿女,这些儿女又相互通婚,这样他们就成了所有人的祖先。她派人类也就是她的孩子去"东土"在人间生活。给无生老母带来极大痛苦的是她的孩子很快就"爱慕虚荣,失去本性"。③"尽迷在,红尘景界,堕落而不知返回本原。"无生老母看到自己的后代这样很难过,"她一想到孩子就哭,捎家书,盼咐你,不要再在苦海中贪得无厌。她要他们回归净土,返回灵山,这样母子就能相见,龙华相逢,同坐金莲

(接上页)在这一年发生大旱,初春时普通百姓中出现了一阵群体恐慌,他们相信一场大难就在眼前。他们"相互恐吓","人们都兴奋起来,跑来跑去,每人拿一个草把或是麻把,传给下一个人,还说'我是在传递带有王母圣旨的权杖'"。几千人跑到路上,披头散发,赤脚步行,还有人乘车骑马,"跑得飞快,他们成了传递权杖的信使"。到夏天狂热更甚。人们聚集在京城,他们"在街区、巷道和小路碰头,焚香祭祀,发放物件,边歌边舞,供奉西王母"。这些信徒相互传播一句咒语,上面写着"王母告谕佩符者永生"。夜里人们在屋顶点火作烽火,等待着,击鼓大叫,"相互间既兴奋又恐慌"。传说"纵目者就要来了"。不过到了秋天,没有人出现,"恐慌也就停止了"。(这段内容见《汉书》传十一、传二十六和传二十七,德效骞翻译,巴尔的摩:Waverly Press,1938—1955 年;和德效骞:"中国古代的一场神秘崇拜",第 235 页。)

　　西王母的变化见《山海经》,有关段落在德效骞:"中国古代的一场神秘崇拜"的引文中,第 231 页;何乐益(Lewis Hodous):"中国的天堂观念"(Chinese Conceptions of Paradise),《教务杂志》,第 45 卷(1914 年),第 362 页。有关西王母有名的仙桃,见德效骞的论文;明代小说《西游记》(Arthur Waley 译,纽约:Grove Press,1958 年),第 54—55 页;马伯乐:"中国近代神话",第 383 页。

① 材料表明"无生老母"、"无生佛母"和"无生父母"在词法上都是同类用语。《破邪详辩》中经常用"无生母"和更简单的"无生"。有关佛母,见《宫中档》(藏台湾故宫博物院)18322,雍正 2/6/12。

② 欧大年:"慈惠堂:台湾的一个当代教派"(The Tz'u-hui t'ang:A Contemporary Religious Sect on Taiwan),提交给加拿大亚洲研究学会年会的论文,1974 年 6 月,多伦多大学,第 1 页;玛乔丽·托普利(Marjorie Topley):"先天大道教:中国的一个秘密宗教团体"(The Great Way of Former Heaven:A Group of Chinese Secret Religious Sects),《东方和非洲研究学院学报》(Bulletin of the School of Oriental and African Studies),第 26 卷(1963 年),第 370 页。这两篇论文探讨了今天在台湾和新加坡还在活动的有影响的教派。我非常感谢欧大年教授让我了解慈惠堂,并允许我在 1973 年夏陪他拜访了其中的一个堂。

③ 欧大年:"民间佛教",第 59—60 页;赵卫邦:"明代华北的秘密宗教结社",第 102 页;《破邪详辩》,第 1 卷,第 1—2 页。

之上。"①

10　教派文献中将这个因关心自己迷失的孩子而哭泣的老母形象与美好天堂的浪漫想法结合在一起，他们将会在天堂重逢。无生老母要孩子返回他们"原本的故乡"，即"真空家乡"。这是人类一度抛弃的精神天堂，他们的母亲仍在那里居住。一方面，这个家乡是他们祖先生活的地方，他们的根在那里，对所有信徒来说这代表着祖先住过的村庄，也是每个中国人的家。另一方面，这个家也意味着是所有人出生时要离开的母胎。有部经卷中说："人入无生之境，儿得见慈母。人入母胎，……永归安宁。"另一部经卷中说："儿见其母，保其无生，不受轮回之苦。"家乡是天堂："与不安定、无目的的流浪相比，如若人能进入真空家乡，生死对他就不再存在。"作为一种精神上的天堂，真空家乡代表着安全、稳定、舒适以及完全有依靠。这是一个美好、舒适的地方，这个天堂中融入了中国民间佛教中净土和西天的许多特点。据说无生老母住在漂亮的宫殿中，那里有"七宝池同八德水，地面用黄金铺垫，周边饰以金穗，内有各色亭台楼阁"②。

在描绘了这个无生老母想把孩子带进的天堂后，这些教派文献进而解释了无生老母是如何为了这个目的干预人的历史的。她派神和佛去人间，让他们传授一套新的价值体系。通过这套体系人能得救，因而得以"还家"。由于人类"罪孽深重"，无生老母不得不一再开启这条得救的道路。她先派燃灯佛下凡拯救世界，然后再派释迦佛下凡。每个佛都能救度她的一些孩子，但大多数人仍执迷不悟。于是，无生老母答应还要再派一个神引导人们得救，这个神就是弥勒佛。

11　这正是这个宗教的一个突出特点，信徒们期待这些与历史三大时期

---

① 白莲教的语言和形象一般来说大量借用了佛经和中国民间宗教的内容。这段引文见欧大年："民间佛教"，第61页。另一对这一故事的讲述，见萧公权著作中的宝卷引文，萧公权：《乡村中国：19世纪帝国的控制》(*Rural China : Imperial Control in the Nineteenth Century*)，西雅图：华盛顿大学出版社，1960年，第232—233页。
② 欧大年："民间佛教"，第60—62页，引用了四部不同的经卷。

的结束相应的佛一个个降临。这些时期每个都被称为一个"劫"或"劫数"。在佛教的传统观念中,历史被分为三个大的劫期,每个都要延续数万年。每个时期会慢慢地退化,直到各劫期结束时佛的教义出现,开始时盛行,然后逐渐被破坏。当末劫来临时宇宙的大灾难会毁了世界,而一个新的世界又接着开始。① 白莲教吸收并改动了这一观念。它们提出,只有这三个劫数,每个都由无生老母派来的佛"掌理"。一个劫数要持续一段时间(比印度最早时的时间要大为减少),还与一定的教义相关。在每个时期末尾,被救的"孩子"会得到无生老母宫中龙华会的接待,所有神仙都会出席。② 有个教徒描述了下面的安排:

> 第一劫是燃灯佛的劫数,他掌管世界十万八千年,坐在五叶青莲座上。[这时的教]叫青阳会,或青阳教。当燃灯佛管事的时候过去,就由释迦佛掌管世界。他坐在七叶红莲台上。[这时的教]叫红阳会,或红阳教。等到释迦佛管事的时候结束,又由弥勒佛掌管世界。他坐在九叶白莲台上。[这时的教]叫白阳会,或白阳教。③

教派信徒有许多宗教经卷,这些书中详细描述了这一劫期图说及其变化。按照其中一部经卷的说法,劫数的时间分别具体定为108 000、27 000和97 200年。④ 有部经卷称每个劫都有不同的时间安排(或许与

---

① 艾约瑟:《中国佛教》,第221—222页;苏慧廉(William E. Soothill)和何乐益:《中国佛教名词词典》(*A Dictionary of Chinese Buddhist Terms*),伦敦,1937年,第57页,第232页。

② 按照佛经的内容,在弥勒佛来人间出生时,他会在龙华树下找到悟道的宝座。龙华树名称的由来是它的树枝像一条龙或是像个龙头。在树下他要举行三个会,宣扬佛法,救度人类。见诸桥辙次:《大汉和辞典》,东京,1960年,♯48818.141,引用了《弥勒下生经》;另见托普利:"先天大道教",第373页。白莲教采纳了这一预言,但有所变动,变成了老母本人主持了三次会,每次都在末劫时。

③《宫中档》018945,20/6/13,孙家旺供词。作为教派的名字一般用"阳",有时也用"洋",很少用"羊"。《破邪详辩》引用作者看到的经卷时用的是"阳",我也用"阳"。"阳"用于表示轻快、明亮、强大、积极的力量。诚如我们所知,教派成员向体现这一力量的太阳奉献供品。见欧大年:"民间佛教",第56页。有关"洋",见德·格鲁特:《中国的教派活动与宗教迫害》,第443页。

④《破邪详辩》,第4卷,第24—25页;赵卫邦:"明代华北的秘密宗教结社",第443页。

宇宙变化有关）。在第一个青阳期，一天分为六个时辰（也就是 12 个小时），①每个月 15 天，一年只有六个月。在现世的红阳期，一天有 12 个时辰（24 个小时），每月 30 天，一年 12 个月。在来世的白阳期，一天有 18 个时辰（36 个小时），每月 45 天，一年 18 个月。②

教派成员相信，每次末劫时都会因天灾人祸引发大乱。这时，"三才[天、地、人]会不和。天不和星辰无序，地不和五谷不生，人不和民遇艰辛"③。这些灾难都是无生老母为惩罚人类拒绝救度且又一次让"真道"不显而降临人间的。④

有些教派相信每次"运劫"都会有具体的灾难随之而来。例如，有个群体就相信第一劫后会发生洪灾，第二劫后是火灾，第三劫后是风灾。⑤所有教徒都相信，在现世的劫末会再次爆发大灾，文献中满是恐怖就要来临的记载：

> 弥勒统辖寰宇，乱象长至七十七日。日月乱行，气候变易。
>
> 那时土、水、火、风四物同时摇动，不仅人皆死，连神在人间也无处藏身。⑥

有个群体在等着"老虎痧"杀人无数，另一个群体宣称"大难即将来临，一

---

① 在清代每天分为 12 个时辰，每个时辰两小时。

② 这样的安排记载在一本叫《普明如来无为了义宝卷》的经卷中，见欧大年："民间佛教"，第 65 页；朱永德："对中国历史上白莲教的初步研究"，第 70—71 页；赵卫邦："明代华北的秘密宗教结社"，第 105—106 页。所有这些论文都以《破邪详辩》中收的经卷为依据，第 2 卷，第 10 页。同样的安排是 1815 年一个被捕的教徒谈到的，他叫王天义，称是"祖母告诉他"。见《上谕档方本》（藏台湾故宫博物院），333—336，20/12/25。1815 年，有个叫方永生的信徒制订了一部历法，一年有 18 个月。《那文毅公奏议》，第 42 卷，第 13—22 页，20/12/14，奏折；《那文毅公奏议》，第 42 卷，第 32—33 页，20/12/16，上谕。另见欧大年论文第 66 页所引经文，还有《破邪详辩》第 3 卷第 10 页收录的一部佚题经卷的段落（欧大年在论文第 66—67 页将其译出）。

③ 《宫中档》，018945，20/6/13，孙家旺供词。

④⑤ 托普利："先天大道教"，第 372 页。

⑥ 第一段是欧大年："民间佛教"中的引文，第 235 页；第二段是赵卫邦："明代华北的秘密宗教结社"中的引文，第 103 页。

场狂风将从天而降扫荡人间"。① 1796 年的起义者希望，"日日夜夜黑风骤起，杀人无数，留下尸骨成山，血流成河"。1813 年，八卦教起义者也遵从这一传说有末劫的观念。他们预言"白阳大劫将临，七日七夜黑风作，将[过去]吹荡一空"。②

　　这些都是让人恐怖的有关灾难和毁灭的预言，尤其是对不信教的人更是如此，他们听说无生老母要不留情地用灾难来惩罚他们。而对信教的人，无生老母则会在混乱中庇护他们，让他们安全。有个信徒解释："不在会的人将来要遭劫数。"另一个信徒更直截了当地对朋友说："这会内好处甚多，入会就生，不入会就死。到本月十五日就自然明白了。"③

　　清代的大多数教派信徒都相信他们生活在第二劫中，并期盼第三劫也就是最后的白阳劫期来临。④ 他们相信到这一劫期结束时，无生老母会派弥勒佛下凡。弥勒了解正教，会解救所有的信徒，并告诉他们如何逃脱劫难，回到家乡。因为正是要靠相信正确的、真正的教义才能获得救度，所以所有信徒主要关心的是要弄清这一教义的性质，并要坚信它。不同的师父和不同的解释都以这些同样的传说和经文为基础，而他们炮

─────────────

① 有关瘟疫，见《宫中档》018960，20/6/20，奏折。有关狂风，见杨庆堃：《中国社会的宗教》，第235 页，在书中他谈到 19 世纪后期东北的黄天教。

②《剿捕档》(藏台湾故宫博物院)，209—221，1/9/25，张正默供词。有关八卦教，见《济宁直隶州志》，第 4 卷，第 20—29 页，刘宁口供。

③ 摘自《上谕档方本》，81—83，22/11/8，陈升儿供词；《上谕档方本》，419—422，22/9/27，邱自良供词。另见杨庆堃：《中国社会的宗教》，第 234—235 页。卫礼贤(Richard Wilhelm)在《中国的灵魂》(*The Soul of China*，纽约：Harcourt Brace，1928 年，第 297 页)中引了一则 1923年在山西印发传播的预言，不过其内容可能受到基督教的某些影响，在有关救赎和千禧年方面有相同的说法：

　　　　十月二十三日会是悲惨的一天，野兽会来人间糟践人。[但]到新年来临时，所有人都会笑逐颜开。问他们为何笑，他们会说："主就要来了，我们要去迎接他。"于是到来了一个救度的重要时期，信者都能活着见到，而不信者和作恶者的命运就会非常悲惨。人行善就救了自己的命。

④ 19 世纪末、20 世纪初，有些教派声称，第三劫期已经来临，他们正等待它很快结束。见德·格鲁特：《中国的教派活动与宗教迫害》，第 179—180 页。托普利("先天大道教"，第 372 页)写了 20 世纪 50 年代新加坡的一个教派，那些信徒相信"除非宗教观发生变化，整个世界就会被氢弹那样的风灾摧毁"。另见赵卫邦："明代华北的秘密宗教结社"，第 115 页。

制出了各种教义，组织了众多教派。每个教派团体都声称其活动和预言要比别的团体更正统，并要让信徒相信他们的做法才是获救的正途。每个教派总是相信那些不服从无生老母的人会遭到死亡、毁灭的报应。他们竭力宣传自己"拯救迷途失落者的完善体系"，要让所有不信教的人皈依，这样他们的教义就能成为人一切有序活动的基础。①

清代的白莲教期待它们的教义大行其道的那一天，把即将到来的白阳期看作一个千年末劫。随着第二劫末而来的灾难将要消灭不信教的人，只有无生老母的信徒才能活下来。有些教派成员用比喻的方式来表达这种浪漫、乌托邦式的看法。他们认为当劫难来临时，所有信徒都要到云城，在那里他们能活下来并得到庇护：

14

　　云城者，远望为云，近望为城，南至黄河，北至燕，东至海，西至山。此间数万余人，俱同习教。②

更具体地说，劫末就意味着要毁灭现有的社会，由无生老母的信徒执政。在一个"人人在教"的世界中教派成员能得到财富、权力和权势。他们的教义也就是正道会成为人之间以及天地人之间所有关系的基础，这样"万物就能保持和谐"。在这乌托邦世界中，"天地无圆无缺，人无老少生死亦无女相，才是长生大道，寿活八万一千，天数已尽，又立乾坤世界"③。

这就是这些教派传播的历史观念，对理解过去、现在和未来都很关

---

① 欧大年："民间佛教"，第 57 页；托普利："先天大道教"，第 372 页。

② 《济宁直隶州志》(1840 年)，第 4 卷，第 20—29 页，李景秀供词。这显然是对华北平原的浪漫描绘，那里在清中叶是白莲教的核心区域。托普利在新加坡访谈的信徒也有这种关于云城的看法，在云城中他们用符咒就能逃避劫难。见她的论文"先天大道教"，第 372 页。

③ 托普利："先天大道教"，第 370 页；《破邪详辩》，第 2 卷，第 10 页；欧大年：《民间佛教》，第 7 章注 103。在这种千年末世观背后，我们可以看到一种很典型的中国人对合乎道德的行为会对社会和宇宙产生影响的信念，贾祖麟(Jerome Grieder)称之为"有这样一种[中国的]共同观念，认为人们在生活条件改变前他们的思想就肯定已确定了"。见他的《胡适与中国的文艺复兴》(*Hu Shih and the Chinese Renaissance*)，Cambridge：哈佛大学出版社，1970 年(此书有中译本，江苏人民出版社，1989 年——译者)，第 327 页。

键,而它们的经卷和传说中有这样的内容。这些教派相信它们了解世界上发生的事,并觉得这样的了解是一种权力和责任。教派成员焦急地等待无生老母确定劫末来临的那一刻,到那时他们就会在老母的庇护下躲过劫难,迎接千年末世。由于这一原因,各教派的宗教经卷以及对之进行解释的教派首领关心的一个重要问题是如何准确确定这一关键时刻何时到来。与劫末同时出现的有两件事,这就是大灾难和无生老母派的佛来临,于是信徒们不停地在寻找它们出现的迹象。

在坏年份——战乱、旱灾、饥荒和瘟疫流行时期,白莲教徒会寻思这是否就是劫末就要来临。当然,相反的情况也同样如此。假如有个教派的师父在生活较好时宣布劫期就要结束,他的信徒会感到疑惑。有个信徒对同伴忠告道:"要闹事还要等几年。如今清平世界,如何行得你们,还早呢。"①如果是天灾频仍,信徒们就可能会去寻找无生老母答应要派来的佛。在这时,如果有人宣传一套新的教仪教规并宣称他就是弥勒转世,同时又很能说服人,那么他就会有很多追随者。 15

没有迹象表明这位转世的弥勒会比寻常的"特异"相貌有何特别之处。② 信徒们希望他有与常人不同的地方,但却不容易发现。他是某个教派的创立者,给人间带来了正教? 或者他仅仅是在协助鼓励某个有名的师父,代表无生老母赞同别人的教义,参与别人的活动去推动新世纪的到来? 很有可能每个教派都在以不同的方式回答这些问题。不过虽然不能通过外貌甚至是行动来识别弥勒佛,但或许可以通过他的姓来识别。有些姓习惯上被白莲教徒以及其他人当做教主或是转世神的姓。这些姓有李、刘、张和王。

李姓经常被称为木子李或十八子李,这是唐朝(公元 618—907 年)皇室的姓。更重要的这还是传说中老子的姓,从汉代起对一些大众宗教

---

① 《上谕档方本》,317—325,22/9/24,王瑞供词。
② 1796 年,有个白莲教叛乱者称其首领手上有"日"、"月"二字(合在一起是"明",明朝的明)。《剿捕档》,209—221,1/9/25,张正默供词。

来说老子就成了救世主式的人物,是重来世间救度人的神。① 刘姓(也称卯金刘或卯金刀刘)是汉朝(公元前206—220年)皇室的姓,在这个显赫时代过去后就自然成了未来统治者要用的姓。对1813年的八卦教起义来说,刘既是弥勒在前次转世中所用的姓,又是一个著名教派师父家族的姓。② 朱(也称牛八朱)是明代(1368—1644年)皇室的姓,恢复明室是清代众多叛乱经常提到的奋斗目标。③

张姓(也称弓长张)是汉末黄巾末世叛乱首领张角和张道陵(张道陵是东汉五斗米道的创立者,并未领导后来爆发的黄巾起义——译者)的姓。自此以后这个姓的魅力还一直通过江西的道士张家所拥有的天师称号保持着。有部经卷说到无生老母向弓长祖传法的故事。④ 王姓虽然本身有"君王"的意思,但它除了在白莲教的传说中一般不与某个特定的皇室或圣人家族联系在一起,而在白莲教中它却与直隶北部一个小村子

16

---

① 有关白莲教喜欢李姓,见《上谕档方本》,93—94,19/11/7,秦理供词;《钦定平定教匪纪略》,第29卷,第1—6页,18/12/26,牛亮臣供词;《那文毅公奏议》,第41卷,第28—31页,21/3/3,刘龚氏供词;《剿捕档》,209—221,1/9/25,张正默供词。有关相信老子是救世主式人物,见索安(Anna Seidel):《汉代道教对老子的神化》(*La Divinization de Lao Tseu dans le Taoisme des Han*,Paris:École Francaise d'Extreme Orient,1969),和她的"早期道教救世主观念中的理想统治者形象:老子和李洪"(Image of the Perfect Ruler in Early Taoist Messianism:Lao-tzu and Li Hung),《宗教史研究》(*History of Religions*),第9卷(1969—1970年),第216—247页。另见唯慈(Holmes Welch)对这篇论文的讨论,"道教研究的贝拉焦研讨会"(The Bellagio Conference on Taoist Studies),《宗教史研究》,第9卷(1969—1970年),第113页。

② 有关刘姓,见《那文毅公奏议》,第41卷,第28—31页,21/3/3,刘龚氏供词;《上谕档方本》,93—94,19/11/7,秦理供词;《钦定平定教匪纪略》,第3卷,第9—13页,18/12/26,林清供词。有关山东单县刘姓教派师父家族,见《大清历朝实录》(沈阳,1937年,台北重印本,1964年),第309卷,第42—44页,乾隆13/2/30[1748年];第908卷,第7—8页,乾隆37/5/7[1772年];第1261卷,第18—21页,乾隆51/7*/21[1786年](星号标记 * 系指闰月,7* 为闰七月),以及本书第97页注③。

③《钦定平定教匪纪略》,第24卷,第21—26页,18/12/11,冯克善供词。有关冯克善对朱盐霜的看法,见本书第120页注①。有关朱姓和牛八在白莲教中的情况,见德·格鲁特:《中国的教派活动与宗教迫害》,第351页,第353页,第367页。

④《上谕档方本》,93—94,19/11/7,秦理供词;《宫中档》018960,20/6/20,奏折;《破邪详辩》,第1卷,第2—3页,引用了一段有关弓长主的经文。有关张天师,见杨庆堃:《中国社会的宗教》,第234页。

中的某个传教家族有关联。这个王家从 16 世纪起就开始传教,随着时间推移,它的门徒网越来越广。这个家族的特殊地位还在宗教经卷中提到。有部经卷预言"将来弥勒佛降生于石佛口王家内"①。

如果有个首领自称是弥勒就会使他在受灾年份名声大噪,但对信徒来说问题仍然存在,这就是如何能准确地知道世界大难何时降临。通常是由教派首领(不管是否自称弥勒)根据经卷来确定。白莲教的经卷是用诗化的有时是费解的语言写的,里面满是可以做不同解释的话语和段落。有些经卷把一定的年份(以 60 年为一个干支)当做新劫到来的时间。在这些年份中 60 年的头一年即甲子年一直被当做这一开端可能的佳期。有部经卷中写道:

> 甲子年降圣人,三月三午时辰木子[李]之家去为人。三甲之年
> [即三十年后]龙蛇行,幽燕[北京]有刑灾。②

另一部经卷引了无生老母的话:

> 甲子年末劫来临,
>
> 辛巳年又不收,
>
> 黎民饿死,
>
> 癸未年犯三辛,
>
> 瘟疫流行。③

按干支纪年一个年份要 60 年才出现一次。其他的预言,像"戌年亥年之灾",④就只与干有关,与这些预言有关的年份每 12 年出现一次。使用这一纪年的预言各不相同,给了教派首领很大的灵活性。就像中国的算命 17

---

① 《上谕档方本》,333—336,20/12/25,王殿魁供词;343—345,20/12/25,王克勤供词;331—338,20/12/25,王亨仲供词。杨庆堃:《中国社会的宗教》,第 234 页。
② 《那文毅公奏议》,第 41 卷,第 28—31 页,21/3/3,刘龚氏供词。
③ 《破邪详辩》,第 1 卷,第 9—10 页。
④ 《宫中档》015861,19/6/20,上谕。

先生一样,有些教派师父利用这些纪年周而复始的特点,来证明正在发生的事与经卷中的预言有关。

在一年中,某些日子(如前面提到的三月三日)会被当做新劫的开始、弥勒佛的生日等。有个教派预言 1814 年为即将来临的末世,把劫难的首日定在春至,传说这天"龙抬头"(也就是冰融化)。他们算出"俗传二月初二日系龙头,二十九日系龙尾,取其龙象完全是以商定此期"①。任何甲子日(一年中的日子都可这样算出)都被认为是吉日,正如我们在后面要看到的,八月十五日也常被当做是好日子。②

一旦某个教派首领能发现某个转世的弥勒以及灾难日益严峻的迹象,而且他还能预见新劫开始的日子,那么他和信徒们就不会干坐着等待末世来临。他们了解迫在眉睫的灾难,这促使他们改变态度,转而去尽可能多地救人。到那可怕的一天来临时,他们就会分发专门的符咒、身份标志(如旗子、衣服、头饰等)和其他庇护用的物品。首领向信徒保证,这些东西能庇护所有信无生老母的人不受伤害。更重要的是,教徒坚信鼓动大家"应劫"是他们的责任。他们要作为无生老母的代表和千年末世的先锋加快现有秩序的破坏,并代之以一个更好的制度。教徒们称这为"明道",③在应劫过程中他们由秘密的信徒变为公开的无生老母的虔诚追随者。

为了将教派改造成革命的组织,有必要建立一个更高层次的体系,在这个体系中把诸多分散、独立的教派融合协调在一起。这样的体系经常是简单的,甚至是粗陋的,一般来说从白莲教的传统或是大众宗教中有所借鉴。例如,有个教派发现经卷中有这样的说法"二十八宿丙戌年

18

---

① 《钦定平定教匪纪略》,第 29 卷,第 6—8 页,杂项口供。
② 有关甲子日,见《钦定平定教匪纪略》,第 1 卷,第 29—32 页,18/9/15/,张建木供词。有关八月十五日,见《钦定平定教匪纪略》,第 1 卷,第 63 页,第 65 页。另见《济宁直隶州志》,第 4 卷,第 20—29 页,周廷林供词;《钦定平定教匪纪略》,第 29 卷,第 1—6 页,18/12/26/,徐安国供词;第 4 卷,第 5—9 页,林清供词。朱永德:"对中国历史上白莲教的初步研究",第 121 页。
③ 《上谕档方本》,49,21/3/3,杜洛尚供词。

下凡",他们就将许多不同教派组成这二十八宿,而这些教派的各首领则被指定为"二十八宿"。[1] 更常用的做法是将八或九个群体在平等的基础上组合起来,每个都以八卦或九宫来命名。八卦是由三道横杠(代表阳)或断杠(代表阴)组成的八种符号。这些八卦本身又可以排成六道组成六十四重卦。《易经》一书就以此为基础。九宫是占星术对天空的分野,像八卦一样也与大众宗教有关,而与白莲教关系更密切。它按照颜色、神灵、罗盘方位、五行、数字、动物以及各种标志和物品来排列。[2]

教派经卷

虽然许多教派的观念和活动都通过口头传播,但在近 400 年中还是靠文字将无生老母和三劫的故事在白莲教中安全地传承了下来。前面对其宇宙观和历史的归纳只是谈到了教派思想中最基本的信条,没有涉及各种传说故事和对基本问题的探讨,而这些却是各种经(宝卷)的主要内容。

除了谈到无生老母、人类诞生和三佛、三劫外,这些经卷有不少还谈到一个特殊教派建立的过程。经卷中谈到教祖的出生以及他怎样与无生老母沟通,[3]并被她派往人间传播真经以使信奉追随者得救。有一部

---

[1] 《上谕档方本》,51—52,22/9/5,王瑞供词。

[2] 有关九宫,见诸桥辙次编:《大汉和辞典》,♯167.128。有关将八卦用于叛乱的组织(不光是 1813 年叛乱),见德·格鲁特:《中国的教派活动与宗教迫害》,第 336—338 页和本书第 67 页注③,谈到了 1786 年的八卦教起义。另外有关 1812 年的金丹八卦教,见《大清历朝实录》,第 257 卷,第 18—20 页,17/5/17,上谕。

[3] 直到最近 20 世纪,在一些教派中还有完善的通过"降神"与神沟通的做法,在这些仪式中无生老母通过灵媒、沙盘扶乩表达神意。见贺登崧(Willem Grootaers)有关华北和东北一贯道的论文。贺登崧:"1948 年北京宗教经卷中的降神"(Une séance de spiritism dans une religion secrete à Péking en 1948),《中国与佛教丛刊》(*Mélanges chinois et boundhiques*),第 9 卷(1948—1951 年),第 92—98 页;贺登崧:"现代秘密社会:一贯道,文献目录"(Une societé secrete moderne, I-Kuan-Tao, Bibliographie annotée),《民俗研究》(*Folklore Studies*),第 5 卷(1946 年),第 316—352 页。在有关 1813 年八卦教的材料中没有提到降神。

经卷写道："太上飘高老祖于万历甲午[1594年]之岁正月十五居于太虎山中，广开方便，济度群迷。"①有不少这样的故事，下面就以从一长段中节录成的文字为例：

19

天真佛，圣临凡，下生投东。下生在，中原地，燕南赵北。桑园里，大宝庄，有祖弓长。……无生母，令弓长，亲来领法。母今日，传与你，十步修行。……无生老母吩咐弓长东去取经，弓长往石佛域去取真经……[她]告诉弓长来劫之灾，弓长说，这劫数，如何解救。无生说，发灵符，救度人民。②

除了这些与史实不符的叙述外，教派文献中保留了各种其他有关无生老母的故事，常常还与流传的神话传说混杂在一起。比如有个故事这样说："千手千眼度化报忠、保孝兄弟，同母并妻一共五人，往香山还愿，路遇无生老母，用白牛驾车，令五人坐车行走，到天河里仙人洞，得见千手千眼佛。"③这些故事不仅有助于确定无生老母在神话系统中占有合法的一席之地，而且还便于教众改变信仰。

宋进耀等人常聚集……听[师父]顾亮讲佛仙故事……顾亮坐下讲时，不关门，这样人们就能进来听，看看发生了什么事。同村人[此处录名]……常来听，以此了解[教派]。④

这些经卷中的一些用语还加强了这种讲故事的气氛，这些用语与中国民间戏曲和民歌的用语很相似。有时或许是在模仿念经，还备有简单的锣鼓在念诵经卷时伴奏。⑤

---

① 《破邪详辩》，第2卷，第3页；欧大年："民间佛教"，第56页。有关另一位教派建立者罗祖的故事在英文文献中有几处提到。见艾约瑟：《中国佛教》，第371—377页；德·格鲁特：《中国的教派活动与宗教迫害》，第179—183页。
② 节录自《破邪详辩》，第1卷，第3—20页。
③ 赵卫邦："明代华北的秘密宗教结社"，第109页。在黄育楩的《破邪详辩》中有十多个这样的故事，第4卷，第3—8页，第16—17页。赵卫邦在其著作第109—110页中概括了这些故事。
④ 《宫中档》011671，13/8/1，杂项口供。
⑤ 赵卫邦："明代华北的秘密宗教结社"，第111—112页。

　　并不是所有教派文献中都有故事。有些里面有供教派首领用的深奥的技艺内容，有半字半画的符箓，还有它们的用法。从书上将符描到一张纸上，然后烧掉。烧后的灰被撒入茶水中，让生病的人喝，这是一种治病的方法。其他书里还有咒语。咒是用来念的，像符一样它也有惠顾、保护和治疗功效。在符咒可口头传播时，这些书就被需要的人当做可资借鉴的手册。[①] 像经卷中讲述的"内幕"一样，这些魔咒秘仪书中满是无生老母要向徒众传授的"秘诀"。因为无生老母有很大能量，这些符咒就不只是有普通的效验："焚服后能明心见性"，有个教派师父说，更重要的它可让你们"避水火刀刃等难"。[②]

　　在清代，白莲教用的大多数经卷都是 16 世纪末所写并首次印成书的。自那时起，这些经卷就被细心地保存好重印，并一再抄录。[③] 清政府推行没收所有邪书的强硬政策，称这些书"连篇悖逆，满纸胡言，令人发指"。[④] 一旦某个教派师父被捕，他的家就会遭到查抄，所有可疑的材料都被拿走，然后销毁。有时书甚至是被主人毁掉的，他们害怕受到相关证据牵连。[⑤] 不过，尽管手上有书和印版会有危险，但如果要想保证经卷

---

① 例见《宫中档》016424,19/9/6,邓老三供词；《钦定平定教匪纪略》，第 42 卷，第 31—34 页,21/6/3,刘玉龙供词；《钦定平定教匪纪略》，第 25 卷，第 7—10 页,18/12/12,奏折。部分保留了白莲教传统的红枪会在 20 世纪还使用符箓，见戴玄之：《红枪会，1916—1949 年》，台北,1973年，第 121—124 页。

② 《钦定平定教匪纪略》，第 38 卷，第 2—6 页,19/2/4,杂项口供。

③ 有关这些书的年代，见本书第 3 页注②。这些书是印本还是抄本，见《上谕档方本》,211,22/12/21,上谕，和《随手登记》,19/6/1,给显福的上谕。黄育楩称他没收的经卷都是刊板印刷的（《破邪详辩》，"序"，第 1 页）。我查阅的 1810 年至 1825 年的档案中提到的书，有五本指明是手抄的，其他好几十本都是印刷的。见《那文毅公奏议》，第 39 卷，第 31—37 页,19/7/30/,齐闻章供词；《上谕档方本》,165,22/6/17,上谕；《随手登记》（藏台湾故宫博物院），19/5/20,显福奏折；《那文毅公奏议》，第 41 卷，第 35—42 页,21/5/8,奏折。在 1817 年查抄的 16 本书中，12 本是抄本，4 本是印本。见《上谕档方本》,217—222,22/12/21,奏折。假如这一例证有代表性的话，印刷和手抄的比例大致相等。

④ 《宫中档》017254,19/1/17,奏折。

⑤ 见《宫中档》017254,19/1/17,搜查林清的书。谈到教众丢弃抄本，见《上谕档方本》,103—104,21/1/18/,英凌霄供词。

的供应，就必须不断努力，经常抄写、印刷。① 这些书很像佛经，实际上是在仿照佛经。据当过知县的黄育楩说，他在 19 世纪 30 年代抄没了许多这样的经卷，"它们被大量印制，覆以缎面，首尾有佛像。"它们通常只有一卷，不过有些有两三卷。②

由于这些经卷数量少，不合法，对教义又很重要，所以受到人们的高度重视。经卷中有无生老母对理解历史和真理的看法，被认为有很高的价值和很大的力量。有一部经卷告诉读者，"只要有这本书在家，那些完全读懂的人就不会遇到麻烦。他们的家门有圣人守卫……所有勤奋习读这本书的人会升入紫云［仙人住的地方］"③。能预知未来的教派首领可以用这些书来证明其预言和理解的准确。引自经卷的片言只语会被广为传播，并以此作为教派计划与天国秩序之间和谐一致的证据。④

---

① 要想估算出某个时候有多少书或是有多少种在流传不太容易。1813 年至 1817 年，清政府至少发现并销毁了 75 本白莲教经卷，不会都是一种书。下列文献表明至少有多少本被上报没收。《钦定平定教匪纪略》，第 22 卷，第 17 页，18/11/25，超过 1 本；《剿捕档》，189—190，18/12/10，1 本；《钦定平定教匪纪略》，第 25 卷，第 7—10 页，18/12/12，5 本；《剿捕档》，435，18/12/21，19 本；《宫中档》017254，19/1/17，1 本；《钦定平定教匪纪略》，第 36 卷，第 6—8 页，19/2/14，超过 2 本；《钦定平定教匪纪略》，第 38 卷，第 2—6 页，19/2/4，超过 1 本；《随手登记》，19/5/20，3 本；《宫中档》015625，19/6/7，1 本；《宫中档》015815，19/6/28，2 本；《那文毅公奏议》，第 39 卷，第 31—37 页，19/7/30，1 本；《宫中档》016424，19/9/6，2 本；《宫中档》018834，20/6/1，1 本；《宫中档》018945，20/6/13，2 本；《那文毅公奏议》，第 49 卷，第 10—12 页，20/7/6，8 本；《上谕档方本》，273—275，21/2/25，1 本；《那文毅公奏议》，第 41 卷，第 28—31 页，21/3/3，1 本；《那文毅公奏议》，第 41 卷，第 35—42 页，21/5/8，不止 5 本；《上谕档方本》，17—18，21/12/5，超过 1 本；《上谕档方本》，165，22/6/17，1 本；《上谕档方本》，217—222，22/12/21，16 本。
② 《破邪详辩》，"序"，第 1—2 页。另见《上谕档方本》，217—222，22/12/21，军机处奏折所列书目。在 16 本书中，12 本是一卷本，3 本是两卷本，1 本是三卷本。在台湾一些教派所用的书既像佛经（按照清代奏折式样使用大号字体并折页），又像岛上其他庙散发的"善书"（它们是普通的印刷书，通常前面有包括无生老母在内的各种神像）。泽田瑞穗的"弘阳教初探"，《天理大学学报》，第 24 卷（1957 年），第 78—79 页，影印了《飘高临凡经》。李世瑜编的《宝卷综录》（北京，1961 年）影印了几本教书，其中有《混元弘阳如来无极飘高临凡宝卷》。
③ 弗雷德里克·巴尔福（Frederic H. Balfour）：《道教经文》（Taoist Texts），上海：别发洋行，1884 年，第 73 页。
④ 例见《钦定平定教匪纪略》，第 1 卷，第 29—32 页，18/9/15，张建木供词；《林案供词档》，第 202 期，第 1 页，18/9/19，林清供词。

这些宗教经卷并不在白莲教所有徒众中随意流传。相反,它们几乎总是被教派首领当做自己独有的财产。材料表明这些书大多都归少数首领所有,这些男男女女几代人都是在自己的家族内传教。有这样一种大致的趋势,在这些教派内权力总是转向并控制在世袭首领手中。通过他们长期积累的经验以及广泛的门徒联系,一些自16世纪起就在传教的家族有着巨大的声望和权势,并在信徒中形成了一个非正式的世袭精英层。

在这样的家族中最明显的一例是直隶北部滦县石佛口的王家。明朝万历年间(1573—1619年),王森创建并传播了闻香教。他的儿子继承父位成为教主,1622年预言明朝会灭亡,还组织了一场叛乱。不到三个月叛军被明朝军队打败,但王家却没被剿灭。他们继续以其他教派名称传教,家族成员成了世袭教主。这次叛乱有可能是因其晚明时经卷中的一个预言发起的,预言称弥勒佛降临人世会生在石佛口王家。尽管第一次叛乱(或许只是策动)失败,但经卷的内容还是加强了王家的地位,确立了它在教派活动中的权威,承认他们是未来举"大事"(通常是对叛乱的委婉说法)的首领。他们积极传教,家里人与门徒不断变换住处。他们的门徒联系网也随之伸展到整个华北平原,并波及到湖北和江苏。随着范围扩大,他们的经卷多次翻印,即使没有书的信徒也能记住其中一些重要的段落。这个家族不时会遭到追查,有人被抓,但他们与其特有的经卷还是历经了至少两百年而延续了下来,直至道光年间(1821—1850年)。[1]

这个王家只是这种非正式世袭精英层众多家族中的一个。有个姓

---

[1] 有关明代的反叛,见德·格鲁特:《中国的教派活动与宗教迫害》,第166—168页。有关弥勒佛生在这家人中的预言,见本书第8页注[2]和第13页注[1]。另见赵卫邦:"明代华北的秘密宗教结社",第101—102页。有关这一家族在嘉庆朝的联系网,例见《大清历朝实录》,第311卷,第25—26页,20/10/29,上谕;《上谕档方本》,241—242,21/2/21,上谕;《上谕档方本》,343—345,20/12/25,王克勤供词。有关延续至道光年间,见萧公权:《农村中国:19世纪帝国的控制》,第232—233页,第635页。我已开始详细了解这个家族及其历史状况。

郜的家族其成员是河南一个离卦教派的首领，对此在本部分结尾处还要详细谈到。另一个例子是刘龚氏，她在1816年被抓。刘龚氏的儿子承认，他们的教派和经卷出现得很早，"伊家十二代祖母米奶奶在前明万历时敕封掌道……米奶奶是教主，人们都称米祖。后来伊家历代均系妇女相传。"①除了这些能将其在某个教派的领导地位追溯到16世纪的家族外，还有更多地位不那么显赫的家族。它们传教也已有好几代，并有自己的教派经卷，它们构成了白莲教精英中较低的一层。比如，1813年在北京有个郜张氏，她传的教可以追溯到家族的前四代。她是公认的教主，至少有35部经卷，其教派已发展为四个支派，传布到了另外两个省。②

在任何时候任何情况下都会有许多地位不一的教派首领，但更大的权威和更多的经卷则控制在那些长期掌握领导权的人手中。同时随着这些首领传道授徒，其经卷和权威也在向外流传。一个师父会把一部经卷交给一个不是其家族成员的信徒，同意他抄录。"我到[师父]房里。他拿出两本书，说是佛说的真经。他给我一卷，叫我亲手抄一本。"③书的数量有限以及这种传教方式要将经卷限制在得师父真传的人手中，因而这些人也有资格成为教派首领。信徒们对此心甘情愿，因为这样做有助于他们不受骗子和其他不负责任人的伤害，而那些人只是想利用有着潜在破坏性的(非法)教派思想来达到自己的目的。

不过作为一个首领，即使他不能从亲属或师父手中得到继承权也能得到教派的典籍及其正统权力。林清是1813年起义的两位主要领导人之一，他直到37岁才加入白莲教。在前任首领去世后他掌握了教派的地方领导权，迫使老首领的那些不情愿的门徒和亲属自己组织分支教派，他一本经卷也没得到。为了解教义他去附近的村庄走访各教派首

23

① 《那文毅公奏议》，第41卷，第28—31页，21/3/3，刘龚氏供词。
② 《剿捕档》，435，18/12/12，军机处奏折。
③ 《宫中档》018945，20/6/13，孙家旺供词。

领,与他们交谈。显然他就是这样了解教派的历史和宇宙观,不到三年他对末劫和弥勒(林清本人)降临的预言就足以使他有信心组织一次叛乱。直到开始策划叛乱时林清的一个门徒才给他看了一部经卷。我们不知道此书来自何处,但15年前的白莲教叛乱者曾用过这本书,它应是从石佛口王家传出的。该书名为《三佛应劫统观通书》,靠这本书林清确定了起义日期和将要在来世得势的新的等级。这是一个很好的例子,说明这些宗教经卷是如何慢慢地落入那些需要并能使用它们的人手中的。[①]

　　大部分教徒显然都是文盲,这有助于那些有能力阅读解释经卷的首领执掌权力,但这也限制了那些对历史学家有用的各类文献的产生。幸运的是清代史料表明其中还有其他类型的文字材料。当某个教派首领去世后,他的儿子会让一个识字的朋友为他写一份传单,以便向教里的人报丧。[②] 一个叫王应建的教徒有两张黄布执照,上面写了几行无生老母与其家乡宫殿的事(可能源自某部经卷)。王称这是他葬母时用的,用于引导母亲死后的魂灵(可能是用来保证其母能进入无生老母的宫殿)。[③] 前一年因官府追查而逃逸的大乘教主又决定重新聚集,他们写了 *24* "可以用来号召徒众"的榜文,在榜文上盖了自制的朱印木戳。这些榜文在会众中流传,但没多久就有一份被官府发现。[④] 显然,这些"邪教"材料有落入当局手中的危险影响了它们的制作。

　　此外,还有一类许多教派保留的文字记录,就是其会众的名录。这些"用来登记徒众名字的本子"通常称为簿,内容很简单,只有人名。有

---

① 有关林清的书,见本书第109页注③。《上谕档方本》,343—345,20/12/25,王克勤供词;杨庆堃:《中国社会的宗教》,第234页。这两本书引用的材料表明林清的书与其他书的内容一致。

② 《那文毅公奏议》,第38卷,第16—19页,吴洛云供词;《宫中档》015625,19/6/7,杂项供词。

③ 《宫中档》015815,19/6/28,奏折与王应建供词。

④ 《钦定平定教匪纪略》,第33卷,第16—19页,19/1/27,张九成供词;《大清历朝实录》,第257卷,第27—29页,17/5/25,奏折;德·格鲁特:《中国的教派活动与宗教迫害》,第409—410页。

的也记录了信徒的捐献。一个教主如果拥有大批徒众就可能会有不少本名录，里面的人成千上万，登记并保管这些名录可能需要专人负责。许多教派在意识到新劫即将来临，需要记录那些会幸存下来的信徒时就会去编名录。在 1813 年八卦教起义前，以前不这样做的教派群体被要求登记会众，以便在今后得到回报。有个群体没有通文墨的成员，不得不请当地的私塾先生（一个秀才）写下报给他的那些名字。另一个群体不知道如何去造这些名册，又不愿那样不显眼，于是就仿照保甲登记的榜文（列出户籍和家庭成员名字），这些是他们熟悉的。教派名录对官府显然很有价值，尽管表面看来没什么危害，但需要识字的精英帮忙有着潜在的极大危险。上面提到的那位塾师就直接去向知县报告了教徒的活动。① 教众通常很少会保存记录这不足为奇，尽管在几百年中一直处于非法状态，正是靠着不留明确的文字记录和宗教用品才使他们躲过了官府的搜捕，能够幸存下来。

八字咒语

25   嘉庆年间，白莲教徒被教以一种由八个字组成的护身咒语。许多信徒还被教以一些特定的治疗方法，其中最常见的是运气打坐、疗疾按摩和健身武术。防病和疗疾的方法绝不会只用于这些教派，但正是从这些分布于中国社会的庞大"才艺"中，某些技艺和八字咒语一起成为许多白

---

① 这些登记簿又称"号簿"、"簿籍"、"底簿"。有关八卦教的名录，见本书第 124 页注③和《钦定平定教匪纪略》，第 29 卷，第 1—6 页，18/12/26，徐安国供词；《钦定平定教匪纪略》，第 35 卷，第 21—25 页，19/20/10，杨遇山供词；《宫中档》017303，19/11/19，屈福儿供词；《宫中档》017077，19/11/3，秦理供词；《钦定平定教匪纪略》，第 25 卷，第 7—10 页，18/12/12，刘宗林供词；《上谕档方本》，317—325，22/9/24，王瑞供词；《上谕档方本》，203—209，22/11/18，董帼太供词。

　　有关其他教派名录，见《剿捕档》，361—362，18/11/22，郭瑞福供词；《大清历朝实录》，第 257 卷，第 27—29 页，17/5/25，上谕；《大清历朝实录》，第 257 卷，第 18—20 页，17/5/17，上谕。最后这份史料中称，(直隶)滦县的教派(可能是王家)的簿籍登记了五千多人，他们是在以前的 40 年中参加的，平均每年一百多人。

莲教群体教义的组成部分。

在 19 世纪初传授给教徒的重要咒语是八个字:"真空家乡无生父母"。嘉庆初年,这些字还有一个类似的说法,其结尾是另一个女神:"无生老母"①。嘉庆年间有的教派将这八个字作为一个更长咒语的组成部分:

> 礼敬佛法,
>
> 真空家乡,
>
> 无生父母,
>
> 现在如来,
>
> 我祖速至。②

这基本的八字咒语或歌诀通常称为"八字真经"或"无字真经",有时简称"真言"。师父在收新弟子时,这个咒语就是只让信徒知道的秘密,只让教徒拥有的魔法,是给予会众"好处"的基本来源。这些八字咒语甚至能让最目不识丁、头脑最简单的人很快就记熟,因而一个教派的成员就不会仅限于有文化、聪明的人。由于了解在教派中知道咒语的人是真正的信徒,清政府就以此作为施行惩罚的标准。③

就像藏传密宗佛教的咒语一样,只要念诵这些话就有"扬善祛恶"的

---

① "父母"和"老母"这两个词之间的先后关系不是很清楚。黄育楩所引的经卷中用"老母"。19世纪30年代后期在豫北被官府毁掉的庙中也奉祀无生老母(见德·格鲁特《中国的教派活动与宗教迫害》,第22页,第529页)。然而,我所研究的嘉庆朝(大约1810—1820年)受审的每个教派会众在谈到八字咒语时都说"父母"(德·格鲁特《中国的教派活动与宗教迫害》,第492页,第512页)。1724年有个教派称"佛母"(《宫中档》18322,雍正2/6/12)。这些咒语被认为有着巨大的力量,显然信徒会寻求最为正确的说法。

　　在嘉庆年间的史料中,我碰到了两个别的咒语(一个六字,一个八字),每个只提到一次,两个都很类似,完全不脱标准的"父母"模式。见《那文毅公奏议》,第38卷,第67—72页,20/9/6,张凤供词,和《宫中档》018834,20/6/1,邢士魁供词。

② 《那文毅公奏议》,第40卷,第3—6卷,20/5/27,郭洛云供词;《宫中档》018960,张洛焦供词。另一个长咒语是:"真空家乡,无生父母,过去、现在、未来弥勒。"《上谕档方本》,93—96,21/3/4,张柏青供词。这些较长的咒语没有在八卦教的教派中传授。

③ 《林案供词档》,第223期,第1—3页,18/10/17,军机处和刑部奏折。

魔力。① 当一个教徒从师父处得知八字咒语时，师父通常会告诉他在何时、何处以及如何去念咒语，这样就能从中得到好处。这种行礼诵咒的情况繁简都有。在有些教派（比较讲究的信徒？），通常一天要正式行礼三次。早晨，行礼者面朝东，对着升起的太阳敬拜，念诵咒语 27 遍。正午面朝南，再次对太阳敬拜，念诵八字咒语 24 遍。晚上面朝西，向落日磕头告别，念诵咒语 81 遍。在诵读时，信徒要像和尚那样交脚趺坐，闭上眼睛，双臂抱胸。② 这种下跪和朝礼太阳的礼仪是一种向世界的积极力量"阳"做出奉献的方式。③

为与教派活动有较大灵活性的总趋势相合，这一礼仪经常被简化。

---

① 见陈观胜（Kenneth K. S. Ch'en）：《中国佛教》（*Buddhism in China*），普林斯顿：普林斯顿大学出版社，1964 年，第 326—328 页。

② 《济宁直隶州志》，第 4 卷，第 20—29 页，刘宁供词；《钦定平定教匪纪略》，第 1 卷，第 22—27 页，18/9/15，崔士俊供词。有个目击者描述了 20 世纪一个教派的行礼规制："早晨日出时，他们合手跪下，面对太阳直到太阳升到空中。晚上日落时，他们必须做同样的事直到太阳在山后面消失"（司礼义［Paul Serruys］："汉蒙学中的民俗贡献"［Folklore Contributions in *Sino-Mongolica*］，《民俗研究》，第 6 卷［1947 年］，第 2 期，第 26 页）。这段描述出自 1925 年一个荷兰人写的文章（司礼义翻译），讲的是金丹教。另一段描述见卫礼贤：《中国的灵魂》，第 300 页，说的是 20 世纪 20 年代北京的红卐字会。

③ 详见本书第 7 页注③有关教义中的"阳"。另一与太阳有关的咒语，见《宫中档》016869，19/11/18，赵飞义供词。柳存仁认为，灵验动作与太阳位置的关系可以在"大众道教"中找到："古代的道士创造了一种吐纳（早晨面对太阳或是晚上面对满月）的理论，以便他们能从天体释出的精气中获益。"见柳存仁的论文"明代思想中道家的自我修炼"（Taoist Self-Cultivation in Ming Thought），载狄百瑞（William Theodore de Bary）编：《明代思想中的自我与社会》（*Self and Society in Ming Thought*），纽约：哥伦比亚大学出版社，1970 年，第 303—304 页。另一部可能是白莲教的经卷称，春天（生命复苏时）、每天昏以及每月的初一和十五都是空气中特别充满了"天宇之气"的时候。见克拉伦斯·维彻特（Clarence G. Vichert）文中提到的《易筋经》，"中国拳术的基本原则"（Fundamental Principles in Chinese Boxing），《中国西部边疆研究会杂志》（*Journal of the West China Border Research Society*），第 7 卷（1935 年），第 44—45 页。有关 19 世纪一教派对太阳力量更明确的奉献的描述，见秀耀春（F. H. James）："华北教派"（North China Sects），《教务杂志》，第 30 卷（1899 年），第 74—75 页。

　　许多学者从白莲教重视光亮（与黑暗相对）的观念中看到了摩尼教的影响。陈观胜在他的《中国佛教》中简短地探讨了这个问题，第 15—16 页。有关摩尼教，见亚伯拉罕·杰克逊（Abraham Jackson）：《摩尼教研究》（*Researches in Manicheism*），纽约，1932 年，和他的"摩尼教有关来生观念简析"（Sketch of the Manichean Doctrine Concerning the Future Life），《美国东方学会会刊》（*Journal of the American Oriental Society*），第 50 卷（1930 年），第 177—198 页。

教徒可能只是朝着特定的方向而不磕头,或只是"朝天"。咒语也不必念诵一定的遍数。有些信徒被告知只要在早晨行礼。其他信徒得知只要"经常"或"不时""念诵""默诵"这八个字就行,不用行礼。有时焚香也是行礼的内容。①

大多数信徒对这一仪式作用的解释很简单,说"咒语很灵验,能给人带来好处"。有个教派首领想要把自己的一个朋友发展为信徒,他说:"我教你一个法儿,可以趋吉避凶,并可救穷。"其他人称这八个字有防病功效:"当你有病时念它就会好起来";"常念这咒语病就可以全好了。"②以更完善的方式念诵咒语是打坐的一部分内容:"念几遍就可运气";"[我师父]叫我打坐默诵。"③许多信徒被教授打坐以作为学习咒语的方式。多注意打坐可以让我们更好地了解据信是从念诵咒语中得到的好处。

打坐是一种内功,至少自公元前 4 世纪起就已在中国出现,目的是要在体内运气。据说其能治病,有助于强身,益寿延年。

> [他师父]声称日久功深,可以长生不老……上等人学成时成仙得道,中等人学成时却病延年,下等人学成时消灾免难。④

打坐时,人们常是交脚跌坐,合上眼,两臂合拢,像和尚的坐姿。人们积聚精神就能在体内引导运气,若是成功就能进入一种坐功状态。打

---

① 表示诵读的词有"念"、"念诵"和"默诵"。有关这些词和简化的念诵方式,见《林案供词档》,第 211 期,第 1 页,18/9/29,李玉陇供词;《钦定平定教匪纪略》,第 16 卷,第 30—35 页,18/11/5,曹纶供词;《林案供词档》,第 225 期,第 1 页,18/10/18,刘进才供词;《教匪案》(藏英国剑桥,抄录嘉庆十九年二月以后的奏折),59,20/2/27,耿世安供词;《林案供词档》,第 214 期,第 2 页,18/10/9,高五供词;《上谕档方本》,161—163,21/12/26,邵俊供词;《钦定平定教匪纪略》,第 34 卷,第 16—19 页,刘坤供词;有关焚香,见《那文毅公奏议》,第 38 卷,第 7—10 页,19/3/14,王进道供词。
② 《钦定平定教匪纪略》,第 16 卷,第 30—35 页,18/11/5,曹纶供词。《林案供词档》,第 222 期,第 1—2 页,郭潮俊供词;另见《上谕档方本》,85—86,19/12/3,孟大头供词。
③ 第一段引语:《林案供词档》,第 203 期,第 1 页,龚恕供词;第二段引语:《钦定平定教匪纪略》,第 16 卷,第 30—35 页,18/11/5,曹纶供词。
④ 《那文毅公奏议》,第 41 卷,第 42—47 页,21/6/26,裴景义供词。

坐时眼、耳、口、鼻被当做"四门"，在一个咒语中有这样的说法："赞主须皆紧闭四门。"因此，要想控制运作你的气、你内在的能量，"你首先要把手伸向前，摸着合上眼。来自肺腑的一股气就会沉入周旋，然后将气从鼻孔中排出。"①各教派的打坐方式有所不同，不少教派是将打坐与念八字真言连在一起，早、中、晚都对太阳行礼。有个教派认为，这要在私下进行，绝不能当着非教徒的面练，否则就"没用"。其他教派的信徒则聚在一起练，不在乎有无外面的人。一般情况下这样的聚会至多持续几小时。②

如果一个人打坐成功，就会进入坐功状态，甚至还能用于其他目的。有个官员写道："邢士魁精于运气，受审时闭目运气片刻，面色若死人，难从其处录供。"③如果某人练成坐功，就被认为他的灵魂升天去向无生老母致敬。有部经中称这有十个步骤，开始"从海底吸阳[气]"，继之"出昆仑[意为头顶]"，到达无生老母住的天宫，"不回人间"④。19 世纪头十年直隶黄洋教的一个师父教他的徒弟念诵几个长咒。一个是：

28

---

① 《宫中档》016869，19/11/18，赵飞义供词；《那文毅公奏议》，第 41 卷，第 42—47 页，21/6/26，裴景义供词。

② 有关私下练功，见《那文毅公奏议》，第 41 卷，第 42—47 页，21/6/26，裴景义供词。有关集体打坐，见《林案供词档》，第 206 期，第 1 页，18/9/22，高大供词，和本书第一部分，"金钱与聚会"。明恩溥（Arthur Smith）描述了 19 世纪 80 年代山东的一个教派，教徒们据说整夜打坐。（"乡间教区素描"[Sketches of a Country Parish]，《教务杂志》，第 12 卷[1882 年]，第 322 页。）

③ 于是参加这次审问的官员得到命令烧煤和纸用烟熏罪犯鼻子（他在练坐功）。"如此做来，其难以运气而录供……[几日后]邢士魁被烟熏死于狱中"（《宫中档》018834，20/6/1，奏折）。
艾约瑟在 19 世纪 70 年代走访了山东无为教的一些成员，观察了其中一人练坐功的情况。"我曾问一个信徒……他如何尽宗教职责……于是他就交脚坐在一个凳子上。刚开始他坐着不动，闭上眼，但逐渐就变得很兴奋，尽管一言不发。他的胸部忽上忽下，气喘得很粗，眼里冒火，好像丢了魂……这种兴奋状态持续了几分钟，突然就停止了。他离开凳子，从新像以前那样说话有条不紊。旁观者说这人能灵魂出窍，高兴时再让它回来"（《中国宗教》[Religion in China]，波士顿，1878 年，第 187 页）。另一目击者对 19 世纪 70 年代直隶某个教派的描述，见徐博理（Prosper Leboucq）：《中国的结社》（Association de la Chine），巴黎，1880 年，第 25 页。

④ 《破邪详辩》，第 1 卷，第 21 页。另见赵卫邦："明代华北的秘密宗教结社"，第 100 页。

> 吐气吸纳,
>
> 天门大开。
>
> 元神尽显,
>
> 升天礼拜,
>
> 无生父母。

另一个是:

> 天上有八卦,
>
> 地上有八河,
>
> 体中有八室。
>
> 打坐入坐功,
>
> 白气升上天。
>
> 趋前往帝天,
>
> 真空有家乡。
>
> 敬无生父母,
>
> 由此迎来世。[①]

这种瑜伽式的打坐被认为有各种各样的好处。按一个教派的说法,如果在死时灵魂通过"玄关"离开身体它就会成佛。玄关在眉心,这个教派认为靠打坐就能得知灵魂过玄关的位置,死时就能更容易找到成佛之路。[②] 有个教徒称,通过打坐能预知未来:"他会坐功运气,能出元神,知过去未来。"[③]还有个教派将打坐和念八字真言当成是"学好",并可由此得道。有时整个过程被称为"做功学好"。别的教派则称之为

[①]《教匪案》,12,19/3/16,刘大路和任天德供词。

[②] 托普利:"先天大道教",第375—376页。当林清邀请牛亮臣入教时,"他用手指点我眉心,说性在这里"(《钦定平定教匪纪略》,第29卷,第1—6页,18/12/26,牛亮臣供词)。

[③]《那文毅公奏议》,第40卷,第3—6页,20/5/27,郭洛云供词。

"运气养性"。①

　　虽然念八字真言很容易，但这种打坐运气要想做得好却很难，需
要花时间和精力学习修炼。开始时念八字真言的信徒如果自己要求
以后或许会教他怎样打坐，也有人先学打坐后来又放弃了。刘文通
说："我常念八字不见好处，又因坐功气闷，我母亲禁止就出了教。"唐
四九"感到在鼻子里运气很烦，使他无法打坐"。② 由于打坐的技艺
可以在众多不同的层面学习，所以一个弟子会在开始时只是简单地
念诵咒语，然后逐步学习较难而费时的礼仪，有可能最终是长时间地
学习坐功。

　　打坐只是白莲教传播的一种"工夫"。③ 在有些教派还传授一套治病
的按摩技艺。这种按摩又称推拿、按拿。④ 有个教派传授在身体上点"穴
道"的技艺，针灸师用穴道治病，而中国的拳师点穴道能让人瘫痪。⑤ 史
料中没有详细谈及按摩，下面的材料比较典型：

　　　　宋尚忠邀我及高朱喝酒。高朱身上有些不舒服。宋尚忠替高
　　朱身上按拿，高朱就好了。宋尚忠因说他有个会，叫荣华会，是学好
　　的事，劝高朱与我入会。我与高朱都应允了。宋尚忠就教给"真空
　　家乡无生父母"八字。⑥

　　不少教派的师父都能治病，以此劝病人入教收弟子徒众。他们的本

----

① 有关这些说法，见《宫中档》01671，13/8/1，宋进会供词；《上谕档方本》，227—234，22/11/20，
　屈名儿供词；《上谕档方本》，17—18，21/12/5，杂项口供。
②《上谕档方本》，45—46，21/3/3，刘文通供词。有关唐四九，见《宫中档》018583，20/5/9，叶福
　明供词。
③ 在16世纪王阳明弟子的用语中，"工夫"意为积极的丰富思想。见狄百瑞编：《明代思想中的
　自我与社会》，第20页。白莲教用这个词指身体和思想的自我修炼。"工夫"有时也写作
　"功夫"。
④《那文毅公奏议》，第40卷，第21—29页，20/12/19，张洛焦供词；《上谕档方本》，131—135，
　22/10/18，王保和高朱供词。
⑤《那文毅公奏议》，第39卷，第3—8页，19/4/1，路老供词。
⑥《上谕档方本》，131—135，22/10/18，王保和高朱供词。我把这两段供词合在一起。

事除了按摩并不固定,各种伤病都能治。① 在中国的传统中宗教与医学关系密切,正如所有民间社会的情况一样,精通一行也就意味着精通了另一行。②

治病可能是在入教之前也可能是在此之后。在有些情况下医病者 ³⁰ 会告诉病人,为治病他先要入教。有时,医病者会把这样的要求扩大到病人家属身上,告诉他们"病症难治,若非拜师入教,断难医好"。不过在多数情况下,是病人病愈后出于感激(有可能是与对治病过程印象深刻的亲属一起)对"医生"磕头,这样他们就拜了师父入教。在不少情况下,师父就与他以前的病人一起共享教派的"秘诀",教徒弟编造、念诵治病的符咒,学习按摩。医病者治病的本事也就增加到对宗教事务的权威上去,医患关系只是加强了教派师徒间联系的纽带。③

在这些教派中传授的另一种技艺是"拳术"、"拳棍"("拳棒")。这些武术或徒手,或用棍棒,练习的目的是自卫、强身、爽朗精神。

金钟罩是传授给徒众的一种武功。张洛焦学过金钟罩,师父告诉

---

① 材料表明有个病人用茶叶治病。《上谕档方本》,191—212,22/9/14,军机处目。

　　治疗的病有:五例腿痛(《上谕档方本》,301—303,20/2/28,祝磨儿供词;《上谕档方本》,41—42,22/9/3,海康供词;《上谕档方本》,467—469,19/12/18,祝邢氏供词;《上谕档方本》,257—259,20/9/21,宋二供词;《上谕档方本》,173—175,21/11/21,王真供词);腿痛(《那文毅公奏议》,第40卷,第53—57页,21/5/27,于城儿供词);腿骨折(《上谕档方本》,191—212,22/9/14,军机处目);眼伤(《上谕档方本》,83—84,19/12/3,陈五供词);眼疾(《宫中档》017262,19/12/17,任三供词);胃痛(《上谕档方本》,177—178,22/8/19,崔五供词);"不舒服"(《上谕档方本》,131—132,22/10/18,王保供词);疫病(《上谕档方本》,233—242,22/6/20,胡成德供词)。

　　在北京地区的83个教派师父(即授徒者)中,有17人(占20%)能治病,通过看病授徒。(由于罪犯肯定都不愿提他有学生,所以师父的人数会更多。)总共有46人供认他们在入教前让人治过病。这在北京地区入教的600人中占7%。

② 韦廉臣(Alexander Williamson)19世纪中叶在华北当传教士。他说:"我们常被误认为医生:一个穷汉托着腮进来,要我们给他治牙痛;另一个人眼有病,第三个人把一个病孩送到我们面前"(《华北、满洲和东蒙古游记》[Journeys in North China, Manchuria, and Eastern Mongolia],伦敦,1870年,第269—270页)。

③ 例见《上谕档方本》,171—190,22/9/14,军机处目。医病者(如果他还不是教徒)也有可能受病人影响入教。比如,在张自声用针灸给李老的儿子看病时,李老就将张自声收为弟子入教。《林案供词档》,第220期,第1—2页,18/10/15,张自声供词。

他，学了金钟罩他就不用害怕任何拿刀要想进攻他的人。他显然意识到这让他刀枪不入，后来张洛焦就练用刀刺自己的肩、肋，发现确实没受伤，在刺击的地方只有一道白痕。另一个练金钟罩的人也有同样的看法："他能刀枪不入。"①

学金钟罩的人可能会学不止一种武艺。只要他有兴趣还会去学治病的符咒。刘玉瀍就得到了教他金钟罩的师父给的一本书——《张林存放山神册》，书中有治病授徒用的咒语。② 刘玉瀍的一个弟子描述了他治病的过程：

> 我因背上生疮，听说刘玉瀍会治，我求他医治。他用香在疮上画了一会，又喷了一口水，说就可好了。他又说，他有个好儿叫我学会，将来诸事如意。他随念出"真空家乡无生父母"八字，教我记着。③

上面提到练金钟罩的张洛焦也会治病。他不识字，只能背几句咒语："他在给人治病时只会他记住的东西，让别人写下来。"④

金钟罩绝不是传授给教徒的唯一一种武术。有一种拳有指定的八个步骤被称为八卦拳。其他的还有阴阳拳、梅花拳、八番拳和义和拳，义和拳因 1900 年的义和团运动而出名。⑤ 大家相信练武有防病的功效，有助于消化、循环，使身体柔和、舒适。这些拳术还可用于打斗，不同门派的习拳者在集市上争斗司空见惯。其他门派的拳术可能与白莲教的传统无关，可以肯定别的中国拳术与这些教派没有关系。但一个教弟子武

---

① 《宫中档》018960，20/6/20，张洛焦供词。《林案供词档》，第 221 期，第 1—3 页，18/10/16，董帼太供词。20 世纪初义和拳民将此当做第一步，继而又称枪弹也伤不了他们。

② 《钦定平定教匪纪略》，第 42 卷，第 31—34 页，21/6/3，刘玉瀍供词。

③ 《上谕档方本》，47—48，21/3/3，刘明堂供词。

④ 《宫中档》018960，20/6/20，张洛焦供词。

⑤ 八卦拳：《上谕档方本》，233—242，22/6/20，胡成德供词；《钦定平定教匪纪略》，第 24 卷，第 21—26 页，18/12/11，冯克善供词。阴阳拳：《宫中档》016303，19/8/16，刘元供词。梅花拳：《宫中档》016647 - E，19/10/30，董文明供词。八番拳：《那文毅公奏议》，第 40 卷，第 3—6 页，郭洛云供词。义和拳：《宫中档》016647 - E，19/10/30，路福供词。

术(像教看病和打坐一样)的教派成员能使他们之间有一种固定的关系,比拳师与徒弟之间常见的那种关系要牢固,因为他们的关系并不依赖于那些打斗技艺。正如我们所知,学金钟罩的人还能得到教派的"秘密"——用于治病的秘咒、让人得好处的八字真言以及劫难来临时教派的庇护。

教派成员

八字真言和前面提到的其他技艺自 16 世纪至 20 世纪通过师徒间的联系传承下来。加入白莲教的一个教派也就表明其已成教派中某人的弟子而成为这个链条的组成部分。

在清代,教派成员不会公开要求入教,许多人所具有的治病本领——运气、按摩和拳术——实际也就成了广告和进入教派的渠道。许多新成员入教都有明确的目的,学习武术和治病的方法。这样的入教通常都按照极为相似的模式进行:

> [我]害病,有同村居住之王大代我医治。他就叫我拜他为师,入荣华会。他又教我念"真空家乡无生父母"八字,并说,念这咒语病就可以全好了。①

有个给人多次看过病的教徒说,他不会让他帮助过的病人(像通常那样)给他送礼,而是要他们成为自己的徒弟入教。② 一个人对给他治病救了他的人通常都会有感激之情,这种感情被汇入了师徒间的纽带,加强了这种关系。当医生不仅给人看病而且还教他如何给自己治病,并进而与其分享权力和秘诀,这时他们彼此间的联系就更加牢固。

对那些致力于练武的人来说,一般都是徒弟先向拳师学一段时间,

---

① 《上谕档方本》,85—86,19/12/3,孟大头供词。
② 《上谕档方本》,195—196,22/8/23,海康供词。

再拜拳师为师。假如碰巧或是在公开的比武中有两个人比试，其中一人明显胜过对手，败者就要承认对手高强，愿意听从指教。白莲教武艺的传授也没有什么不同："有我同县的霍应方举荐我到德州去与宋跃濂比拳。宋跃濂比不过我，同他儿子宋玉林都拜我为师，入离卦教。"①

习拳治病是白莲教用来吸引人的重要诱饵。医病者和拳师在乡间四处游荡，前者寻找病人，后者在集市打擂台，给人提供大显身手的机会。有着不同背景来自不同村庄但有共同兴趣或是遇到同样问题的人会相遇，一个教派就会随意铺展开来，编织成一个网络。

许多教徒或许是大多数教徒对教派并没有这种"职业"兴趣，但他们还是参加了，目的是想从八字真言以及打坐功夫的灵验中得到好处。咒语的存在并未被广而告之，而吸收教徒是按照事先已存在的关系进行的。父母劝导儿女，朋友和邻居相互影响。比如边二，他迁到一个村子去住，在那里为李士德干活。结果在28岁时，"他认李士德夫妇为义父义母，并随他们入教。李士德教他念无字真言。"有个叫苏建德的石匠说："我到后辛庄杨老家做石磨。杨老邀我入会，说会得好处，我就应允了。"②在有些情况下，给潜在的入教者以明显的物质利益，至少是许诺以后给他们。有个教徒证明了这一点：

> ［我］素同张四胡子认识。张四胡子揽种旗地度日。十六年间，不记月日，我同张四胡子赶集，一路上说闲话。张四胡子说他是白莲教，叫我入了他的白莲教。他将旗地转租几亩给我种，还可诚让租钱。我因没有钱租地，不愿入教。张四胡子又说：既没有租地，若肯入白莲教，将来秋成后收取旗地各佃户租钱的时候，叫我跟着去扛租钱。有一亩租钱给我十个大钱。我听了这话，一时贪利就应允

---

① 《钦定平定教匪纪略》，第24卷，第21—26页，18/12/11，冯克善供词。
② 《宫中档》017623，20/1/26，边二供词。《教匪案》，37，19/11/2，苏建德供词。

入了教。后来张四胡子又叫我每日对空烧三次香。①

入教仪式不复杂，很简短，不讲究时间、地点。最简单的仪式是：徒弟跪下对师父磕头，师父念八字真言并教给徒弟。"他叫我跪下，传我'真空家乡无生父母'八字，令我不时念诵。"②不过也有比较复杂的仪式。仪式中重要的内容是烧香，香烟缭绕上升以沟通人神。有个教派的徒弟下跪时要点一炷香握在手中，别的教派也有师父持香的。还有一例仪式是在佛像前举行。③

在入教仪式上师父也可能背诵其他咒语，然后让徒弟学。嘉庆朝的 34
一个教派成员详细描述了他们较为复杂的仪式，师父烧香跪在前面，学咒语的徒弟跪在他身后。然后他们念道：

> 教主在上。
>
> 三佛引向前。
>
> 我等弟子在下。

---

① 《上谕档方本》，161—163，21/12/26，邵俊供词。被俘者有关其入教"真实"动机的说法不可全信，因为官府诱出的口供不可靠。被俘的教徒都想缩小其宗教动机而强调"诱骗"他们入教的"诱惑"。在这个特例(邵俊陈述)中，述说者可能是真信教，然后再给了好处，允许他在师父的产业中分上一份，也可能是允诺给这样的好处诱其入教。这都难以确定。后来就很清楚，加入白莲教的人都肯定是对各种"好处"感兴趣。

　　对有些人来说，入教显然就意味着在经济上有了保证。以杜有儿为例，他是个乞丐，没了父母，被人收养，后在外面自己糊口。几年后因故他被抓进县衙受审，被打伤瘸了腿，走路不方便。此后，他就在村子里以"跑腿"、乞讨和在婚丧喜事上帮忙过活，夜里就睡在村里的庙中。后来村里有个教派师父邀他入教帮忙。杜有儿称，他"许管小的一世穿吃"。结果，杜有儿就帮师父在附近送信，为教里聚餐买菜做饭，替来客开门。张老六的口供也与此类似。张老六的师父告诉他，"伊在各处乞讨，不如跟随在会内寻找吃喝"。这两人都认为他们入教很幸运，生活会好起来，经济上有保障。教派给了他们活干，有自己的房子，让他们有地位，得到了保护，还获得了饮食、同伴和乐趣。《那文毅公奏议》，第38卷，第67—72页，20/9/6，杜有儿供词；《上谕档方本》，381—388，23/4/29，张老六供词。

　　有关十个钱的价值，见本书附录二。

② 《林案供词档》，第211期，第1页，18/9/29，李玉陇供词。

③ 有关烧香：《钦定平定教匪纪略》，第1卷，第22—27页，18/9/15，崔士俊供词；《上谕档方本》，85—86，22/11/8，陈李氏供词。有关在佛像前举行仪式：《宫中档》011671，13/8/1，宋进会供词。

　　　　我等愿信教，

　　　　皈依佛主，

　　　　皈依教法，

　　　　皈依师父。

　　　　我等皈依三宝。

　　　　若我等弟子不遵佛法，

　　　　若我等泄露天机，

　　　　就让我等肉身化为血污。

　　　　我等决不背教。

　　　　若背教，

　　　　必遭五雷轰顶。

念完后，再由师父单独念：

　　　　我是师主，

　　　　不教邪术。

　　　　若传邪教，

　　　　若骗钱财，

　　　　五雷轰顶。①

　　即使在仪式不复杂时也常会在入教仪式上发誓，很早以前发誓就被当做一种常用的立约方式。有个妇女谈到，他们"先叫我烧香起誓，如若泄露，就要天打雷轰。我就起了誓，我公公传我'真空家乡无生父母'八字。"②另一个人说，"师父……让他叩头，发誓当师父的徒弟。他接受了师父的警告：若破坏了[这个教派遵守的]吃斋戒条，或是不遵其他戒条，

---

① 《宫中档》018945，20/6/13，杂项口供。其他例证，见《那文毅公奏议》，第 40 卷，第 3—6 页，20/5/27，郭洛云供词；《上谕档方本》，85—86，22/11/8，陈李氏供词。
② 《上谕档方本》，255—257，20/1/25，张刘氏供词。

他的肉身会化为血污。"①

　　有些教派在新教徒入教时要奉献钱财。作为回报新成员会得到一张让他烧的"表",烧了后奉献就"记"在无生老母名下。②（有关教派财政方面的内容以后还要详细探讨。）一般来说,入教仪式多样而又灵活,每个教派和师父都会随意创造——当然要在确保安全的范围之内。1813 年八卦教起义的首领林清得到一个朱砂卷轴,上面盖了印章,两旁有龙的图案,中间画个符。他想在收新弟子时用这个卷轴,要弟子既对师父又对卷轴磕头。不过最终他放弃了这个想法,即认为用这个带帝王气的卷轴能更引人注目。③ 考虑到要秘密、灵活,仪式简短。

　　有些教派要在新成员身上留下印记。"他师父把手放在他后脑勺上,念咒语,画了个符,再烧掉放在水里让他喝。之后那个部位隐隐作痛,出现了一个半月形的疤,这里不再长头发。"还有没这样有魔力的方法也有同样的效果:用艾灸烧掉辫子下面的一小块头发,或是直接剃掉辫子上的一小撮头发。④ 这个印记被当做一个"秘密记号"。这一做法的范围有限(可能非常小),只有 1813 年起义的一些参加者这样做了。这种印记有能识别但不易被发现的优点,不像有些反叛者所用的剪辫子或蓄长发那么激烈。

　　还有材料表明白莲教至少在清代用秘密的手势作标记。有人谈到他师父教过他几个手势,但他只记住"离卦的手势是翘起大拇指,

---

① 《宫中档》018960,20/6/20,张洛焦供词。
② 赵卫邦:"明代华北的秘密宗教结社",第 104 页;《林案供词档》,第 218 期,第 1—2 页,18/10/12,于吉庆供词。
③ 《钦定平定教匪纪略》,第 17 卷,第 4—7 页,18/11/6,董帼太供词。林清可能是在模仿清朝官员在圣旨前磕头的做法。
④ 引文见《宫中档》018960,20/6/20,张洛焦供词。有关这种做法的其他材料,见《钦定平定教匪纪略》,第 12 卷,第 27—31 页,18/10/20,李知茂供词;《宫中档》019556,20/8/13,张卫汉供词;《那文毅公奏议》,第 38 卷,第 7—10 页,19/3/14,王进道供词。艾灸是由压缩的干苦艾、艾蒿叶制成易燃的圆棒,燃烧时产生刺激气味,常与针刺疗法配合使用。

坎卦的手势是伸出手用手指组成十字"。有些反叛者被告知，"如遇
同伙不认识者，则以拍掌为暗号。"还有人谈到另一种规矩："凡同教
见面时骈食指中指往上一指，名为剑诀。"[①]因为有危险，清代的教派
通常不在成员的身上留印记，而这些用来识别的手势是非常安全的
身份标志。[②]

这样形成的师徒关系构成了把这些教派统一起来的链条的节
点。在中国师徒纽带牢固而又受尊重。这在上层精英中是一种重
要的关系，使那些学习儒家经典并参加科举考试的人之间保持着
友谊。在非精英层中它发挥的作用小一点，除非是师傅与学徒间
的关系。而白莲教能使普通人获得师父这样受尊重的地位，受到
大家的尊敬而对他表示服从。而要成为师父也不太难，各阶层的
人都能了解相关的情况。一个人只要肯学，就能多少掌握一些教
派的教义教规。

就像入教是个人的选择，每个信徒也都有在任何时候只要愿意就能
"出教"的自由。断绝师徒关系比建立这种关系更简单。阎兴"改变了
[对教派的]看法，因他发现得不到好处，就不再同教内人来往"[③]。如做
不到断绝关系也可只是不积极参加教派活动。因为离教相对比较自由，
那些涉及教派活动不多，尤其是只想很快得到好处的人，在他们无所获
时就很容易会离开。这些人通常不会花功夫去发展自己的徒众，所以他
们离开也不会有大批人跟着离开。相反，不让那些意志不坚者留在教内
对白莲教信徒是有利的，这样增加了集体的安全感。一部 19 世纪后期

---

① 这些引文按顺序为《宫中档》018960,20/6/20,张洛焦供词；《钦定平定教匪纪略》，第 12 卷，
第 27—31 页,18/10/20,李知茂供词；《钦定平定教匪纪略》，第 1 卷，第 22—27 页,18/9/15,
崔士俊供词。晚清和民国时的在理教也用这样的秘密标记。见陈荣捷：《中国近代的宗教潮
流》，第 157 页。

② 有个教派是向徒众分发印章，见《钦定平定教匪纪略》，第 28 卷，第 11—13 页,18/12/24,刘宗
林供词。

③《宫中档》011671,13/8/1,杂项口供。有信徒这样谈论他的出教："我出教不在会中。"（《宫
中档》017488,20/1/9,宋才供词。）

流传的经卷讲得很好:

> 对那些无法教化不愿当真信徒的人,最好是让香火熄灭,而不用让其守戒,向他们灌输有关神人行为的教义,教义不必传授给低层次的人。在传教时要注意仁慈、勤勉、关爱、严谨。①

就像大多数传教士一样,教派成员不得不在发展新教徒与(在危险情况下)不去吸纳那些并不真信教的人之间保持平衡。

官府对教派活动的查访以及对教派起义的镇压,会使许多人包括那些积极参加者断绝与教派的关系。

> 我因会里打官司害怕,就央及杨二将我会内的姓名扣除。至十 37 四年回会,杨二、陈九成同我赶集路遇林清们首。杨二对我说:"你既不入会,该向林清说明,以后不必往林清家里去。"我同杨二、陈九成到林清家,才说不愿入会的话时,林清、刘呈祥都在当院站着,把我们大骂。我们把他吵了一顿……我自从与林清吵骂后总没到林清家去过。②

在 1813 年八卦教起义被镇压后,在天津地区一些独立教派的会众正式宣布不再遵守教派吃斋的习俗而退教。③ 官府赞同这样做。实际上教徒们公开宣布退教也不是难事:具体的做法是去见地方官发誓具结。比如,孙朋就去见了县里的官员,表示后悔,发誓退出大乘教。不过,直到后来他得知官府又要重新搜检时才毁掉了他藏的经卷,他害怕即使是公开退教也还不行。④

---

① 艾约瑟:"华北现代宗教教派的书册"(Books of the Modern Religious Sects in North China),《教务杂志》,第 19 卷(1888 年),第 266 页。

②《上谕档方本》,203—209,22/11/18,王添才供词。

③《剿捕档》,35—36,19/1/6,上谕。

④《大清历朝实录》,第 257 卷,第 27—29 页,上谕。另见《林案供词档》,第 222 期,第 1 页,18/10/16,麻盛章供词。

一个教徒一次只能有一个师父，但一个人前后可以有好几个师父。比如，假如某人外出与师父失去了联系，或他退教加入了另一教派，也可能他师父死后去找第二个师父。白莲教注重武术，其教徒有可能会向许多人学。就以张洛焦为例：

> 乾隆四十七年从伊姊夫王曰魁之故兄王曰衡学会拳棒并推拿治病医道。五十八年又从河南杞县于家庄人张怀锦学会金钟罩，即在各处耍拳，传徒渔利。嘉庆五年复又从现获之同县人王贤钧习离卦教，念诵真空咒语，嗣因王贤钧常向敛钱，随不习教。①

有一些人是在各教派间摇摆，先参加一个教，然后再参加另一个教，总是在寻找"最佳"教派机制。例如麻盛章，他先加入荣华会，几年后有个熟人劝告他另一个教"教理更深"，结果麻盛章就成了他朋友的徒弟。一年后，荣华会的教徒又来劝他重新入会，被他拒绝了。他解释道：我"又拜几个师父，不愿又入这个教"。这些在不断寻找的人是游移不定的教徒，一方面他们熟悉教派事务很认真，另一方面他们又总是在不断寻找更灵验的符咒、更有说服力的观点、更"有好处"的活动，因而他们的信仰是不能算数的。②

---

① 《那文毅公奏议》，第40卷，第21—29页，20/12/19，张洛焦供词。

② 《林案供词档》，第221期，第1页，18/10/16，麻盛章供词。明恩溥对白莲教很有兴趣，尤其是在白莲教与西方在华传教士遇到的问题相关时更是如此。他将这样的寻求者称为"教义爱好者"(doctrine Lovers)，这些人很容易就会信奉某种信仰，其中包括基督教。("乡间教区素描"，第250页，第255页。)约翰·洛夫兰(John Lofland)在谈到20世纪60年代前期某个来自朝鲜的千禧年教派在美国的活动时认为，存在着他所说的"永恒寻求者"(veteran seekers)的现象。"他们很少深入某种宗教，而是一直在了解新出现的每一种宗教热潮。他们先是听，或许会去支持新的宗教运动，又最先离开去投合其他新宗教……永恒寻求者在理念上受到其欲求的困扰，他们渴求将基本食料当做'更高的理解'和'更深的知识'……[洛夫兰]研究的教派轻蔑地将永恒寻求者看作是'宗教流浪汉'，他们完全不知来自何处，去往何方。"《末世崇拜：对皈依、改宗和信仰的研究》(Doomsday Cult, A Study of Conversion, Proselytization, and Maintenance of Faith)，Englewood Cliffs, N. J.: Prentice-Hall, 1966年，第166—167页。

　　对被允许参加白莲教的人没有什么限制,有个师父宣称"招人入教不论男女老幼",这在嘉庆朝的教派史料中完全得到了证实。教派成员的年龄分布极广,从小至 16 至老过 80,在此之间什么年龄都有。[①] 同样,"不问男女都能传教习教",尽管清政府更关注男教徒(他们毕竟是叛乱的积极参加者),但显然许多妇女也是白莲教徒。不幸的是,因为官府一般不会因参加邪教而判妇女有罪,这就使得妇女参加教派活动的情况不能在史料中得到充分反映。[②] 我们知道妇女可以当师父和教派首领,在后面对此还要再作探讨。

　　对嘉庆朝教徒的阶级和职业背景还难以归类。最明显的是其职业的种类之多以及所代表的社会阶级范围之广。会众中有汉人也有满人,有穷人也有富人,有乡村农民也有城市居民,还有满人贵族成员、中下级武官、武举中的秀才、县衙的吏目皂役和各类普通民众。对 19 世纪头十年北京地区某教派二三百人的情况分析,其职业状况如下:4%的人有官

[①] 见《那文毅公奏议》,第 33 卷,第 13—14 页,18/12/23,刘宗林供词。有关参加攻打紫禁城者的平均年龄,见本书第 157 页注①。现有全部统计均来自八卦教在北京地区的教派成员材料。我有这些人中 600 人的名单,其中 215 人被捕,被录了口供。见本书第 4 页注①。

[②] 显然,妇女一般不会在邪教案中被当做主犯。有几个案子妇女都没被逮捕,见《钦定平定教匪纪略》,第 7 卷,第 30—32 页,18/9/30,奏折(这是金乡县崔士俊教派的案子,在第三部分要详细谈到);《宫中档》011671,13/8/1,奏折(这是 1808 年荣华会的案子,在第二部分要谈到);《那文毅公奏议》,第 39 卷,第 3—8 页,19/4/1,奏折(佛门教被指为邪教,但妇女只要悔罪者就被释放);《那文毅公奏议》,第 33 卷,第 13—14 页,18/12/23,上谕(皇帝下旨,名字列入捐献者名单参加八卦教的妇女只要没有积极参与叛乱就不要判罪)。

　　妇女没有参加 1813 年的攻打紫禁城(八卦教起义的一个行动),在后来的审讯(留下了我所用的大部分原始资料)中她们被当做胁从者。即使入了教,只要家里有男人参加叛乱,妇女就被当做男人的眷属判刑。按照法律,这是要将她们判作"功臣"家为奴。按照 1813 年秋制订的一项补充刑律,她们要被押往广东、福建、四川和甘肃各省。(见《林案供词档》,第 211 期,第 1—2 页,18/9/30,军机处和刑部奏折;《林案供词档》,第 217 期,第 1—2 页,18/10/12,奏折;《钦定平定教匪纪略》,第 22 卷,第 25 页,18/11/27,奏折)。刑律条文引自《大清律》(Guy Boulais 译,上海,1924 年,1966 年台北重印本),#1024 和 1025。

　　我在史料(见本书第 4 页注①和本页注①)中找到名字的北京地区 600 名教徒中只有 6%是妇女。如果我们假定 108 名教徒已被提到的妻子都是信徒(通常是这样但并不总是如此),那么这个数字就增加到了 20%。妻女的名字一般不在奏折和上谕中提到,从我所用的材料中无法确定有多少女教徒。

职和功名；①14%的人在官府当下层差役；②19%的人至少有部分收入来

---

① 我有有关教徒所从事225种职业的材料(来自北京地区600名教徒的统计)。有职衔的9人(4%)中至少4—5人是皇族成员，都是满人；一个是五品满人官员；一个是六品满人武官；一个是亲王家的三品满人侍卫；还有一个四品武官，是汉军旗人。最后一条见《钦定平定教匪纪略》，第16卷，第30—35页，18/11/5，曹纶供词。其他各条见本书第72页注③。

有关阶级和职业背景的其他情况：(1) 1813年起义的参加者有些不是来自北京；(2) 19世纪头十年在华北其他地方有些人参加的是其他白莲教派(见本书第4页注①)。这一材料没有告诉我们百分比，但告诉了我们在一个教派里人们有什么样的背景。清政府特别关注那些参加叛乱和邪教组织的有功名、有官衔的人。有记载参加白莲教的人中一人是监生，见《剿捕档》，189—190，18/12/10，洪广汉供词；有一个六品捐官武职，见《钦定平定教匪纪略》，第26卷，第1—2页，18/12/14，陈祥供词。三个武举生员，都属于八卦教的某一支派，参加了叛乱，见《钦定平定教匪纪略》，第28卷，第1—4页，18/12/21，李盛得供词；《钦定平定教匪纪略》，第25卷，第15—17页，18/12/12，奏折；《钦定平定教匪纪略》，第34卷，第19页，19/2/4，奏折；《大清历朝实录》，第280卷，第274页，18/12/2，上谕；《上谕档方本》，215，21/11/26，上谕。还有两个当首领的武生员，以前可能是另一教派的，见《钦定平定教匪纪略》，第25卷，第15—17，18/12/12，朱成志供词；《那文毅公奏议》，第32卷，第16—25页，18/12/3，名录。在直隶、山东和河南三省武生员的名额超过500。见张仲礼：《中国绅士》(*The Chinese Gentry*)，西雅图：华盛顿大学出版社，1955年(*此书有中译本，上海社会科学院出版社，1991年——译者*)；卜内特(H. S. Brunnert)和V·V.哈盖尔斯特罗姆(V. V. Hagelstrom)：《中国现代政治机构》(*Present Day Political Organization*)，上海，1912年，♯954—964。

② 这一批有32人：16个太监(见本书第72页注①和第101页注①。有两个与太监有关的材料，《随手登记》，藏台湾故宫博物院，19/5/16，上谕；《大清历朝实录》，第276卷，第7页，18/10/2，上谕)。4个称粮皂吏(《上谕档方本》，131—132，22/10/18，王保供词；《林案供词档》，第211期，第2页，18/10/2，李秀供词)。一个官府粮仓的前快役(《林案供词档》，第226期，第1页，18/10/19，祝六套供词)。四个北京附近乡村的里正(见第三部分，"发现"，有关宋进荣、祝瑞和刘进保的内容；《上谕档方本》，103—105，20/1/10，宋才供词)。一个京城官府的抄录员(见本书第72页注③)。两个县衙捕快(《钦定平定教匪纪略》，第17卷，第4—7页，18/11/6，曹纶供词)。一个满人士兵(卜内特和V·V.哈盖尔斯特罗姆：《中国现代政治机构》，♯732；《林案供词档》，第223期，第1—3页，18/10/17，奏折)。两个满人王爷的包衣(见本书第72页注③)。一个前师爷，他是为两个省级官员效劳的前长随(《林案供词档》，第221期，第1—3页，18/10/16，董幅太供词)。

衙门走卒这一阶层在八卦教徒中得到了较好的代表，他们主要参加了北京以外的反叛(本书第4页注①中提到的第二类人)。有6个来自河南和山东的皂役、快役、壮头入了教并参加了起义。见《那文毅公奏议》，第32卷，第12—16页，18/12/3，秦理供词；《钦定平定教匪纪略》，第41卷，第3—4页，19/7/6，黄盼功供词；《那文毅公奏议》，第38卷，第73—75页，20/9/6，葛立业供词；《上谕档方本》，423—424，20/11/28，马十供词；《钦定平定教匪纪略》，第26卷，第15—16页，18/12/15，蔡克家供词；《教匪档》，64，20/2/20，蔡五魁供词。牛亮臣是八卦教的主要组织者，他在河南原是个管财库的小吏(帮办库书)，有个叫李志国的教徒与他是同事。见《教匪档》，25，19/7/24，李志国供词；《那文毅公奏议》，第31卷，第18—21页，18/12/16，牛亮臣供词。

自当雇农;①19％的人收入来自种田;②32％的人很有可能也靠农业收入
过活;③12％的人靠某种手艺和行当生活(这些行当包括贩卖窗纸、豆腐、 *39*

---

① 有关当雇农的情况见本书第 157 页注③,还可见下列材料。北京地区的教徒中有 43 人至少
有部分时间当雇农。这些人中有些农忙时节在田里干活,其他时间做别的事。见本书第 42
页注①。《上谕档方本》,147—149,19/12/5,宋二供词;《上谕档方本》,381—388,23/4/29,
张老六供词;《上谕档方本》,389—391,21/6/30,张起华供词;《上谕档方本》,55—57,19/10/
8,张大嘴供词;《上谕档方本》,83—84,19/12/3,蔡熹供词;《教匪案》,68,20/3/29,朱二秃子
供词;《上谕档方本》,375—377,19/12/14,祝陇供词;《林案供词档》,第 228 期,第 1—2 页,
18/10/22,祝玉供词;《林案供词档》,第 229 期,第 1—2 页,18/10/23,韩达子供词;《宫中档》
017330,19/2*/21,韩顺林供词;《上谕档方本》,303—305,19/12/10,高六供词;《林案供词
档》,第 229 期,第 1 页,李凤印供词;《宫中档》017162,18/12/10,李士恭供词;《教匪案》,40,
19/11/3,刘七十儿供词;《上谕档方本》,251—254,20/9/21,刘启武供词;《林案供词档》,第
236 期,第 1 页,18/10/27,刘三供词;《上谕档方本》,119—123,22/10/17,刘喜儿供词;《宫中
档》017623,20/1/26,边二供词;《宫中档》017094,19/12/2,宋广弼供词;《林案供词档》,第
219 期,第 1—2 页,18/1014,宋维银供词;《上谕档方本》,63—64,21/10/12,宋雨子供词;《上
谕档方本》,213—214,20/220,董帼太供词;《上谕档方本》,113—115,21/11/15,王进帼供
词;《上谕档方本》,189—190,19/12/6,王路供词;《上谕档方本》,383,19/7/26,王大名供词;
《上谕档方本》,247—249,20/9/21,吴进才供词;《教匪案》,55,20/2/9,毛联登供词。
② 许多农民除农业收入外还有其他收入来源。见马若孟(Ramon H. Myers)《中国农民经济:
河北和山东的农业发展,1890—1949 年》(*The Chinese Peasant Economy: Agricultural De-
velopment in Hopei and Shantung, 1890—1949*,Cambridge:哈佛大学出版社,1970 年)书中
"雇工"一章。对在这些社会农民群体和经济关系的介绍,见悉尼·明茨(Sidney W. Mintz):
"农民定义札记"(A Note on the Definition of peasantries),《农民研究学刊》(*The Journal of
Peasant Studies*),第 1 卷(1973 年),第 1 期,第 91—106 页;埃里克·沃尔夫(Eric R. Wolf):
《农民》(*Peasants*),Englewood Cliffs, N. J.:Prentice Hall,1966 年,重点是第 2 章。
　　有 16 个人明确表示他们是种地的。他们用的最多的词是"种地"、"庄农"、"务农"。见
《林案供词档》,第 224 期,第 4 页,祝林供词;《上谕档方本》,223—224,19/4/12,韩成章供词;
《宫中档》017262,19/12/17,任三供词;《上谕档方本》,219—212,19/4/12,贺士魁供词;《上
谕档方本》,259—261,19/11/20,屈福儿供词;《上谕档方本》,83—84,19/12/3,陈喜儿供词;
《上谕档方本》,95—98,20/1/10,张喜和甘牛子供词;《上谕档方本》,133—135,20/1/12,马
文亮供词;《上谕档方本》,93—94,20/10/14,任自贵供词;《上谕档方本》,223—225,21/11/
26,李庭用供词;《上谕档方本》,161—163,21/12/26,邵俊供词。
　　其他收入来自农业的有:20 人雇人种地,可推断他们有田或是租了田(见本页注①)。两
人称他们租田种(《上谕档方本》,59—61,21/10/12,张七供词;《上谕档方本》,173—175,21/
11/21,王真供词)。两人自己有田(《上谕档方本》,245—248,22/11/21,屈名儿供词,他有五
六十亩地;《宫中档》011671,13/8/1,陈茂林供词,他父亲有 150 亩地,但典押了出去,后来卖
掉了)。有三人说是种田,但没有说是否有人雇他们(《上谕档方本》,259—260,20/1/25,张
六供词;《上谕档方本》,325—326,20/2/30,白玉供词)。
③ 在起义期间及其后几个月中被捕的 71 人供词中没有提到他们的职业。考虑到在同一时期
被捕的其他人会明确提到他们从事某种手艺,干某行业,没有人说是"种地"(在本页注②第
一段所引的所有这些亲述供词都来自这一阶段后期),我相信这 71 个人(都来自乡村)很可
能是靠"本业"种地生活。

炮竹、纸、果菜和鸡鸭；当仆人、织工、车夫、石匠、窑工、厨师、跑堂；制弓、开戏园、开茶馆）。① 实际上所有这些人只有一点是共同的，这就是他们中没有一人通过以儒家经典为基础的科举考试获得过功名。

内部组织

一个人的职业和社会背景并不能决定他在白莲教的地位。为了解权力在教内是如何行使的，就让我们择例先来看看荣华会的组织结构。1796年前后有个叫顾亮的教首在北京西南的宋家庄开始传教。十几年

---

① 有关这些职业的材料如下：

商贩：《上谕档方本》，151—152，19/12/5，牛十供词；《上谕档方本》，157—159，20/2/17，张得发供词；《教匪案》，55，20/2/9，毛联登供词。这三个商贩每年都有部分时间当雇工。石匠：《教匪案》，37，19/11/2，苏建德供词；《那文毅公奏议》，第38卷，第67—72页，张凤供词。鸡鸭贩子《上谕档方本》，301—303，20/2/28，祝磨儿供词。豆腐贩子《教匪案》，24，19/5/18，贾万金供词；《林案供词档》，第204期，第1页，18/9/19，刘进亭供词。炮竹贩子《上谕档方本》，301—303，20/2/28，祝磨儿供词。纸贩子《林案供词档》，第204期，第1页，18/919，范采供词；窑工：《上谕档方本》，205—208，20/7/11，郝八供词。在北京摆水果摊《林案供词档》，第203期，第1页，18/9/19，熊金才供词。戏园老板《林案供词档》，第212期，第1页，18/10/3，刘潮栋供词。厨师：《教匪案》，13，19/3/14，刘二秃子供词。跑堂：《林案供词档》，第224期，第3页，18/10/18，祝林供词。仆人：《上谕档方本》，171—190，22/9/14，宁六供词；《林案供词档》，第23期，第1—3页，18/10/26，王五供词。脚夫：《上谕档方本》，63—64，21/10/12，宋雨子供词。车夫：《宫中档》015579，19/2＊/16，戴五供词；《上谕档方本》，183—184，20/1/18，曹黑子供词。制弓匠（满人）：《林案供词档》，第223期，第1—3页，18/10/7，奏折。窗纸贩子《上谕档方本》，203—209，22/11/18，董幅太供词。开茶馆（他还在自家和别人的地里干活）：《上谕档方本》，247—249，20/9/1，吴进才供词。菜贩子《上谕档方本》，137—145，20/10/16，名录。弹棉花《上谕档方本》，251—254，20/9/21，刘启武供词。织工：《上谕档方本》，161—163，21/12/26，邵俊供词；《那文毅公奏议》，第40卷，第53—57页，21/5/27，于城儿供词。有关织工的材料另见《上谕档方本》，221—222，19/11/18，曹孙氏供词；《上谕档方本》，109—111，21/11/15，李玉供词；《上谕档方本》，39—41，22/12/4，张陆氏供词。这些家庭织工大多来自北京西南的固安和新城县。针灸师：《林案供词档》，第220期，第1—2页，18/10/15，张自声供词。

其他八卦教徒（非北京地区）的情况表明有人还从事下列职业：

屠夫：《宫中档》016813，19/11/15，陈晨供词；《宫中档》016995，19/11/25，何进标供词。放牛郎：《宫中档》016813，19/11/15，陈晨供词。和尚：《济宁直隶州志》，第4卷，第20—29页，庆方供词；《钦定平定教匪纪略》，第21卷，第28—32页，18/11/24，绪乾和宗印供词；《钦定平定教匪纪略》，第5卷，第33—34页，奏折。算命先生《宫中档》018945，20/6/13，孙家旺供词；《钦定平定教匪纪略》，第33卷，第16—19页，19/1/27，张九成供词。

后,教派发展到至少有 70 个教徒,他们住在宋家庄及邻近的村子里。顾亮被所有人当做教主,而与顾亮的师父却没有积极的联系。不管他是什么身份,就一切意图和目的而言,顾亮都是教派首领。70 多个徒众中男女老少都有,他们都是顾亮的徒弟,或直接联系,或通过他徒弟的徒弟以及他们的徒弟联系。师父名义上被称为"前人",弟子称"后人"。① 根据现有的材料画出的这个教派的结构或许与图表一相似。大多数教派的组织都会有点像这一结构,但显然各种各样的结构会在这种一师一徒和一师多徒的框架内产生。

像顾亮这样在一个地方辈分高的人通常被称为"教头"或"教首"。这些首领又被称为"教主",他们会宣称自己得到了创教者(称"祖")的亲传,还经常以宗教经卷来加强自己的权威。白莲教徒用"主"这个词称呼那些知识渊博威望很高的人。有些师父还被徒弟尊称为"爷"。后来组成八卦教的一些教派则用"当家"来指某些教首。② 可能除了"主"外,所有这些头衔都经常用,不是什么神秘的语言。③

这种教派组织很适宜保密,我没发现教徒觉得有必要隐瞒教首的身份。相反,所有教徒都认为在教首"站着受礼时"必须恭恭敬敬地面对

---

① 《林案供词档》,第 204 期,第 1 页,18/9/19,刘进亭供词;《宫中档》011671,13/8/1,杂项口供。
② 李文成在一处被称为"总当家",或许是为与林清的"总祖师"和"总教头"相称。如果这些头衔是互为补充的,表明一方面是统治者,另一方面又是圣贤,那么"当家"可能就是指除了是宗教专家外还是组织者。有关李文成和林清的头衔见本书第 97 页注③;《钦定平定教匪纪略》,第 7 卷,第 10—12 页,18/9/28,马朝东供词。有关"当家"一词的其他用法,见《钦定平定教匪纪略》,第 8 卷,第 13—15 页,18/10/1,奏折;《宫中档》016167,19/8/2,吴洛云供词;《林案供词档》,第 204 期,第 1 页,18/9/19,董帼太供词;《宫中档》018651,20/5/16,王三供词;《上谕档方本》,271—272,20/4/24,董帼太供词;《那文毅公奏议》,第 38 卷,第 58—60 页,20/3/25,赵得供词;《上谕档方本》,301—303,20/2/28,祝磨儿供词;《那文毅公奏议》,第 40 卷,第 63—67 页,21/6/18,蔡明山供词;《宫中档》016869,19/11/18,赵飞义供词。
③ 19 世纪末、20 世纪初,白莲教建立了更复杂的等级制度,使用了更不常见的称呼,教派开始建造更多的庙宇和厅堂。出现这一变化的原因是官府很少再搜捕迫害教徒。有关教派有更多职务和头衔的情况,见德·格鲁特:《中国的教派活动与宗教迫害》,第 190 页;托普利:"先天大道教",第 374 页;司礼义:"汉蒙学中的民俗贡献",第 20—21 页;乔治·迈尔斯(George Miles):"吃斋教派"(Vegetarian Sects),《教务杂志》,第 33 卷(1902 年),第 1—10 页。

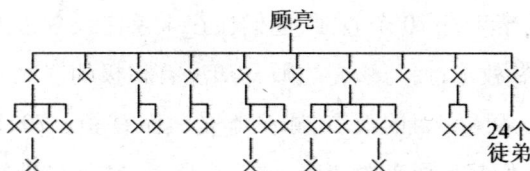

图表一

他，向他磕头。①

在教派内还有辈分的观念，称为"辈"或"层"。大多数信徒都知道他们与教首之间的师承关系，通常能叫得出这些男女。比如邢士魁，他能叫得出教内前九代师父的名字。一个徒弟应该把在他"上面"所有的直系传人都当做师父，见到他们要磕头，在教派事务中承认他们的权威。② 这些教派的结构等级分明，同辈教徒即使是同一个师父的弟子也不能互称"兄弟"。这与三合会以及华南的其他"秘密"社会形成了鲜明对比。③

然而，白莲教的师徒关系不受中国整个社会中盛行的等级观念束缚。在那里师徒的上下级关系不同于其他不平等的关系，比如老少关系、男女关系。一般来说，在中国社会，一个年长的男子很少会拜一个年轻男子（更不会拜年轻女子）为师，无论哪个男人都没理由和不管多大的女子一起学习，向她学技艺。这些铁定但又并不正式的规则在白莲教中没有市场，尽管它们的影响肯定能感觉到。在这些教派中，为人治病和习武的技艺以及八字真言的护身秘诀各种年龄、男女两性所有教徒都能学，任何人都能教，并积极鼓励他们这样做。经常会有一个徒弟比他（她）的师父年长。根据所有可查阅的材料（仍以北京地区的教派为依据），几乎有 16% 的

---

① 《钦定平定教匪纪略》，第 1 卷，第 29—32 页，18/9/15，张建木供词。

② 《宫中档》018834，20/6/1，邢士魁供词；《上谕档方本》，171—190，22/9/14，杂项口供。

③ 有关三合会的情况，见利昂·库默（Leon F. Comber）：《马来亚的华人秘密社会：三合会概况，1800—1900 年》（*A Chinese Secret Society in Malaya : A Survey of the Triad Society, 1800—1900*），Locust Valley, N. Y.：J. J. Austin Inc.，1959 年，书中文献索引；让·谢诺编：《中国的民众运动与秘密社会，1840—1950 年》，书中文献索引。

人师父比他们年轻。① 在有关妇女的可查材料中,76%的人师父是男性,24%的人师父是女性。在女师父中一半有女徒弟,另一半有男徒弟。② 与正规的做法相比更灵活是白莲教对个人尤其是对妇女有吸引力的一个特点,这些人想要避开等级社会加在他们身上的限制。

就像妇女和年轻人可以当他们发展的任何人的师父一样,就是想当教首也没什么正式的限制。不管是谁如果他是村里第一个教徒并开始传教,那么他就能当首领。一个年轻人如果想要有自己的徒众,他可以迁往或是周游到新地方去实现自己的理想。四处周游的医病者就在他们途经的村镇里收徒弟。

习俗和缠足阻碍了妇女的活动,不过她们还是能当教首。刘龚氏就被当做教主。她是从 11 代前的高祖母那里继承了权威地位。她高祖母是龙门教的创教教祖,这个教派教义和责权是通过家族内的女性传承的。③ 在这些教派中对首领所用的词可同样适用于男女。有个被派去镇压 1813 年八卦教起义的官军统帅这样谈论妇女所发挥的作用:"匪徒习教多由妇女传及夫男者,妇女阴险,邪教又属阴谋渐积濡染以致酿成逆案……计军营节次所戮妇女不止……一人。"④

大多数白莲教教派都没有确定教首地位继承的明确规定,而是倾向于世袭继承。如果一个儿子(或女儿)能得到他父亲徒众的尊重,他(她)就可继承父亲的权威地位。特别是在一些已数代传教并有教派经卷传承的家族更是如此,当然传承的序列不一定是父传子。"王发贤家祖传白阳会……从族兄王宣诵习经忏……王宣故后王发贤在会年长。"⑤

如果教派首领死(或被捕)时没有留下一个自然的继承人很可能会

① 在 151 个案例中有 24 个,占 16%。
② 女师父的数字来自 21 个案例。女师父弟子的数字来自 10 个案例。
③ 《那文毅公奏议》,第 41 卷,第 28—31 页,21/3/3,刘龚氏供词。
④ 《那文毅公奏议》,第 33 卷,第 4—5 页,18/12/20,那彦成奏折。在与八卦教起义有关的文件中,只有一处提到妇女积极参战,这件事在本书第 276—277 页有描述。
⑤ 《钦定平定教匪纪略》,第 36 卷,第 6—8 页,杂项口供。

出问题,他的弟子会争权夺利。无论是谁要是能得到群体的尊重且具备个人条件,了解教派的教义和活动,并有足够的个人徒众,他就会得到承认被推为新的首领。在第二部分提到的几个例子中,这种承认要举行仪式,教派内所有以前不是新首领徒弟的人都要对他磕头,"就都归顺"。而不这样做的人则可带着弟子离开。因为在传承的链条上关键的环节一旦短裂,这些教派就会趋于分散,所以许多"继承危机"可能会被忽视,而容许教派在下一代分裂为独立的单元。弟子有可能背离教首,转而忠于其他人。我们在下面会看到这种情况。

　　与领导层的变化同时出现的还有教派名字的变化。教派名的纷繁多样让历史学家感到困惑。有些人认为一个群体在遭到官府迫害时会改名,而其他人则认为每个名字都代表一个不同的群体。[1] 我的研究表明,一群信徒有可能给教派改名,但并非因遭到迫害,而是主动要这样做,目的是为了反映其新的组织内涵。有材料说明承认一个共同教主的弟子在任何时候都会去求助于与他们同名的群体。这个名称可能是短命的,如果教派首领去世,或是他本人又拜了地位更高的师父而成为别人的徒众,教派就会改名。教派间的关系一般都很友好,这些教派之间的分与合不断出现。[2] 如果有个弟子离开到另一个村子去发展教徒,他就会被新教徒看做是教派首领,即使他还遥尊自己的师父为更高的权威。这样的一个分支或仍用旧名,也可能完全用新名,还有可能将新旧名合在一起用双名(或三名)。教徒们对用复名好像很满意,用各种方法来表示分支教派与主干教派之间的关系,如"老君门离卦教又称义和门",[3]还有"东方震卦又称龙华会教"。[4]

　　八卦教起义者用过不少名字。最初起义者属于孤立的各小教派,每

---

① 例见,朱永德:"对中国历史上白莲教的初步研究",第126—131页。

② 德·格鲁特提出,在19世纪80年代厦门的教派相互间都看做是"姊妹社团"而不是对手(《中国的教派活动与宗教迫害》,第126—131页)。

③《宫中档》018583,20/5/9,叶福明供词。

④《宫中档》018243,20/4/13,方应成供词。

个都有自己的名字。这些派别被组织在一起,重新分为八派,每个以八卦卦名称呼,合起来就叫八卦教。在新劫来临时,教派成员宣布建立天理会。① 所有这些变化都发生在三年内,是教派首领主动决定的结果,与官府的活动没什么关系。不过这些变化与组织的改变有关,每个新名字都代表着信徒组织师徒链的重新组合。

教徒们用来称呼各教派群体的词比通常想象的要更精确。我们知道,"教"一方面是指白莲教教义,另一方面是说传播这些教义的组织。"会"没有这些意思,但它是指一群信徒,这些会众积极地聚会信教。② 某个师父的弟子建的支派有时称"枝",但更多称"门"。因此教徒们有可能会告诉政府官员,在他的宗教中有三十六"教"(有自己教义和师父的教)和七十二"门"(这些教派的分支)。③ 在嘉庆朝,有些白莲教教徒称自己为"在理"。④

① 教首林清对这些变化谈得不很清楚:"这教本名三阳教,分青红白三色名目,又名龙华会。因分八卦又名八卦会。后又改名天理会"(《那文毅公奏议》,第 31 卷,第 18—21 页,18/12/16,牛亮臣供词,引林清对他说的话)。
② 例如,在 1811 年大乘教遭到查抄首领被捕后,信徒们就停止聚会,将他们的团体称为"散会"。其首领(称为"散会首")最后决定复会重新建教(保留旧名),把信徒们再次联系在一起。《那文毅公奏议》,第 38 卷,第 67—72 页,20/9/6,张凤供词;《钦定平定教匪纪略》,第 33 卷,第 16—19 页,19/1/27,张九成供词。
③《教匪案》,12,19/3/16,任天德供词。
④ 这个词有下列用法:"我结婚时不知道我丈夫全家都在理"(《宫中档》017364,19/2/26,祝邢氏供词)。后来在 19 世纪"在理"成了直隶和东北别的教派的名字。有关嘉庆朝的在理教,见《上谕档方本》,291—297,19/3/15,祝海清供词;《那文毅公奏议》,第 40 卷,第 3—6 页,20/5/27,郭洛云供词。有关晚清的在理教,见 L・C・阿灵顿和威廉・卢维森(L. C. Arlington and William Lewisohn):《寻找老北京》(In Search of Old Peking),北京:Henri Vetch,1935 年(该书有中译本,经济科学出版社,1999 年——译者),第 216 页;陈荣捷:《中国近代的宗教潮流》,第 156—157 页;陈志让:"义和团的起源"(Origin of the Boxers),载陈志让和尼古拉斯・塔林(Nicholas Tarling)合编《中国与东南亚社会史研究》(Studies in the Social History of China and Southeast Asia),剑桥:剑桥大学出版社,1970 年,第 69 页;让・谢诺:"中国历史变迁中的秘密社会",载让・谢诺编《中国的民众运动与秘密社会,1840—1950 年》,第 9 页;库寿龄:《中国百科全书》,第 573 页;詹姆斯・吉尔摩(James Gilmore):"烟草、威士忌和鸦片"(Tobacco, Whisky and Opium),《教务杂志》,第 19 卷(1888 年),第 164 页;徐博理:《中国的秘密社会》,第 47 页;宓治文(S. Evan Meech):"北方的反叛"(The Northern Rebellion),《教务杂志》,第 23 卷(1892 年),第 135—136 页。

教派的组成、发展的方式以及它们相互间的关系或许能在一个具体的例证中很好地反映出来。让我们来看看圆顿教的情况。这个教派是17 世纪末北京人高八岗兴起的。他去世后该教继续发展为至少四个支派。这个教派的主干派靠他的后人传承，到 19 世纪初教首是高家一个守寡的女儿高张氏，徒弟们称她"教主奶奶"。高张氏与其守寡的女儿和儿子一起住在北京南部，她的孩子都习教。这时他们的教用的名字是一炷香清净无为教。高张氏藏有大量宗教经卷(1813 年至少被没收了 35 本)，她常年能得到教徒的奉献。这些弟子住在北京和华北其他地方——(北京东面的)玉田、山东的济南府和直隶的枣强县。

除了这一由高家控制的主干教派外，在陕南靠近四川的西乡县还有圆顿教早期的一个支派。高八岗有个女儿嫁给了这里一个叫陈贵的人。陈贵成了他岳父的徒弟，然后他把这个教带回家乡，在当地传教。于是他的子孙就继承了他自封的教首地位。到嘉庆年间，陕南的这个教由陈家的孙辈陈恒义掌管。而陈恒义的兄弟创建的陈家教派的另一个分支46 在 1811 年迁到鲁西(林清所在的县)，在那里发展教徒。早期圆顿教还有一支在奉天(在东北)。这一派最初是高八岗的弟子王敬潮传的，他是当地人。一百多年后，王敬潮的后代还在习教传教。

尽管这些分支教派相距遥远且最初交往为时已久，但它们不是孤立的。它们都知道对方的存在，常有联系。高张氏被承认是创教者合法的直系传人，她的教派与那些彼此平等的支派之间也互通信息。1808 年，陕西的教首陈恒义来北京，住在高家。他告诉教主奶奶，据他推测五六年内将有一段艰难的时期。但他又说他正好知道一些咒语，只要念诵得好就能免灾。陈恒义就教高张氏念咒，又给她几张符，只要把这些符烧了泡在水里喝，就能让人得悟并能免"刀兵水火之厄"。高张氏很喜欢这些护身法，又把它们传给自己所有的弟子。东北的教首王士青通常每年要向高张氏送钱。1813 年春，他派了个徒弟带了 30 两银子去北京，教主奶奶向这个人传授了这些新符咒。此人回奉天又传给王敬潮，再由王传

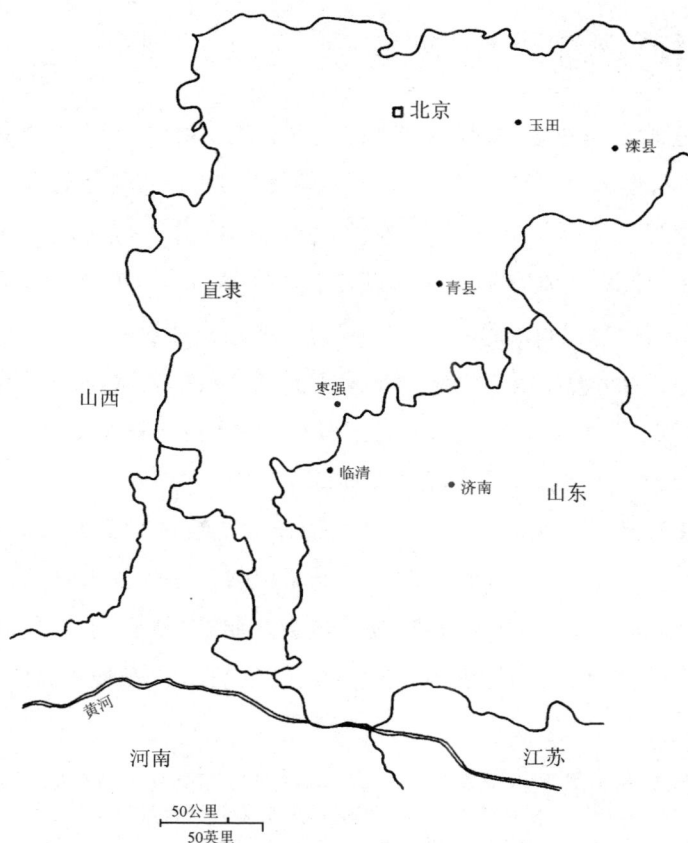

华北平原府县

给他的信徒。① 虽然它们与发动 1813 年八卦教起义的教派活动地点很
接近,但没有迹象表明这些人参与了反叛,甚至与起义者都没什么联系。
然而,还是受到这次起义的影响,官府发现了高张氏等人的活动,处置了
他们。

---

① 《钦定平定教匪纪略》,第 26 卷,第 1—2 页,18/12/14,陈祥供词;《钦定平定教匪纪略》,第 38
卷,第 2—6 页,19/2*/4,陈恒义、王士青和陈文清供词;《剿捕档》,435,18/12/21,奏折;《钦
定平定教匪纪略》,第 22 卷,第 17 页,18/10/12,王士青供词;《剿捕档》,449—454,18/11/26,
高德明供词。

良好品行

白莲教中许多教派都有某些饮食规定。食物禁忌一直被认为有益健康，能长生不老，通过佛教这些规定与虔诚和品行也有了关系。事实上，参与八卦教起义的教派很少关注饮食禁忌，只有一些教派宣称戒酒，[①]但有不少其他教派确实不吃荤。[②] 有些教徒不吃某种食物，[③]其余的只在规定的日子不吃肉，或是只在家吃，而在教派聚会时吃素。[④] 为宗教原因不吃肉把禁忌变成了一种值得鼓励的虔敬行为。前面已经提到，发誓忌荤可以成为入教仪式的内容，就像当众宣布不再遵守这样的规定可表示已与某教派断绝了关系。[⑤]

大多数教派都鼓励成员要将某些道德规范当做无生老母的教义遵守，不过各派间关注的道德行为内容不尽相同。有些教派禁赌，其他的则禁酒、禁烟、禁鸦片。[⑥] 在嘉庆朝荣华会规定"禁酒色财气"[⑦]，而后来的另一个教派则禁"杀戮、抢劫、淫荡、滥伪、饮酒"[⑧]。酒被看做既不利于

---

① 这次起义的主要组织者都不是素食者，但加入八卦教的有些团体对食物有限制。《宫中档》011671，13/8/1，宋进会供词；《林案供词档》，第218期，第1—2页，18/10/12，于吉庆供词。

② 比如，19世纪80年代厦门的先天教（见德·格鲁特：《中国的教派活动与宗教迫害》，第190页）；1900年前后汉口的瑶池教（见迈尔斯："吃斋教派"）；20世纪50年代新加坡的先天教（见托普利："先天大道教"，第375页）；19世纪80年代东北的混元教（见英格利斯："混元门"，第370页）；20世纪20年代热河的金丹教（见司礼义："汉蒙学中的民俗贡献"，第23—24页）。

　　德·格鲁特举了一个极端的例子，有两家人照师父吩咐一点东西都不吃，希望能"白日飞升"。他们全都饿死，后被火化。这个师父被抓，按照刑律杀（或迫使自杀）一家三口或更多人的获罪判刑（《中国的教派活动与宗教迫害》，第160—161页）。

③ 1813年山东有个教派不许吃葱蒜，甚至不许带进村（《剿捕档》，423—424，18/10/29，上谕）。八卦教中有个教派规定除了牛肉和马肉其他肉都能吃（《上谕档方本》，171—190，22/9/14，庆丰等供词）。19世纪晚期在理教禁止教徒吃猪肉（徐博理：《中国的结社》，第47页）。

④ 只在每月十五日吃斋，见《宫中档》018945，20/6/13，孙家旺供词。有关教徒聚会吃斋，见《那文毅公奏议》，第41卷，第42—47页，21/6/26，裴景义供词。

⑤ 《那文毅公奏议》，第36卷，第2—4页，19/2/15，奏折；《剿捕档》，35—36，19/1/6，上谕。

⑥ 《林案供词档》，第218期，第1—2页，18/10/12，于吉庆供词。

⑦ 《宫中档》011671，13/8/1，杂项口供。

⑧ 见司礼义："汉蒙学中的民俗贡献"，第24页，说的是20世纪20年代的金丹教。

健康又对精神有害,但下的这些禁令并不总能得到执行。[①]

　　除了禁止公认的恶行外,教首还鼓励弟子好好生活。要他们勤俭,"劝人行善",帮助"贫苦"教友。[②] 有人被告知,"遇到事须从仁义礼智体贴,不要为匪作恶"。还有人被告知要"敬天地,孝父母,不恃强凌弱"。[③]

　　官府对白莲教经常所作的指责是其全然不顾社会习俗,允许男女聚会交好,而且还鼓励婚外性关系,容许在聚会时胡来。我们知道情况确是如此,在这些教派中,妇女为人妻母以及未婚女儿的身份并未限制她们参与活动,而作为教徒,她们的性别又未使其降到次要的地位。这些教派确是这样不遵现状,使得妇女不守本分。妇女当上了教首,成了男人的师父。她们从最高地位的神无生老母与她们同一性别这一点很容易就会感到自己的重要。

　　难以找到白莲教中性放纵的可靠材料,官府的指控不能当真。在数百年前民间"道教"确有聚会纵欲的传说,而且还认为性行为有助于长寿。[④] 不过,嘉庆年间有关教派活动的材料说明官府的怀疑可能也有些道理。

　　尽管没有聚会纵欲,但八卦教的一些教徒在性方面比较宽松。作为公共道德的卫道者,清政府当然会很反感。在北京地区的两个教派,同门教徒显然受到鼓励(至少是容许)相互间发生性关系。当教首林清(后

---

① 《林案供词档》,第 221 期,第 1—3 页,18/10/16,董帼太供词;《林案供词档》,第 234 期,第 1—3 页,18/10/27,董帼太供词。

② 有关帮助别人,见《宫中档》011671,13/8/1,孙家旺供词;《大清历朝实录》,第 244 卷,第 9—10 页,上谕。有关勤俭,见陈荣捷:《中国近代的宗教潮流》,第 157 页,书中对 19 世纪后期和 20 世纪在理教的描写。

③ 前一句见《那文毅公奏议》,第 41 卷,第 42—47 页,21/6/26,裴景义供词。后一句见《教匪案》,64,20/3/20,蔡五魁供词。

④ 见马伯乐:"古代道教'养生术'"(Procédés de 'nourir le principe vital' dans la religion Taoiste ancienne),《亚洲学报》(Journal of Asiatique),第 229 卷(1937 年),第 177—252 页,第 353—430 页。黄育楩(《破邪详辩》,第 2 卷,第 9 页)引用了一部经卷,赵卫邦译("明代华北的秘密宗教结社",第 101 页),其中有一句,"男取阴神者即成菩萨之果,女采阳气者即成佛果之身"。

来发动了叛乱)去见他的一个弟子时,他会叫(要?)他弟子的妻子(有时是儿媳)来陪他睡觉。出于互惠的原则(这显然是他们的道德),林清把自己的妻子和养女也交给这个弟子和弟子的儿子去睡。[①] 不清楚妇女是否有权拒绝。北京南面另一个教派的首领李五是林清的朋友,他和妻子各自与教中的不少男女徒弟有性关系。不是每个信徒都认为这样的性放纵是合适的。吴贤达去李五家聚会,看见有个教徒与李五的妻子睡在床上。他立刻就离开了,"因这会内男女混杂,不像学好的样子,心不服,就再没到他家去。"[②]林清和李五是两位有影响的教派首领,不清楚他们的弟子是否也有这些特权。

像白莲教这样有悠久历史分布广泛的宗教,其信徒不会不利用它宽松的性标准。就以邢士魁为例,他在一个教内学会了推拿治病。后来决定自建教派,就放弃了通常的宗教活动,一路走一路构建教理,四处活动。根据他的证词:"嘉庆十四年,邻村陆尹氏生病,要他去治。邢士魁就用推拿给她治病,忽然他很想得到这个妇女,遂与她交媾。此后他又找到其他与她睡觉的机会。他记不清有多少次……后来他想出个主意[伪称她儿子是神灵附体以增加信徒],诱骗别的妇女,以此渔利,且有更多猎色的机会。"[③]

钱财与聚会

官府对邪教常加指责的一点是其首领只是想从受他们"蒙骗"而信任他们的人手中弄钱。真实的个人动机不容易搞清楚,不过很明显白莲教能够并经常确实也积聚了巨大的财富。教内师父一般都要弟子奉献,这笔钱就通过师徒链落入了教首手中。这些捐献是自愿的,但它们通常很有组织,以致一个"虔诚"的信徒难以拒绝。

---

① 《宫中档》017364,19/2/26,祝邢氏(那位儿媳)供词。
② 《上谕档方本》,117—119,22/11/10,李宣氏供词;《上谕档方本》,355—356,22/9/24,吴贤达供词。
③ 《宫中档》018834,20/6/1,邢士魁供词。

各教派为得到奉献有很多规定，每个都想为其具体的群体找到最有效的方式。许多教派要求所有新教徒交一笔入教金。在嘉庆朝至少有三个教称这种纳金为"根基钱"。[①] 而有个教要求每个月、每个季度交笔钱，分别称为"小礼钱"和"大礼钱"。还有个教要求"根据你们的能力"一年交两次"跟账钱"。[②]

这些钱一般用于教派活动。有些教派用捐献去买日常聚会用的食物和香，聚会时参加者要吃斋。有个教派每年在首领生日时举办宴会。[③] 虽然钱是用于聚会，但教派首领还可得益。有个教徒解释道，他们相信首领，所以"给他钱花帮他"。[④] 捐献按师父的顺序上送，虽然不清楚每个师父拿多少，但位居弟子大金字塔最顶层的那个人可以得到一笔正常进项。[⑤] 能从弟子那里得到奉献，使得所有信徒都愿去发展新教徒，以扩大 50 他们的联系网。

这一定期积聚钱财的制度很容易就会变为一种更系统、目的是为发动叛乱的什一税。新的劫难随时都会到来，希望它早日来临的这些教派会采取具体措施策划在事变中发挥自己的作用。而这种组织活动的一个表现则是其筹钱的范围有所不同。

那些雄心勃勃的教派通常都会保存成员名单，有时还会保存捐献者

① 《上谕档方本》，343—345，20/12/25，王克勤供词；《上谕档方本》，333—336，20/12/25，王殿魁供词；《济宁直隶州志》，第4卷，第20—29页，刘宁等供词；《宫中档》018945，20/6/13，孙家旺供词；《钦定平定教匪纪略》，第1卷，第22—27页，18/9/15，崔士俊供词。

② 有关大礼钱和小礼钱：《那文毅公奏议》，第40卷，第3—6页，20/5/27，郭洛云供词。有关跟账钱：《钦定平定教匪纪略》，第1卷，第22—27页，18/9/15，崔士俊供词。

③ 有关素食供品：《那文毅公奏议》，第41卷，第42—47页，裴景义供词。有关每年两次聚会：《宫中档》018945，20/6/13，孙家旺供词；《上谕档方本》，331—333，22/9/24，王亮供词；《上谕档方本》，355—356，22/924，吴贤达供词；《上谕档方本》，349—351，22/9/24，王必供词。有关首领生日：《宫中档》015816，19/6/26，李天翔供词。

④ 《那文毅公奏议》，第33卷，第13页，18/12/25，秦理供词。

⑤ 明恩溥描述了19世纪80年代的教派（"乡村教区素描"，第248页），他谈到分钱的情形："[在教派聚会时]每个教徒来时都带着他要交的钱……首领拿出糕饼，然后吃掉，尽量减少开支以确保收入。在一定的时候，他要向下一个更高的主子报告，给他一份——比如说收入的一半，剩下的归他自己。"

的名单。有部经卷中有这样的内容：

> 黄村吕祖立，
>
> 至今得兴隆，
>
> 天下众善人，
>
> 挂号对核同。
>
> ……黄村献钱粮。[1]

在策划起义时,徒众们会被告知他们的奉献代表着多次被登记,现在就能在末劫来临时给他们带来财富和权力。"人都说他不过要人的银钱,说是种福,将来一倍还十倍,就信了给他钱。"[2]向人许诺的福可以是具体的。八卦教许诺每个奉献钱粮的人以后会得到土地和官职,土地的数目和官职的级别要依奉献的多少来定。有个教派给每个捐献者一张收条,上面写明捐献的数目和许给他的福。[3] 而为了策划叛乱,就需要比较有用的人入教,有个师父告诉徒弟去"勾引年轻有钱的人入教习拳"[4]。

以发动叛乱为名筹集的钱不会都落入教派首领的腰包。我们知道,在 1813 年起义中,有不少必需的开支要用捐献的钱。许多首领向徒弟提供武器或是买武器的钱。每个起义者至少要用一块有时是两块白布作腰带和头巾,做很多面白旗的布和其他材料也要上层首领提供。攻打紫禁城林清需要在里面做事的太监帮助,要鼓励这些已入教的太监去发展别人,林清下令给太监教徒钱——这与通常钱的流向相反。[5] 总之,要以八卦教的名义去买东西,不可否认首领们会大花捐款改善他们自己的生活,但也有不少钱用在了他们徒弟的身上。

---

[1]《那文毅公奏议》,第 39 卷,第 31—37 页,19/7/30,奏折;《上谕档方本》,165,22/6/17,上谕;《破邪详辩》,第 4 卷,第 2 页。

[2]《林案供词档》,第 221 期,第 1—3 页,18/10/16,董帼太供词。

[3]《钦定平定教匪纪略》,第 25 卷,第 7—10 页,18/12/12,刘宗林供词。

[4]《那文毅公奏议》,第 38 卷,第 73—75 页,20/9/6,葛立业供词。

[5] 见本书第 102 页注[1]。

甚至就是在平时也会给教徒压力要他们出钱,有的教徒因为不愿或是不能出钱而退教。比如,王亮去参加他加入的教派的一次聚会,要他今年出 500 文钱,明年还要加倍。但到第二年他拒绝出这么多。他师父说他"心不诚",因而他"不能参加以后的活动,既不能参加聚会,也不能参加起事"。① 还有人作证:"我因没钱给他,他与我争吵,我就不同他来往了。"②在某种程度上,必须捐款成了一种有效的筛选人的方法。那些不愿为团体利益牺牲的人自然就没兴趣,它还提供了一种正常就有且不断加强的凝聚团体的试金石。在计划起义时,首领们不愿意清除那些未能拿出不断增加的捐款的人——他们需要所有能找到的人,需要所有知道计划的人来共襄大举。在这一阶段通常都会发出警告以死来威胁人们听命。教徒们相信,当劫难来临时所有不信教的人都会被杀死。想要叛乱的首领手中有一件有力的武器,这就是教徒害怕得不到最后的好处并担心会与教外的人一起死掉。这些首领会采用这一杀手锏:"[师父]对我说,李老带领徒弟们要闹事,叫我捐出钱两吊,帮助李老,李老就不杀我了。若不出钱,即欲将我全家杀害。"③而这正是首领所要的合作,没有什么资源的教徒就出时间出力而不是出钱,他们帮着跑腿、送信、安排聚会。④

有关捐献最重要的可能是数目,这让教徒感到颇为为难。这是个不容易弄清的问题,对其所做的探讨还只是初步的猜测,例证不多。(有关 52 捐献和生活费用的详情及材料见本书附录二和附录三。)入教的捐献在 100 文至 400 文钱之间,平均约 200 文钱。如果我们估计 200 文钱大致是一个穷人干两天活的收入,那么这笔钱不低,但也不过分。每年送礼的费用差别很大,低至 200 文钱,高达近 4 000 文钱,等于两天至 40 天的

---

① 《上谕档方本》,331—333,22/9/24,王亮供词。
② 《上谕档方本》,209—211,20/7/11,刘进保供词。
③ 《林案供词档》,第 211 期,第 2 页,18/10/2,李九供词。
④ 《上谕档方本》,381—388,23/4/29,张老六供词;《那文毅公奏议》,第 38 卷,第 67—72 页,杜有儿供词。见本书第 33 页注①。

收入。在最后的时刻，个人要为起事的开销奉献专门的捐款。这笔钱也是高低不等，从 20 文钱至 5 000 文钱（从不到一天到 50 天的工钱）。由于师父要穷人出的钱不多，很可能个人给教派正常的捐款并不是很大的负担。在起事前的最后时刻所要出的钱是不少，但这些钱一般是在八月和九月出，这时即将秋收，每个种田的人此时都会有比较多的现钱。此外，当新劫确实就要来临时，教徒们也不用为以后的生计发愁，花掉自己的积蓄（假如有的话）没什么不对。

因为指望小群体的首领从弟子那里得到捐献，然后再将其中部分交给高层教首，所以他们捐款的数量还是相当多的。有个首领在 1813 年头九个月中交给林清一万多文钱，而另一个首领必须在起义前的三个月每月交出 4 000 文钱。林清向参加起义的各个群体筹钱，因而积聚了很大一笔财富。他得到的礼物一次就有一卷蓝靛布、一辆大车、一头驴、一头骡、一箱银锭和 500 两银子，还有两次也得到了大致这么多的东西。①

在普通人眼里一二两银子是笔大数目，那么这么多钱自然是巨款。据张仲礼介绍，一个普通人的人均收入（以 **GNP** 的百分比为基础）是每年 5.7 两银子，乡绅阶层的人均收入是每年 90 两。生活在林清之前半个世纪的诗人、学者袁枚通常写一篇墓志碑文可得到三五百两银子，每月写篇序可得 300 两。而极受人羡慕的富裕盐商正常每年交给中央政府几百万两白银。② 因此，与其信徒相比，教派首领更能"致富"，像八卦

---

① 布：《上谕档方本》，173—174，21/1/25，董帼太供词。驴、骡、银锭：《林案供词档》，第 211 期，第 1—3 页，18/10/16，董帼太供词。500 两银子：《那文毅公奏议》，第 32 卷，第 12—16 页，18/12/3，秦理供词；《上谕档方本》，611—612，19/12/25，董帼太供词；《那文毅公奏议》，第 31 卷，第 18—21 页，18/12/16，牛亮臣供词。

② 有关袁枚，见阿瑟·韦利（Arthur Waley）：《袁枚：18 世纪的诗人》（*Yuan Mei，Eighteenth Century Poet*），纽约：麦克米伦公司，1956 年，第 47 页，第 108 页。两淮盐商 1810 年至 1814 年 4 月向清政府交了 12 次钱。数目从 10 万到 400 万两不等，平均每次 120 万两（见《上谕档方本》，159—164，24/10/16，军机处奏折）。所交的钱多用于修河，只有数目最少的 10 万两用做 1813 年秋的军费开支。有关乡绅的收入，见张仲礼：《中国乡绅的收入》（*The Income of the Chinese Gentry*），西雅图：华盛顿大学出版社，1962 年，第 328 页。

教这样有着众多盟友支派的教派首领能得到像上层精英人物那样多的收入。同样重要的,这种捐献体制为教派建立了经济基础,给其首领提供了一个完全不受官府和上层控制的收入来源。

白莲教之所以有很大势力一个原因是其有从事广泛协调活动的能量:打坐、治病、学拳、吃斋都既可个人也可团体练习。组成一个教派进行日常活动可以只有几个人参加,还可随处而为。不过按照传统及其不断更新的选择,这些都是聚集会众的教派,从其被称为"会"也反映了这一点。在官府眼中"夜里秘密聚集的群体"是非法的,所以举行这样的聚会是一桩危险的反抗活动。

教派聚会没有固定的模式,各群体随时都可聚会,只要需要可经常聚会。传统聚会的方式有许多种,最常见的是一月聚会两次,安排在初一和十五,按农历各为新月和满月之夜。[1] 有些群体不常聚会:一年只有一次、两次、三次或四次。[2] 有个教派首领决定每年聚会八次,每次都以八卦中的卦名来称呼。[3] 聚会通常在某个教徒家举行,经常是在教首家。在这些聚会上,食物(带来或是用捐款买来)经常是素食,先作供品,然后大家坐下来吃。[4] 接着那些聚会者就会听、读、颂教派经卷,有时还在一起打坐、念八字真言。1816 年被捉的三元教徒众说:

> 每逢会期[裴景义等]均赴裴远通家,凑出钱文交裴云布买备素

---

[1]《大清历朝实录》,第 244 卷,第 9—10 页,16/6/7,奏折;《钦定平定教匪纪略》,第 1 卷,第 6—9 页,18/9/13,奏折;《教匪案》,17,19/4/15,李二供词。

[2]《宫中档》018945,20/6/13,孙家旺供词;《林案供词档》,第 206 期,第 1—2 页,18/9/22,杨进忠供词;《剿捕档》,381—384,18/11/23,上谕;《那文毅公奏议》,第 41 卷,第 42—47 页,21/6/26,裴景义供词。另见托普利:"先天大道教",第 274 页;明恩溥:"乡村教区素描",第 248 页;司礼义:"汉蒙学中的民俗贡献",第 23 页;艾约瑟:《中国佛教》,第 378 页。

[3]《钦定平定教匪纪略》,第 36 卷,第 6—8 页,19/2/14,奏折。

[4]《宫中档》018945,20/6/13,孙家旺供词;《宫中档》015580,19/2*/21,李五供词;《那文毅公奏议》,第 41 卷,第 42—47 页,21/6/26,裴景义供词。另见司礼义:"汉蒙学中的民俗贡献",第 23 页;英格利斯:"混元门",第 270 页;德·格鲁特:《中国的教派活动与宗教迫害》,第 200 页。

供。恐被外人看见，俟至夜晚烧香上供，习念咒语。供毕分食，坐功
运气。其余寻常日期，裴景义等或三五人聚在一处，或各人在家学
习运气。①

有时，首领会阐释教义，教导弟子行为要得体——"此外在聚会时认真交
谈，尤其是谈论三皈五戒，诚心敬待，相互劝诫、鼓励。"②

在清代，这一传统的个人与聚会间的冲突还受到官府的积极推动。
正如杨庆堃所说，清朝国家的政策正是要"不断运作以控制宗教的传
播……制止那些干预国家事务的独立宗教组织发展"③。不过，官府没
有料到白莲教的力量会如此之大，因为即使在地方会众遭官府搜捕被
驱散后其观念仍继续在传播。聚会对教徒非常重要，因为这些聚会使
其群体像一个社区那样聚集，所有教徒参加了都能获得快乐和好处。
而只要这些会社能最终重新召集起来，即使不聚会其组织也能维系一
段时间。

最后一点则必须要考虑到白莲教的特点。虽然还不明确但有迹象
表明，这些教派的组织和活动都表现出两面性。这两个层面与历史悠
久的阴阳对立观念相对应，而在这里更多的是"明"和"暗"。我们知
道，八卦教的反叛者在起义时会用两种口号：一种是"明号"，打在旗子
上；另一种是"暗号"，只在叛乱同伙中口传。在 20 世纪，这种分为秘
密组织和公开组织两套系统以及相应的两种活动的做法更加明显。④
这一宗教实际以两种方式立身，平时是秘密的宗教组织，在新劫到来时
就是发动公开叛乱和革命的工具，而对信徒来说他们也会感觉到其宗教
的双重特点。

---

① 《那文毅公奏议》，第 41 卷，第 42—47 页，21/6/26，裴景义供词。其他对聚会的描述，见《宫中
　档》011671，13/8/1，杂项口供；《剿捕档》，381—384，18/11/23，上谕。
② 引文出自德·格鲁特：《中国的教派活动与宗教迫害》，第 190 页。另见《大清历朝实录》，第
　244 卷，第 9—10 页，16/6/7，奏折。
③ 杨庆堃：《中国社会的宗教》，第 298 页。
④ 八卦教称它们的反叛为"明道"。见本书第 119 页注④。

郜家的离卦教

在平常年份,白莲教孤立地分布在华北平原上。每支规模不大,固定在一处,专心从事日常的宗教活动,甚而对其过去的历史也不了解。前面对教派组织和活动的介绍只是反映了这一静态的图景。为了考察这些教派是如何生存和变化的,就有必要将它们放在一个较长时段里考察。这样我们就要来了解每个教派一直在进行的活动,发展、分枝,在各地流动,有时又收缩到近乎化为乌有,然后又迅速发展起来。每个教徒都感觉到这一充满活力的过去。他本人就置身其中的师徒联系促使他为未来打造新的联系网,并将他直接与过去的迫害和反叛联系到一起。注重于传教以及由世袭教首家族所体现出的连续性促使教徒去新的地方发展新成员。因而就逐渐有一种压力推动大家离开教派与官府已有纠葛的地区,去那些还没有教派活动也未遇到麻烦的地方。换言之,这些教派在时间和空间上都很有生命力。为了在转向八卦教话题前谈及此,让我们来看看一个教派及其分支的情况,即该教派在乾隆后期和嘉庆年间在华北的活动。

郜家生活在河南商丘县的华北平原上,靠近山东,位于黄河以南(1850年前黄河不经现在的河道而是穿越大平原直向东流,在山东半岛南部入海)。该家族以"数代"习离卦教而出名,它是世袭精英承袭白莲教传统的一个极好例证。这个家族中有一人被当做教主,对他较正式的称呼是"南方离宫头殿真人"。而该家族将离卦教看做是一个大教的分支。

乾隆朝后期,郜家有人决定搬迁以躲避对他们的迫害,他家直系亲属中多数人已遭到迫害。郜添麟的父亲和两个叔叔被处决(可能是参与了某次有计划的叛乱),另一个叔叔死在狱中,一个堂弟被流放。为了让郜家全家度过这一困难时期,郜添麟改名换姓,1787年迁往位于山东中西部的东昌府城,这里离他老家约有150英里。不过郜添麟绝非是要脱离他家族的教派,直到23年后去世(自然死亡)时他一直在收新弟子。跟随他的子侄也都在教内,后者还继承了伯伯的教首职位。这样到嘉庆朝前期,这个家族至少拥有两个中心的教首地位——在河南老家和郜添麟在山东的教派。这个家族中每个人都在继续收徒传教,各个分支也逐渐建立起来。

郜添麟的一个徒弟在鲁西靠近大运河的家乡莘县建立了一个支派,在那里向徒众传教,收了不少徒弟。再往南面的金乡也有山东郜家教派的一个分支。崔士俊比郜添麟晚四辈,自1804年起他就一直在那里传教。他在金乡和邻县有一个庞大的弟子网,1811年他被推为大教首。这两个鲁西支派的首领相互认识,但他们的交往并不密切。①

同时,河南郜家还在继续发展自己的分支教派。通过一个来自直隶中部的师父居间努力,在直隶中部的巨鹿县(这个县的知县黄育楩后来在这里查抄到几十本教派经卷)有了一群弟子在积极活动。巨鹿支派的首领叫吴洛兴(又叫吴二瓦罐),会给人看病,他本人离开河南的领导层至少已有三代人时间。嘉庆朝初年,吴洛兴在巨鹿已有了大批徒弟,再通过他的徒弟将教义传到了巨鹿以西的地区,其信徒至少已有五代人之多。有些巨鹿的信徒还迁往晋中地区,在那里传教授徒,给他们的群体重新起名为先天教。1800年,吴洛兴和两个徒弟被抓,因习教罹罪而受罚遭责打,然后他们又被放了。这是他的教派第一次触犯法律,但肯定不会是最后一次。②

在1800年后的几年内,吴洛兴的门徒人数继续增加,尤其是在他生活的巨鹿县增加更多。十多年后,名册上的门徒数目已有1 600多人,他们称其教派为大乘教。用这个新名字反映了吴洛兴的门徒认为自己已

---

① 《钦定平定教匪纪略》,第32卷,第36—38页,19/1/24,郜继远供词;《钦定平定教匪纪略》,第7卷,第30—32页,18/9/30,上谕;《钦定平定教匪纪略》,第1卷,第22—27页,18/9/15,崔士俊供词。

② 《宫中档》016167,19/8/2,吴洛云供词;《宫中档》015625,19/6/7,王大志和杨坚供词;《上谕档方本》,141—142,21/10/24,上谕;《大清历朝实录》,第68卷,第4—5页,5/5/21,上谕;《大清历朝实录》,第258卷,第9—11页,17/6/2,上谕。

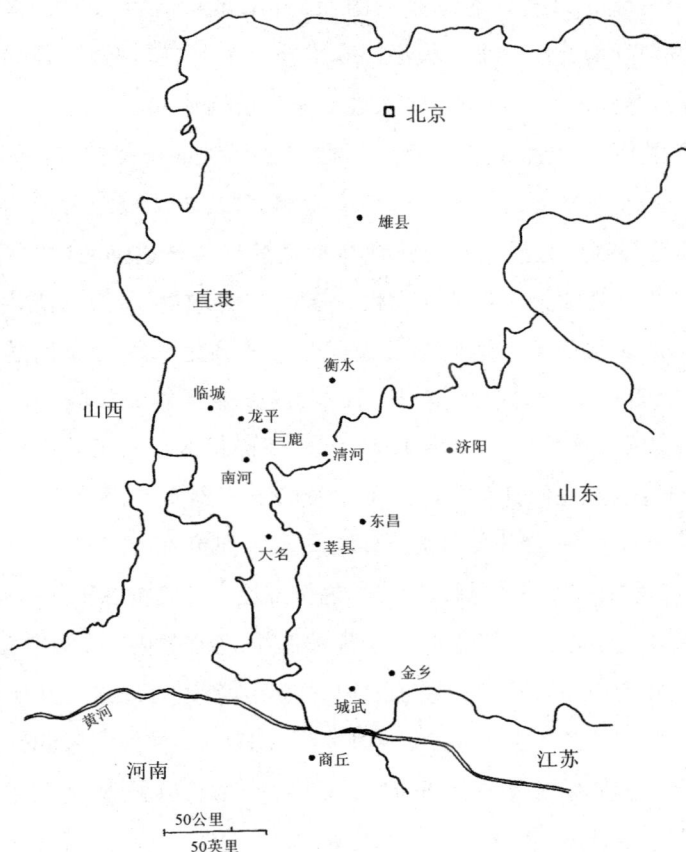

华北平原府县

完全独立,不再是郜家教派的分支。每月初一和十五门徒们都分成小股聚会,烧香,念诵教内经卷。还鼓励大家捐献,共筹集了4 800两白银。

因为这些活动的动静不小,所以这个教派引起官方注意就不足为奇了。有个考不上科举的生员向当局告发了这些非法活动。1811年随之而来的迫害不算太严厉。登在号簿上的1 600人并未全部受到惩罚,他们的名字被地方官记录下来,警告他们不要惹是生非。名录上有些人主动自首,发誓不再参加教派活动。其他信徒则继续习教,但聚会的人数减少,次数也不多。对大乘教教首的处置就不像对普通会众那样宽容。

吴洛兴的一个徒弟被认为是教派的元凶（十多年前就与吴一起受到处罚），他被判立即处以绞刑。吴洛兴本人被定为"次要首领"，判处流放广西，在路上得病去世。还有四个次要首领也被判流放。①

这些教派很有活力，不是官府一两次搜捕就能根除掉的，1811 年对大乘教的迫害对扑灭巨鹿教徒的热情影响甚微，虽然较小的群体比较胆小。② 尽管最高层教派的几个首领包括吴洛兴都被逮捕清除，但其并不缺乏领导人。在逮捕了这些人后仅一年，有个叫刘帼名的信徒认为恢复教派活动的时候到了。他到邻县去与张九成商量。张九成也是大乘教信徒，他会看病、星占、相面、卜卦、打拳，还是最近被流放的一个首领的亲戚。张也认为教派应该重新开始活动，并提议他们应该向教徒发出恢复活动的告示。他们甚至可以仿照皇帝的玉玺刻方印，盖在告示上。于是刘帼名和张九成就开始发告示，但没多久他们在北京的一个信徒被捕。盖有"伪"印的告示受到政府当局的仔细检查。刘帼名很快被抓，处以死刑。张九成竭力逃避了追捕，一直没被抓住，还在教内忙了好几年。③

在对这个教派的历史有所了解后，嘉庆皇帝认为过去对其所做的处罚太轻。他指责负责的官员，命令对去年（1811 年）被处罚者的判决要重审。结果这些处罚都被从严而定。那三个教派首领被改判监禁在直隶的府衙大牢中，在这年秋天有可能被处决。④

---

① 《大清历朝实录》，第 244 卷，第 9—10 页，16/6/7，王邦彦供词和上谕；《宫中档》016487，19/9/24，奏折；《宫中档》016167，19/8/2，吴洛云供词；《宫中档》017105，19/12/7，奏折；《大清历朝实录》，第 258 卷，第 14—16 页，17/6/16，上谕；《宫中档》0166958－E，19/11/25，奏折；《大清历朝实录》，第 257 卷，第 12—13 页，17/5/8，上谕；《上谕档方本》，107—111，17/6/9，李景帼供词；《那文毅公奏议》，第 40 卷，第 7—10 页，20/6/24，路老宾供词；《大清历朝实录》，第 257 卷，第 27—29 页，17/5/25，孙朋供词。
② 有关这些迫害对雄县（在直隶）这一教派一个小支派的影响，见《上谕档方本》，209—211，20/7/11，刘进保供词；《那文毅公奏议》，第 40 卷，第 7—10 页，20/9/6，张凤供词。
③ 《钦定平定教匪纪略》，第 33 卷，第 16—19 页，19/1/27，张九成供词；《大清历朝实录》，第 257 卷，第 12—13 页，17/5/8，上谕；《宫中档》015625，19/6/7，奏折。
④ 见德克·布迪（Derk Bodde）和克拉伦斯·莫里斯（Clarence Morris）：《中华帝国的法律》（*Law in Imperial China*），Cambridge：哈佛大学出版社，1967 年，第 77—78 页，有关处罚的等级。

尽管惩罚比较严厉,但这些首领仍不"弃邪道"。相反,这些被重判的首领中有个叫李经的人,他被囚禁在直隶南部的狱中,就在这时他已实际开始组织一次起义。几年前,会算命的张九成预言李经的儿子以后会交好运。他估算1814年劫难将来临,到那时小李可能会被在关键时刻来人间的佛附体。所以1813年时李经就通过狱卒送信给其他几个教派首领,告诉他们这个预言。这些人就到狱中来见李经。他要他们去做旗子,旗子上写上他儿子的名字和起义的日期。所有教派徒众都领到了这些黄旗,要他们准备武器,图谋"应劫"。

李经的计划在这年秋天遭到八卦教起义的破坏:官府的密探再次开始调查大乘教,八卦教宣称它已准确地预测到来劫使它得到了李经一些弟子的支持。尽管李经改了起义日期,准备在八卦教能够"诱惑其徒众"前迅速起事,但他的计划泄露。皇帝对大乘教还在继续不停捣乱极为愤怒,他下令立即将李经凌迟处死,还有21名首领被捕后也被处决。[①] 60

大乘教及其母教离卦教的许多教徒知道官府在1811年、1812年和1813年所进行的迫害,但他们中只有很少人受到惩处。巨鹿县有个教徒叫杨遇山,一点也不灰心丧气。他重建了个人与河南郜家的联系,带了一个郜家的年轻人当他的弟子,后来他还送钱给郜家。此外,他的信徒对劫难来临时得救的说法很感兴趣,有了这些信徒杨遇山就与八卦教的首领联系,并安排他的教派参加八卦教起义,他还让郜家了解这些计划。[②] 在1813年冬八卦教起义失败许多人丧生官府严加追查的情况下,大乘教、离卦教及其众多支派都选择了静谧无踪,这样在后来十年的史

---

① 《钦定平定教匪纪略》,第29卷,第6—8页,18/12/26,田克其等供词;《大清历朝实录》,第258卷,第14—16页,17/6/16,上谕;《钦定平定教匪纪略》,第22卷,第29—30页,18/11/28,上谕;《钦定平定教匪纪略》,第26卷,第31—34页,18/12/16,上谕;《钦定平定教匪纪略》,第29卷,第6—8页,18/12/26,上谕。有关凌迟,见德克·布迪和克拉伦斯·莫里斯:《中华帝国的法律》,第93—95页。

② 《钦定平定教匪纪略》,第29卷,第9—10页,18/12/26,杨遇山供词;《钦定平定教匪纪略》,第35卷,第21—25页,19/2/10,杨遇山供词;《钦定平定教匪纪略》,第31卷,第10—11页,19/1/13,郜坦照供词;《林案供词档》,第227期,第1—2页,18/10/21,董幗太供词。

料中对它们都没有记载。

这些离卦教派只是在嘉庆朝初期活跃的白莲教的一部分，此处对其几十年历史的叙述可以反映出与其类似群体的典型生活，且在对同一时期八卦教的详尽、纷繁历史给予介绍前做一简短的归纳。

第二部分　巩固：八卦教的形成

造反的前辈

　　迄今为止没人搜集到写一部白莲教历史所需的原始材料。现在能用的二手材料只能描绘出一幅模糊的图景，只有一些散乱而无联系的名字和日期。即便如此，每个教徒都有其了解集体历史部分内容的途径，通过追溯过去的师徒联系，还可通过自己教派的名字，每个教派都有一连串名字。1813年的八卦教徒并不是最早宣称弥勒降临的无生老母信徒，也不是最早对其期待感到失望的人。在关注八卦教的起义前，还是让我们粗略地来考察一下其前辈的暴乱历史。

　　在白莲教最早的起义中材料较为详尽的是由直隶北部石佛口王家发动的一次起义。前面已将这个家族作为世袭教派师父的代表谈到过，这些师父要在经卷中预言的来劫中发挥作用。王森是教派首领又是家族的创建者，他从16世纪90年代起到1619年死在狱中一直都在传播闻香教。他的弟子在华北不少地方各有徒众，分为好几个教派。1622年，他儿子王好贤和信徒徐鸿儒传言，劫难将在这年中秋（八月十五日）来临。官府的追查使得他们只好改期。五月，他们的追随者扎上红头巾，攻打了鲁西的四座城池（郓城、滕县、峄县和邹县）。起义者聚集了不少支持者，但他们还是在邹县县城被围。在那里他们坚守了三个月，最终被打败，叛乱被粉碎。①

清朝建立后，白莲教继续在悄悄地传播。从现有的材料来看，在清

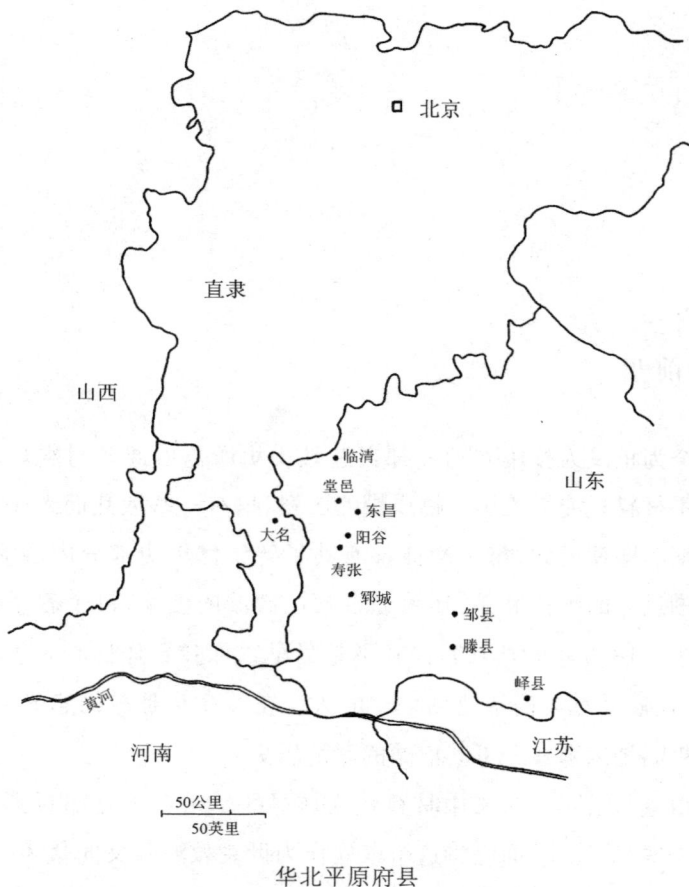

华北平原府县

---

① 陈学霖："中国明清时期的白莲弥勒教义与民众起义"，第 217—218 页；德·格鲁特：《中国的教派活动与宗教迫害》，第 166—168 页。在明朝崩溃时可能还有别的教派发动了叛乱。相关的一些迹象，见詹姆斯·帕森斯（James B. Parsons）：《晚明的农民起义》（*The Peasant Rebellion of the Late Ming Dynasty*），Tuscson：亚利桑那大学出版社，1970 年，第 189 页，第 220 页。

朝统治的前 100 年很少有武装起事。乾隆年间(1736—1795 年)，出于还不完全清楚的原因，多次有人传播有关千年末世和弥勒佛降临的预言，还演变成了公开的叛乱。在湖北有个教派以前只是教武术，为人治病，进行小规模的聚会，在 1768 年(乾隆三十三年)开始为即将来临的劫运做准备，通知信徒们备好红头巾。官府打听到这些活动，赶在叛乱爆发前就逮捕了不下 200 人。① *65*

1774 年(乾隆三十九年)，白莲教徒的行动比较成功。鲁西寿张县的王伦会看病，他精于拳术和打坐，是清水教教首。这个教派计划应新劫发动起义，但地方官事先知道了他们的计划，他们不得不提前行动。这年八月二十八日，教徒们连续攻打了鲁西的寿张、阳谷、东昌和堂邑四府县。起义者聚集起来很快就围困攻打临清旧城，不到一个月围城结束，王伦被杀，叛乱被粉碎。②

1786 年(乾隆五十一年)，为了实现八月十五日劫运来临的预言，在直隶南部的大名府爆发了攻打官衙的事件(实际发生在闰七月十五日)。起义的教徒杀了十多个官府的人，打开钱库和大牢，然后离城。后来至少有 40 人被抓，发现是八卦教叛乱，其成员都是大名人，他们与鲁西和鲁南的教派有联系。那年这些黄河以北的平原地区出现了旱灾。③

这一时期最大规模的教派起事是著名的白莲教大起义，其早期阶段

---

① 德·格鲁特：《中国的教派活动与宗教迫害》，第 293 页；朱永德："对中国历史上白莲教的初步研究"，第 142 页。

② 德·格鲁特：《中国的教派活动与宗教迫害》，第 297—304 页；恒慕义等编：《清代名人传略》，第 660 页；理查德·荣格(Richard L. K. Jung)："1774 年山东王伦起义"(The Rebellion of Wang Lun in Shantung, 1774)，载"乾隆皇帝与其军事将领：叛乱与清代的衰落，1774—1788 年"(The Ch'ien-lung Emperor and His Military Leaders: Rebellion and the Decline of the Ch'ing Dynasty, 1774—1788)，哈佛大学博士论文。

③ 德·格鲁特：《中国的教派活动与宗教迫害》，第 336—338 页；《大清历朝实录》，第 1261 卷，第 15—18 页，乾隆 51/7* /20，上谕；《大清历朝实录》，第 1261 卷，第 18—21 页，乾隆 51/7* /21，上谕；《大清历朝实录》，第 1261 卷，第 33—36 页，乾隆 51/7* /26，上谕；《大清历朝实录》，第 1261 卷，第 45—46 页，乾隆 51/7* /28，上谕；《大清历朝实录》，第 1262 卷，第 8—10 页，乾隆 51/8/2，上谕。

很像以前那些不成功的起义。有个白莲教派的教徒习教的内容也是练武、吃素和念咒。1775 年(乾隆四十年)因官府查抄,有个首领被流放到甘肃,但他仍与弟子保持联系,在流放的 20 年中常有人给他送钱。1793年(乾隆五十八年),同一教派有其他教徒被抓。这时教派首领宣称劫末即将来临。他们宣布首领的两个儿子(分别姓刘和姓王)一人是弥勒转世,另一人是明皇室后代。1796 年(嘉庆元年)由这些教徒发动的起义在湖北爆发。起义者遭到官军追击,向西进入湖北、河南、陕西和四川交界的山区。在那里他们获得了从未有过的胜利,得到了当地穷人和流民的大力支持。在山区有民众支持更适宜进行游击战而不是正规战,起义者顶住官兵的镇压达八年之久(1796—1803 年,嘉庆元年至八年),力量渐渐衰竭。[①] 不幸的是弄不清在后期对这次起义的领导和指挥有多少来自教派成员,有多少来自后来参加的不满民众。尽管其领导混合了这两种人,而且最后也失败了,但这次起义还是给所有白莲教做了一次大宣传。同样重要的是,因为军事行动发生在华北平原以西的山区,所以河南、直隶和山东的教派联系网没有因镇压而遭破坏。

1813 年的八卦教起义是这千年末世起事行动的组成部分。这些起义非常相像,八卦教起义与以前的起义都遇到了许多同样的问题:将宗教教派变为造反组织的困难,因官府调查由预言启示所定的计划而引发的恐慌,在战术上必须在攻打官衙占领城市和遁入山区之间做出选择。

构建组织

在 19 世纪的头十年,北京附近有好几支白莲教派在活动。虽然不

---

① 德·格鲁特:《中国的教派活动与宗教迫害》,第 354—375 页;何炳棣:《中国人口研究,1368—1953 年》(*Studies on the Population of China*, *1368—1953*),Cambridge:哈佛大学出版社,1959 年,第 149—153 页;孔飞力(Philip A. Kuhn):《中国帝国晚期的叛乱及其敌人:1796—1864 年的军事化与社会结构》(*Rebellion and Its Enemies in Late Imperial China*:*Militarization and Social Structure*, *1796—1864*),Cambridge:哈佛大学出版社,1970 年(该书有中译本,中国社会科学出版社,1990 年——译者),第 39—40 页。

时有信徒被捕，但在这一地区没有出现有组织的暴力。① 八卦教首领林清联合了几个这样的教派，将它们合为一个组织，他后来领导这个组织发动了叛乱。虽然我们对这些教派的历史了解不多，但将其拼成一幅原初的图景很有意义，因为这些教派作为"正常"时代"正规"教派的典型还是很重要的，它们是高层次教派组织的骨干。

这些教派中有一个自称老理会。它是由山东一个叫刘洪的师父的 *67*
五个徒弟传教的。1786 年直隶南部爆发的八卦教起义把他从狱中救出。他以前因习教而被判罪。② 1810 年前后，刘洪的这一小教派由来自直隶新城县的王姓父子二人领着习教。他们传诵八字真言"真空家乡无生父母"，向信徒敛钱，录有所有信徒名字的号簿有四卷之多。③

在离那里不远的雄县西北，至少有八个村子有大乘教徒。该教首领杨宝被称为祖师，他至少从 1809 年起就在活动，可能已有 30 年。这个教派是前面已提到的 1811 年和 1812 年遭到官府迫害的巨鹿大乘教的一个分支。雄县的教派没有引起注意，但因这一麻烦其信徒停止了聚会，徒众也可能在不断地减少。④

靠近北京的固安县有个叫张添升的师父领头的大教派。张已年过60，靠为旗人收租过活。他的大弟子李五家里"有钱"。⑤ 虽然这个教派活跃了一阵，但在 1809 年前没有对他们的记载。这一年他们所用的教

---

① 1746 年(乾隆十一年)，大兴县和宛平县的宏阳教会首被捕。据说他们的教派已传教一百多年。《大清历朝实录》，第 271 卷，第 1—2 页，乾隆 11/7/16，上谕。

② 《大清历朝实录》，第 1261 卷，第 18—21 页，乾隆 51/7*/21，上谕；《大清历朝实录》，第 1262卷，第 3—4 页，乾隆 51/8/1，上谕；《上谕档方本》，216—216，乾隆 22/8/26，上谕；《上谕档方本》，317—325，乾隆 22/9/24，王瑞供词；德·格鲁特：《中国的教派活动与宗教迫害》，第336—338 页。

③ 《上谕档方本》，317—325，乾隆 22/9/24，王瑞供词。这个教派直到 1817 年(嘉庆二十二年)才被察觉，有不少于 20 个教徒被捕受审。见本书第 102—104 页提到他们拒绝投靠林清。

④ 《宫中档》018919，20/6/10，刘进亭供词；《那文毅公奏议》，第 38 卷，第 67—72 页，20/9/6，杜有儿供词。

⑤ 《上谕档方本》，161—163，21/12/26，邵俊供词；《上谕档方本》，103—111，23/11/9，奏折；《林案供词档》，第 221 期，第 1—3 页，董帼太供词。

派名是荣华会。① 这时第二代师父李五有 50 多岁。他已羽翼丰满,有权
向弟子收钱,还常年聚会,传授八字真言。教徒都住在固安县和附近的
新城县。②

　　1813 年林清动员的其他教派大多在京城南面 25 英里的范围内。在
北京西南的一个小村子住着一位资深教首叫李幅有,还有他的弟子刘兴

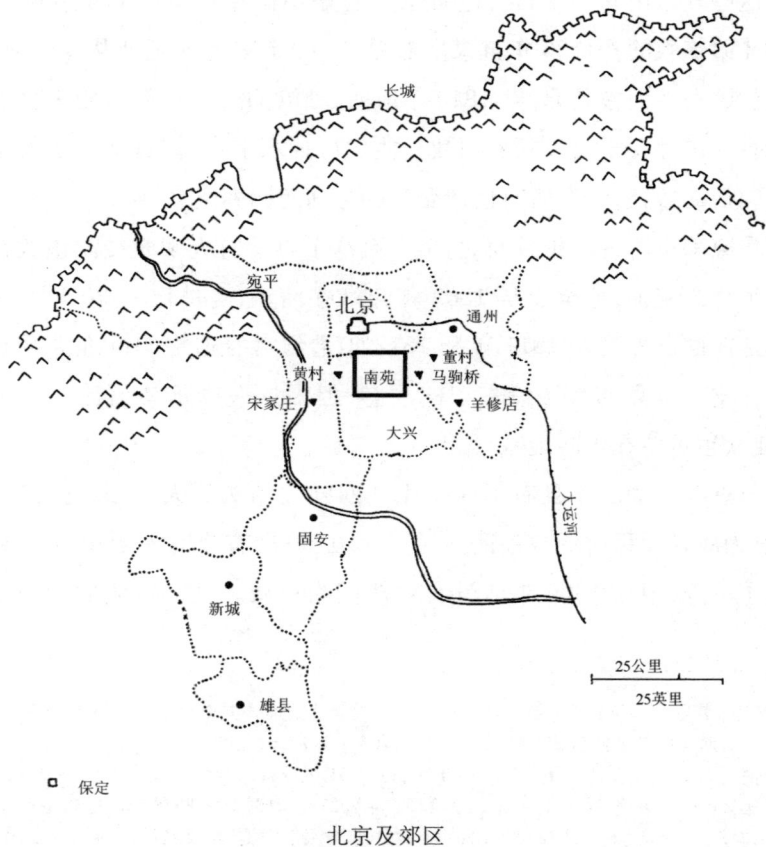

北京及郊区

---

① 除了在字面上有"繁荣"的意思外,荣华在发音上接近龙华。按照教义无生老母要为她的信
　徒召集三次龙华会。在指这个教派时这两个名字偶尔也可以互用,对这早期的名字也可做
　同样吉祥意思的改动。荣华有时写作"荣花"。
②《林案供词档》,第 221 期,第 1—3 页,董幅太供词;《上谕档方本》,355—356,22/9/24,吴显达
　供词。

礼。他们是从杜成金习红阳教的。除了传八字真言外,这两个人先学会后再向弟子传授各种治病的本事,主要是打拳、练剑和按摩。人们对李帼有更熟悉的是他的外号"李老"。1813 年时他已有 80 岁,习教传教已近 50 年。他为其教派选了个新名字"白阳教"。他有十多个大弟子,所有弟子的下面至少都有一代徒弟。李老的不少亲属也入了教,其中有一个儿子、两个女儿、两个孙子和两个兄弟(可能是从弟),还有六个四五十岁的侄子和五个二三十岁的侄孙。他们全住在羊修店,在这个村里李家有足够的地供养这个不小的群体,家里有四个不固定的长工。李老的三个大弟子都精于治病,这些住在附近的弟子常在靠近李老家庙的院子中练习师父教的拳术剑法。①

李老的徒弟刘兴礼已有 80 多岁,年龄比师父大。他在教时间已有约 40 年。② 刘兴礼的弟子网比李老的还广,有 100 多人。为显示自己的独立性,他又恢复了红阳教的旧名。刘兴礼的名声主要来自他会看病,许多徒弟是先让他看病再入教的。刘兴礼的村子与师父的村子靠得很近,而他的大多数徒弟却住在别的地方。

红阳教教徒有不少人住在京城东南一个叫马驹桥的小集镇。他们都是李潮佐的徒弟,李是刘兴礼的弟子,马驹桥人。这群人有十多户人家(男女共 20 到 40 人之间)。他们通常在每月初一、十五轮流在各家聚会,打坐吃斋。这些人中有个人特别值得注意,他是被收养的,幼年时就去北京的紫禁城当太监。此人叫杨进忠,1809 年(当时已年过 40)生了病,有个好朋友给他治病,介绍他加入了红阳教,成为李潮佐的徒弟。通过杨进忠,这个教派在内务府果房杨进忠的同事中至少又发展了四个太

①《林案供词档》,第 235 期,第 1—2 页,18/10/27,王老供词;《上谕档方本》,309—317,20/7/17,奏折;《宫中档》017742,20/2/1,刘大供词;《林案供词档》,第 225 期,第 1 页,18/10/18,刘进才供词;《林案供词档》,第 209 期,第 1—2 页,李老供词。
②《教匪案》,17,19/4/15,李朝有供词。

监为教徒。①

这些太监不是刘兴礼在京城的第一批徒弟。许多年前，有满人皇室宗亲的两兄弟请刘兴礼看病，后来他们就入了教。哥哥海忠学会了治病并帮别人看，但他宣称不收徒，只与教众保持远距离接触。而弟弟海康至少收了十多个徒弟入红阳教，这些人大多先看过病。② 他的弟子与京城的满人上层有密切的联系。这些弟子中有的是他的亲戚，还有京城的小官、太监和汉人包衣。③ 教首刘兴礼因他治病的本领有了一大批追随者，其中汉人满人都有，还有包衣和太监以及为他们居中联系的奴仆。

除了老理会、大乘教、李五的荣华会、白阳教和红阳教外，1808年前至少还有一个白莲教派在北京周围很活跃，正是这个教派构成了1813年八卦教起义的核心力量。这个由会治病的顾亮发展起来

---

① 《林案供词档》，第216期，第1—2页，18/9/22，高大和杨进忠供词；《宫中档》015580，19/2* /21，刘五和李大供词；《宫中档》015571，18/10/2，刘德山供词；《教匪案》，17，19/4/15，李朝有供词。果房是内务府司礼监的下属机构，负责提供祭祀和礼仪用的水果。见卜内特和V·V.哈盖尔斯特罗姆：《中国现代政治机构》，♯79A。

② 很有可能刘兴礼和这两个兄弟之间的介绍人是个叫宁六的满人的奴仆，他负责看坟。宁六拜李潮佐为师。他在自己的满人主子生病时把他们介绍给了自己师父的师父(刘兴礼)，也可能正好相反，是被他们介绍入的教。《上谕档方本》，171—190，22/9/14，宁六、庆丰和海康供词。

③ 海康的弟子中包括他的两个孙子(或重孙)，也都是皇室宗亲；一个宗人府(卜内特和V·V.哈盖尔斯特罗姆：《中国现代政治机构》，♯67)的五品管家；一个在豫王府干活的太监；一个会典馆的候补缮录官；两个正蓝旗包衣；一个六品京营(卜内特和V·V.哈盖尔斯特罗姆：《中国现代政治机构》，♯734.3)武官；一个镶白旗满人，在萧王府当三品侍卫。见《上谕档方本》，171—212，22/9/14，杂项口供和军机处名录。其他有可能是刘兴礼的弟子，见《林案供词档》，第223期，第1—3页，18/10/17，奏折。

　　甚至据说有个叫奕纯的贝子(四品宗室王爷，卜内特和V·V.哈盖尔斯特罗姆：《中国现代政治机构》，♯19)在1805年让海康给他治腿病，事后他向海康磕头。由于这件事被发现时奕纯已经死了，所以嘉庆皇帝没有再追究这一会让人难堪的事。《上谕档方本》，41—42，22/9/3，海康供词。见恒慕义等编：《清代名人传略》，第374页。

　　有少数满人参加邪教最早是在1813年发现的，当时加紧了对教众的追查。海康(在教派内既是徒弟又是师父)被抓，剥夺了他的皇室宗籍，废为庶人，送往盛京(满洲)终身监禁。四年后的1817年，又发现海康实际已事先知道要攻打皇宫，还为攻打皇宫捐了钱，叛乱那天他在家等着获胜的消息。他的案子被重审，由最高层调查，被改判为凌迟处死，皇帝减刑为绞立决。《大清历朝实录》，第276卷，第21—22页，18/10/11，上谕；《上谕档方本》，109—111，22/9/10，上谕。

的教派也叫荣华会。可惜我们不知道顾亮是哪儿人,他的师父是谁。我们只知道早在 1796 年他就开始在北京西南的董村收徒弟(其中最活跃的是屈四)。而顾亮大多数的徒弟都来自京城西南的宋家庄及附近地区。顾亮来到这个村子(可能是在 1804 年,但不会晚于这一年),他与宋家的一些人住在一起,这些人是他的姻亲。1804 年八月,顾亮收了他的亲戚宋进会为徒,其他宋家的兄弟子侄也随之而来。顾亮教徒弟治病和打坐的本事,教他们"真空家乡无生父母"八字。他要他们戒酒色财气,要帮助处于困境的教友。这个群体经常聚会、打坐,或是在一起听顾亮讲"佛仙"故事(可能也讲无生老母的故事),为让过路人得到好处还把大门开着,他们可以进来听。1807年顾亮死时这个教派至少已有 70 个教徒,许多是宋家人,大多是宋家庄人。[1] 这些信徒中有一人是顾亮徒弟的徒弟,他就是林清,未来八卦教起义的组织者。

1808 年(嘉庆十三年)春,官府知道了有这个荣华会存在。接着 71 教派倾覆,一些人受到迫害,这是一系列事件的开端,最终使这些人从打坐和说事转向暴力和反叛。事情的起因源于一场经典的两兄弟为祖产而起的争执。弟弟觉得自己受了骗,于是向步军统领衙门告发了荣华会,说他哥哥是荣华会教徒。他指责说,有人建立了一个邪

---

[1]《上谕档方本》,93—94,20/10/14,任自贵供词;《林案供词档》,第 208 期,第 1 页,18/9/24,屈四供词(屈四的这份和其他完整供词见本书附录一);《上谕档方本》,55—56,13/4/7,上谕;《宫中档》011671,13/8/1,杂项口供。这份直隶总督的奏折概述了这年打击荣华会的案子。图表一(本书第 44 页)图列了这个教派的组织。可能有 70 多个信徒。不少信徒的妻子或许也信教,但只有三个人可认定。官府在 1808 年的追查不深入,只有 16 人遭到逮捕审讯。有材料表明一批在顾忠德(很可能是顾亮的亲戚)控制下的信徒至少有十多人,他们或许就是这个老荣华会的一部分。《教匪案》,52,20/2/6,顾忠德供词。

教，还在用"邪念"骗人，这是该流放到黑龙江的罪。①

对这个案子按常规调查，这年六月16个教派成员被抓后送往省城保定(约在100英里以外)受审。他们在那里一直到八月初，好像没有入狱，名义上由直隶总督过问此案，还要上奏皇上，由皇帝批准。创教的"主犯"顾亮前一年已死，就不再惩罚了。② 他的三个徒弟因收徒传教而被判(用厚竹片)打100板，并罚为奴三年。还有13个人包括那个哥哥和林清也被判打板子。调查的官员没有发现有什么邪念的证据，他们认为这个教派主要关心的是互助、救济和善行，为此判决不太严厉。实际上，因为1809年(嘉庆十四年)新年大赦，那三个被判为奴的人也被允许回家。③

虽然这16个宋家庄的荣华会信徒只受到薄惩而得以逃脱，但这次触犯法律还是对他们有很大影响。许多信徒退教，害怕受牵连而不再与别的教徒来往，而那些愿意留在教内的信徒不顾危险反而更坚定了。可能更重要的是，顾亮去世时出现的领导层危机因三个合适的继承人被判为奴而加深了。在1809年初随着荣华会的分裂这个问题最终得到解决。一小伙人追随顾亮60岁的徒弟郭潮俊，他未被牵连进1808年案件，其他人则追随40岁的林清。林清1809年刚
72 在省城被当做罪犯受审后不久就被推为教首，这标志着下一阶段荣

---

① 几年前，这两人的父亲继承了一块已被抵押出去的地。1797年，两兄弟"分灶"，也就是在经济上分家，已抵押还未赎回的地没有正式分给他们。哥哥陈茂林还是卖掉了那块一半的地，然后用卖得的钱赎回剩余的部分。这笔交易让他赚到75亩地和200两银子，他一点也不给弟弟，弟弟当然会不快。后来陈茂林入了荣华会。顾亮去世后，陈茂林的师父成了教首，陈茂林在教内的地位也随之提高。几个月后，弟弟陈茂功找到了报复的方式，他向官府告发这个教派。同时他还指控一个让人受委屈的钱粮师爷。带讽刺意味的是，当发现对这个师爷指控不实时他被狠揍了一顿打。见《宫中档》011671，13/8/1，杂项口供和奏折。

② 不都是这样不做处置，死了的罪犯(或其家属)常被掘坟挖出后碎尸。例见本书第279页注②。

③ 见《大清历朝实录》，第206卷，第2—5页，14/1/1，上谕。所有被判为奴的犯人都减一级处罚。见德克·布迪和克拉伦斯·莫里斯：《中华帝国的法律》，第77—78页，有关处罚的等级。《林案供词档》，第221期，第1—3页，18/10/6，董幅太供词；《林案供词档》，第222期，第1页，18/10/6，宋进耀供词。

华会将由一个宗教教派转变为发动千年末世叛乱的工具。在探讨这一转变前，有必要回顾一下林清在其生命中最有决定意义的时刻之前的经历。幸运的是依据史料可以再现这个极不平凡的清代人物的生平。

林清羽翼渐丰

林清的父亲原籍在浙江的绍兴府，后来迁到北京，曾在两个地方官衙中当书吏。① 这两个官衙都在北京西南约十英里外的黄村，林清的父亲在那里与妻子和家人住在一起。林清生于 1770 年（乾隆三十五年），有三个姐姐，他是家中唯一的儿子。林清在北京郊区长大，向他父亲的一个同事学会了读写。② 17 岁时他在北京城北西南角的一家草药铺当学徒。（见本书第 177 页地图）他在店里有三年时间学做生意，同时也了解了京城的生活。学完生意后，林清在另一家药铺当伙计，挣了一个月的工钱。照他外甥的说法，当时"因他常在外嫖娼，身生疮毒"被药铺解雇。林清又找了活干，在位居京城南北间的西南门（顺承门）外夜晚打更。

尽管开头不顺利，但林清在找工作上还是很有运气。他父亲去世后，他母亲把他父亲衙门书办的空缺职位让人顶替，由这个人付一笔钱。后来这人不愿意，不肯再付钱。林清母亲大胆地控告在衙门任职的此人，提出她家里人有任这个职位的权利，应该由她儿子充任。官府同意了她的提议，结果林清辞去了夜里打更的工作，接充了他父亲的书办 73

---

① 林清父亲先后任职的机构是宛平县的巡检司衙门和京城的南路厅。这些机构分见卜内特和 V·V.哈盖尔斯特罗姆：《中国现代政治机构》，♯857.3 和 ♯795B。有关吏目的职位，见瞿同祖：《清代中国地方政府》（*Local Government in China under Ch'ing*），Cambridge：哈佛大学出版社，1962 年，第 2 章。

② 《上谕档方本》，91—92，19/12/3，董帼太供词；《上谕档方本》，87—90，19/12/3，王绍祥供词。有关林清生平的原始材料是其外甥的供词，见本书第 77 页注①。

职位。

不幸的是，肯定又要让竭力想为家人保住这个职位的母亲失望了，林清很快又被解雇。不到一年就被揭发出，他贪污了修运河的工程款。林清显然没有因此受到处置，但林家人丢掉了这个书办职位。林清没有把钱退回去，拿着这笔弄来的钱在黄村开了个茶馆，甚至还劝他的一个姐夫当了合伙人。但在以后的六个月中，林清不管茶馆，终日赌钱。他赌输了所有的本钱，姐夫极为气愤，把他赶了出去。

又没了活干（可能也得不到母亲的同情和帮助），林清决定去关外试试，那里规定不让汉人进入，但实际对那些想找活干的人来说不过是开放的边墙，从直隶北部很容易就能过去。① 在那里林清找到个活，为一个满人官员管建筑工程。但一旦积了些钱，他就辞职回家，靠这笔钱随心所欲地吃喝嫖赌。

年纪还不到 30 岁，既无钱又无长远打算，也不肯消停，林清遂决定南下去找住在苏州的他的另一个姐夫。苏州在江苏省，有 500 多英里远。通过这个亲戚他有了事做，给驻在苏州的粮道官当长随。② 不能守住父亲的书办职位显然不代表林清不愿再与政府官员有来往，相反这时他却主动要再次置身官衙。当粮道因丁忧去职时，林清又找到了另一个职位，还是当长随，这次是为江苏丹阳县的知县做事。后来这个知县因有差事离职，林清又失去了工作。

74　林清发现他可以用多年前在北京药铺学到的本事养活自己。自此他开始替人看病，但他仍是赚了钱就立刻花掉，最后他计划离开南方回家。1797 年，或是在此之前，他受雇为在大运河上去北京的粮船拉纤，用

---

① 见罗伯特・李（Robert H. G. Lee）：《清代历史上的满洲边疆》（*The Manchurian Frontier in Ch'ing History*），Cambridge：哈佛大学出版社，1970 年，第 5 章。

② 有关粮道官职见卜内特和 V・V.哈盖尔斯特罗姆：《中国现代政治机构》，♯836.2。有关长随职务见瞿同祖：《清代中国地方政府》，第 5 章。

这种辛苦费力的活计回家乡。① 他的外甥谈到林清回家时的情况：

> 其时我九岁在离家一里外之瓜地看瓜，他从通州来到宋家庄。面皮黑瘦，头发未薙，身上衣裤都不全了。他因从前出门时曾认识我面貌，就叫我小名，说："傻子，你舅舅来了！"我因不认识他，只说他是个花子。他说："你告诉你娘，并叫你外祖母，就道我真是你舅舅了。"我回去告诉我外祖母，拿了一套衣裤，同我父亲到瓜地给他穿了，回到我家。②

林清歇了一段时间又去找活干。他总是那么能说会道，从一个在北京开鸟雀铺的旗人手中赊账得到了用来赌博的鹌鹑，他就拿着鹌鹑在京城沿街叫卖，可能又结识了以前赌博时的老相识。他的一个主顾以前是个武官，此人姓王，他很看重林清，看着林清的长脸、浓眉，③认定林清的未来会飞黄腾达。他借了些钱给林清，他们一起在北京林清以前打更的地方开了个卖鸟雀的铺子。

林清趁着这一相对稳定的时机结了婚。他的妻子以前是个妓女，他们收养了一个孩子，住在靠近鸟雀铺租来的房子里。很明显林清的命运并不是要当个小店主，但他的好运很快就变坏。他收养的孩子生

---

① 这段叙述几乎全部依据林清的外甥董帼太的口供，他承认他对舅舅过去经历的了解是他外祖母（林清母亲）告诉他的。他复述的有关林清不成器、不负责任的情况反映了那位老妇人的气愤以及对儿子的不满，也就不会对林清经历的事加以美化。林清的母亲没能活着看到儿子成为教派首领。董帼太对舅舅经历的长篇叙述见《林案供词档》，第221期，第1—3页，18/10/16。这段叙述中还有董帼太别的陈述内容，主要有：《钦定平定教匪纪略》，第20卷，第33—34页，18/11/21；《上谕档方本》，169—173，19/11/14；《上谕档方本》，209—210，20/6/19；《上谕档方本》，91—92，19/12/13。本书第196页注④有更多关于董帼太的介绍。其他有关林清的情况来自《上谕档方本》，87—90，19/12/3，王绍祥供词；《钦定平定教匪纪略》，第16卷，第30—35页，曹纶供词；《钦定平定教匪纪略》，第3卷，第9—13页，18/9/18，林清供词。
② 《林案供词档》，第221期，第1—3页，18/10/16，董帼太供词。
③ 《上谕档方本》，39—49，19/12/2。这一描述来自一个官员，他让一个被抓的人（伪）称自己认识林清。昭梿是当时人，但他对八卦教起义的叙述很不可靠，他刻画林清"其人颀身黧面，嚣张如猬"（《啸亭杂录》，第4卷，第44—45页）。

病死了。鸟雀铺因大雨连绵淹水而遭到严重破坏。接着林清的合伙人兼恩主也死了，此人的儿子不看好林清的未来前景，他要去告林清侵占合伙资金。林清又一次摆脱了困境，他劝王姓少东家退股，不要去告官。

又丢了生意，林清去投奔他最小的姐姐，也就是那个小外甥的母亲。他们都住在宋家庄，这里离黄村不远。林清在黄村的庙里租了间房，他和妻子就住在里面。他为姐姐家干活，但他的麻烦还没有完。不久他妻子死了，没钱安葬。林清尽力收回了他贩鹌鹑时的一些账，1806年在葬了妻子后搬到宋家庄姐姐家的一间房里去住。他的姐夫刚去世，于是林清就帮姐姐管家。① 就这样他熟悉了外甥和庄子里的其他人，这里许多人以前都参加过顾亮的荣华会。

林清和这个白莲教派的关系显然是个双方相互吸引的关系，使得双方都有很大改变。林清是个37岁的鳏夫，没有孩子。他是个过着不安定生活的流浪好事之徒，失败后总想东山再起。过去他住在城里，处于体面社会的边缘。荣华会有其会众的凝聚力和互助精神，还有对外扩展的意识和个人目的，很容易就能看出林清为何会被其吸引。这里有一帮渴望发展徒众的新朋友和熟人。林清有过去的经历可资利用，他可以学习新的看病本事。此外，他显然又受到这个教派的宗教观念激励，对能参加探讨辩论而感到兴奋。这是个全新的世界。

这并非是说林清就没有什么东西可以贡献。他周游四方，到过华北平原的不少地方，有不少年是在苏州地区的富庶乡村和城市度过的。除了在北京生活过多年外，他还越过长城见到了关外的边疆地区。他曾是药师兼医生、建筑工人、店铺主、小贩、赌徒、衙门吏目、知县长随，有各种本领和经历。林清熟悉城市和乡村，了解政府官员、城市有钱人、农民，

① 见本书第77页注①。

还有在城乡当雇工的生活经历。尽管他实际上没有资金,没有社会地位,亲戚不多,名声也不好,然而他接触的人多,经历丰富,能说会道。他头脑非常聪明,样子也有几分派头,屡遭挫折而百折不挠,精力充沛,能力强。而这个教派给了他一个组织结构和奋斗目标,他就要发展其潜力来改造它。 76

当林清加入顾亮的教派时,这个老师父还活着,很活跃。他的大弟子中有不少人就是宋家人,住在林清姐姐的村子里,即使林清以前不知道,但当他搬到这里时就应该会听到些教派的情况。林清姐姐家里住着她去世丈夫的两兄弟夫妇和孩子,还有她的第二任丈夫。正是这个第二任丈夫董伯旺正式将林清介绍给他的师父宋进耀,1806 年暮春林清入了教。

入教前两年林清熟悉了教理和教派活动,但据我们所知他没有收徒弟。他的外甥说在这些年中林清住在他们家,在家里"教书"(可能是基本的读写)。① 当陈茂功 1808 年春控告这个教派时,他把林清也列入荣华会成员。林清与其他人一起被捕,送到保定受审。尽管他作恶多端,我们知道这是他第一次被指控为罪犯。

看来这些教派成员虽然是正式受审,但他们在保定没有入狱,而是住在省城唐家胡同的马家店铺。这时牛亮臣正在马家店里当伙计。牛亮臣当时年纪刚过 40,经历与林清很像。他曾是河南南部滑县县衙的库房书办,从官家库房里偷了钱粮,就离了职来到保定以防被人发现。在教派成员受审的几个月中牛亮臣和林清成了朋友,两人常在一起谈话、喝酒。② 林清对法律制度的了解给牛亮臣以深刻印象,在审判过程中还谈到了他为何会被审问。林清向牛亮臣介绍了荣华会:

---

① 《林案供词档》,第 221 期,第 1—3 期,18/10/16,董幅太供词;《上谕档方本》,213—214,20/2/20,董幅太供词;《钦定平定教匪纪略》,第 3 卷,第 9—13 页,18/9/18,林清供词。

② 《那文毅公奏议》,第 31 卷,第 18—21 页,牛亮臣供词;《钦定平定教匪纪略》,第 29 卷,第 1—6 页,18/12/26,牛亮臣供词;《林案供词档》,第 221 期,第 1—3 页,18/10/16,董幅太供词。

77
是京南人顾文升传授……每天朝拜太阳，念诵经语，可免刀兵水火之厄，如遇荒乱时候，并可乘时图谋大事。①

牛亮臣以前可能参加过白莲教，②不过他对林清很佩服，要当他的徒弟。

等到法律程序结束，林清被判打100板。③ 他和其他教徒都受到了类似的惩罚，然后回北京附近的老家。林清邀请牛亮臣和他一道回去。那年(1808年)八月中旬，牛亮臣在林清家烧香盟誓。林清把手放在牛亮臣眉心，说他的性就在这里。然后他就传诵"真空家乡无生父母"八字。牛亮臣向新师父磕头，林清有了第一个徒弟。

林清帮牛亮臣找了个为他的一个老朋友当塾师的工作。这个朋友以前在北京开鸟雀店，现在就住在附近的村子里。牛亮臣在那儿干了约一年时间，但在1810年初被解雇了(学生受不了他的河南口音)，准备回家。他要林清尽快来这里一次，见见其他来自河南的教徒。④

与此同时，林清和荣华会的其他教徒开始从1808年官府的查抄中恢复过来。正如前面提到的，这次迫害的一个后果是使上一年秋因顾亮去世而出现的继承问题复杂化了。刚开始，林清的师父也是宋家庄资历最老的教徒之一宋进耀出头当了教首，但一年后他就成了三个被捕的人中的一员，被判为奴。1808年秋，顾亮第一批的一个徒弟郭潮俊没有被捕，他成了教首，使得教派没有彻底垮掉。

这年秋天，林清回到家乡，他的野心和对教派活动的兴趣看来因其在保定的这段经历而更明显了。他挑战郭潮俊的教首地位，而郭不与他

---

① 《那文毅公奏议》，第31卷，第18—21页，牛亮臣供词。
② 《宫中档》016027，19/7/24，李兴邦供词。
③ 后被减为40板。有关打板子的正常减刑，见德克·布迪和克拉伦斯·莫里斯：《中华帝国的法律》，第77页。
④ 《那文毅公奏议》，第31卷，第18—21页，牛亮臣供词；《钦定平定教匪纪略》，第29卷，第1—6页，18/12/26，牛亮臣供词；《林案供词档》，第221期，第1—3页，18/10/16，董帼太供词；《上谕档方本》，213—214，20/2/20，董帼太供词。

争。据有人说，郭潮俊"不太会办事"，他也承认林清"影响大"，"运气好"，因而就把权力让给了这个更合适的继承人。还有一种更直率的说法，林清"想当教首"，而把郭潮俊赶走。林清也谈到这次权力移交，说是因为他"会讲"，别人"要"他当教首。不管怎么说，郭潮俊带着不下五个徒弟离开了。他们没有再见面，也不属于林清的教派。其他大多数教徒没有被官府的查抄吓倒，他们对林清叩头，正式拜他为师，推他为教首。1809 年春宋进耀因大赦而被放回，这时他的这个弟子已大权在握。[1]

这一领导权的变化导致以前的师徒关系重组。林清过去比顾亮低两辈。现在这些教内辈份比他高已有徒弟的人（至少有十人）都正式拜他为师。这使他位居一个庞大信徒金字塔的顶端，脱颖而出成了教首和"尊人"。

在这正常宗教活动中断、老的首领离世以及大多数教徒惶恐不安之时，林清有着坚定信心、消除疑虑的才能，因而他成了一个自然的领袖。不过，尽管他能迅速站稳脚跟被别人推为首领，但不能认为林清此时已开始考虑发动叛乱。他执掌权力后又扩大势力与别的教派联系，只应看做他想要尽可能地控制权力并赢得尊重。或许可以认为林清已开始谈论来劫，想要用这一观念来为其掌权开路，且还想扩展教派势力，但材料却不能证实这一说法。

林清已经熟悉了教派活动以及教派经卷，对恢复教派组织发展教徒也很认真。一旦成为荣华会首领，林清就开始与在北京及附近活动的其他教派联系。由于都关心宗教事务，一个教派的成员显然多少都会关注其他白莲教派的存在。而在林清领导下却是采取积极的态度去建立教派

---

[1] 《林案供词档》，第 222 期，第 1—2 页，18/10/16，郭潮俊供词；《钦定平定教匪纪略》，第 3 卷，第 9—13 页，18/9/18，林清供词；《林案供词档》，第 205 期，第 1 页，18/9/18，林清供词；《上谕档方本》，203—209，22/11/18，王添才供词；《林案供词档》，第 221 期，第 1—3 页，18/10/16，董帼太供词。

79　间的联系。林清主动与其他教派接触商谈，同时还鼓励自己的信徒收徒弟。或许也就是在这一阶段开始谈论反叛和来劫，想要以此引起人们的关注，为林清发展新教徒。他要发展的不仅仅是个人还有整个群体，这说明林清想要建立一个强大的联系网。这时他联系的每个群体最终都被劝说承认了他的权威。这些群体后来参加了攻打北京的紫禁城，在1813 年叛乱中攻打紫禁城由林清负责。也就在这时他开始留胡子，后来长成一口黑须长髯。这可能反映出林清的自信心增强，想要给人留下深刻的印象。①

　　有关荣华会与其他教派最初是如何联系上的详情史料中披露得很少，还有如何联系这些地区和个人的情况也不很清楚。经常是有一个人在好几个地方来往，或是参加过两个或更多的教派，往往是这些人结成了这样的联系。比如，在京南的雄县有个卖豆腐的人叫刘进亭。他以前是在这个地区活动的大乘教首领杨宝的徒弟。后来刘进亭遇到顾亮一个徒弟的儿子(我们不知道他们是如何结识的)，于是加入了荣华会，但他不会忘记他过去与教派的联系。相反，刘进亭还去劝他以前的师父和教友学他的样子，加入林清的荣华会。刘进亭与林清的关系看来提升了他在家乡的地位，正是他(而不是他师父)组织了 1813 年起义中雄县的一支队伍。②

　　就在林清与大乘教建立起联系的同时，他又认识了固安县的教派首领李五(我们不知如何认识)。虽然李五的师父还活着，当时还与林清见面讨论了教派的事，但却是这个年轻些的李五(比林清还是要年长)成了两个教派的真正联系人。与刘进亭一样，李五利用这层关系在教派内的影响比他师父还大。林清经常南下到雄县和固安来看这两个人，与他们

80　谈信仰和教派组织。他显然从与他们的会面中学到了不少东西，他的外

---

① 《上谕档方本》，169—173，19/11/14，董帼太供词；另见本书第 77 页注③。
② 《林案供词档》，第 204 期，第 1 页，18/9/19，刘进亭供词；《林案供词档》，第 221 期，第 1—3 页，18/10/16，董帼太供词。

甥说谈教理这两人谁也不是他的对手。①

在此之前没有材料说到林清的荣华会敛财。而李五在他的教派中弄钱已有一段时间。用这些捐献的钱和他自己的钱，他在加强对林清的影响，不仅与林清讨论教义，而且还成了他的大弟子。李五还常给林清钱。林清也就用这笔新收入来帮助他的朋友、亲属和弟子，并用来改善自己的生活。当他执掌了教派之后，他的经济状况逐渐好转。他的外甥董帼太说，林清在成为荣华会教首后在财政上逐渐趋于独立。②

在这些年中他的地位逐步得到改善，这时林清决定再婚。以前他的前景不佳，找了个妓女为妻，而现在他的景况大为改观。这个教派就是他的整个世界，他就从新结识的人中挑选第二位妻子。他选中的人是赵氏，此人是邻村最近去世的一个教徒的妻子，带着两个已到出嫁年龄的女儿。董帼太说："我舅舅对刘呈祥的女人说，'做了一个梦，梦里与赵氏有夫妻之分'。刘呈祥的女人告诉赵氏，那赵氏说她也做过来，同他一样的，就许定了。娶来后隔了几天，她前夫所生女儿三姊也来了。"③

除了与北京地区的几个同类教派建立密切联系并能得到日常资助外，林清同时还以其新的地位吸引自己的追随者，且重叙过去的情谊。与他恢复了旧日关系的一个人叫曹纶，是个汉军旗人，15年前他们在江苏见过面。曹纶只比林清小两岁，1805年他在旗籍中得到提升，升任四品都司，但这是个闲差。在这些年中曹纶住在北京顺承门内，这原是林清开鸟雀铺的地方。

1807年春，曹纶没事做而极为贫困。据他本人供称，他衣服褴褛不 *81*

①《林案供词档》，第221期，第1—3页，18/10/16，董帼太供词。
②《林案供词档》，第204期，第1页，18/9/19，董帼太供词。
③《林案供词档》，第221期，第1—3页，18/10/16，董帼太供词；《上谕档方本》，169—173，19/11/14，董帼太供词。

能出门当差。① 正在这时林清和曹纶的另一个朋友来帮他,林清赎回了曹纶典当的衣物。很快林清和一些朋友来邀曹纶做他们的结盟兄弟。他们说,"你现在有难处,我们四个人为何不能结成兄弟,这样我们就都可以来帮你?"这四个人中有一人也在林清的教里,而另一人在北京附近做工。② 曹纶同意了,他与林清经常在顺承门内的一家小饭铺一起吃饭。他们对京城的这个地区很熟悉。1808年冬,林清送瓜、炭给曹纶作礼物。这一年曹纶有机会扈从嘉庆皇帝去热河围猎,林清送他一匹马、一头骡和一些钱。在当上了荣华会的首领后,林清的经济状况有了改善,1809年他可以借给曹纶更多的钱。曹纶为回报他的施惠,在1808年冬和1809年盖他的官印允许(这样的允许是必须的)林清在北京城外运米,伪称林清运的是军粮。到1811年这两人成了好朋友。

1809年林清成为教首,荣华会教徒承认其权威的人中有一个叫陈爽的正蓝旗包衣。像许多在北京地区的包衣家庭一样,陈爽家在名义上也要依附于京城的一个家庭,但他家的许多人不在城里干活,而是在城外当种旗地的"屯田",既没有报酬也没有地位。陈爽家依附的是都铎的后

---

① 曹纶是正黄旗人。他伯祖曾任工部侍郎。曹纶的祖父也当过官,他父亲是清朝西南地区的一个知府(五品)。1797年在苗民叛乱攻城时他父亲去世,妻子自杀。曹纶本人没能充分利用这还算显赫的家世。他母亲只是个妾,他在家里的三个儿子中最小。曹纶家有妻和三个儿子要他养。1793年,他得到了京城御车监整仪卫职(六品);1801年被提升为五品。(有关这些职位以及曹纶的武职品级,见卜内特和 V·V.哈盖尔斯特罗姆:《中国现代政治机构》,♯125 和 ♯726。)

　　我们所知有关曹纶贫困的大多数材料都来自他的口述,不完全可靠。因贫困而冒险犯难要比自愿与叛乱者勾结在官府看来更值得同情。曹纶为自己与林清来往找借口,贫困使他只能接受这个人的帮助。在受审有可能被处决时,曹纶当然会夸大他的贫穷,希望能得到怜悯。1813年时曹纶的哥哥和三个儿子都在干类似的差事。不过,林清曾在一定程度上帮过他是不争的事实。有关曹纶口供的材料有《钦定平定教匪纪略》,第16卷,第30—35页,18/11/5,曹纶供词;《林案供词档》,第227期,第3页和第228期,第1页,18/10/21,曹福昌(曹纶子)供词;《林案供词档》,第221期,第1—3页,18/10/16,董帼太供词;《林案供词档》,第225期,第1页,18/10/18,董帼太供词。

② 林清1793年与另外四个人结成兄弟,正是这些人中的一人(后来也成了信徒)这时与曹纶结成了盟兄弟。《宫中档》017503,20/1/14,崔五供词。

代豫亲王家。① 陈爽住在桑垡村,与林清相隔不远,靠种地为生。陈爽与林清差不多同时成为顾亮教派的信徒,在林清当上荣华会教首后两人成了关系密切的朋友。陈爽年龄比林清小一些,他很快就把自己的侄子介绍给林清,还安排这个年轻人当林清的干儿子。林清用了一些从弟子那里收来的钱给陈家叔侄买衣服,这三个人还常在一起打猎。② 陈爽和侄子陈文魁后来成了攻打紫禁城的重要领头人。

　　陈文魁不是林清以结义关系联系的唯一的人。他至少还有三个"干儿子",1813 年夏这些人大部分时间都住在他家。林清继续为人治病,这些干儿子中有两人经他治过病,后来出于感激成了他的"儿子"(可能也是其徒弟)。这两人的家里人都是信徒,就像别的"儿子"的家里人一样。③ 林清和第二个妻子没生孩子,看来他喜欢除弟子外还结交盟兄弟收养义子以扩大家庭。④

　　没有材料谈到 1811 年前林清召集荣华会聚会的情况。或许他已逐渐意识到自己的权力越来越大。林清开始让聚会规范化,利用这些机会要徒弟日常向师父奉献。比如,1811 年前,李五(固安的教首)正式承认林清为教派首领,以此将他的教派与林清的教派建立了联系。他告诉弟子每年的十月初一要聚会,在那一天林清会来固安与他们见面。李五和信徒等着到那天聚会时捐献,在 1811 年和 1812 年的十月初一都确实进行了这样的聚会。有迹象表明在固安春天也要正常聚

---

① 有关都铎与其王爵见恒慕义等编:《清代名人传略》,第 215 页。
② 他们猎野猫。《林案供词档》,第 221 期,第 1—3 页,18/10/16,董帼太供词;《林案供词档》,第 204 期,第 1 页,18/9/19,陈爽供词。
③《林案供词档》,第 221 期,第 1—3 页,18/10/16,董帼太供词。
④ 另一方面,林清也不是不加区别地吸纳每一个人为追随者。有个叫王绍祥的年轻人,他的祖父是林清的老师,父亲在多年前是林清的朋友。一出生这个年轻人就被"送"给林清做干儿子。他父亲后来死了,这个孩子和母亲很穷,没有固定的事做,这个孩子总是靠扒窃为生。他们经常来向林清借钱。林清总是略尽其义父的责任,在这个孩子求助时给他些钱,或是帮着赎回典当的衣物。但在入教后,林清就不愿再会这个年轻人(已 20 多岁),说他"既穷又一无是处"。《上谕档方本》,91—92,19/12/2,董帼太供词;《上谕档方本》,87—90,19/12/3,王绍祥供词。

会,但林清不会来。① 林清的生日在冬天,在这些年李五和信徒会利用这个机会给他们的教首送礼送钱。有个当事人这样说:

> 李五叫魏大宾来告诉我兄弟们,说林清做生日,叫我们送礼。李添相未去交我带了两吊钱,我也带了两吊钱。与[村里其他五个会众]同去的。那日傍晚时到了宋家庄林清家,给他磕了头。他给我们面吃,共坐了两三桌……第二天我就回去了。②

林清从弟子手中究竟弄到了多少钱没有确切的数字,像李五这样的小首领又弄到了多少钱也没有确切的数字,但林清的外甥认为:"各股教内的人都凑给钱与林清行礼。林清先贫穷……自做了教头才有钱使用。"③林清还用这笔收入吸引信徒,看来他确实能得到弟子的尊敬和仰慕。在被问到他舅舅与徒众的关系时,董帼太说:"我舅舅待同会的人并不厉害,从没有行强打架的事。有人不是来告诉他,他不过传到这人嗔斥几句,那人不敢回说,只是磕头。"林清的口才依然是他最有效的利器,正是靠这才使他能不断发展教派,使之越来越强大。

> 他素日总的劝人入教,口能舌辩。人都说他不过要人的银钱,说是种福,将来一倍还十倍,就信了给他的钱。我也从没有看见过他还过。④

这些对未来福报的许诺是林清有关来劫预言的一部分,我们将看到他是如何以此为开端来为叛乱奠定基础的。同时在 1808 年至 1811 年,林清过着他一生中比较安定舒适的生活。从对他尊敬有加的弟子手中得到礼金供奉,林清每天能享用美酒鲜果。到冬天他就与朋友外出打猎,天热时坐在家里的庭院中,拉琴吹笛,还要义子和外甥与他一起演

---

① 《上谕档方本》,349—351,22/9/24,王璧供词;《上谕档方本》,331—333,22/9/24,王亮供词;《上谕档方本》,355—356,22/9/24,吴贤达供词。
② 《上谕档方本》,97—99,19/7/7,李添受供词。
③ 《林案供词档》,第 204 期,第 1 页,18/9/19,董帼太供词。
④ 《林案供词档》,第 221 期,第 1—3 页,18/10/16,董帼太供词。

奏。他可以就这样不问缘由地过下去,但正如他所说:"无福做太平百姓。"意识到教派的义理及其组织结构还有潜力可用,又加上他精力充沛,林清不会安稳太长时间。①

李文成及其徒众

在荣华会中得到并巩固了权力且在北京地区的信徒中建立了一个支持者和捐献者的网络之后,林清开始了一系列想要大大扩展其教派对 *84* 外联系的活动。1811 年初,他来到豫北(300 英里外)去找他的朋友也是第一个徒弟牛亮臣。在那里林清被介绍给了另一个大的白莲教派,认识了这个教派的教首李文成。此人的野心堪与他相比。林清和李文成两人有足以将其群体联合在一起的信心和领导能力,于是就开始将分散在这一地区的各个分支合为一个组织,并想要聚集成一股更强的力量。②

虽然不能像了解林清的经历那样了解李文成的经历和个性,但可以了解他所参加的教派,这一教派在许多方面都与林清的教派正好相反。林清的教派历史不长,其信徒都来自一个不大地区的几个村子。与之不同,李文成参加的教派九宫教分布的范围很广,其分支在豫北、直隶南部和鲁西南,且与过去教派发动的起义关系密切。由于有如此既深且广的经历,九宫教的首领能构建一个较为复杂的教派组织体系。并且在与林

---

① 以上引文引自《林案供词档》,第 206 期,第 1 页,18/9/2,林清供词。
② 在考虑李文成和林清的关系时有一些问题,其中最突出的是谁是"首恶"。所有材料都证明就策划、发动叛乱以及主动性和领导能力而言应以林清为主。不过,要注意不仅是林清本人和所有他的徒众,就是清政府(为迅速抓住了林清颇为自豪)也在起劲地肯定他发挥的作用。林清的第二份口供有两个文本说明,清代的史家稍稍改动了证据要证明这一点(见《林案供词档》,第 202 期,第 1 页,18/9/19,口供原本;《钦定平定教匪纪略》,第 4 卷,第 5—9 页,18/9/19,口供修改本)。另一方面,正是李文成将要在新劫期来临后统治。我所做的叙述认为林清更为主动,将他置于八卦教金字塔的顶端。这种说法得到所有材料的认可,但却肯定是过于简化了这一复杂而又互为竞争的关系。

清接触之前，他们就开始将其教派改造为一个发动叛乱的工具。

  九宫教在华北平原南部传教至少已有50年，可能卷入过1786年的八卦教起义，至少与参加起义的那些教徒有联系，在那年攻打过直隶南部的一座府城。1808年时其教主是梁健忠，六十多岁，是豫北的彰德府人。①

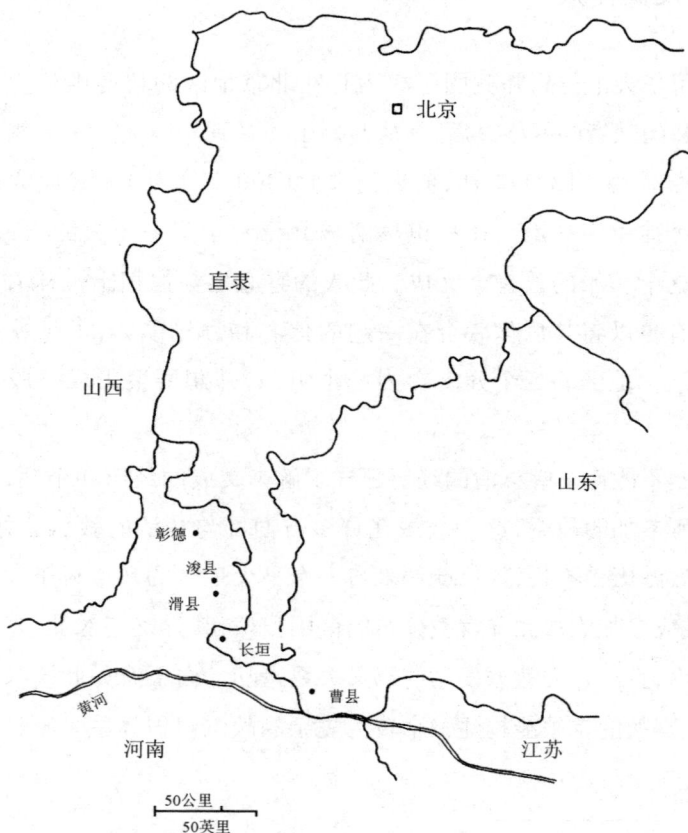

华北平原府县

① 1808年时梁健忠66岁。他从父亲那里继承了对九宫教的管理权，他父亲是从本县另一个地方学来的。梁家可能与参加1786年起义的那些姓梁的人有关。李文成的义子（也是这一地区人，还是教徒）是在这次起义中被捕的一个人的熟人，实际上还去北京刑部的大牢中见过他。《那文毅公奏议》，第32卷，第12—16页，18/12/3，秦理供词；《大清历朝实录》，第1264卷，第15—18页，乾隆51/9/7，郝润成供词；《钦定平定教匪纪略》，第25卷，第1—2页，18/12/12，冯克善供词；《钦定平定教匪纪略》，第28卷，第11—13页，18/12/24，梁健忠供词。

与自己的一个徒弟一起，梁教主发动了一系列扩大组织的行动，目的是为了增加信徒和捐献。1808年，他们开始保存号簿，上面列出了所有信徒的名字和捐献的数额。他们还设计了几种仿照官府的级衔，授予那些捐钱达到数额的人。他们甚至还刻了木戳，分给信徒作为成员的标志。另外，很有可能这些首领已开始谈论来劫和信徒因奉献而会得到回报的时间。①

这些都是重要而又危险的举措。那些规模小而又孤立没有公共财产的白莲教派在清朝政府看来是相对安全的。而有些教派在传统的组织和理念两方面都重视其"邪教"成分，还建立了广泛的能流通其钱财和"危险思想"的网络，这就是另外一回事了。就九宫教而言，有木戳、名录，还设计了一个新的级衔制度，这就代表着它发展到了一个新的更危险的层次。

在以后的三年中，梁教主监督并指导他的教派发展。在新近入教的人中有个人一手负责把九宫教（最终）发展到直隶南部和山东的至少八个县里。这人就是徐安国，他的家乡在直隶最南端长垣县的一个村子。徐安国以前至少在别的一个教里待过。1809年，他被介绍给梁健忠徒弟的徒弟刘帼明。因感到九宫教好像特别灵验，于是他就拜刘帼明为自己的新师父。② 徐安国靠给人看病维持生活。他四处走动，与弟子和过去的病人在一起，为人治病，发展信徒。用这种方法他有了大批信徒，在以后的四年中人数多达六七百人，这样就为八卦教在华北平原东部建设了

---

① 《那文毅公奏议》，第33卷，第13页，18/12/15，秦理供词；《钦定平定教匪纪略》，第28卷，第11—13页，18/12/24，梁健忠供词；《钦定平定教匪纪略》，第25卷，第7—10页，18/12/21，刘宗林供词。
② 《钦定平定教匪纪略》，第29卷，第1—6页，18/12/26，徐安国供词；《上谕档方本》，97—98，22/9/9，苏黄氏供词。

一个根据地。①

当徐安国在山东和直隶南部拥有一大批信徒时，九宫教的其他弟子响应师父的指令在豫北发展教徒（以及征募捐款）。徐安国的师父刘帼明是滑县人，他的许多徒弟包括李文成在内也都是滑县人。李文成四十多岁，家里有妻子、十多岁的女儿和一个养子。他的这个大家庭靠种田过活，但他的绰号李四木匠说明他曾当过木匠。到 1811 年，李文成虽然名义上比梁教主低四辈，但他已成为滑县地区有地位的教派首领，可能已在靠他的徒弟供养。②

1811 年初春正当九宫教在扩大组织时林清来到滑县。林清的弟子牛亮臣认识李文成，为了让两人认识他安排了林清的来访。林清在河南待了一个月，与李文成和九宫教的其他信徒会面、交谈，详尽地讨论一些宗教问题。有关材料表明，他们对如何准确地确定标志着第三个伟大历史时代来临的劫变很感兴趣，还有一个九宫教徒关注的问题是未来的级

87

---

① 徐安国收胡二发为徒的过程可以看做是他传教的一个例证，他称这个教为震卦教。1811 年时他 35 岁，胡二发染上疫病，他舅舅住在山东曹县的一个村里，告诉他说，有个叫徐安国的直隶人已来他们这个地方给人看病。胡二发的亲戚和一些熟人就请徐安国来胡家（可能还付路费）看病。等他来后，"徐安国点香供酒，掐诀念咒，叫我〔胡二发〕喝了供的酒"。病治好后，胡二发出于感激成了徐安国的徒弟。徐安国给了他一个新名字——成德，教他如何选择治病用的灵符以及如何念八字真言。他还要这个新徒弟捐 30 个大钱，并说这是为他在震卦教（即九宫教）买个身份。他要胡习拳，许诺"将来会有好处"。

胡成德是曹县虚家集人。在 1786 年（乾隆五十一年）灾荒时他还是个孩子，当时他和父亲离开家去豫南找事做。胡在那里长大，靠在田里干活和卖豆腐维持生计。他父亲教他打八卦拳，但他们并没有入教。1810 年，胡回到山东老家的村子，在那里与亲戚住在一起，为亲戚干活。病被治好后，胡成德再次离开山东回到黄河以南的家里，直到 1813 年夏天才回到曹县。《上谕档方本》，233—242，22/6/20，胡成德供词；《上谕档方本》，325—330，22/6/30，胡成德供词；《钦定平定教匪纪略》，第 29 卷，第 1—2 页，18/12/26，徐安国供词。

② 李文成住在离滑县县城不到十英里的谢家庄。他爷爷就葬在该地，庄子里的李家不小——至少有六个是他成年的从兄弟或远房从兄弟。《上谕档方本》，91—93，19/7/7，董帼太供词；《那文毅公奏议》，第 32 卷，第 12—16 页，18/12/3，秦理供词；《钦定平定教匪纪略》，第 20 卷，第 18—20 页，18/11/21，奏折；《宫中档》012466，19/9/7，李帼富供词；《上谕档方本》，309—312，19/10/22，李帼富供词；《宫中档》018099，20/3/24，李帼富供词；《钦定平定教匪纪略》，第 1 卷，第 6—9 页，18/9/13，李三隆等供词；《那文毅公奏议》，第 29 卷，第 33—35 页，18/11/11，杂项口供。

衔和其他好处。林清和李文成对这个问题有不同看法，但显然林清极为能言善辩，他认为李文成的师父教他的那些东西不对。① 林清要李文成与他的师父和梁教主断绝来往，从而接受林清有关来劫日期的看法，帮助他筹划"大事"。

这两个人之所以会考虑反叛可能是受到了冯克善的撺掇（他们也确实需要有人鼓励）。冯是牛亮臣的连襟，他与林、李二人见了面，参加了他们的讨论。冯克善虽然是个拳师，对宗教观念和活动不太感兴趣，但在见了林清之后就热心于教派事务。正是冯克善、李文成和林清构成了八卦教的三巨头。冯有着另一种不安分、野心勃勃的个性，是未来发动叛乱的首领。因为他也是那种半职业的耍枪弄棒者的一个极好例证，而这种长于武艺的人与白莲教有很大关系，所以有必要在此对他稍作介绍。

1811 年冯克善 39 岁，住在滑县，可能就住在县城。他出自一个低级乡绅的大家庭，从兄弟中有人得过武举功名（举人和进士）。家族中比较有地位的各房都瞧不起冯克善，指责他平素好赌博、打架。然而，后来官府查抄时问他们为何不盯紧他，这些亲戚胆怯心虚地回答："我们各有生业，不能管教。"②显然这是个热衷习武的家族，不必奇怪这个家族里虽然有几个人能通过功名进入上层精英，而像冯克善这样的其他人就只能处于边缘。冯好赌钱、习武，经常出没于酒肆、客店和集市。他的朋友有酒肆老板、衙役、赌徒和小骗子，他是中国城镇中不起眼的底层社会的一员。③ 我们知道，冯的连襟牛亮臣是滑县 *88*

---

① 《那文毅公奏议》，第 33 卷，第 13 页，18/12/25，秦理供词。

② 引文引自《那文毅公奏议》，第 33 卷，第 33—34 页，18/12/25，冯克功等供词。其他有关冯克善的材料见《钦定平定教匪纪略》，第 22 卷，第 5—7 页，18/11/25，宋跃澜供词；《钦定平定教匪纪略》，第 29 卷，第 1—6 页，18/12/26，冯克善供词。

③ 有关冯克善的朋友及其背景，见《上谕档方本》，403—405，19/9/22，姜道学供词；《上谕档方本》，305—312，19/10/22，张洛凤和李帼富供词。萧公权：《乡村中国：19 世纪帝国的控制》，第 454—458 页，生动地描写了这些"草根民众"中的一些人。

知县衙门的库书。正是通过亲戚牛亮臣冯克善才有了"强人"的名声，成为地方争端的非正式调解人，另外一身武艺也使他成了值得依赖的人。①

21 岁时冯克善向一个叫王祥的山东人学习拳剑，后来他还向一个本县人学挥矛格斗。② 这两人都不习白莲教，而冯克善的"入"教则是曲折迂回的。1810 年初，他决定伪称自己已在教。当时牛亮臣在成为林清徒弟后从北京回来，两个人谈起了武术。冯克善说道：

> 傔婿牛亮臣……见克善拳法中有八方步。亮臣曰，尔步伐似合八卦。克善曰，子何以知之？亮臣曰，我所习坎卦。克善曰，我为离卦。亮臣曰，尔为离，我为坎，我二人坎离交官，各习其所习可也。其后众遂奉克善为离卦头目。③

1811 年当冯克善被其连襟介绍给林清后，他就涉足于教派人际网。他开始发展徒众，并通过林清了解教派的理念。冯克善似乎更愿意得到高层的地位，而不是只为本教派的宗教目的奔忙，这使他与林清和李文成来往。正如我们所知，他实际从未真正能与这两人平起平坐。

在花了一个月时间与牛亮臣的朋友和亲戚会面后，林清离开河南回到北京。他对这次旅行的结果并不满意，告诉家人他连一个徒弟都没能收到。这一对其影响的悲观评价说得太早了。情况恰好相反，林清的来访对河南的教派有极大的影响。林清在北京住了几个月，看来他并不是

---

① 比如有这样一件事，在滑县有两个人斗鹌鹑玩，发生了争执。其中一人到县衙去告状，而不是去找冯克善，而另一个人（前衙役）却是先去调解。冯克善定下该付多少钱，先付一半，剩下的以后再付。一个月后，债还未完全付清，冯就亲自到欠债人那里要他还钱（他没要到，但后来就谎称欠债人是叛乱首领）。《那文毅公奏议》，第 33 卷，第 21 页，19/1/4，张德水等供词。

② 《那文毅公奏议》，第 32 卷，第 39—40 页，18/12/16，唐胡子供词；《钦定平定教匪纪略》，第 24 卷，第 21—26 页，18/21/11，冯克善供词。

③ 《钦定平定教匪纪略》，第 24 卷，第 21—26 页，18/21/11，冯克善供词。

一点也没意识到,他使教派组织产生了一系列全面的变化,然后就在这
年(1811年)夏天他又回到了滑县。

在第二次来访时,林清听说在他不在期间九宫教发生了一次大规模
的重组。李文成去与教主梁健忠讲论。李向他解释了林清阐说的新观
点(不幸的是在材料中未写出),并当着教徒的面辩论,李文成以这些观
点来挑战梁的教首地位。上了年纪的梁健忠辩不过李文成,承认不是徒
弟的对手,"将家存教内经卷底簿交给李文成掌管"①。就这样李文成成
了教主,得到了经卷,当上了一个重组的弟子阶层的首领。他的师父、师
父的师父以及所有徒弟现在都承认李文成为九宫教首。实际上,李文成
的师父刘幗明在这次夺权中帮了徒弟,从此他就作为李文成的一个主要
助手在积极发挥作用。更重要的是在林清看来,李文成的胜利也是他的
胜利,正是以林清的观点为依据梁健忠才会认输。当林清来到滑县时,
李文成、牛亮臣和其他人"同访林清,见林清理深",所有人就对林清磕
头,"就都归顺。"②

八卦教的组合是在急切中开始的,以前还不明确的反叛这时也
提上了日程。林清和李文成开始计划、组织"大事"。有可能这些主
张还受到了天上出现的一颗彗星的影响,中国人总是很认真地将其
视为凶兆,认为反映了天、地、人之间的关系。这颗彗星最早出现在
1811年春,这年夏末时最亮,在七月底它最靠近地球。这正是林清
第二次南下时。钦天监宣布这颗彗星是王朝吉兆之象,但很可能林
清和李文成则把它看作是对新劫来临的预兆,是对他们事业的吉祥

---

① 引文见《那文毅公奏议》,第33卷,第13页,18/12/15,秦理供词。有关李文成的这次夺权,另
见《林案供词档》,第221期,第1—3页,18/10/16,董幗太供词;《钦定平定教匪纪略》,第24
卷,第21—26页,18/21/11,冯克善供词;《林案供词档》,第233期,第1—3页和第234期,第
1页,18/10/16,董幗太供词。
② 《钦定平定教匪纪略》,第25卷,第7—10页,18/12/12,刘宗林供词;《钦定平定教匪纪略》,第
29卷,第1—6页,18/12/26,牛亮臣供词;《林案供词档》,第204期,第1页,18/9/19,董幗太
供词。

福报。①

　　林清向新弟子们解释，他"推算天书，弥勒佛有青羊、红羊和白羊三教。此时白羊教应兴"。推动白羊期来临的劫变已迫在眉睫，林清对徒众解释他该"起事"。②

　　必须要强调，这一决定是白莲教的观念和结构内在的趋势必然要产生的结果。有些首领受其信念和野心驱使还在推动这些趋势发展，他们在刺激信徒们有时是麻木的欲求，让他们渴望一直想要的末世来临。认为有着巨大恐惧也有着巨大希望的这一时期最终会来到的信念推动着林清和李文成去为自己和他们的信徒做准备。出现一颗大彗星表明上天的眷顾，五个好年头之后在豫北地区发生旱灾可以解释为是劫期的开始。③ 但通往反叛的道路却是条难以预测而又危险的路。

　　为了在这通往白阳期的过渡时期能有协调的领导，林清和李文成将他们的观念融为一体，确立了一个新的八卦教的组织结构。这两人决

---

① 当时人对这颗彗星的记载可以在下列材料中找到：昭梿：《啸亭杂录》，第4卷，第44—59页；《山东通志》(1911年)，第11卷，第17页；姚元之(1773—1852年)：《竹叶亭杂记》，1893年，台北重印本，1969年，第7卷，第1页；蒋湘南：《七经楼文钞》，1837年，第5卷，第45页。

　　这些记述得到了西方观测的证实，这颗彗星称为"大彗星"，因为用肉眼就能看见它，在布赖恩·马斯登(Brian Marsden)编的《彗星轨迹目录》(*Catalogue of Cometary Orbits*)，Cambridge, Mass.：史密森天体物理观测台(Smithsonian Astrophysical Observatory)，1972年，第7页，第15页和第32页可以查到。按照中国的历法，它最早出现在嘉庆十六年(1811年)三月初二，嘉庆十六年七月二十四日时最靠近地球，直到第二年(嘉庆十七年七月十一日)秋天还能看见，其光亮逐渐暗淡。姚元之记载从1811年农历七月开始它能被看见有上百天。蒋湘南说看到它有半年时间。

　　据姚元之说，钦天监提到唐朝的一次彗星和康熙年间的另一次彗星，以证明在天上那个区域出现并持续了这么长时间的彗星，不像有些人认为的那样是刀兵之灾和水涝之灾的迹象，而是统治者德政的表现。不过，姚元之还提到1813年既有水灾也有战事。蒋湘南虚构了林清和李文成的一段对话，当他们见面谈论叛乱时看到了天空明亮的彗星：李文成说这确实是个好兆头，"天上有这样的征兆，老天肯定会来帮我们成事"。

② 《林案供词档》，第202期，第1页，18/9/19，林清供词；《钦定平定教匪纪略》，第16卷，第30—35页，18/11/5，曹纶供词。

③ 在起义最终爆发的华北平原各县中，唯有河南的滑县和浚县在1811年遇到了经济困难。正如事实显示，林清和李文成在精明地赌运气，以后两年到处农业都歉收。《大清历朝实录》，第242卷，第10页；第248卷，第7页；第48卷，第17页；第248卷，第22页，乾隆16/4和17/9。见本书第213页注①和注④。

定,李文成最近得到了领导权的那个教派称为震卦教,林清的荣华会称为坎卦,坎在卦中与北方有关。拳师冯克善被拉进三巨头中,他和他的信徒仍沿用冯克善用的卦名,称离卦。① 后来要加入的其他教派则可以用剩下五卦中的某卦名字。同时,首领们说明以这三个教派为主,而其他实际不存在的各卦教派"垂危衰亡",当时只有极少教徒。另外,生机勃勃的坎卦、离卦和震卦还被认为构成了"三才",代表着天、地、人,它们足以达到自己的目的。②

就决策以及筹划起事而言,林清对八卦教有绝对的权威。他被称为"十字归一"和"八卦总教主"。林清后来告诉北京附近的信徒,他要到南面去召集那七卦,它们现在全听他的。按照林清的说法(也被其他材料证实),"李文成除坎卦外七卦俱是他领。七卦内有事,李文成须来报我。"③

虽然林清被当做教主,但李文成还要教给他的这个新师父不少东西。他们要把梁健忠在九宫教建立的这套制度扩展开来,还要认真讨论来劫问题,希望能大大增加教徒的人数以及捐献的数额。梁健忠设立的级衔被废弃了,采用了一套新的等级制度。前面提到,捐献被当做为将来要得到的好处付出的本钱。

> 许俟李文成起事之后给与地亩官职。每钱百文许地一顷,粮食数担许给官职,填注号簿,并开写合同纸片,交与本人作据。④

粮食会被折成白银,所有捐献由徒弟交给师父直到最高层。李文成和冯

---

① 《林案供词档》,第221期,第1—3页,18/10/16,董帼太供词。
② 《钦定平定教匪纪略》,第1卷,第22—27页,18/9/15,崔士俊供词。
③ 《林案供词档》,第202期,第1页,18/9/19,林清供词;《那文毅公奏议》,第32卷,第12—16页,18/12/3,秦理供词;《钦定平定教匪纪略》,第4卷,第5—9页,18/9/19,林清供词;《林案供词档》,第232期,第1—3页,18/10/26,王五供词;《林案供词档》,第227期,第1页和第228期,第1页,18/10/21,曹福昌供词。
④ 《钦定平定教匪纪略》,第25卷,第7—10页,18/12/12,刘宗林供词。另见《钦定平定教匪纪略》,第28卷,第11—13页,18/12/24,梁健忠供词。

克善把他们教派的钱送给林清。①

李文成和林清创造的级衔等级是将要在来劫中起作用的新关系体系的组成部分。林清、冯克善和李文成是位于这一等级最高层的三巨头。为加强这一新关系，他们采取古老的结拜盟兄弟的做法，而且为了使自己能脱身得到更高的地位，他们都将其各卦教派交给大弟子去管。②三个最高的位置来自天、地、人"三才"，被称为天盘或天王、地盘或地王、人盘或人王。这三个位置分别被林清、冯克善和李文成三人占据。③

尽管在反叛前林清在八卦教中地位最高，但从一开始就将未来统治的责任决定由人王也就是李文成来承担。林清本人说，"将来事成之后，天下是人王的。"林清和冯克善则是圣人。林清宣布，将来人王统治时，天王、地王"就同孔圣人、张天师一般"，作为圣人他们会来"同帮"李文成。④

权力三分很重要，也有象征意义，还反映出权力的真正轴心是在林清和李文成之间。这两个人起到了互补的作用：圣人拥有宗教权威，但把世俗权力交给统治者，而统治者有政治的合法权力，但把宗教事务委托给圣人。这样的角色分工遵循的是大众观念中有关治者—圣人关系的一个范围更广的传统，这一传统至少可追溯到汉代，⑤同时也合乎在以前叛乱中表现出的更明确的白莲教传统。在嘉庆前期爆发的白莲教起义中，起义者推举的两个领袖、首领一个是弥勒转世（姓刘），另一个是明

---

① 《那文毅公奏议》，第 33 卷，第 13 页，18/12/25，秦理供词；《钦定平定教匪纪略》，第 25 卷，第 7—10 页，18/12/12，刘宗林供词；《那文毅公奏议》，第 33 卷，第 13—14 页，18/12/23，刘宗林供词。

② 《林案供词档》，第 202 期，第 1 页，18/9/19，林清供词；《林案供词档》，第 221 期，第 1—3 页，18/10/16，董帼太供词。

③ 《钦定平定教匪纪略》，第 29 卷，第 1—6 页，18/12/26，牛亮臣供词；《林案供词档》，第 202 期，第 1 页，18/9/19，林清供词。教派用"盘"这个字的意思不太清楚。在这里"天盘"是指一个头衔或职位，在用语上与"天王"相对应。在别的例子中"天盘"单独用，意思是指与"天命所定"相关的东西，被用来指弥勒佛掌管教派时的那段时间。见《上谕档方本》，333—338，20/12/25，王殿魁和王亨仲供词。很有可能对教众来说不必确切了解这些词是什么意思，重要的是要知道这些词的不同寻常而牢牢记住，并不需要知道其清晰、准确的意思。

④ 《林案供词档》，第 221 期，第 1—3 页，18/10/16，董帼太供词；《林案供词档》，第 202 期，第 1 页，18/9/19，林清供词。

⑤ 见索安："早期道教救世主观念中的理想统治者形象：老子和李洪"。

皇室的后裔(姓王,但有时称牛八或朱姓)。① 这两个人一个是佛,另一个是复辟的皇帝,而八卦教的首领重建了这一模式。

李文成宣称"他是从前震卦教主王老爷转世"。他后来又采用了明朝的朝代名,进而又称自己是推翻明朝的反叛者李自成转世,以强调他的统治乃天命所定。像这些前辈一样,李文成也要来统治。②

另一方面,林清称要起到弥勒佛的作用,在新劫来临前由无生老母派来教导正道。弥勒的角色显然是将教主和师父的角色混合在一起,与刘姓有关联。有个叫刘林的人被这些教派当做创教的师父,是弥勒佛过去的转世,他被称为先天祖师。在 1811 年见面时李文成告诉林清,他林清前身是卯金,也就是姓刘,实际是大名鼎鼎的刘林转世。于是林清被称为后天祖师。由于林清是弥勒转世,所以"这仙性"就在林清身上再生了。林是来教道的圣佛,为千年末世做准备的教主,他是"掌理天盘八卦问法后天祖师"。不过当时间已到时,他就会发挥作用,把这一权力交给好的统治者,合法的皇帝,人王李文成。③

93

---

① 陈学霖:"中国明清时期的白莲弥勒教义与民众起义",第 218 页。对这两个角色的讨论,另见康无为(Harold L. Kahn):《皇帝眼中的君主制:乾隆朝的形象与现实》(*Monarchy in the Emperor's Eyes: Image and Reality in the Ch'ien-lung Reign*),Cambridge:哈佛大学出版社,1971 年,第 74 页。

② 《钦定平定教匪纪略》,第 1 卷,第 29—32 页,18/9/15,张建木供词;《那文毅公奏议》,第 32 卷,第 12—16 页,18/12/3,秦理供词;《那文毅公奏议》,第 30 卷,第 22—25 页,18/11/25,奏折。

③ 《那文毅公奏议》,第 32 卷,第 12—16 页,18/12/3,秦理供词;《钦定平定教匪纪略》,第 1 卷,第 29—32 页,18/9/15,张建木供词;《钦定平定教匪纪略》,第 3 卷,第 9—13 页,18/9/18,林清供词;《那文毅公奏议》,第 31 卷,第 18—21 页,18/12/16,牛亮臣供词。
　　林清作为教首其他的称号有八卦总教头和总祖师。他的名字和后天祖师的称号写在登记了所有八卦教徒众名字的号簿首页。刘林被称为先天教主,林清也可能被称为后天教主。见《那文毅公奏议》,第 32 卷,第 12—16 页,18/12/3,秦理供词;《钦定平定教匪纪略》,第 6 卷,第 5—6 页,18/9/26,蔡成功供词和奏折;《钦定平定教匪纪略》,第 7 卷,第 10—12 页,18/9/28,马朝东供词。
　　在作为刘林的转世上,林清被称为(至少在对刘林这个人可能比较了解的豫鲁地区的教徒中)各种化名和象征性的名字:刘双木、刘霜木、刘奉天、刘真空、刘兴帼和老刘爷。见上引材料来源,还有《钦定平定教匪纪略》,第 3 卷,第 9—13 页,18/9/18,奏折;《济宁直隶州志》,第 4 卷,第 20—29 页,周廷林供词;《钦定平定教匪纪略》,第 1 卷,第 22—27 页,18/9/15,崔士俊供词;《钦定平定教匪纪略》,第 42 卷,第 31—34 页,21/6/3,刘玉瀍供词。

在八卦教的观念和行动中惟一能找到的反满情绪出现在一首诗中，这首诗在河南和山东的教徒中流传，讲的是林清和其北方的人马在即将爆发的起义中要起的作用。诗里谈到他自称姓刘，这也是汉朝皇室的姓，"汉"这个字还被用来称汉族(与蒙古、满人和其他少数民族相区别)。诗句中有：

> 单等北水归汉帝，
> 天地乾坤只一传。①

新建立的八卦教首领很希望尽可能扩大他们的领导权限，为此他们考虑到了很有名的大众诸神和民间英雄人物。林清不满足于自己只是几个神和人的转世，还宣称他是"太白金星下凡"。② 对1811年夏开始由林清和李文成建立的等级体系的其他内容将在后面详细探讨。

等到林清回到北京，向所有信徒和所有可能的入教者传达了一个坏消息：随着现劫期的结束毁灭性的灾厄就要到来。在这次危机中无生老母派来了新的首领，他们会为所有信教的人提供解救之道。在这些教派中已为未来的发展和合作打下了基础，他们不断增加的收入推动了八卦教在华北平原南部和北部的稳定扩展。

94

---

① 《钦定平定教匪纪略》，第1卷，第29—32页，18/9/15，张建木供词。在1772年没收的一部经卷中有这样的句子"平胡不出周刘户"(《大清历朝实录》，第906卷，第23—24页，乾隆37/4/13，上谕)。另一部经卷(《那文毅公奏议》，第42卷，第32—33页，20/12/16，上谕)中有这样的段落：

> 清朝以尽，
> 四正文佛，
> 洛在王门，
> 胡人尽，
> 何人登基，
> 日月复来，
> 属大明牛八。

在这两个例子中，满人被称为"胡"，这是对北方游牧部落的传统称呼。
② 《林案供词档》，第202期，第1页，18/9/19，林清供词。

坎卦教的拓展

通过 1811 年春去滑县以及与李文成结成的这种新关系,林清大大地增加了徒众的人数。采用新的更系统的敛钱和记录方式,他成了各卦教派捐款的接受者。此后,不管林清什么时候南下,都能得到李文成及其徒弟送的礼。在其他时候,李文成会派人把钱送给林清,"各卦皆十字归一"。

林清在去河南的旅途中交通方式的变化生动地反映了他的权力和地位在增长。1811 年初他第一次去河南,林清和两个徒弟到滑县是步行来回。那年春天他们又是走去的,但在回来时李文成和其他人已"都归了林清"。这些新弟子出钱资助他,林清是骑着一头送给他的驴子回来的。那年秋天,林清又去河南,他骑驴,朋友们步行。当他们一个月后回家时,林清又得到了一头骡。第二年(1812 年)初,林清又南行,这次是坐在一个教徒家的大车上,用骡子拉。他们回来时坐着同一辆大车,但这时是用马拉(车上还有一只装满银锭的箱子)。林清在一年后又一次南下旅行,这时是他在起义前权力最大的时候。他乘坐一辆运客的大车,由一个弟子驾车,一人步行为随从,另一个人骑马在前面开道。①

1811 年、1812 年和 1813 年,林清都用其新得到的权势和收入在京畿地区扩展教派势力,使聚会和捐献正常化,并为了发动起义有目的地发展教徒。1811 年春,在他前两次去河南之间,林清将他的盟弟汉军旗人曹纶介绍入教。曹纶对林清或许很有用,因为他最近被提升为北京北面的长城关口独石口的首任都司。曹纶去见林清告诉他自己要任的 95
新职,并抱歉一直没能还借林清的钱。林清要他别着急。他说:"我要教你一套本事,借此可以趋吉避凶,并可以救穷。"曹纶很感兴趣,林清就教

①《林案供词档》,第 221 期,第 1—3 页,18/10/16,董帼太供词。装银锭的箱子有一英尺长,六英寸宽,四英寸高。

他八字真言，让他看如何念诵、运气。不过与通常的情况不同，曹纶没有成为林清的弟子。但在那年下半年，当曹纶抱怨他没得到许诺他的念咒所能得到的"好处"，"三哥林清教他念的八字无救贫之验"，有人回答他这是因为他没有正式成为林清的弟子。

一年后，曹纶最终决定改变他们之间的关系。他到林清家，作为弟子向林清磕头。林清作为师父而不是盟兄，"不答拜，但举手以为礼。"曹纶还带了其他人去见林清，都成了他的徒弟。这些人中一个是曹 23 岁的儿子曹福昌，另一个是王五，他是北京一个退休高位武官的家仆，与曹纶结为盟兄弟已有三年时间。在林清第二次去见李文成回来以后（这时建立八卦教的过程已经开始），他派刘呈祥（此人这时掌管林清的教派，此后就用新的教派名坎卦教）去找曹纶等人，告诉他们林清有关来劫的预言，问他们是否愿意参加起事。曹纶和王五后来称，他们不准备去帮助叛乱，但只是要知道起义确定的日期。①

在同一时期，林清开始吸纳太监入教。在 1810 年或是 1811 年某个时候，他的朋友陈爽收了同村 36 岁的刘得财为徒弟。刘得财早就到了京城，当了太监，从 1806 年起他就在紫禁城的大内干活。1809 年，刘得财的义父加入了荣华会，他叔叔随后入教，接着他本人也成了陈爽的徒弟。陈爽教他八字真言，要他也去发展自己的徒弟。②

在以后几年，刘得财一直都在发展太监入教，我们知道至少有七个人。这些人在紫禁城的各个不同部门干活，他们可能是在北京地区出生

---

① 《钦定平定教匪纪略》，第 16 卷，第 9—13 页，18/11/5，曹纶供词；《林案供词档》，第 232 期，第 1—3 页，18/10/26，王五供词；《林案供词档》，第 227 期，第 3 页和第 228 期，第 1 页，18/10/ 21，曹福昌供词。

② 《钦定平定教匪纪略》，第 3 卷，第 9—13 页，18/9/18，刘得财供词；《上谕档方本》，381，19/12/ 14，董帼太和刘辈儿供词；《林案供词档》，第 235 期，第 1 页，18/10/27，刘进得供词；《林案供词档》，第 214 期，第 1 页，18/10/9，边福贵供词。刘得财在林清的门徒中不是惟一当义子的。在教内被逮捕录有口供的 175 人中有 32 人（18%）是义子。这些人中只有两人是太监，7 人是农村的雇工。

长大的。① 有个太监揭示了刘得财在宫墙内传教的情况,他描述了自己信教的经过。

> 我在祭神房门遇见太监刘得财,让他到我屋内喝茶。那时屋内无人,刘得财对我说:"我们兄弟相好,你如何不入会学好?"我问他什么会,他说是白阳教,会内不吃酒,不要钱,将来还有钱使用。我见系学好,就应允了。他说来往人多,就在屋内磕头吧,不用摆香烛纸马了。我就在祭神房旁边屋内给他磕头,拜他为师。②

这些并不是第一批加入白莲教的太监。实际上,刘得财想要拉入教内的人中有一个以前就在教中(就是这个人的舅舅死后其遗孀嫁给了林清)。③ 我们还知道,会看病的刘兴礼的红阳教已收了几个太监入教。太监并不是孤立地住在北京紫禁城里。那些来自京城地区家庭的人与他们的亲戚一直保持联系,是宫殿与乡村之间积极的联系人。总的来说是这些太监,具体而言是刘得财与其徒弟,后来在攻打紫禁城时发挥了重要的作用,也就很难不得出这样的结论,主动接纳刘得财为徒就是为了这个目的。

1811 年后林清肯定是在笼络这些太监,尽其所能地要得到他们的忠诚。与教派通常的做法不一样,林清继续送银子给这些徒弟,以实现刘得财"有钱花"的诺言。有两个太监做证他们每月初一都从刘得财那里拿钱,一般是一两。林清通常把钱存在北京城南的一家珠宝店(一个山

① 刘得财在基华门干活。其他人有高广福(钟粹宫)、张泰(月华门)、刘金(天穹殿)、王福禄(御纱房)、于吉庆(祭神房)、阎进喜(坤宁宫)、顾进禄(不知在何处干活)。《钦定平定教匪纪略》,第 3 卷,第 2—4 页,18/9/18,奏折;《林案供词档》,第 218 期,第 1—2 页,18/10/12,于吉庆供词;《钦定平定教匪纪略》,第 3 卷,第 9—13 页,18/9/18,刘得财供词。

② 《林案供词档》,第 218 期,第 1—2 页,18/10/12,于吉庆供词。

③ 这人就是阎进喜。他父亲在北京管一个家庭货栈,他母亲的家乡在北京西南的一个村子,靠近林清住的宋家庄。阎进喜最早是由他舅舅发展入教的。当刘得财对他说教里的事时,阎进喜告诉他自己已经在教,但忘了八字真言。刘得财让他又想了起来,但从不把阎当自己的徒弟看。《林案供词档》,第 203 期,第 1 页,18/9/19,田马儿供词;《钦定平定教匪纪略》,第 3 卷,第 9—13 页,18/9/18,刘得财供词。

西商人开的)。刘得财会在需要时去那家店取钱。刘得财告诉他的徒弟这笔钱是教首林清专门给他们的,不要对任何人说。①

1812 年,林清因为得到白阳教首领李老及其所有徒众的支持而大大扩展了坎卦教。李老的教派并入林清的组织意味着其职业和地域上有了多样性:李老的弟子多是拳师、医病者、太监和满人,他们都来自北京东南面的村子和京城本身。帮林清和李老牵线的是刘第五,他带着师父李老来见林清。② 林清说明了来劫,劝导李老说如果李老和徒弟加入到他的教里,他们就能免于那些大灾。他还是像往常那样有信心,李老和刘第五两人向他磕头,承认了他的权威。林清请他们吃了饭,然后回家。因此李老的白阳教和刘宗林的红阳教都在林清的控制之下。这些人在第二年为了迎接来劫之灾而发展新教徒,并鼓励信徒捐献把钱送给林清,以此来加强他们与林清的联系。③

刘第五对林清准备发动的起义很感兴趣,不断帮助林清增加其徒众。此人很有用处,因为他参加过两个教派,先后住在北京的西南(宛平

---

① 给 600 文钱(一人口述),给 1 000 文钱或 2 000 文钱甚至是 2 两(另一人口述)。这给一个人是不少钱但不是很多,不过无疑对他们的薪金是不错的补充。对林清来说总的费用还是相当大的。为了在两年内给六个太监每人每月一两银子就需要 150 两。关于每月的津贴,见本书附录三。《林案供词档》,第 218 期,第 1—2 页,18/10/12,于吉庆和阎进喜供词;《林案供词档》,第 218 期,第 2 页,18/10/13,于吉庆供词;《林案供词档》,第 221 期,第 1—3 页,18/10/16,董帼太供词。

　　1813 年夏这种给太监送礼的模式被倒了过来,当时林清的太监徒弟送给他一块小银锭和一辆车。《林案供词档》,第 221 期,第 1—3 页,18/10/16,董帼太供词;《那文毅公奏议》,第 32 卷,第 12—16 页,18/12/3,秦理供词。

② 刘第五当时 40 多岁,原是一户祝姓人家四个儿子中的一个,是桑堡村正蓝旗的包衣。他小时候被送给刘家当养子,这是延续了两代人的交换儿子的一部分。刘第五和他真正的兄弟(姓祝)都在顾亮的荣华会中。他年轻时在家乡东面的村子干活,后来搬到羊修店认识了李老(住在那里),了解了李老的白阳教。顾亮死后教派受到官府的查抄,刘第五就改换门庭,拜李老为新师父。另外,他的兄弟仍留在荣华会内,成了林清的弟子。1812 年,刘第五听说林清准备起事,就带李老去见林清,希望把两个教派合起来。有关刘家见《上谕档方本》,217,20/2/20,刘辈儿供词。

③ 《上谕档方本》,205—208,20/7/11,郝八供词;《上谕档方本》,91—93,19/7/7,董帼太供词;《林案供词档》,第 209 期,第 1—2 页,18/9/28,李老供词;《林案供词档》,第 211 期,第 1 页,18/9/29,李玉陇供词。

县南)和东南(通州南面)。他与顾亮荣华会的一个支派重新建立了联系,是通过这个支派的首领屈四联系的。屈四听说了林清和他的计划,并被要求加入坎卦教。屈四表示同意,就在他住的村子附近发展教徒,到 1813 年他的信徒人数增加了两倍。①

　　林清在劝他所熟悉的各个教派承认他为首领并参加他的起义时并不总是成功的。他曾与新城的老理会首领王瑞有过接触,王瑞的连襟入了林清的教,是通过他联系的。王瑞引用他所用的经卷中的话,来说明现在不是反叛的好时机:"要闹事还要等几年。如今清平世界,如何行得你们,还早呢。"这个连襟力图说明他们的首领林清

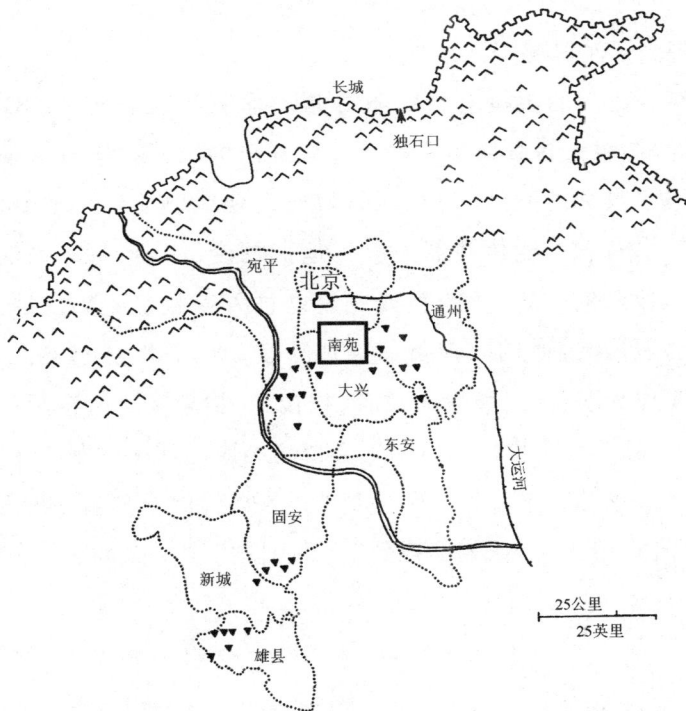

坎卦教徒居住的村庄

① 《林案供词档》,第 208 期,第 1 页,18/9/24,屈四供词。

知道他在做什么，他有大批信徒。王瑞并不在意，他宣称他的教派也有不少人。"我在老理会，不归荣华会管。不要烦我！"后来再次劝说王瑞也没有成功，尽管没有迹象表明林清曾亲自与他谈过，但最后林清还是记起了这伙人，送给他们记号以便他们在大灾期间能得以幸免。①

林清还想得到过去荣华会首领的支持，此人曾败在他手里。他派人去见郭潮俊，向郭说明林清教派的情况，并约郭来谈谈。郭潮俊后来称他拒绝了，不过他给了林清基本的保护费："说林清要造反，叫我每月给他钱四吊，林清就不杀我了。我听了这话。我随央刘启文转向林清前替我求说，'饶了我吧！'"郭潮俊没有参加起义，但像王瑞一样作为不合作的信徒得到了保护旗。②

郭潮俊碰到的事没有什么不寻常。林清和其信徒在 1811 年和1812 年的传教大多数情况下都是恩威并济的，许诺"事成之后"会得到越来越多具体的好处，而对不信教的人则威胁他们会遇到同样具体的危险。对有可能信教的人告诉他们劫变以及随之而来的破坏，要他们入教以免一死，成为教徒就足以进入得救者之列。林清非常积极地劝说信徒，他们应该自愿参加呼应劫难的坎卦起义。还有土地和官职作为引诱，以鼓励人信教、捐钱、参加起义。有个师父许诺："后有无穷富贵。"③积极相帮的人会得到相应的回报，"帮得多的封大官，少的封当小官。"④通常的许诺是给"官做"，但有些师父的许诺比较具体，告诉弟子说，他们会得到"一品朝珠"，"一二品官"，"兵粮一

---

① 《上谕档方本》，317—325，22/9/24，王瑞供词；《上谕档方本》，155—156，22/9/17，崔史氏供词。
② 《林案供词档》，第 222 期，第 1 页，18/10/16，郭潮俊供词。
③ 《林案供词档》，第 212 期，第 1 页，18/10/3，刘潮栋供词。
④ 《林案供词档》，第 209 期，第 1—2 页，18/9/28，李老供词；《上谕档方本》，359—362，20/9/26，吴熹供词。

份"，"当总管太监"。① 除这些许诺外还有威胁："若不相帮就算临阵逃脱，是要杀的"；"你就不应也活不长"；"事成后大家做官，如若不去就要被天雷打死"。②

如此恩威并用并不意味着在这时入教准备成为反叛者的多数人都完全是出于害怕和贪欲，而不是相信教义。特别要记住实际上在叛乱前这些威胁和许诺都未兑现过。除了前面提到的太监，没有人事先得到过具体的奖赏，也没人遭受过伤害。一个潜在的信徒要想被胡萝卜加大棒的做法驱动，就首先至少要相信有这种可能，林清所预见的东西确实会到来。白莲教与犯罪组织有根本的不同，犯罪组织一般在体制外运作，它们许诺的好处或要实施的暴力都会立即兑现。而这些教派将其对国家和社会的挑战安排在未来，只有在某个指定的时间之后才会公开兑现其以前谈论的事情。那些相信并为威胁和许诺所动的人都认为某一天教派会像预见的那样掌权。对那些不信的人，谈论"官职"和"活不长"是没有意义的。

到1813年夏，林清将他的坎卦教建成为一个位于他的荣华会和四个其他以前分散的教派之上的伞状物。这一师徒网已有三百多人，分布在七个县的近六十个村子。③ 这一网络是靠个人的联系建立的，这三百个教徒实际上代表着几乎相同数量的家庭。当一个成年男子入教，他的

---

① 有许多笼统的许诺。例见《林案供词档》，第207期，第1页，18/9/24，刘宗林供词；《林案供词档》，第216期，第1—2页，18/10/1，李六供词；《林案供词档》，第204期，第1页，18/9/19，刘进亭供词。更具体官职的例子见《宫中档》017330，19/2*/21，韩顺林供词；《钦定平定教匪纪略》，第17卷，第4—7页，18/11/16，曹纶供词；《林案供词档》，第215期，第1页，18/10/9，刘狗儿供词。两个太监(一个是陈爽的徒弟，另一个是刘兴礼的徒弟)实际上被许诺当总管太监以报答他们帮助攻打紫禁城。《林案供词档》，第206期，第1—2页，18/9/22，杨进忠供词；《钦定平定教匪纪略》，第3卷，第9—13页，18/9/18，刘得财供词。

② 《宫中档》017262，19/12/17，任三供词；《林案供词档》，第220期，第1—2页，18/10/15，张自声供词；《林案供词档》，第214期，第1页，18/10/9，金黑供词。

③ 具体为固安县：9个村；大兴县：8个村；东安县：1个村；新城县：4个村；通州：11个村和府城；雄县：8个村；宛平县：15个村；还有北京城。这些数字以所有可靠的材料为依据，是其最低限。见本书第155页注①对这些"统计"的评论。

妻子、父母和成年子女都常会随之也入教。即使家里其他成员没有正式入教，等到后来新劫来临，给每个教徒的保护都会自动包括他的家人。这样此时与林清的坎卦教有联系的人总数可能已接近一千。[①]

尽管在一些村庄有大量本地的"信徒"住户，但不应认为有任何一个村庄是以教徒为主的。例如，在林清住的宋家庄至少有44个成年男性教徒，其中1/3姓宋，这也是这个村子名字的来历。对教派来说在一地有了大量信徒。即使如此，这个村子有不少住户包括教徒的亲戚肯定都不在教。因为不知道宋家庄的人口和住户总数，所以就不能估出信徒与非信徒的比率。没有证据表明林清能够（或实际）把这个或其他村庄看做一个坚实的"基地"或"巢穴"。这些教派都是通过个人纽带建立的，在任何反叛前它们都受到这些纽带的限制。

与此类似，这些村庄间的联系是因教派而形成的。这种联系网游离在其他社会组织之外而独立存在。在许多例子中教派确实是依照亲属关系或距离的接近扩展的：正如我们所知，一个信徒会把他的家人、朋友和邻居发展入教。而在坎卦教的网中一些关键的联系是在有着某种共同性的个人间形成的，这一共同性是他们都对白莲教的教义和活动有兴趣。林清和李文成之间的重要联系是由一次偶遇和一个相互间的朋友促成的，但如果他们不是共同卷入一个宗教教派是不可能形成的。当师徒联系加强了以前就有的联系时，这些联系就更牢固了。如果不是这样，就像遥远村庄间的碰巧认识，一个外来的医病者和病人，那么联系就会越来越弱，但仍然还会存在。教派的联系网在一个大社会的缝隙间生长、发展，虽然说起来是非法的，有时还与正式的社会关

---

① 虽然教派成员的身份会扩大到一个信徒的核心家庭中，但他的扩展家庭（姻亲、从兄弟等）不会自动被包括在内。在林清的弟子中有几例是教徒身份成了家庭争执的根源。有个信徒与亲戚关系不睦已有好几年，出于气愤他故意把他的外甥排斥在教外，不让他参加起义。另一方面，有远为更多的例子是兄弟相互间介绍入教，还把血亲和姻亲亲属介绍进自己参加的教派。有关关系不睦见《上谕档方本》，171—212，22/9/14，杂项口供；《宫中档》011671，13/8/1，杂项口供；《上谕档方本》，103—105，20/1/10，宋才供词。

系有冲突,但这些教派——即使还处在发展状态——不会挑战或是公开干预现状。

新教派加入八卦教

在与河南的教首有了接触后,林清在以后的三年中与他们一直保持正常交往。对所有八卦教派来说,1811 年至 1813 年是一个富有成果的文化交流时期。在这段时间加速扩张,来往和交流增加。这时拳师们比武交流技艺,会看病的人四处云游,学新的本事,教主们探讨对未来的预见和教义,组织者比较各种制度。

林清 1812 年初再次去河南。有三个弟子与他同行,在那里住了一个月。回来时他带了一箱银锭和一个镶有漂亮图案的护身符,全是当地弟子送的礼。① 林清从这一新收入中用了些钱去改善他的生活状况。他在董家的院落中为自己建了一幢分开的房子,以扩大他的住处和隐私权。他雇了外甥女的丈夫做饭,这样他就不会与姐姐及其家人一起吃饭。房子不够住,到 1813 年林清有了栋大房子。在这栋房子里除了董家人(他姐姐和所有她的亲戚)外,与林清同住的有他的妻子和继女、三个为林清做家里和教里事的徒弟,还有他的朋友陈爽和三个约在 1813 年夏搬来的干儿子。② 此外,林清经常在住处聚会,访客中有自北京来的,也有从南面来的。

1812 年暮春,有三个人给林清带来了又一笔李文成和南面的八卦教

① 《林案供词档》,第 221 期,第 1—3 页,18/10/16,董帼太供词;《钦定平定教匪纪略》,第 17 卷,第 4—7 页,18/11/6,曹纶和董帼太供词。
② 干儿子是田启进、贺齐云和朱秉言。那些帮林清做事的人是齐进财、刘帼受和刘呈祥(他有自己的房间)。官方材料中还提到有个叫陈氏的妾,但不能确定(见《钦定平定教匪纪略》,第 27 卷,第 24 页,18/12/20,上谕;《林案供词档》,第 221 期,第 1—3 页,18/10/16,董帼太供词;《上谕档方本》,39—40,20/2/3,宋成全供词;《剿捕档》,127—131,18/12/7,缉捕名录;《上谕档方本》,93—94,20/10/14,任自贵供词;《林案供词档》,第 219 期,第 1 页,18/10/14,刘帼受供词;《上谕档方本》,271—271,20/4/24,董帼太供词)。

派送的钱。① 1812 年秋，另外两个从河南来的人给林清送钱。他们只住

华北平原府县

---

① 这些人中一个是李文成的义子刘成章，另一个是李的助手秦理，第三个是直隶南部磁县的一个教首，李文成的朋友赵得一。这三人在宋家庄没待多长时间，刚好能交钱和谈些情况，赵得一也被介绍给了林清。

秦理 30 岁刚出头，是浚县衙门的前快役，他的父亲和祖父都习白莲教。秦理入了李文成的教派。他很聪明，能读会写，帮李文成管教里的事。在李文成战死的那场战斗之后他被俘，他的口供是有关李文成及其教派的重要材料。《上谕档方本》，611—613，19/12/25，董帼太供词；《那文毅公奏议》，第 32 卷，第 12—16 页，18/12/3，秦理供词；《上谕档方本》，191—193，20/6/18，董帼太供词；《林案供词档》，第 227 期，第 1—2 页，18/10/21，董帼太供词；《上谕档方本》，379，19/7/26，董帼太供词；《上谕档方本》，15—17，22/9/2，苏广子供词；《上谕档方本》，93—94，19/11/7，盛泰供词。

了几天，然后就往南回去了。① 那年秋天晚些时，李文成亲自来宋家庄。与他一起来的有他的得力助手于克敬和林清的老友、弟子牛亮臣。于克敬原籍山西，后来迁居到河南滑县的一个村子。② 李文成已正式将对震卦教的管理交给了于克敬，于显然在教派事务中已有一定的决定权。他有一本经卷，这时带来交给了林清。这本书的书名为《三佛应劫统观通书》，据我们所知这是林清得到的第一本教籍。（在起义之后这本书被官府找到，它被红布包着藏在林清房子屋檐下的砖洞中。）③后来林清就用这本书预言来劫，还从中获得了新的八卦教等级的名称。可能就是这次林清和李文成的会面他们确定了八卦教所用的"明号"："奉天开道"。④ ¹⁰⁴

教首来北京拜访林清给他送钱，反映出自林、李第一次会见后这些年中教派的发展和扩张。这些扩张发生在河南、直隶南部和山东，个人、家庭和整个教派都转而投身于八卦教的事业。直隶南部会看病的徐安国采纳了登记捐献的新制度，将林、李制订的具体起义计划纳入了他自己的教义。这些年中他极为努力，经常外出，一路传教。他的活动很好地体现出了教派网发展的不同方式。

---

① 这两个人是魏震宗（浚县人，父亲开茶馆）和冯学理。《宫中档》017586，20/2/2，奏折；《那文毅公奏议》，第 33 卷，第 19—20 页，18/12/25，冯克善供词；《上谕档方本》，611—613，19/12/25，董帼太供词；《钦定平定教匪纪略》，第 29 卷，第 1—6 页，18/12/26，牛亮臣供词。
② 有可能就在这次河南的两个二流教派首领安怀浦和郭明汝也去对林清表示敬意。《钦定平定教匪纪略》，第 23 卷，第 33—34 页，18/12/15，董帼太供词；《钦定平定教匪纪略》，第 28 卷，第 11—13 页，18/12/24，梁健忠供词；《那文毅公奏议》，第 31 卷，第 18—21 页，18/12/16，牛亮臣供词。
③ 有关官府发现这本书，见《宫中档》017254，19/1/17，奏折。还有一本名字与此相近的书《三教应劫总观通书》为石佛口的王家所有。1815 年，一些王家人从这本书中引了一段有关三佛的内容，并加上一段弥勒佛会来并将生于王家的话。《上谕档方本》，343—345，20/12/25，王克勤供词。见本书第 21 页注①；杨庆堃：《中国社会的宗教》，第 234 页；矢野仁一："关于白莲教之乱"，《人文月刊》，第 6 卷（1935 年），第 7—8 页。
④ 这个口号使人想起著名白话小说《水浒传》中的梁山泊好汉所用的口号。他们的口号"替天行道"意思与此相近。绪川玉木："水浒传的作者"（The Author of the Shui-hu Chuan），《华裔学志》（Monumenta Serica），第 17 卷（1958 年），第 321 页。

1811年冬,徐安国离开家去山东西部。他再一次去曹县的扈家集,前些年他在那里为人看病。有个姓朱的人家有几支就住在这个村里,其中有个叫朱成方的人这时被徐安国发展为信徒,成了他的徒弟。在以后的几个月,朱成方又向他的五个从兄弟传教。徐安国把他当做自己的"大徒弟","管所有其他徒弟"。朱成方和他的从兄弟在山东的曹县和定陶传教。① 1812年春当徐安国再次(可能一直没走)来山东时,他又发展了一个叫张义的曹县人,此人后来在那个地区为徐安国发展弟子起了重要作用。在张义发展的第一批人中有他的舅子,还有他的家人,包括他的五个儿子。②

徐安国联系网的发展有一部分是像朱家兄弟和张义与其亲戚那样整个家庭加入,也有纵向的师徒联系链的发展。比如在定陶县,有这样一个链条,徐安国有个徒弟叫刘运忠,刘有个(许多徒弟中的一个)徒弟叫刘景唐,刘景唐有个徒弟叫周文升,周有个徒弟叫李法严。③ 虽然在这个例子中所有人都在同一个县,但这种师徒链经常会传教到一个很大的范围。因为发展教徒和引进基本教仪的过程都会很迅速,所以很快就发展出新的一代并非难事。

徐安国再向东去山东发展信徒,他采取的方法不是零星而是把已有大批信徒的人发展进来建立联系网,这些人是单县的程百岳④和金乡的崔

---

① 《钦定平定教匪纪略》,第5卷,第14—16页,18/9/22,朱成珍供词;《钦定平定教匪纪略》,第29卷,第1—6页,18/12/16,徐安国供词。

② 《宫中档》016869,19/11/18,赵飞义供词;《钦定平定教匪纪略》,第15卷,第20—23页,18/11/1,荣兴太供词。

③ 《钦定平定教匪纪略》,第15卷,第1—2页,18/10/29,刘景唐供词;《钦定平定教匪纪略》,第42卷,第26—27页,21/4/2,周文盛供词;《钦定平定教匪纪略》,第42卷,第28—29页,21/5/10,李法言供词。

④ 直到1813年,程百岳每月都派他的孙子去北京向林清送信(或许还有钱)。《钦定平定教匪纪略》,第29卷,第1—6页,18/12/16,徐安国供词;《钦定平定教匪纪略》,第5卷,第14—16页,18/9/22,朱成珍供词;《钦定平定教匪纪略》,第21卷,第28—32页,18/11/24,绪乾供词;《钦定平定教匪纪略》,第23卷,第35—39页,18/12/6,刘林供词。

士俊。① 这种方法把组织完善的大群体纳入了八卦教系统。

　　1813 年二月徐安国又一次去山东，见了他的每个大弟子，开始很具体地与他们谈论计划中的起义。他对他们说明坎卦、离卦和震卦几个教派有了巨大发展，告诉他们在北面有被称为"刘老主"（林清）的教首，在滑县有名为李文成的八卦教首领。他要弟子去滑县拜访李文成，按照他的建议有四个重要的弟子在 1813 年春去见了李文成。徐安国带着他们去，在路上详细地说了将要举行的起义。他说白阳劫就要出现。"白阳劫前七天要把白布小旗普里同时传遍……不用造备刀剑，到临时走那一路就抢那一路器械使用。"教徒们将分得的小旗插在家门口。白阳劫到时刮黑风七天七夜。教徒们束一条白带子，当他们行动时"凡无旗者尽杀之"。只有教徒才能活下来，所有别的人都会死。②

　　他们到滑县后，徐安国的弟子有了互相认识的机会，一起讨论要参加的大事。到达李文成住的村子，他们先被介绍给李的几个弟子和助手，后来又见到了刘帼明。此人原是李文成的师父，这时是他的助手，也就是他介绍徐安国入教的。刘帼明告诉他们不少"刘老主"来滑县的事，还谈了一些与预言和经卷上的话有关的事，以此"证明"白阳劫期确实要出现。最后，徐安国的山东弟子被带去见李文成本人。他们向他磕头，李文成站着受礼，然后对他们说："汝曹善自用功，一劫能造万劫之苦，一

① 崔士俊原本是河南郜姓教主家传的离卦教信徒。他在 1804 年入这个教，九年后被介绍给徐安国，告诉他徐的教更好。崔士俊在日常的教仪上没有发现新教有多大不同，但他对这位新师父告诉他的有关将捐献规范化并予以登记的做法很感兴趣，同时对新劫即将来临的说法也很感兴趣。崔士俊有大批信徒，所有这些信徒都与他一样加入了八卦教。有关郜家的离卦教，见本书第一部分。实际上是郜家的一个人将崔士俊介绍给了徐安国。《钦定平定教匪纪略》，第 1 卷，第 22—27 页，18/9/15，崔士俊供词；《钦定平定教匪纪略》，第 32 卷，第 36—38 页，19/1/24，高继远供词；《济宁直隶州志》，第 4 卷，第 20—29 页，刘宁供词。
② 这些弟子是崔士俊（来自金乡）、他的徒弟张建木（来自城武）、朱成方和他的堂弟朱成贵（两人来自曹县）。《钦定平定教匪纪略》，第 1 卷，第 22—27 页，18/9/15，崔士俊供词；《钦定平定教匪纪略》，第 1 卷，第 29—32 页，18/9/15，张建木供词；《钦定平定教匪纪略》，第 5 卷，第 14—16 页，18/9/22，朱成珍供词；《济宁直隶州志》，第 4 卷，第 20—29 页，刘宁供词。

劫也能修万劫之福。汝曹悉归去，有事问尔师父可也。"①

106

　　徐安国与最高层起义领导人的交往是通过李文成进行的。他没有去过北京，只是当林清在滑县时见过面。另外，被定为未来地王的冯克善在河南见了林清后还去了几次宋家庄。1811年下半年他去了一次，1813年初又去了一趟。在这两次之间，他又有不凡的业绩，发展信徒，有着一个教首的权势。

　　1811年在林清邀请下，冯克善到宋家庄来表演并教授武术。他还带来了自己的师父，一位年长的山东人王祥，他们向林清的一些徒弟教拳路。② 当然，林清对冯克善不会像对李文成那样尊重。尽管林清和李文成都觉得有必要找一些精通武术的人，但因林清不会武功，所以对这些人的态度有点傲慢。林清的外甥曾提到有个拳师来见他舅舅就出现了这种傲慢的场面：林清的助手刘呈祥介绍这个人来见林清，此人武艺高强，遭到刀砍剑刺也不会受伤。当林清要用刀试试时，刘呈祥出面阻拦说："这是佛法，不是玩儿的。"想要与此人切磋，林清的态度也有些不恭："说我这里不动刀兵，是神仙之路。"③不知道林清和冯克善在一起是如何相处的，但不奇怪冯克善感到需要表现他的才干，建立一个与天王和人王可以相比的联系网。此外，他还受到林清和李文成有关末世的预言诱惑，并为他们许下的发财当官的诺言所动。1812年和1813年，他在积极地组织人，并要他们以他的名义参加起义。

　　在直隶中部靠近山东的景县有一大批教徒，他们长于白莲教传统层面的武术。冯克善与这些人建立了联系，由于他武功超群而得到了他们的尊重。他接受了他们，将这个联系网当做他的"基地"。这些人的首领宋跃滩43岁，以会各种武术而闻名，其中包括腿功、拳术和棍棒。宋跃滩向许多徒弟教过武功，他称自己的路数为武术中的义和门。他们认为

---

① 见本书第111页注②。李文成的话引自张建木供词。
②《钦定平定教匪纪略》，第24卷，第21—26页，18/12/11，冯克善供词。
③《林案供词档》，第221期，第1—3页，18/10/16，董帼太供词。

自己是一个教派，但重点显然是在武术。①

正是因为对武术有共同的兴趣终于将冯克善和宋跃潍拉到了一起。¹⁰⁷
1812年春，有个叫霍应方的教徒建议冯克善和宋跃潍两人比一次武。霍应方住在宋跃潍家附近，但他原籍是滑县。② 宋跃潍对此很感兴趣，于是冯克善就来到景县宋住的村子与他比试拳剑。冯克善的武功高强，被承认获胜。宋跃潍和儿子向冯磕头，拜他为师，加入了他的离卦教。③ 宋家的人学会了八字真言，然后再教给所有的徒弟，告诉他们现在他们应该算是离卦教徒。宋跃潍有个比较重要的徒弟是来自固城的武生员，名叫李盛得。李盛得手下至少有23个徒弟，大多来自景县附近的村镇。④ 因此，通过这次比武，冯克善将所有这些人都纳入了他的联系网，此后就将他们当做他的离卦教的骨干信徒。他与他们保持正常的联系，并为来劫而让他们做准备。

后在1812年冬，冯克善决定再去拜访林清，可能是要向林清炫耀他新发展的人。他沿路停下来去看望弟子，从滑县北上时可能与霍应方同行，霍在见过李文成后正好要回家。⑤ 冯克善在到达宋家住的村子时就住在宋家，他们决定让宋跃潍的儿子宋玉林与他一起去见林清。途中他

---

① 义和门或义和拳。《那文毅公奏议》，第38卷，第73—75页，20/9/6，葛立业供词；《上谕档方本》，363—365，20/9/26，葛立业供词；《宫中档》016303，19/816，刘元供词；《上谕档方本》，423—424，20/11/28，马十供词。

② 霍应方从滑县迁到固城县（直隶）。1810年，他的堂兄霍应必（八卦教教徒）到他这儿来，向堂弟和几个邻居传教。霍应方至少收了十个徒弟，又通过三个小辈发展了44个教徒。《钦定平定教匪纪略》，第26卷，第31—34页，18/12/16，霍应方供词；《钦定平定教匪纪略》，第34卷，第16—19页，19/2/2，刘昆等供词。

③ 《宫中档》016303，19/8/16，刘元供词；《上谕档方本》，423—424，20/11/28，马十供词；《钦定平定教匪纪略》，第26卷，第31—34页，18/12/16，霍应方供词；《钦定平定教匪纪略》，第24卷，第21—26页，18/12/11，冯克善供词。

④ 《钦定平定教匪纪略》，第28卷，第1—4页，18/12/21，李盛得供词；《宫中档》015815，19/6/28，王应建供词。

⑤ 1813年一月，霍应方去看他堂兄，他与三个徒弟一起被介绍给李文成。四月，霍准备了四卷灰布送给林清。《钦定平定教匪纪略》，第26卷，第31—34页，18/12/16，霍应方供词；《钦定平定教匪纪略》，第34卷，第16—19页，19/2/2，杂项口供；《上谕档方本》，173—174，21/1/25，董帼太供词。

们经过了省府保定，在那儿就住在林清和牛亮臣1808年受审时初次相识的那家客店。店主马老太（此人是男子——译者）后来成了林清的弟子，这时店主为冯克善雇了一辆大车以供他最后一程旅途用。当他们到达宋家庄后，第一次见到林清的宋玉林恭恭敬敬地给林清磕头。三个人讨论了起事。林清告诉冯克善八卦教的明号已定——"奉天开道"，他可以告诉自己的徒弟；另外，暗号和劫变的日期要到明年夏天才能定。林清问冯克善能召集多少人。出于某种虚荣，冯克善的回答有点夸大，"大约三百"。几天后，冯克善和小宋离开南行。他们在景县停了下来，然后冯克善就独自回滑县，在那里他告诉了牛亮臣（牛遵命安排了这次旅程），再通过牛又告诉了李文成。[1]

1813年四月，冯克善回到景县。这年春天，他和宋跃漋以及宋的一个徒弟一起周游该地区的集市，表演武艺，以吸引新教徒。到1813年夏，宋跃漋的信徒已有至少50人，还有他们的家人，准备参加八卦教起义。虽然冯克善只有几个徒弟，但他完全依靠宋跃漋为"他的"卦提供人员。[2]

在1813年二月冯克善离开后，林清继续接待来访者。两个月后有个叫刘玉漋的人来拜访他。刘是另一个习教信徒的典型。他通过已是信徒的朋友与林清有了接触，故而决定加入八卦教。刘玉漋是直隶中部的饶阳县人，1808年与顾亮的荣华会教徒偶然相遇使得他加入了那个教

---

[1]《钦定平定教匪纪略》，第28卷，第1—4页，18/12/21，霍玉林供词；《钦定平定教匪纪略》，第35卷，第25—27页，19/2/10，马老太供词；《钦定平定教匪纪略》，第24卷，第21—26页，18/12/11，冯克善供词；《林案供词档》，第221期，第1—3页，18/10/16，董帼太供词。

[2]《钦定平定教匪纪略》，第24卷，第21—26页，18/12/11，冯克善供词；《宫中档》015815，19/6/28，王应建供词；《宫中档》016437，19/9/4，李辉义供词。有关宋跃漋的信徒见《那文毅公奏议》，第38卷，第73—75页，20/9/6，葛立业供词；《上谕档方本》，363—365，20/9/26，葛立业供词；《上谕档方本》，423—424，20/11/28，马十供词；《宫中档》016303，19/8/16，刘元供词；《钦定平定教匪纪略》，第23卷，第6—7页，18/12/2，宋书德供词；《钦定平定教匪纪略》，第28卷，第1—4页，18/12/21，李盛得和宋玉林供词；《钦定平定教匪纪略》，第21卷，第20—22页，18/11/24，郭卫珍供词；《钦定平定教匪纪略》，第23卷，第26—27页，18/12/3，宋书德供词；《教匪案》，19，19/4/14，宋长胜供词；《宫中档》016647-E，19/10/30，李富供词；《钦定平定教匪纪略》，第36卷，第1—2页，19/2/12，冯世奇供词；《宫中档》016437，19/9/4，李辉义等供词；《宫中档》015815，19/6/28，刘占魁供词。有关这群人的名字，见我的论文"1813年八卦教起义"，第二部分，注124。

派。1811年,他北上到北京附近去拜访他的师父和熟人。他打听到了当时已在滑县制订的计划,并被告知将要发动一次由各卦教主领导的起义,于是就同意参加。因此,1813年春当刘玉瀍去见林清时得到了更具体的命令:回家乡发展更多的徒弟,当时机来临时去北京,与林清的其他信徒一起攻打紫禁城。①

　　1813年五月,林清又接待了一位来客,他是李文成的震卦教名义上的首领于克敬。于还带来了几个来自直隶中部巨鹿的新教徒。于克敬已在那一地区发展了一大批信徒。这些人中有教首杨遇山,他原本属于巨鹿的大乘教(其本身是郜家离卦教的一个分支),1811年和1812年曾遭到官府迫害(见本书第60—63页)。在受到查抄后,杨遇山和信徒不再聚会,暂时停止了教徒聚会的做法。1813年春,于克敬来这个县给人治病,发展教徒。他认识了杨遇山,发现他们都是"同教"。杨遇山就拜于克敬为师,把于和他的教介绍给其他人。于克敬会看病,传播八卦教也很成功。他告诉杨遇山白阳期就要来临,邀请杨和他的追随者加入八卦教,并劝他们去北京见林清。他们照他的话做,林清对他们说在这一年劫变就要发生,他已经安排了太监占领北京的紫禁城。林清邀杨遇山

109

---

① 刘玉瀍个子不高,留着胡子,圆圆的脸,两颊红润,缺了两颗门牙。他50岁刚出头,是个自己经营的石匠,但他很有才干,尤以擅画老虎而出名,还精于武术。1803年,他向一个碰巧遇见的熟人(在山东一个集市的茶馆里遇见)学习金钟罩。几年后,刘玉瀍借到一本书,书中有各种金钟罩的符咒,他学了后以此来为人治病。1808年和1809年,刘玉瀍卷入了一起民事法律诉讼,使得他必须去省府保定。在那里,他认识了荣华会的信徒陈茂林。就是在这次陈茂林(与林清等人)为参加教派活动而受审,刘玉瀍和陈茂林的见面很像林清和牛亮臣(就是在这次)的见面。刘玉瀍被陈茂林发展入教,成了他的徒弟,这年冬天去北京附近拜访他的新师父。刘玉瀍见到了牛亮臣,牛正在这个村子当塾师,刘或许还见了林清。刘玉瀍的新师父教他荣华会那套运气打坐功夫,还把这些技艺与他的各种武艺和给人看病的画符本事结合起来,这样刘玉瀍就开始有了名气。他把传统白莲教的武术和打坐两方面糅合起来,回到直隶中部,开始收徒弟。他的信徒有多少人不太清楚,但显然他很注意敛财。他告诉新徒弟每月要给师父一份"小钱"(30文),一年要给四次"大钱"(约200文)。《宫中档》016763-E,19/10/20,缉捕名录;《钦定平定教匪纪略》,第42卷,第31—34页,21/6/3,刘玉瀍供词;《宫中档》018752,20/5/27,郭洛云等供词;《那文毅公奏议》,第40卷,第30—33页,21/2/10,奏折;《上谕档方本》,47—48,21/3/3,刘明堂供词。

参加,让他回家"再召集弟子"。巨鹿的教徒被劝说后,他们的大乘教又汇集起来成为八卦教的一部分。①

　　1813年加紧了迎接即将到来的起义的准备。我们知道,在春季和去年冬天已放出风声在这一年新劫就要出现。信徒们都很警觉,在谈论着明号,催促他们尽可能发展新教徒。到夏天李文成的义子刘成章来看林清。他停留了七个星期,从六月底到七月中旬。像以前一样秦理陪他来,还给林清带来了常规的礼金,这次是50两银子。林清立即收下了这笔钱,存在北京的一家店里。林清和刘成章讨论了确定劫变准确日期的严肃问题,林清决定他要尽快去滑县参加所有各卦首领会面的大会。刘成章立刻起程去通知参加这次会议的每个人。②

　　自从林清和李文成在1811年夏第一次见面后八卦教起义的策划已有很大进展。到1812年秋他们已确定了明号,开始告诉人们末劫将在1813年的某个时候到来。应劫的行动计划已做出,但只是个大致的框架。当信号发出后,也就是说每个教派都应行动起来,由各个大教首领导同时起义。在伴随劫期而来的自然和超自然灾害的帮助下,不信教的人都会被消灭,只有八卦教徒能幸存下来。这个计划的细节包括行动的日期要在1813年夏在河南开会时定下来。同时,教徒们虽然相互间的联系不断加强,但他们仍在正常过日子。在组织上,按照金字塔式样相互沟通各教派的大规模联系网已经形成,以前孤立的小教派现在都成了

---

① 杨遇山后来去滑县见李文成,并在河南、山东和直隶的各个八卦教教派中传递消息。当他在1813年七月最后回家时,已在三个月内至少走了600英里,会见了所有各卦的上层首领。作为于克敬的弟子,他接受李文成有关起义的命令。《钦定平定教匪纪略》,第35卷,第21—25页,19/2/10,杨遇山供词;《林案供词档》,第227期,第1—2页,18/10/21,董帼太供词;《钦定平定教匪纪略》,第3卷,第9—13页,18/9/18,林清供词;《钦定平定教匪纪略》,第33卷,第14—16页,19/1/27,李帼元供词;《钦定平定教匪纪略》,第29卷,第9—10页,18/12/26,杨遇山供词。

② 《林案供词档》,第227期,第1—2页,18/10/21,董帼太供词;《上谕档方本》,91—93,19/7/7,董帼太供词;《宫中档》016863,19/11/12,秦理供词;《那文毅公奏议》,第32卷,第12—16页,18/12/3,秦理供词;《宫中档》017077,19/11/3,秦理供词;《钦定平定教匪纪略》,第3卷,第9—13页,18/9/18,林清供词。

一个活跃的大教派的组成部分。信徒们只是在公开将这一组织转为发　*110*
动起义的工具前等待着首领发出的号令。

道口会议

　　当林清在 1813 年七月离开家去河南开会时，他的权力和威望几乎
到达顶峰。他的出行很有派头，有三个弟子陪同。林清乘坐由他的太监
徒弟刚送给他的载客大车（可能是专门为这次旅行而送的）。他让干儿
子陈文魁骑马开路，弟子支进才赶车，他的朋友兼弟子陈爽当随从。这
与他在江苏的那些日子恰好相反，当时他还要照顾别人。[①]

　　南行时路过保定府城，在马家客店住下。林清告诉马老太新的计
划，要他手下的人做好准备。[②] 离开保定后，林清继续南下来到滑县县城
附近的河港道口，住在一家客店里。李文成家离这里有五英里，支进才
骑着驴去告诉李文成林清来了。刘成章已经带回了林要来访的消息，这
时牛亮臣在积极组织李文成的信徒，他帮忙去通知这一地区的所有教首
集合。在出席会议的人中有李文成原先的师父现在的助手刘帼明、震卦
教教首于克敬、离卦教教首冯克善、其他来自滑县和浚县的二流师父和
首领、来自直隶中部的杨遇山和赵得一、来自山东的朱成方。这次会议
从七月中旬一直开到八月初。[③]

　　要确定的最重要的是起义的日期。在信徒中已在流传劫变很快就
要来临。这年初春，会看病的徐安国告诉他的一个弟子，劫期定在十月

---

① 《林案供词档》，第 221 期，第 1—3 页，18/10/16，董帼太供词。

② 《剿捕档》，581—586，18/12/29，马老太供词；《钦定平定教匪纪略》，第 35 卷，第 25—27 页，
　19/2/10，马老太供词。

③ 《钦定平定教匪纪略》，第 29 卷，第 1—6 页，18/12/26，牛亮臣和徐安国供词；《钦定平定教匪
　纪略》，第 24 卷，第 21—26 页，18/12/11，冯克善供词；《上谕档方本》，91—93，19/7/7，董帼太
　供词；《那文毅公奏议》，第 31 卷，第 18—21 页，18/12/16，牛亮臣供词；《钦定平定教匪纪略》，
　第 5 卷，第 14—16 页，18/9/22，朱成方供词；《钦定平定教匪纪略》，第 35 卷，第 21—25 页，
　19/2/10，杨遇山供词。

末的甲子日。他后来修改了这个日期,宣布八月"我们将应劫"。① 当这一年过去,兴奋憧憬的气氛热烈,要首领们确定一个起义具体日期的压力大增。

111　　　这种气氛无疑受到了1813年华北平原南部萧条的经济状况的影响。1811年有几个县出现水灾旱灾,到1812年有更多的县闹灾。或许正是这种情况使得林清和李文成期待,随着这些灾害而来的劫变可能已经不远,希望有更多的人会支持他们的事业。自1813年初春以来,严重的旱灾一点不见减轻,一直延续到夏天。上年冬天雪下得不够,加上今春雨又下得少,使得田地干旱难耕。许多田都没有耕,只有少数种了庄稼。粮价开始上涨,出现了饥荒。有个地方官回忆:"皆以草根树皮糊口度日。经过官道,两旁柳叶采食殆尽。"②另一个官员在1813年八月从北京向西南行,这时正是道口会议召开之时,他写了首诗以感怀:

> 十日河南路,
>
> 年荒不忍看。
>
> 青苗收稿易,
>
> 黄土葬人难。
>
> 不雨自何日?
>
> 有田同一叹!
>
> 草根能几把,
>
> 过客亦登盘。

他继续描写空无一人的房子和被抛弃的村庄,一片寂静,全家人外出去找食物,死尸倒在路边地上;盗贼夜晚进村,妇女在路上乞讨,父母

---

① 《济宁直隶州志》,第4卷,第20—29页,周廷林等供词;《钦定平定教匪纪略》,第29卷,第1—6页,18/12/26,徐安国供词;《钦定平定教匪纪略》,第1卷,第29—32页,18/9/15,张建木供词。

② 《大清历朝实录》,第267卷,第22—23页,18/3/28,上谕。

卖孩子。① 官方的赈济几近无济于事。灾区形成了宽阔的一长条,从豫北、直隶南部直到鲁西南。②

在北京地区的一场不太严重的春旱使得粮价上涨,林清利用这个机会散布歌谣:"若要白面贱,除非林清坐了殿。"③当他南下走访时,对林清来说事情已很清楚,有很实际的理由要将日子定在不远的将来。

正是由林清做出了这个决定,并通知了聚集在道口的他的那些同 *112* 道。以从教派经卷中摘出的一些内容为基础,他宣布新劫将出现在九月十五日,到那时八卦教徒要"明道"。这一词语在教徒中流传,成为他们"大事"的另一委婉说法。有个师父语意含混地告诉弟子:"要天明了,要明道了。"作为李文成在来劫期要发挥作用的证明,林清从《三佛应劫统观通书》中引用了一个词语:"十八子明道。"④

林清从教派经卷中引用了另一段话来说明他对日期的选择:

八月中秋,

中秋八月,

① 宋湘(1756—1826年):《红杏山房遗稿》,1826年版,台北重印本,1971年,第96页,"河南道中书事感怀五首"。

② 1813年对这些地区的赈济和减赋可在《清实录》中找到。《大清历朝实录》,第265卷,第2页;第266卷,第14页,第27页,第28页;第268卷,第14页,第23页;第269卷,第8—9页,第17页;第270卷,第21页;第272卷,第26页;第275卷,第17页。另见《滑县志》(1867年),第12卷,第1页;《东明县志续》(1911年),第2卷,第21—22页;《开州志》(1882年),第1卷,第19—20页;《大名府志》(1853年),第4卷,第93—94页;《金乡县志》(1860年),第11卷,第19—20页;《巨野县志》(1840年),第2卷,第27页;《城武县志》(1830年),第9卷,第31页;《山东通志》(1911年),第11卷,第17页;《大清历朝实录》,第273卷,第3—4页,18/9/4,上谕;《上谕档方本》,25—26,18/9/4,上谕;《钦定平定教匪纪略》,第24卷,第11—12页,18/12/9,奏折;《大清历朝实录》,第274卷,第15页,18/9/18,上谕。

③ 北京地区的旱灾因六月底下雨而得到缓解。见《上谕档方本》,205,18/4/23和5,18/7/1。有关林清的歌谣,见《林案供词档》,第226期,第1—3页,18/10/21,县佐陈述。在拨款给从直隶北部出发去镇压起义的士兵发饷时,皇帝写道"直隶省南北各府属粮价昂贵",他下令增加每个士兵的军饷为每日银一钱五分。《大清历朝实录》,第274卷,第15页,18/9/18,上谕。

④ 《钦定平定教匪纪略》,第29卷,第1—6页,18/12/26,牛亮臣供词;《上谕档方本》,233—242,22/6/20,胡成德供词。有关"明道"一词的其他材料,见《上谕档方本》,49,21/3/3,杜洛尚供词;《那文毅公奏议》,第31卷,第18—21页,18/12/16,牛亮臣供词。

　　黄花满地开放。

中秋节是每年的八月十五日。林清对此做了解释，原先他想1813年有个闰八月，正好与预言中提到两个八月相符。当他听说不是这样时就认为，九月十五日也正好可以说成是第二个中秋，这时他们要应劫和明道。这些说法涉及到的开花和明亮生动地描绘了这些教派从私下聚集转为公开反叛所经历的过程。① 事实上至少有两个以前的白莲教派确定新劫出现在八月十五日，这说明经卷在这一点上还是很有说服力的。② 不过，文字的预言是在其他实际的考虑下来解释的。

　　按照中国北方每年的农业周期，田里劳力过剩的农闲季节要到高粱、小米、荞麦和黑豆这些春季作物收获而小麦这些冬季作物播种后才会开始。③ 而在收获播种季节，所有有田的人会很忙，而无田又愿意被雇的人会发现很需要他们出卖劳力。通常农忙季节在8月、9月和10月

113

---

① 《钦定平定教匪纪略》，第4卷，第5—9页，18/9/19，林清供词。

　　冯克善引用了另一民间谚谣："若要红花开，须待盐霜来。"他解释，盐霜代表朱盐霜，李文成将盐霜作为自己的外号以便把他与明皇室的姓联系在一起。《钦定平定教匪纪略》，第24卷，第21—26页，18/12/11，冯克善供词。

　　那一年不可能会有闰月。在嘉庆朝闰正常每隔34或35个月出现一次（只有一次例外）。上次的是1811年（嘉庆十六年）的闰三月，因而按排序下一个闰月应在1814年（嘉庆十九年）初，实际上是这年的闰二月。林清可能知道闰月会在这年冬天的某个时候出现，但不可能会把它算作八月。当时嘉庆十八年的皇历和所书都在，他会知道的。昭梿（《啸亭杂录》，第4卷，第44—59页）称，钦天监实际已将闰月定为第二个八月，但因他们看到了1811年彗星而改了主意。这种说法显得太富有戏剧性，也太巧了。如果我们考虑到钦天监对闰月的总"方略"是从现有历法推断而来的，那么有闰八月的可能性就太小了。在有清一代，闰月一般都是每年的二月和七月：除五个外（共有65个闰月）所有闰月都在这两个月中。闰八月出现在1680年和1718年，此后就没出现过（有关历法的情况参考郑鹤声：《近世中西史日对照表》，重印本，台北：商务印书馆，1966年）。

② 见本书第二部分开头：王好贤在1622年起义，另一次八卦教起义在1786年（他们选择当年的闰七月来实现预言）。有关义和团运动那年闰八月的预言，见"编辑评论"（Editorial Commentary），《教务杂志》，第31期（1900年8月），第426页。另外有关八月十五日的预言、三盘、红阳等，见浦爱德（Ida Pruitt）：《汉人的女儿：一个中国工作妇女的自传》（A Daughter of Han : Autobiography of a Chinese Working Woman），New Haven：耶鲁大学出版社，1945年，第244页。

③ 一般情况见马若孟：《中国农民经济：河北和山东的农业发展，1890—1949年》，第41—42页，第70页，第89—90页，第106页，第153—155页。

(按农历是七月和八月,根据当年的情况还会加上六月或九月)。1813 年秋天的农忙季节是七月、八月和九月。林清需要尽可能多的信徒参加攻打紫禁城,所以九月中旬就成了最适当的选择,不可能更早。这些考虑在南部平原的干旱地区就不太相干,这些地方的收成很差。①

林清要关心的另一件事是嘉庆皇帝的行踪。如果是由他负责攻打和占领北京,就必须准确地知道到时候皇帝会在哪儿。每年夏天皇帝都要到长城以北的热河去,在那里狩猎、休闲、躲避北京的暑热,再次确认满人的传统。这些巡行都是例行公事,那么皇帝的行程就不可能成为宫中的秘密,林清可以通过他的太监弟子打听到出行的计划。1813 年,嘉庆皇帝在七月初八日离宫北上,与去年在同一天。假如他依照同样的行程(显然他是要这样做),他会在七月二十四日到达热河,在那里一直住到八月十五日,然后离开去木兰围场两个星期,再回到热河,九月十七日回北京。② 很明显林清在计划攻打紫禁城时,他知道十五日皇帝会在北

---

① 有材料谈到北京地区的秋收在九月已经结束,虽然不一定是在十五日之前。许多人作证,那天他们在地里干活,在荞麦地里干活,收荞麦,收黑豆,加工黑豆,收粟米秆,去(粟米)皮,扬场,或是秋收结束,在院子里堆高粱,把黑豆在院子里晒干。雇工在那年七月开始干活,一直干到九月。《上谕档方本》,325—326,20/2/30,白玉供词;《上谕档方本》,419—421,20/11/28,宋文潮供词;《上谕档方本》,65,21/10/12,杨德供词;《上谕档方本》,83—85,19/12/3,陈五供词;《上谕档方本》,299—301,19/12/10,刘七十儿供词;《上谕档方本》,103—105,20/1/10,宋才供词;《上谕档方本》,81—83,22/11/8,陈升儿供词;《上谕档方本》,203—209,22/11/18,王添才供词;《教匪案》,58,20/2/12,宋进宝供词;《上谕档方本》,533,19/3/23,巴兰泰供词;《林案供词档》,第 225 期,第 1 页,18/10/18,刘进才供词;《林案供词档》,第 129 期,第 1 页,18/10/14,刘幅受供词;《宫中档》017094,19/12/2,宋二供词;《林案供词档》,第 236 期,第 1 页,18/10/27,刘三供词。

惟一有关种冬小麦的材料是否定性的。有个地方官九月初在宛平县视察,他注意到该县南面(林清住在那里)的人都不种麦子。他们情绪不定,只是告诉他不敢种(《林案供词档》,第 226 期,第 1—3 页,18/10/21,陈绍荣供词)。由此推论他们知道即将爆发的八卦教起义。不过情况还表明,其他地方的冬小麦在九月初已经种下去了。

这年九月二十一日,山东巡抚在鲁西地区沿着直隶边界视察,这里的北面和东面是起义者活动区域。巡抚注意到"晚种高粱尚未刈获"(《钦定平定教匪纪略》,第 6 卷,第 8—9 页,18/9/26,奏折)。十天后,他报告夏季作物高粱的收获已经开始(《随手登记》,18/10/6,同兴奏折)。

② 有关皇帝 1812 年的出行见《大清历朝实录》,第 259 卷,第 21 页至第 261 卷,第 17 页,嘉庆 17/7,17/8,17/9。有关 1813 年的出行见《大清历朝实录》,第 271 卷,第 28 页至第 273 卷,第 22 页,嘉庆 18/8,18/9。另见《钦定平定教匪纪略》,第 1 卷,第 3—4 页,19/3/29,上谕。

京城外，但只有几英里远。宫殿不会有重兵守卫，皇帝尽管有侍卫随从，但在出行时总是比较容易受攻击。

因而就攻击皇帝而言，对林清来说九月十五日是个方便的日子。至于农业，这时已足以让大多数的秋收完成。如果千年末世来临，肯定就没有必要再为明年春天耕种了。在河南与其他八卦教首领讨论这些事时，这里的水旱灾害更加严重，在北京就不是这样。林清不禁感到，他们行动得越快越好。

教派首领还选择了视觉和语言标志以便信徒能相互识别，免受伤害。根据长期以来用有颜色头巾作为反叛象征的传统，决定所有八卦教徒要在头上扎白头巾。白色是要来临的白阳期的颜色，也是他们旗子的颜色。[①] 教徒的房屋会在门口插上小白布旗。女信徒在衣衿上缝小白旗。积极的反叛者会用白布做头巾，有可能还会系上腰带。在那些首领用的旗子上写上八卦教的明号："奉天开道。"[②]

光有这些视觉标志还不够，有了"明号"还要有"暗号"。暗号实际上是口令，不写下来，也不向外界大肆宣传，而只是由一个教徒对另一个教徒口说。在这次会议上，林清和其他人决定这个口令为"得胜"。当一个起义者遇到另一个起义者时，要对他大声说出这两个字，以证明自己的身份，还能有一种语言的魔力以求获胜。当一个起义者杀一个不信教的人，他也要说这两个字。[③]

在道口会议上还讨论并确定了大的战略问题。首领们不仅定了准确的时间，而且还定了他们如何去应劫。冯克善在供词中声称，还决定了地域的划分。他称在夏天的会议上有这样一段对话：

> 林清又说："我要占直隶保定府一带。你们各自占地方去。若

---

① 红头巾在 1622 年王好贤的起义和 1768 年的一次流产的起义（见本书第 65—67 页）中被佩戴。同样白色几百年来都被当做一种反叛的颜色，据有些人说在中国的大众宗教中它与摩尼教的特点有关。例见朱永德："对中国历史上白莲教的初步研究"，第 26—33 页。

② 例见《那文毅公奏议》，第 40 卷，第 37—41 页，21/6/3，王垣供词。

③ 例见《钦定平定教匪纪略》，第 26 卷，第 31—34 页，18/12/16，霍应方供词；《林案供词档》，第 211 期，第 1 页，18/9/29，李玉陇供词；《林案供词档》，第 216 期，第 1 页，18/10/11，李三供词。

是不占,我就都占了。"李文成就说他占河南彰德府一带。我说占山东德州一带。①

这一计划很像冯克善对整个起义的看法,不带宗教的气息,而与李文成和林清设想的统一系统的观念不合,看来不可能做出这样分封建藩的安排。相反,现有的材料表明,分给每个起义教首的任务是"平"某个地区,而不是去统治它。从他们的行动来看,这个"平"看来主要涉及对清朝权威标志的摧毁,也就是摧毁政府的官职和官员,或许还要杀掉所有不信教的人。当每个参与的教派"起事"时,这些事都要在九月十五日进行。 115

每一伙人都被分配了自己的目标。李文成和徒弟将负责河南的滑县和浚县以及邻近的直隶南部地区。徐安国手下的人负责鲁西南各县:朱成方在曹县,他堂兄朱成贵在定陶,崔士俊在金乡,张建木在城武,程百岳在单县。直隶磁县周围地区分给了赵得一。有个叫赵步云的首领负责直隶中部的蓟县。离固城不远是霍应方的教派,在北面有景县的宋跃滩。杨遇山将控制巨鹿和永年,马老太和徒弟在保定待命,刘玉滩和徒弟在饶阳。林清负责攻占紫禁城和北京本身。

因为北京对起义者很重要,还安排了李文成和南面所有各卦的首领都要暂时带人北上去支援林清。推测他们要把北京当司令部,可能就是他们的"云城"。李文成和手下的人要迅速北上,沿途在其他起义的据点停留以增加人手。北京被占领后,回京的嘉庆皇帝会在京城外遭到攻击,被杀掉。当现世的红阳劫期结束后,清朝的统治也就告终。②

① 《钦定平定教匪纪略》,第 24 卷,第 21—26 页,18/12/11,冯克善供词。
② 宋跃滩后来被安排仅仅是固守他自己的村子,等待李文成(而不是攻打县衙)。马老太和他的人被告知,当从河南来的人到达时就在保定城外放火,开城门迎接他们。《钦定平定教匪纪略》,第 28 卷,第 1—4 页,18/12/21,李盛得供词;《剿捕档》,581—586,18/12/29,马老太供词。有关其他人见《钦定平定教匪纪略》,第 29 卷,第 1—6 页,18/12/26,牛亮臣供词;《钦定平定教匪纪略》,第 37 卷,第 21—22 页,19/2/24,王进道供词;《钦定平定教匪纪略》,第 35 卷,第 21—25 页,19/2/20,杨遇山供词;《钦定平定教匪纪略》,第 10 卷,第 17—20 页,18/10/10,王继山供词;《林案供词档》,第 227 期,第 1—2 页,18/10/21,董帼太供词;《林案供词档》,第 204 期,第 1 页,18/9/19,董帼太供词;《钦定平定教匪纪略》,第 26 卷,第 31—34 页,18/12/16,霍应方供词。

不难想象这次会议是如何充斥着一种自信、乐观和热烈的气氛。在这种气氛中大家都相信城市会被攻克，官军会溃散。在让大家都相信事情能轻而易举办成后，林清和李文成开始更细致地制订新的等级制度，他们计划以此来代替清朝的制度。前面我们已经提到，最高的位置为林清、冯克善和李文成三人所占。他们分别被称为天盘、地盘和人盘；李文成负责管理，而林清和冯克善有着惊人的才干和智慧，当他的顾问。这两个顾问会成为匀称的一对，林清为阴卦主，冯克善为阳卦主。除了代表阴阳两极外，这两个人还构成了文武两半：林清被称为文圣人，冯克善被称为武圣人。李文成则起到人皇的作用，与另外两人协商办事。

作为统治者，李文成是另一个三头的中心，他和两个徒弟（冯学理和于克敬）又分别被称为天王、地王和人王。[1] 据推测这些人是负责管理世事的。在这些盘和王之下有八个别的王，每个都按照卦名称呼：震卦王、坤卦王等等。在这八个王之下是 64 个卦伯，每卦八个。[2] 每个首领都得到命令，要他们准备登记所有信徒的名单，以便每人最终能得到福报。[3]

有一点很清楚，八卦教没有建立一个兄弟般的平等社会。像教派本身靠着师徒纽带建立的结构一样，为未来创造的宗教结构是绝对公开

---

[1] 《那文毅公奏议》，第 32 卷，第 12—16 页，18/12/3，秦理供词；《钦定平定教匪纪略》，第 24 卷，第 21—26 页，18/12/11，冯克善供词；《那文毅公奏议》，第 31 卷，第 18—21 页，18/12/6，牛亮臣供词。最初定的有一个文卦主和一个武卦主，是指李文成和王祥（冯克善的拳术师父）。王祥在 1813 年四月去世，这套头衔显然就落空了，林清和冯克善取而代之成了文圣人和武圣人。与此类似，天王、地王和人王的头衔最初是指林、李和冯三人。到这次会议决定让这三人保留更高的"盘"的头衔，将这三王用来指李文成和帮助他统治的那两个人。

[2] 《那文毅公奏议》，第 32 卷，第 12—16 页，18/12/3，秦理供词；《钦定平定教匪纪略》，第 24 卷，第 21—26 页，18/12/11，冯克善供词。在起义期间八卦教实际用了大量其他头衔，但不清楚这些头衔是事先定的还是为了满足变化了的形势需要而创造出来的；在本书第 229—231 页对此有探讨。

[3] 《钦定平定教匪纪略》，第 19 卷，第 4—9 页，18/11/14，奏折；《济宁直隶州志》，第 4 卷，第 20—29 页，被俘金乡首领名录；《钦定平定教匪纪略》，第 35 卷，第 21—25 页，19/2/20，杨遇山供词，杨要他的信徒列了个名单；《上谕档方本》，419—422，22/9/27，邱自良供词，固安教派列出了所有成员的名字。

的、等级制的。八卦教给其信徒独特性和尊严,但却没有兄弟情义,也不
缺乏权威。刘帼明对另一个教首说:"到那时[新劫时],只有习教的人会
活下来,他们也要分为上下。"为证明这一点,刘帼明还从一部教派经卷
中引了下面几行:

> 位列上中下
>
> 才分天地人
>
> 五行生父子
>
> 八卦定君臣①

因为八卦教首领创造的新等级制度没有详细记载,所以首领间以及首领
和徒众之间的权力划分不完全很清楚。然而,没有迹象表明师徒以及主
从关系是在新体系中加强的。就许多真正的信徒而言,八卦教是按照权
威和正统的原则构建其组织的。

最后,八卦教首领还需要一个名字来称呼将在白阳期活动的信徒的
新组织,当时他们决定称这个组织为天理会。② 在处理完这些事务后,教 *117*
首们匆匆而回。此时已是八月中旬,他们只有四周时间通知所有的信徒
有关识别用的头巾、腰带和旗子这些事,还有明号和暗号,要告诉他们日
期和"明道"的责任。

正当聚会的首领准备离开道口时,老天终于开眼下了雨。在豫北、
直隶南部、鲁西下起了倾盆大雨,旱灾停止,代之以泥泞和水涝。雨下了
几个星期,直到九月才逐渐停息。这时正是八卦教起义的时间,或许这

---

① 《钦定平定教匪纪略》,第 1 卷,第 29—31 页,18/9/15,张建木供词。

② 我对这个名字的了解极为有限。有个叫姜复兴的教徒在口供中提到天理会。在上报给皇帝
的第一份有关这次叛乱的奏折中也提到了这个名字,由于这个原因被记录在《清实录》中,后
来流传开来。教徒们从未用过这个名字,除了在叛乱时用来指其群体。《钦定平定教匪纪
略》,第 1 卷,第 6—9 页,18/9/13,姜复兴供词;《钦定平定教匪纪略》,第 2 卷,第 23—24 页,
18/9/16,宋尚忠供词;《钦定平定教匪纪略》,第 1 卷,第 1—2 页,18/9/12,奏折;《钦定平定教
匪纪略》,第 4 卷,第 24—25 页,18/9/20,上谕。

是对他们事业的另一吉兆。①

　　正是用这种方式八卦教形成了。富有活力的领袖采用普通的教派联系构建了一个有着巨大规模和范围的教派组织。他们注重宗教的某个方面去动员信徒参加起义,而这个方面就是其对灾变和末世的看法。白莲教总是有着这样发展的潜力,但只有某种类型的人和环境才能将此潜力激活并予以实现。仍然在正常生活的范围内活动,教派首领从小的孤立群体中建立了一个更高层次的宗教联系网,②他们也就因此开阔了自己的视野。他们的兴趣不再是地方的和私人的,而是全国的和公开的。不过,发展到了这样的程度,他们的任务就变得越来越难。一旦公开反叛,他们就不得不找到能在战场上用其教派结构来达到其目标的方法,但甚至在此之前他们也必须小心谨慎以使其秘密准备保持在看来是正常合法的范围内。而就是在这准备时期教派也最容易被官府发现。当它们由暗转明,就在它们全都要趋向"明道"的规定日子之前,当它们让其新的个性之光闪现时,这些教派已面临着极大的危险。

---

① 《东明县志》,第 2 卷,第 21—22 页,从八月开始大雨下了 40 天;《滑县志》,第 11 卷,第 13 页,八月初七开始有一场大雨;《曹县志》,第 18 卷,第 10 页,八月,雨连续不停下了 40 多天;《济宁直隶州志》,第 4 卷,第 20—29 页,雨从九月初一开始下了十天。

② 对长江以南地区的乡绅和其他较为不同的反叛者是如何在地方、地区和全国的层面上动员和组织的描述,见孔飞力:《中华帝国晚期的叛乱及其敌人:1796—1864 年的军事化与社会结构》,第 165—175 页。八卦教的个案表明白莲教用了很独特的联系方式来建立组织,人们不会看到"在正统的、乡绅主导的儒家文化和各种邪术的、秘密社会主导的教派亚文化之间……有同类的联系和同样层次的组织"(第 165 页)。在组织上,八卦教不是其对手的一幅镜像。

第三部分　动员：官府追查与反叛起义

在道口会议以后到计划发动的起义之前这段时期,要准备武器和名单,把旗子、白布和信息按照起义者的联系方式由师父传给徒弟。结果清政府还是了解到了八卦教的活动,官员开始阻止起义的动员。这些同时开始的活动、动员和干预在 1813 年九月初达到高潮:叛乱者被迫提前行动,计划中的起义就像未按时炸响的爆竹一样爆发。

想要不让官府注意而又要把教徒变为反叛者是不容易完成的任务,这就要有一定的纪律,而不能光是一般的师徒关系,要在其最弱的联系方面加强整个八卦教组织。加入白莲教本身就是不合常规的行为,但此时要求信徒采取比较温和的行动,而不是激烈抗上的举动。许多人加入八卦教的动因是他们对未来感到恐惧,这在此关键的转折时期会造成人们的畏惧和不合作,所以教徒们会迅速而毫不犹豫地采取将给他们带来新生活的暴力行动。然而必须小心谨慎不要使这些人全无顾忌、无法无天,对他们的敌对和愤怒情绪要有所规范,以免整个运动会因其具体参与者不受约束的情绪而遭到破坏。为满足这些予以积极引导和明确规范的需要,教派首领还必须控制日益严重的会被官府发现的实际危险。最后为起义做准备需要在私下迅速联系并秘密地获取违禁品,这些也都很危险。政府反应的迟缓使起义者能较为公开地加速活动,且不用担心有什么严重的后果,不过这并不代表没有危险。

清政府遇到的问题不是闭目塞听——正如我们将看到的,清政府的下层机构曾直接将触觉深入到起义者内部——而是在问题被发现后庞大的官僚机构对立即要发生叛乱的迹象难以察觉,反应迟缓。结果并存的好运和厄运既阻碍了政府的有效反应,又影响了起义按时顺利进行。让我们先来看看在华北平原各八卦教派所计划的对县城的攻击,然后因材料特别丰富,可较为详细地考察林清组织的对北京紫禁城的进攻。

金乡出事

在山东的金乡县,当局甚至在道口会议前就开始了解到策划叛乱的情况。当八卦教首领正在制订最后的计划时,这个县的教派联系网就已经被破坏了。1813 年六月,有个叫李九彪的金乡生员打听到教徒们在县城(他可能就住在附近)南面的一个村子夜里秘密聚会。李九彪对此很在意,就报告了金乡县学的教谕。因为当时知县正在省城有公干,教谕就写了份报告给他的上司省里的学使。同时县里的典使又向山东巡抚满人同兴报告,此时同兴正在运河沿岸的临清监督开往北京的漕运船通过。他在六月二十三日和二十四日收到了这些报告,立刻派了个辕弁去当地调查后再回报。①

两周后的七月六日,左辕弁回来了,向巡抚呈上一份三页纸的报告。同兴找来正在帮他做事的候补知县吴堦,任命他为署理知县。吴堦奉命去金乡进一步调查,如有必要就抓人。吴堦先去了省城,然后到金乡,七月二十日到任。在路上,他遇到了金乡邻近的巨野的知县,要这位知县

---

① 有关这段内容,见《金乡县志》,第 9 卷,第 14 页,和《钦定平定教匪纪略》,第 38 卷,第 23—24 页,19/2*/14。

立即回去捕人。为了解当地情况,一到金乡吴堦就见了一个老朋友。此人是当地的名人,曾在东河道督署做事,名叫张体功。吴堦要他简要谈谈该县的情况,张体功告诉他"地方不靖。有名为崔士俊的匪首创教授 124 徒。其势如燎原之火,不久必有奇变。境内士民避乱者纷纷矣"。据张体功说,这个崔士俊在本月初已举办过一次大宴,但当县衙差役去抓人时,因迟误所有人都跑了。

　　吴知县决定用计把这些人诱骗出来,于是发布告谕,称"前所指崔士俊等为教党实系挟有素嫌,造言陷害",不再要捕捉崔士俊等人,但他们

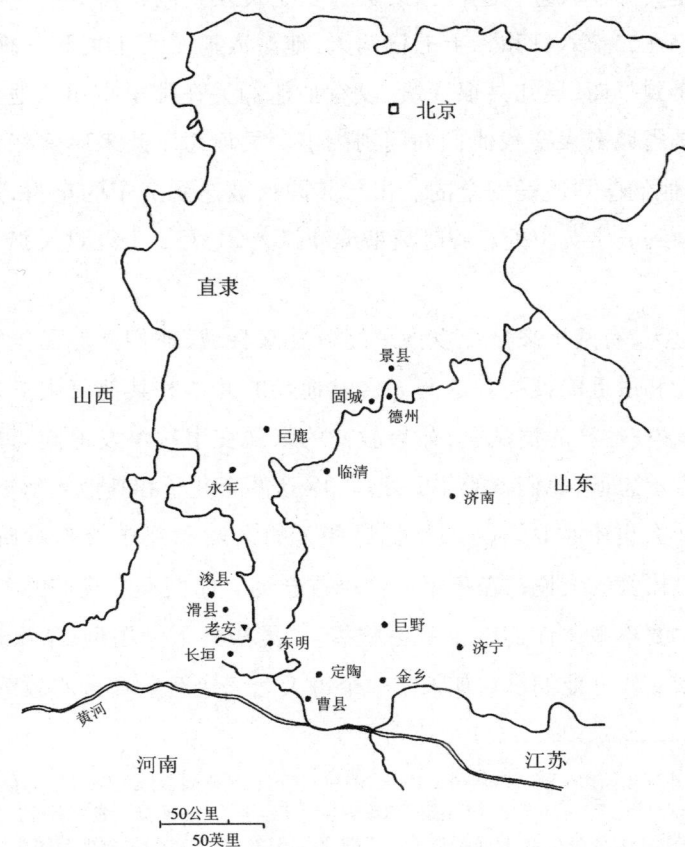

华北平原府县

要"俱宜安分，不可妄生事端"。通过向人打听，吴知县了解到，虽然这个县的大多数乡绅都觉察到教派的公开活动日益猖獗，但他们没有采取具体的措施予以制止。他决定改变这种状况。①

吴堦前面已经从巡抚辕弁的报告中得知七月二十七日徒众们还要聚会。吴堦秘密地准备在这一天袭击这些"作乱者"，逮捕他们，但这一计划因他的同僚巨野知县过于热心而未能成功。这人听从吴堦的劝告回到任上。七月二十四日，为了急于有结果，他带人来到邻近的金乡，抓了一个准备参加叛乱的教徒，幸运的是还得到一份此人带着的教徒名单。于是吴知县就赶在这次抓人会让崔士俊及其同伙感到有危险前立即行动。在二十六日和二十七日两天，他派人抓了崔士俊和其他十人。他们被带到县衙，吴知县很谨慎，没有把他们关在那里审讯。他让崔士俊知道是省城有人要找他们询问别的事。吴堦想以此来麻痹崔士俊的徒众，让他感到还是安全的。崔与其同伙被送到济宁的牢房，那里在金乡东面约五十英里处。同时吴堦继续抓人，七月二十九日又抓了六个教徒。

在这天，有两个来自金乡县东的百姓来县城，他们显然已觉察到教派的活动和最近的搜捕。这两人告发他们的儿子和其他三人参加了某个教派。（在这样的情况下，如果教徒的亲属在事端爆发前向当局揭发罪犯以表示忠诚，他们就能免受处罚。）②这两个儿子和其他人都被逮捕，但他们什么也不承认。吴知县把这些人的亲属和邻居带来对质：那些"好人"对信教的人说，"在夜里你们烧香念诵。你们不听我们的警告，对我们说：'要不多久你们就会都丢脑袋。'"吴知县下令用刑，结果这些年轻人开始交代。他们承认加入了一个每天念三次八字真言的教派，还述

---

① 《济宁直隶州志》，第4卷，第20—29页，吴知县口述；《钦定平定教匪纪略》，第1卷，第22—27页，18/9/15，奏折；盛大士：《靖逆记》（1820年），第2卷，第1—6页。盛大士对金乡事件的叙述与吴堦的叙述很相似，只是增加了一些细节。盛（在书的序中）提到他与镇压这些叛乱的人交谈过，看来他也与吴堦谈过，或是看过后来收入县志的吴口述的抄本。

② 《林案供词档》，第223期，第1—3页，18/10/17，军机处奏折。

说那些捐钱的人得到许诺会有土地和官职的回报。在问到有关起义的事时，这些人说"白阳劫在八、九月就会来，它会用一阵黑风切断[旧期]，刮七天七夜"。他们还交代教徒都会事先得到旗子，让他们能够免死，而其他人"则会遭劫被杀"。

吴知县此时已意识到在一两个月中就有可能爆发叛乱，于是赶到济宁城，这里关押着 18 个被捉的教徒。他审问这些人，但所获甚少——"他们垂着头，闭上眼，只承认他们要人行善，避免劫难，其他什么也不说。"吴堦命令把他们送往省城去接受更专业的审讯。

八月捕人的速度放慢了。这时教首的道口会议已经开过，发动起义的具体指令也已发出。八月初八在金乡有几个人被抓，十天后更多的人被拿，其中一人是崔士俊的女婿李景秀。此人的口供详尽而内容丰富。他说崔士俊与曹县的朱成贵联系密切，崔的师父是长垣的徐安国。他还提到他们住的村子。此外，他还谈到据说徐安国的师父住的地方离北京很近。李景秀说到他岳父答应给他李家（可能是两个月前最早向教谕告发教派的那家人）的房和地，等到他们度过这一劫就给他当殿堂。

到吴知县又抓了五人时有关朱成贵和徐安国的情况得到了证实，他们在县城北面几英里外的一家酒馆听到人们"放言"这些事。这些人还进一步交代，"总教首名为刘林，住在北京城外二三十里处，与太监有联系。"他们还说，原先定的劫变日子是八月，而最近（即道口会议开过后）改为九月。

吴堦"发现这让人很担心"，立即向巡抚报告。而同兴却没有随之向皇帝上报在京郊教派有可能组织活动以及有太监卷入其中的传闻。结果他下令，等崔士俊等人一到省城立即审讯以便尽快弄清罪名，直到九月十一日（此时他已收到叛乱爆发的消息）同兴才向皇帝上奏，报告北京有人（太监）与这些教派有联系。①

①《随手登记》和《钦定平定教匪纪略》，第 1 卷，第 22—27 页，18/9/15，同兴奏折。

在此同时，吴堦还要尽快逮捕口供中提到的那些人。早在八月十六日他就给曹县送信，要曹县知县去抓朱成贵，但直到十天后朱成贵的哥哥朱成珍才被抓住。在他的东西中发现了两面白旗。知道这一情况后，吴知县意识到起事的时间肯定已很近："从口供中得知这些旗子只会在事前发，我知道没多久就会出事。本月[八月]事情会越来越严重。"吴堦即刻采取措施保卫他这个县，以防有人进攻。他传令所有人家都要列出家里人的名字作为清查"保甲"（为安全目的登记户籍）的内容，同时又下令召集精壮男子，在九月初一开始训练他们为团丁。就这样到九月初吴知县已经抓了 32 个教徒，其中不少是这个县的教首。他要绅民们保持警惕，开始为保卫县城做准备。假如所有地方官都像他这样了解实际情况并能得到地方绅民的"义"助，那么八卦教起义在早期就会被挫败。

直隶中部的准备

127　　道口会议结束后林清返回，还是像以前那样有气派。冯克善陪他一直到景县，在那里遇到了冯的徒弟宋跃溁，此人被介绍给林清。他们一起谈论了起事的计划，然后林清继续北上，约在八月十六日到家。

　　冯克善继续与徒弟们在一起，告诉他们道口会议的情况以及首领们做出的决定，还要宋跃溁和儿子去通知信徒起义的日子是九月十五日，暗号为"得胜"，识别记号是白布和白旗，旗子上写着"奉天开道"。十五日这天所有人要集中到宋跃溁住的村子。原先安排宋跃溁届时带他的人南下去滑县与李文成会合，但冯克善和林清改变了这个决定，安排宋跃溁和他的人在四周建一堵墙守护村子，然后就聚集在村里储存粮秣，等待李文成北上。在李带人来时，要与他们对暗号，向他们提供给养，接着大家一起去北京。宋跃溁和儿子立即就开始买白布做旗子，发给徒弟们,告诉他们这些规定。①

　　宋跃滩的儿子将有关旗子、暗号和日期的讯息告诉了附近固城县的教首霍应方。我们可以用现有的材料详细复原这一过程,霍应方又将这些东西和讯息传给他的许多徒弟(见图表二)。他立即开始做上面写有四个字的旗子,并把它们分发给 15 个人。这些人中有他师父的徒弟、他自己的徒弟,还有他的家人。霍应方的弟子刘坤本人就有一大批弟子,所以他也随之告诉弟子们日期和暗号,教他们做什么样的旗子。刘坤的一个弟子(宿元谟)又告诉他的徒弟。等到这第四代人得到通知时已是九月初,相互间的联系越来越紧急。② 参加起义的王垣叙述了他得到通知的事:

　　　　九月初间,宿元谟向王垣告述教匪将起,得有旗布可免杀害。宿元谟给与王垣白旗二块,上写"奉天开道"四字。俟教匪到日将尖角旗插于门首,方旗插在妇人衣衿为号,并为教匪烧茶煮饭可以保护身家。③ *128*

　　这时联系网开始急剧扩展。王垣入教还不到四个月,当他知道借此方法能得救助时感到很宽慰。他很快做了一批旗子给他的一个朋友,然后又把消息告诉另一个在别的教的朋友。这人很紧张,感到害怕。他知道日子已经临近,于是想要加入八卦教成为王垣的徒弟来进一步确保自己的安全。所以王垣就教他八字真言,告诉他暗号,给他一个旗子样本以便仿制。而这个人也对自己的徒弟这样做,把所有这些被认为

---

① 《钦定平定教匪纪略》,第 28 卷,第 1—4 页,18/12/21,宋跃滩和李盛得供词;《那文毅公奏议》,第 38 卷,第 73—75 页,20/9/6,葛立业供词;《教匪案》,19,19/4/14,宋长生供词;《钦定平定教匪纪略》,第 24 卷,第 21—26 页,18/12/11,冯克善供词;《上谕档方本》,363—365,20/9/26,葛立业供词;《上谕档方本》,423—424,20/11/28,马十供词;《宫中档》016437,19/9/4,李会义等供词。
② 《钦定平定教匪纪略》,第 26 卷,第 31—34 页,18/12/16,霍应方供词;《钦定平定教匪纪略》,第 21 卷,第 5—8 页,18/11/23,杂项口供。
③ 《那文毅公奏议》,第 40 卷,第 37—41 页,21/6/3,王垣供词。

是机密的东西都告诉他的一个朋友,道士罗功。罗功又告诉他的一些
朋友(其中没有教徒),以便他们也能从这事先的警告中获益。他们都
买了些布,迅速做了 40 面上面写着四个字的旗子。罗功把这些旗子给
了五个朋友,并不要求他们入教或是做他的徒弟。这些人中有两人每
人有十多面旗子,足以给他们所有的亲属。显然罗功的朋友中没人想
要参加叛乱,至少在别人挑头前不会这样做,他们只对保护自己有
兴趣。①

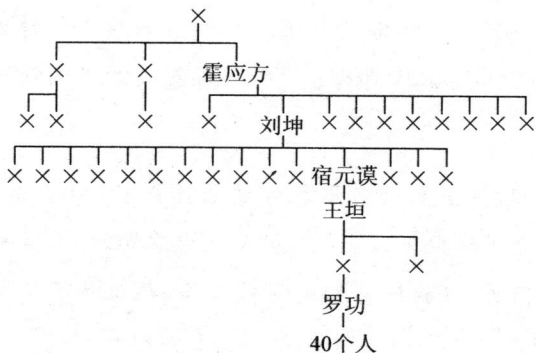

霍应方

刘坤

宿元谟

王垣

罗功

40个人

图表二

前面谈到的情况表明,由于时间紧迫,扩展教派的正常渠道逐渐不
被采纳。一个月是一段不短的时间,被官府发现的危险越来越大,但这
时在联系网中的许多关系必须逐个启用,有时不得不从一个村县到另一
个村县,要想停止正常的活动(如收庄稼)也不容易。当想象中未来的劫
难看来马上要来临时,一个月很快就过去了。那些对教派没兴趣的教徒
的亲戚朋友立刻就对在他们需要时能得到教派的保护很关心。在起义
就要爆发时,教徒们先是收新弟子,让他们也能得到这样的保护,并能有
起义的参加者,然后渐渐地几乎是不加区别地传布有关白旗、暗号等具
有保护力量的信息。当只是在朋友和邻居间传话时,原先通过师徒关系

----

① 《那文毅公奏议》,第 40 卷,第 37—41 页,21/6/3,王垣供词。

可施加的一点规训都已不存在了。对准备叛乱的人来说，更大的危险是在正常的教派联系网之外准备并传播那些引人注目的东西(诸如上面自以为是地写着"奉天开道"字样的白布旗)。在这样做时，霍应方的门徒没有引起地方官的注意，但我们会看到，正是在其他地区这最后一刻的混乱使得官府注意到有"谋反计划"存在。

　　从教首杨遇山及其门徒在巨鹿县的活动来看，这是在最后一个月进行必要准备的另一种情况。杨遇山参加了道口会议。会议一结束，他就派一个同伙回他巨鹿的老家向那里的弟子传话。同时杨遇山又赶去永年县，那里是他其他几个弟子的家乡。他告诉他们会议的情况，称他需要一份有所有永年信徒的名单。立刻就编好了一份名单，不是按花名册填写，而是以"十家牌式样"来排，这是官府为收税和确保治安而采用的方式。不太清楚这种形式是出于无知还是为了在名单被发现后能减少危险。①

　　后来杨遇山回到家。他以前就与河南的郜家有联系，郜家是离卦教的首领，他曾加入这一教派，但这个教派与八卦教没有直接的关系。这时在起义就要爆发时，杨遇山想要让郜家知道并能得到保护。他让人写了封信给曾是他徒弟的一个郜家人。在信中他谈到将要举行的八卦教起义，建议他们也做旗子以保护家人，当日子来临时带信徒来滑县助一臂之力。② 其他零散的材料表明，在许多情况下八卦教徒对其他白莲教派还是抱着这种慷慨而极富兄弟情义的态度，甚至在最后的时刻也想要他们入伙。

　　最后，直隶中部的这些教派团伙除了两个(磁县的赵得一和蓟县的赵步云)没消息外，其他都参与了这一阶段为发动起义所做的准备。霍应方得到指令派人去滑县在九月十五日帮助李文成。九月初他的一些徒弟(但没有霍本人)南下，但当他们听说前面有官兵时非常害怕，于是

① 《钦定平定教匪纪略》，第35卷，第21—25页，19/2/10，杨遇山供词；《钦定平定教匪纪略》，第33卷，第14—16页，19/1/27，李幅元供词。

② 《钦定平定教匪纪略》，第35卷，第21—25页，19/2/10，杨遇山供词；《钦定平定教匪纪略》，第29卷，第9—10页，18/12/26，奏折；《钦定平定教匪纪略》，第31卷，第10—11页，19/1/13，郜坦照供词。

就调头回家。① 杨遇山和门徒甚而从没有离开家，他们认为留在老家要安全得多。② 宋跃滩宣称他按规定做好了一切准备，"一体预备迫后，总没见李文成、冯克善们反来。"③

虽然所有这些人都保证要支持八卦教，但在他们听说官兵正在南面前去镇压他们的同伙，在北面迅速平息了其同伙对紫禁城发动的未得手的进攻，他们还看到并没有出现无生老母用来毁灭不信教者的大灾大难，这时他们就改变了看法，决定留在家里，烧掉旗子，还想要掩盖自己与叛乱者的联系。尽管上层八卦教首领与这些团伙之间的纽带已足以可用来制订协调行动的细致计划，但这些联系还不够牢固，还不能驱使那些小首领会像许诺的那样去行动。正如前面所提到的，在面对因叛乱所造成的危机时八卦教的上层结构轰然解体，官府开始前来镇压。

河南和直隶南部的叛乱

承蒙读者有耐心，我们要再一次改变话题，现在不是要来讲述官府的效率以及一些信徒的谨慎，而是要来关注行动，关注教徒们以暴力成功地使自己成为起义者。

刘斌是靠近直隶边界滑县东南老安司的巡检④，这里离滑县县城约

①《钦定平定教匪纪略》，第26卷，第31—34页，18/12/26，霍应方供词；《钦定平定教匪纪略》，第28卷，第1—4页，18/12/21，宋玉林供词；《教匪案》，19，19/4/14，宋长生供词；《那文毅公奏议》，第38卷，第73—75页，20/9/6，葛立业供词；《那文毅公奏议》，第40卷，第37—41页，21/6/3，杂项口供。

②《钦定平定教匪纪略》，第33卷，第14—16页，19/1/27，李幅元供词。杨遇山的处境还因他所在县内的竞争进一步复杂化。就在这时以前的大乘教教首李经（当时在狱中）开始为发动起义重新组织信徒，他预言起义将在1814年闰二月爆发。李经给徒弟带话，想要让他们相信他的预言，并要他们制作黄旗为号。至少有一个杨遇山的徒弟既收到了杨送来的白旗，同时又收到了李经的黄旗。在这样的情况下，按照教徒的一般心理反应，他收下了两面旗子，先是看到第一次起义爆发，另一次起义却没有接踵而来，于是他就烧掉了这两面旗子。（见第一部分，第63—64页）

③《钦定平定教匪纪略》，第28卷，第1—4页，18/12/21，宋玉林供词。

④ 这是九品官，见卜内特和Ｖ·Ｖ．哈盖尔斯特罗姆：《中国现代政治机构》，＃857.3。

有 20 英里。八月下旬天降暴雨,当时道口会议已经开过,起义的准备进入最后阶段。此时刘巡检听说在老安集有人打造军械,他还得到参与其中的"案犯"的名字。于是他去了县城,告诉滑县知县强克捷这件事。强知县传令逮捕这些人,九月二日派出差役抓住了他们。像金乡的吴知县一样,这些官员获悉的不是普通教徒的名字和住址,而是最高层首领的情况。结果差役到了谢家庄,捕获了李文成本人,还把他和牛亮臣及几个教徒一起押回了滑县县城。[①]

这对八卦教是一场大灾难,不过强知县没有意识到被抓的人有多重要。与金乡的吴知县不同,他没有保住李文成被捕这一秘密,也没有把案犯送到更安全的地方,而是把他们关在县衙的牢房里,还在后来的几天审讯了这些人。李文成并不配合,于是他就照惯例对李用刑。衙门的皂隶用夹棍夹李的脚和踝,后又用棍子打他的腿,李文成受伤很重。(三个月后他被夹伤的腿还结着痂,在他腿股的肉和碎骨上贴了一帖红膏药,他还不能走路、骑马。)他最后承认是计划发动叛乱,但显然没有再说什么。[②] 他和其他人一直被关在狱中,强知县继续审讯,但在军事上没有防备。冯克善的几个有身份(有功名)的亲属听说有人受审的事,就来衙门告诉强知县,冯克善也参加了一些教派活动。[③] 九月五日,有二十多个

132

---

① 《钦定平定教匪纪略》,第 23 卷,第 27—28 页,18/12/3,奏折;《那文毅公奏议》,第 31 卷,第 18—21 页,18/12/16,牛亮臣供词;《那文毅公奏议》,第 32 卷,第 12—16 页,18/12/3,秦理供词;《滑县志》,第 8 卷,第 82 页,第 87 页。

　　不幸的是我们没有材料能了解到刘巡检是如何知道李文成的名字的。在老安有不少教徒,有可能大多数教徒都知道李文成。

② 《那文毅公奏议》,第 30 卷,第 22—25 页,18/11/25,奏折;《钦定平定教匪纪略》,第 23 卷,第 27—28 页,18/12/3,奏折;《那文毅公奏议》,第 32 卷,第 12—16 页,18/12/3,秦理供词;杨芳:《宫传果勇侯自编年谱》,1840 年,第 3 卷,第 19—33 页。

③ 与别的地方一样此处所引冯克善的供词也不可靠。他称他的堂兄在八月中旬向县衙告发。这些人说(得到其他材料证实)他们是在李文成被抓、冯克善的名字被牛亮臣供出时才去官府的。他们以前没去是因为"我们担心如果更早告发,他们[八卦教]会伤害我们"。《那文毅公奏议》,第 33 卷,第 33—34 页,18/12/25,冯克宽等供词;《那文毅公奏议》,第 33 卷,第 35 页,19/1/9,冯克功等供词;《钦定平定教匪纪略》,第 24 卷,第 21—26 页,18/12/11,冯克善供词。

教徒被滑县当局逮捕。①

这时，李文成徒弟的情绪越来越激动。他们听说李文成受了伤（可能是从一个在县衙当差役的教徒那里得知）②，担心他会死掉。于克敬名义上是李文成的震卦教首领，他与李文成的连襟还有一些滑县有名的首领商量，最后决定采取行动：他们不能等到十五日，必须行动，立即起事。这一地区的所有信徒都得到指令，日期有变化，在九月七日他们攻打了县城，救出了首领。③

有个叫赵得的人的情况反映了河南（和其他地方）的教徒是如何动员起来行动的。赵得是滑县一个村子演戏的人，1813 年春他受连襟鼓动入教。八月中旬，赵的连襟传话来，称在教内管事的牛亮臣决定要教徒们行动。几天后，一个教徒同伙到赵得家，带来了一面小白旗和十份白布，每份有两块布，还带来消息九月十五日他们要起事。赵得接到命令要带来十个人，他同意了，收下了旗子和布，然后把布分给两个人，要他们每人再去找四个人。这些事都发生在八月下旬。九月初三，赵得的连襟又派人来送信，这次带来的是紧急的消息，牛亮臣和李文成被滑县当局抓住，关在牢房里。制订的新计划是要赵得和另一个教徒（可能是他同村的人）一起去，带十个人在七日进滑县县城，解救李、牛二人。赵得接受了命令，

---

① 《钦定平定教匪纪略》，第 18 卷，第 19—23 页，18/11/13，张道纶供词；《钦定平定教匪纪略》，第 1 卷，第 32—33 页，18/9/15，奏折。

② 有些教徒在滑县县衙做事。这时被关在狱中的牛亮臣 1806 年前曾是县衙的库书，不清楚 1811 年后他回到河南后是否还在那里做事。另一个叛乱者李志国也是库书，还有两个衙役黄泮公和徐占贵也参加了叛乱。《宫中档》017220，19/12/22，徐占贵供词；《教匪案》，25，19/7/24，李志国供词；《钦定平定教匪纪略》，第 41 卷，第 3—4 页，19/7/6，黄泮公供词；《钦定平定教匪纪略》，第 1 卷，第 1—2 页，18/9/12，奏折；《那文毅公奏议》，第 31 卷，第 18—21 页，19/12/6，牛亮臣供词。

③ 《那文毅公奏议》，第 32 卷，第 12—16 页，18/12/3，秦理供词；《那文毅公奏议》，第 30 卷，第 36—38 页，18/12/12，黄兴宰供词；《那文毅公奏议》，第 31 卷，第 18—21 页，18/12/16，牛亮臣供词。

参与了攻打滑县县衙。①

　　用类似的方式,滑县县城和附近农村的教徒都得到通知而保持 133
戒备。李教主的被捕让计划泄密,使他们很不安全,但同时又促使人
们更有热情去发动叛乱。在确实有立刻遭逮捕危险的威胁下,一个
教徒如积极参加起义就会失少而得多。六日夜晚,这些人离开家,在
县城的几座庙中与同伙会面。在那里制订了第二天的行动计划,这
时他们没有退却,还给了几个普通教徒新的头衔和职务。这推动他
们又进一步投身于八卦教的事业,给了他们一些为之战斗的目标。
第二天一大早,他们采取了最后的行动,用暴力来"明道"其目的,成
了叛乱者。

　　可能有上千八卦教徒在拂晓时到达县衙,冲进监狱救出了李文成,
还释放了其他同伙和十多个普通囚犯。② 他们没能杀死强知县,因为他
带着几十个衙役逃出了县衙,据他说一路与贼匪厮杀。(强知县安全到
达南面约 45 英里外的封丘县城,三天后在羞辱中上吊而死。)叛乱者杀

---

① 《宫中档》018146,20/3/25,赵得供词。
② 难以确定有多少人进攻了县衙并占领了县城。参与这次行动的黄兴宰说,光是他就从老安
集带来了八九百人。滑县和邻近浚县的教派力量最强,参与进攻的有不少高层教首,或许也
可表明他们每人都带来了不少人。我只有攻打县衙的 27 个人的名字,其中不少是首领,有
六人留下了口供。《宫中档》018146,20/3/25,赵得供词;《那文毅公奏议》,第 38 卷,第 7—10
页,19/11/14,王进道供词;《宫中档》016703,19/11/2,王学道供词;《那文毅公奏议》,第 30
卷,第 36—38 页,18/12/12,黄兴宰供词;《宫中档》015774,19/6/20,刘大顺供词;《钦定平定
教匪纪略》,第 41 卷,第 1—2 页,19/5/22,王仲供词。
　　其他有关攻打县衙的材料有《那文毅公奏议》,第 31 卷,第 18—21 页,18/12/16,牛亮臣
供词;《钦定平定教匪纪略》,第 29 卷,第 1—6 页,18/12/26,牛亮臣供词;《那文毅公奏议》,第
32 卷,第 12—16 页,18/12/3,秦理供词;《钦定平定教匪纪略》,第 3 卷,第 22—23 页,18/9/
18,宋兴等供词;《钦定平定教匪纪略》,第 28 卷,第 11—13 页,18/12/24,刘宗林供词;《滑县
志》,第 8 卷,第 81—85 页。
　　当时实际上狱中还有 18 个囚犯。有关被八卦教释放的这些和其他囚犯后来的情况可
在下面的材料中找到,兰德尔·爱德华兹、张伟仁和张富美(Randle Edwards, Chang Wei-
jen, and Chang Ch'en Fu-mei):"自愿投降:案例和材料"(Voluntary Surrender:Cases and
Materials),为哈佛大学东亚法律研究项目提交的论文,第 21 条。我感谢兰德尔·爱德华兹
提供的这一材料。

了知县屋里的其他人——两个孩子、六个妇女，还有 29 个男人，其中一半是仆人。知县的儿媳不愿屈服，在她挣扎大骂时被残忍地钉在柱子上，"脔割之"，后来又下令毁其骸骨。叛乱者还到教谕的学署，杀了教谕家中全部 17 口人，包括他的妻子、女儿和孙子。教谕本人跳入井中。刘斌巡检(帮助抓住了李文成)、典史和把总也被杀了。最后叛乱者放火烧了衙门。在毁了这些清朝当局的标志物并留下了近 60 具尸体后，这些八卦教徒用血腥的手段真正开始造反。他们分兵四出关上城门，占领了滑县县城。①

134 在直隶省南部，当李文成被抓而日期改变的消息传来时，八卦教的动员节奏匆忙加快，同时也受到官府的阻挠，但方式却不同。在徐安国及其同县的同伙得到消息后，他们并没有有所收敛，而长垣知县却了解到出了事。他"风闻"离县城东北约六英里的苇园村有邪教徒在"密谋"。九月初六，这天中午他带着几个衙役亲自离开县城去查访。当这个知县到了那个村子时，发现教徒们都很警觉：他们头缠白布，身穿白衣，手持器械走出屋子。这些人可能正准备去滑县救李文成，但在听到知县来的消息后当机立断决定起事。他们包围了赵知县，用刀刺死他，并割下他的头。他们还杀了衙役，只有一人逃回县城去报告发生了什么事。

这发生在滑县遭到攻打的前一天，此时长垣县官府还没意识到他们要对付的"密谋"是怎么回事。两天后，驻在附近东明的四品武官陈

---

① 这些被杀的人中包括六个知县的幕友，两个幕友的孩子和一个妾，知县的三个亲属(其中有他的儿媳)，典史，另一个幕友，知县的 21 个家仆，教谕的一个来访的亲属，教谕的妻子、儿媳、两个女儿和两个孙子，他的姻亲和家仆(有 11 个人)，绿营兵把总，分司巡检。县学的教谕(已有 70 多岁)没有被杀，他跳进井里活了下来(被认为是想自杀)，只摔断了肩骨。有关攻打滑县县城的材料见《钦定平定教匪纪略》，第 32 卷，第 29—30 页，19/3/12，奏折；《钦定平定教匪纪略》，第 40 卷，第 17—18 页，19/4/26，奏折；《那文毅公奏议》，第 34 卷，第 23—25 页，18/12/16，奏折；《钦定平定教匪纪略》，第 1 卷，第 32—33 页，18/9/15，奏折；《滑县志》，第 12 卷，第 1—4 页。

都司带着两百人来这个村子。他们对着估计是贼匪藏身的屋子开火，但里面没人。他们搜遍了全村,惊讶地发现在一间房里有知县的尸首和头,被立即送回县城安葬。这时没料到突然出现了几百人进攻官兵。其他叛乱者也同样迅速地从村里的房屋中冲出来。两边的人打了起来,"双方互有杀伤"。官兵活捉了两个叛乱者,基本完整地撤回了县城。陈都司这时知道他的人数不如对手多,就只好留在城里"自守",直到援军到达后才敢再去乡间。① 长垣县城一直未被教徒攻打,但六日的知县被害使得全城戒严,陈都司和他手下的人遭到攻击使得守城的人退到了城墙里面。

在邻近的东明县,当地知县也事先了解到有人准备叛乱。就在九月十日前一天,有个来自东明县城西面(靠近长垣县和滑县)某村的铁匠来报告叛乱者的情况。因为规定不得藏有任何会致人死命的兵器,所以对八卦教来说要想得到武器是个难题,他们也就不得不多少依靠那些不是同伙的铁匠。这个铁匠告诉知县,本月初五有个住在附近长垣姓蒋的人来找他,给他看一把带有钢刃的刀,要他照样子打十把。(这个姓蒋的人可能以为不在家乡打刀要安全些,但这次却错了。)东明的朱知县立即抓了这个人来审问,得知此人属于一个叫天理会的教派,他们计划在这个月的九日起事。幸亏事先警觉,东明当局能够采取必要的措施防守县城抵御进攻。县城里实行了宵禁,绅士和商人捐钱粮雇人修好城墙破口,以便于守城。做好了这些准备加上滑县的事态变化多端,使得教徒不能像计划的那样秘密进城,突袭东明城。像长垣一样,县城是安全的,但在援军抵达前却一直是孤立的。②

---

① 《钦定平定教匪纪略》,第1卷,第3—4页,18/9/12,奏折;《钦定平定教匪纪略》,第1卷,第6—9页,18/9/13,奏折;《钦定平定教匪纪略》,第1卷,第13—16页,18/9/14,奏折;《那文毅公奏议》,第32卷,第25—26页,18/12/8,秦理供词。
② 《钦定平定教匪纪略》,第1卷,第6—9页,18/9/13,奏折;《东明县志》,第1卷,第18—19页,第2卷,第2—3页;《钦定平定教匪纪略》,第1卷,第13—16页,18/9/14,奏折(这份奏折夸大了东明局势的严重性)。

山东的突然袭击

在山东的定陶和曹县,反叛者的起义差不多在按计划进行,没有受到官府的干预,尽管地方官对可能发生的事保持着警惕。这与邻近的金乡和东明的情况恰好形成鲜明的对比,在邻近的这两个县,官府的积极行动阻止了对县城的偷袭。为了解情况,让我们还是回到道口会议上来。

徐安国是山东各教派的师父,他没有去参加道口会议。此时,他正

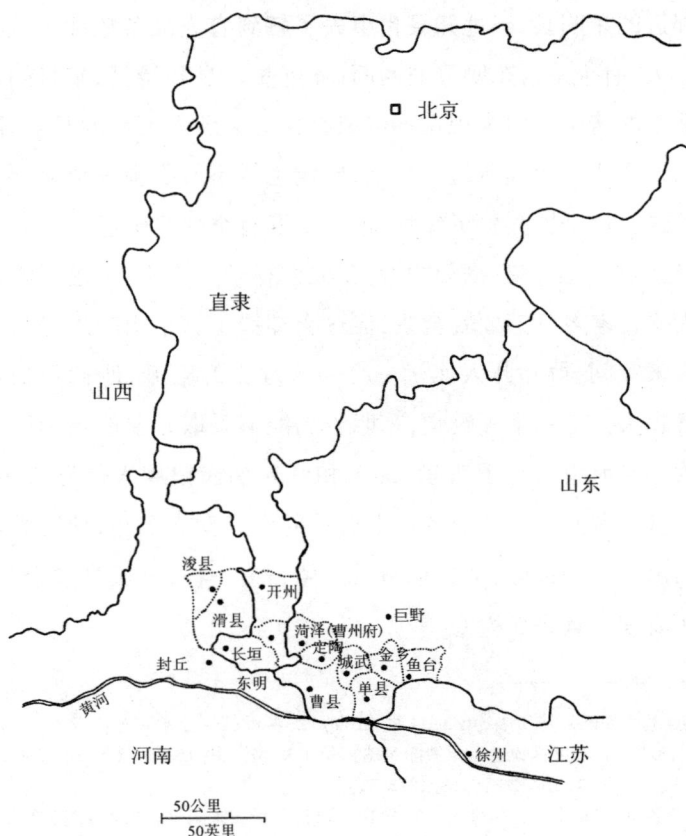

华北平原府县

在曹县扈家集和他的徒弟朱家的人在一起。他派大徒弟朱成方代替他去道口。八月六日，朱成方回到家，带来了徐安国的师父刘帼明的口信，日期定在九月十五日。就在这时崔士俊（徐的徒弟）在金乡被抓。得知这一情况，他并不为朱成方带来的新消息感到高兴，不过他继续在为起义做准备，他的徒弟要在鲁西南的六个县（曹县、定陶、单县、城武、金乡和鱼台）起事。起事后他们要加入李文成的队伍，和他一起去北京帮助　137 "刘老主"——林清。朱成方还随身带来一个白布旗的样本，需要立即准备起来。有关这些旗子、暗号和起义日期的讯息都尽可能快地传给了徐安国的各个徒弟。徐安国在离开这里回家时指定由朱成方负责，他外出可能是去协调他在长垣的其他徒弟的行动。①

　　徐安国离开后，金乡的搜捕还在进行。随着更多教派联系网被发现，更多的密谋被破获，徐安国的其他弟子也直接受到威胁。前面提到，八月中旬崔士俊的女婿被抓，他向官府交代崔士俊的师父是徐安国，曹县的朱成贵也在教中。曹县当局得到了这个消息，八月二十一日知县得以抓住了朱成贵的哥哥朱成珍（*此处朱成珍被抓日期与前文叙述不一，原文如此——译者*）。在他的东西中发现了两面白旗，一大一小，两面上都写有口号。朱成珍没有被关在县牢，而是明智地把他转送到省城。

　　朱家其他人感觉到有危险，离开了家免得被抓。不过他们没有离开这一地区，也没有放弃他们的计划。官府对他们的活动更为关注并没有给山东的教首什么压力，朱成贵在九月六日回到家时带来了滑县的消息，还带来了徐安国改变日期的指令，他们对计划提前可能会很高兴。不可能通知到每个人都能赶得上第二天的进攻（与滑县的进攻同步），但朱家兄弟认为一切能在十日这天前准备好。在官府继续搜捕教徒的情况下，徐安国的弟子得到了通知，告诉他们新的起事日期。

---

① 《钦定平定教匪纪略》，第 29 卷，第 1—6 页，18/12/26，徐安国供词；《钦定平定教匪纪略》，第 5 卷，第 14—16 页，18/9/22，朱成珍供词。

七日和八日,曹县知县又抓了几次人。九日,还是为了找到朱成贵,他采取了事后看来是冒险的做法。他亲自由衙役陪同去乡下,但这次外出没有什么收获,很不成功。到九日晚上,当知县回到县城衙署时已为时太晚,他已无法阻止计划中的叛乱。那天夜里,八卦教教徒进入定陶和曹县县城,准备在早晨动手。这位知县愚蠢地没有让全城戒严。①

138　　在此我们对这些事件最清楚的了解是通过一个参与者的目击而获得的,此人是徐安国的徒弟胡成德。他原先和朱家住在一个村里,但在 1811 年入教后他带着妻子和家人去豫南居住,年轻时他曾在那里住过。因为在 1813 年夏经济状况不佳,胡成德决定再回到自己老家的村子,希望能要回上次回来时给一个亲属干活应得的报酬。八月二十日,当他到扈家集时发现人们正在为起义做准备,由于有更多的人被抓而压力大增。

胡成德见到了纪大幅,就是这个人当初把胡成德介绍给徐安国的。纪大幅告诉胡成德:"要明道了,徐师父就要齐人起事。"大约在一周之后,纪大幅告诉胡成德日子定在九月十日。"叫我等到曹县城中起事,将来分给地种。我贪利应允了。纪大幅给我白绸无杆大尖旗一面,上有六个字。我不识字,纪大幅说是'顺天王胡成德'六字。又给我尖小白布旗六七十面备用。"几天后,胡成德碰见朱成贵(刚从滑县回来),打听到朱成贵正准备单独带一伙人去攻打定陶。

九日,当他们准备离开村子去城里时,纪大幅告诉手下的人(胡成德说有大约百把人)带上身边能找到的武器——"木棍、顺刀、扑头枪等"。胡成德本人拿着一把长柄双刃刀,随身带着一面白边大方黄旗。纪大幅给胡成德指派了七八十个人,要他负责。由纪大幅领头,胡成德断后。

---

① 《钦定平定教匪纪略》,第 29 卷,第 1—6 页,18/12/26,徐安国供词;《钦定平定教匪纪略》,第 5 卷,14—16 页,18/9/22,朱成珍供词;《济宁直隶州志》,第 4 卷,第 20—29 页;《上谕档方本》,233—242,22/6/20,胡成德供词;《钦定平定教匪纪略》,第 19 卷,第 33—36 页,18/11/18,奏折。

"我于是日晚间将顺刀二把掖在衣带上,将无杆大白尖旗折叠夹在肋下。令胡广带了一根竹竿以备拴旗之用。又将小白尖旗分给纪大幅所拨之人。小旗不够,撕白布条拴在衣带为号。我带领众人起身。"①

攻打曹县的至少有上百人。② 大多数人入教少说也有几个月。但在他们中也有一批人可能不是教徒,他们是叛乱者后来想要吸纳的那类民众追随者的前驱。我们对这伙人的了解是通过一个人的口供得知的,他就是李成。

李成住在曹县北面的菏泽县,身体健壮,素习拳剑。教他拳法的师父金兰并没有教他任何教派的仪规。八月底,金兰来找李成,告诉他因为年成不好发生了饥荒,他和另一个人决定与一伙人一起去用武力弄到想要的东西,就是官府所说的"劫掠"。于是金兰一伙就外出从曹县的几个村子里抢到了粮食。官府想抓住他们——可能也就是像当时对异类分子所做的那样——但没有得手。

九月九日,金兰对手下的人说,有人在曹县聚众"闹事",这伙人会经过本地。很有可能金兰作为拳师认识一些曹县的教徒,我们不知道他们是怎样联系的。不过与教徒不同,金兰已经是一个不守法规的歹徒。这时他正式加入了叛乱队伍,给他的人白布当腰带作记号,九日夜间他带一伙人进了城。③

并非每个教徒都愿意冒参加叛乱的风险。就在同一天,九月九

---

① 《上谕档方本》,233—242,22/6/20,胡成德供词;《上谕档方本》,325—330,22/6/30,胡成德供词。胡成德在河南的一些年靠种麦、赶车、挑水、弹棉花、做杂事维持生计,没活干时就讨饭。

② 我有其中23个人的名字。《钦定平定教匪纪略》,第2卷,第24—26页,18/9/16,奏折;《上谕档方本》,233—242,22/6/20,胡成德供词;《教匪案》,64,20/3/20,蔡五魁供词;《宫中档》016750,19/11/13,李成供词;《宫中档》016869,19/11/18,赵飞义和赵飞仁供词;《钦定平定教匪纪略》,第26卷,第15—16页,18/12/15,蔡克甲供词;《钦定平定教匪纪略》,第28卷,第35—36页,18/12/25,方廷玉和刘聚供词;《钦定平定教匪纪略》,第26卷,第43—44页,18/12/16,刘贵供词;《钦定平定教匪纪略》,第29卷,第12—13页,18/12/26,庞二麻等供词;《钦定平定教匪纪略》,第7卷,第10—12页,18/9/12,马朝栋供词。

③ 《宫中档》016750,19/11/13,李成供词。

日，一伙教徒在一个村子里集合。当时有个叫蔡五魁的信徒（以前是捕役）路过这里，看到了他们。他后来声称直到这时才知道叛乱的事，这伙人告诉了他计划并要他入伙。他拒绝了，但这伙人说假如他不干，他全家人（以后）都会被杀。蔡五魁不为所动，但伪称要帮忙，然后就回了家，带着全家人逃走。他后来参加了乡勇，帮助抓捕自己以前的同伙。蔡五魁做的决定与他曾当捕役的经历并没有必然的联系。他的两个亲属也是曹县县衙的衙役，也入了教，这两人都参加了起义。起义的风险很大，正如我们在后面要详细谈到的，投身叛乱也很不容易。①

这些计划参加曹县起义的人在九日夜间做好了准备。他们各自结伙进城，有的是在这天夜里进城，有的是在第二天黎明进城，天亮时到达县衙。有个驻在城里的六品武官知道后冲出来，起义者按照命令"乱杀"，杀了他和另外三个人。然后起义者进入这个千总的官署，杀了他的妻子和儿媳。同时有些人冲进县衙，这时知县正整装出堂。他们立即用刀砍死了他，还砍下他的头带走。起义者用刀矛又杀了知县家的九口人——三个男人、四个女人和两个孩子。按照官方档案对这一事件的记述，他们大叫吴星萃的名字，要找这个人。此人是金乡知县70岁的族兄（对发现朱家的密谋活动有贡献），当时正巧在曹县县衙。结果吴星萃被抓住，与他的儿子和一个随从一起被杀。在与反抗的人交手时，起义者又杀了15个人，都是衙署中的差役。由于至少有两个教徒在衙门做过事，起义者很容易就找到了牢房，打开牢门，释放了41个囚犯（有十人决定不与起义者一起走，留在了衙内）。起义者还打开库房，搬走了里面的东西。②

---

① 《钦定平定教匪纪略》，第26卷，第15—16页，18/12/15，蔡克甲供词；《教匪案》，64，20/3/20，蔡五魁供词。

② 《钦定平定教匪纪略》，第19卷，第33—36页，18/11/18，奏折；《钦定平定教匪纪略》，第2卷，第24—26页，18/11/16，奏折；《宫中档》016869，19/11/18，赵飞仁供词；《宫中档》016750，19/11/13，李成供词。有关囚犯的情况见兰德尔·爱德华兹等："自愿投降：案例和材料"，第21条。

当这些人离开县衙时,他们声称要去迎正向他们开过来的胡成德带的人。胡成德说他在拂晓时来到北门,发现门关着就绕道去东门进城。他把有自己名字和头衔的白旗绑在竹竿上,然后走过大街去县衙。在那里他见到了纪大幅,纪对他说:"你们来得太晚了,已经闹完了事。大家要衣服穿,我们可以带他们去东门的当铺拿些衣服。"实际上很有可能胡成德带着人参加了攻打县衙,后来他说谎以减轻罪责。结果起义者抢了当铺和钱庄。他们干完后(假设没有再抢)又去东门,向架在护城河上的桥走过去,看到桥头已修了工事。这时有人开枪。起义者明白了已用火枪来对付他们,于是回头沿着城墙快跑,经过北门出城。① 在北门他们分成小股各自行动,但相互间保持着密切的联系。

当徐安国的一伙弟子攻打曹县县城时,另一伙弟子对定陶城发动了进攻,这两座县城相距只有 20 英里。这伙人人数可能要少些,大约只有50 人。② 首领们都在积极谋划攻打曹县。他们在九月初六通知了手下的人,还分发了旗子和白布。

让我们再从一个起义参加者的经历来看这段史事。此人叫赵振五,是定陶人。在夏初的一天,他遇到一个叫萧汉三的朋友。萧汉三对他说,虽然赵是个实诚人,但人们还是会利用他。而他萧汉三有让人得"好处"的办法,他许诺能让赵振五当官,"管事"。据赵振五说,他还没有来得及多了解情况他们就分手了,因为他在家里得了病,后来又忙于收庄稼。萧汉三直

---

① 《上谕档方本》,233—242,22/6/20,胡成德供词;《钦定平定教匪纪略》,第 4 卷,第 14—16 页,18/9/19,奏折;《宫中档》016869,19/11/18,赵飞仁供词。

② 我知道 28 个参加者的名字。《宫中档》019320,20/7/8,赵振五供词;《钦定平定教匪纪略》,第 42 卷,第 28—29 页,21/5/10,李法言供词;《宫中档》016869,19/11/18,赵飞义供词;《钦定平定教匪纪略》,第 42 卷,第 26—27 页,21/4/2,周文盛供词;《上谕档方本》,215,21/11/26,李兴店供词;《上谕档方本》,9—10,24/5/3,何清魁供词;《上谕档方本》,131—132,22/1/29,曹兴泗供词;《钦定平定教匪纪略》,第 29 卷,第 12—13 页,18/12/26,徐风云供词;《钦定平定教匪纪略》,第 21 卷,第 28—32 页,18/11/24,宗印和张志供词;《钦定平定教匪纪略》,第 12 卷,第 5—7 页,18/10/17,曹光辉供词;《那文毅公奏议》,第 32 卷,第 36 页,18/12/17,奏折。

到九月才又与他联系。(实际上他在这时可能已入教。)九月九日,萧汉三来请他去自己家。赵振五到了那里,见到了十几个人,又与他们一起去首领张二狗子家。张二狗子向聚集在那里的五六十个人说明了计划发动的进攻。这时已快到晚上,张二狗子开始分发东西。他给赵振五一把刀、一面小尖角白布旗和一根白腰带。所有人都得到了武器、旗子和腰带。[①]

这群人离开张家后在定陶县城东门外又重新组合(可能还有别人加入)。因为时至深夜,城门已关闭。起义者考虑到这种情况,知道在东北角附近城墙有个地方已经坍塌。张二狗子派人在这个地方爬过城墙,然后进到城里打开东门,由此所有人都进了城。他们在街上走,只是在途经的一个庙里休息片刻,最后在一家当铺外重新集合。

起义者系上白腰带,拿好兵器,到天快亮时走进县衙院子。首先被惊动的是一个低级武官,他集合了几个兵抵抗,被起义者打伤,手下的四个士卒也被杀死。造反的赵振五进了衙门大堂,砸坏了堂鼓,不让人召集援兵。其他起义者打开牢房,放走了15个人,还在屋里放火。在此同时,委署知县闻知事急,立即将官印交给家丁,要他送到府里去报信。然后他出衙门想要逮捕起义者,结果被砍了好几刀而殒命。还有几个人都是知县的家丁、幕友和亲属,他们想要救助知县,也同样被杀死。[②]

在县衙的血腥任务完成后,这些起义者就在全城为所欲为。首领萧汉三带人先去西门,冲进几家当铺,后来又去南门,做了同样的事,同时还烧了一些房子。萧汉三个人还有些私事要了结:他去找一些回民,据他讲这些人不愿入伙。他和一个徒弟打了这些人,还抢了他们的东西。城里的事干完后,起义者就离开去与其他同伙会合。

定陶和曹县的八卦教教徒在这两座县城里完成了使命。这两次突

---

① 《宫中档》018902,20/6/16,赵振五供词;《宫中档》019320,20/7/18,赵振五供词。
② 《宫中档》019320,20/7/18,赵振五供词;《钦定平定教匪纪略》,第19卷,第33—36页,18/11/18,奏折;兰德尔·爱德华兹等:"自愿投降:案例和材料",第21条。知县办了移交,衙门里只有一个委署知县(没带家眷)。这种情况使这个县无人管事。

袭成功给了那些不敢参与的教徒以鼓舞,推动他们投身于叛乱事业。另一方面,在邻近的金乡徐安国的徒弟就没有这么顺利。让我们还是回过头来看看吴知县在他那个县所获得的成功。

金乡挫败

与上述的情况截然不同,九月九日在山东金乡一切都悄然无声。自这个月初一开始就一直在下雨,这使得吴知县难以训练乡勇。在天气不好的这些天中,他只好惊魂不定地等待,担心预料中要爆发的叛乱。另外,自从官府两个半月前开始搜捕以来,这个县的叛乱分子可能会第一次利用这一闲歇聚集。这段时期有不少教首被抓,其中包括崔士俊。在滑县起义提前举行的消息传来,后来徐安国又带信来,说是起事的日期改到十日,这样就肯定会造成诸多混乱,人们也弄不清应如何进行。

九日天气终于放晴,策划叛乱者的处境更糟了:吴知县已知道改动的起义日期。当地有个叫高光贵的人,他住在城西面的一个集镇,在镇上开家染坊。八日下午,高光贵的一个老朋友来见他。此人是教徒,刚得到消息起义的日期改在十日。他警告老友高光贵,"十日下午我们县有大乱,四野杀戮"。他要高带着妻子和老母搬来他家,他们家有白旗可免劫难。高光贵感谢他的朋友,但没有接受劝告。他不再忠于八卦教,而是去与本村一个乡绅家庭的家长商量。他谈了有关叛乱的消息,又说见到告示上说看到"有人作乱"要报告官府,现在不知该怎么办。这个乡绅告诉他应该偷偷地去县城,把这一切报告给知县。高光贵听从了这一劝告,第二天(九日)他做的第一件事就是去吴知县的衙门,报告了他知道的事。知县许诺因他忠于朝廷要给他奖赏,并要他把家人搬进城,城里比较安全。

吴知县立即通知邻近的巨野和城武两县,告诉他们要做好城防准备(他可能还通知了曹县和定陶)。然后在那天下午,他和县衙的人登上北面的城墙,在墙上走动,决定要在墙头驻兵。他们假装仍在例行公事,为的是不惊动百姓。在日落时做完这些事后，吴堦与他的一个老友张乡绅商议，简略地告诉他最近发生的事。张乡绅劝知县"告诉城里的上百户士绅人家"，要每家出一两名兵丁；如果他们听到库房里鸣锣报警，就立即来衙署。吴知县接受了这一劝告。此外，他还命令所有官衙的人在以后三天仍按钟点做事，只是要他们停止处理日常事务。那天夜里，知县仍很担心，半夜后他又外出检查城墙上的巡哨。在他回来后就看到有信来，报告在定陶和曹县教徒们夜里聚会。更让人忧心的是信上还说，三天前长垣知县被害，还传说在滑县发生了同样的事。吴知县十分警觉地又出去巡查。

十日拂晓，知县不无担心地决定照常打开城门。他派出捕役在街上走动，寻找形迹可疑的人。早上高光贵的教徒朋友被带来审问，但他什么也不说。白天没有发生什么事。吴堦因整夜未睡而筋疲力尽，决定去睡觉。他回到住处没多久就被儿子叫醒，告诉他在衙门里有持械的贼匪。与滑县、定陶和曹县的同僚不同，吴知县冲进院子没有找到大伙打着旗子系着腰带的武装人员。他只看到被衙役抓住的两个人，这些人身上藏着刀和旗子。没多久，在城北门抓住的第三个人也被带来。这三个教徒先是坐在县衙门外的一家茶馆（老板以前是衙役）里。当老板12岁的女儿给他们上茶时看到他们带着武器，穿的衣服也与众不同，她就告诉了父亲，她父亲又去找人来帮忙抓住了这些人。

知县命令差役打断了这些叛乱者的腿骨，然后他来审问。他得知这些人确实是某个教派的成员，在等待时机动手。他们告诉知县已经安排好，就在这天下午有一伙人要举事，攻打县城，杀掉他和衙役，打开牢房，还要在城里放火，伤害城里的百姓。知县下令把这些人在牢里关好，然后要城里的士绅保持警惕。他还要衙役逮捕任何不在城里住的人。这时已是晚上，实行了宵禁，城墙上通宵点着火把以防夜袭。据知县说，实际上已有一伙贼匪在城南面的一个村子集合，准备在这天夜里进城，但看到燃起的火把，还有人巡逻，就决定再等等。

第二天是十一日，吴知县让人带信给城外的各个村子，告诉大家可能要出事。到中午,他得到消息,前一天定陶和曹县都受到攻击,城里的官员遇害。此外,还得到报告贼匪有"几万支持者",他们在这两个县"横行"。在以后的几天中,金乡县城一直处于戒严状态。让知县大感欣慰的是,十三日官兵开始到达,这天来了150人,第二天又来了200人。

虽然叛乱者后来几周继续在金乡的农村作乱,但县城从未遭到进攻。吴知县在绅民的有力支持下得以破获了起义的密谋。这些绅民认为他们应该忠于朝廷而不应同情贼匪。吴知县在不停地搜捕、审问,加强城防,削弱了他那个县的起义组织力量,成功地挫败了起义者的计划。①

金乡成功地阻止了一场叛乱,使得崔士俊的徒弟在城武、巨野和鱼台要想发动起义变得更为困难。在鱼台显然精神已高度紧张。知县对可能会出事已有所觉察,有人向他报告有个村子贼匪在打造兵器。他去那里查访,还抓了人,没有遇到什么麻烦。一支官兵比较快地来到现场,另外这里与成为叛乱者总部的滑县距离较远。这些因素使这一地区的教徒不敢再参与叛乱。② 在城武和巨野两县的情况也同样如此。那些地方有一些起义者(以前属于一个独立的白莲教派)举事,他们听说曹县和定陶遭到攻击就离开家去加入西面的八卦教。③ 与此相似,单县的震卦教首领程百岳一直与滑县的首领和林清有联系。他动员了自己的弟子,在其本县没有任何军事行动,而是去曹县加入到那里的同伙之中。④

到九月十五日,八卦教起义在南部平原轰轰烈烈地开展起来。没 ¹⁴⁶ 有刮七天七夜的黑风,清政权也没有遭一次打击就倾覆。事实上,官府已了解到谋划叛乱的事,能够阻止众多的人投身其中,并能使更多

---

① 《济宁直隶州志》,第4卷,第14页;盛大士:《靖逆记》,第2卷,第176页(书中叙述吴知县采取的防备措施颇为详尽,同样内容见《济宁直隶州志》,第4卷,第30—35页)。

② 《钦定平定教匪纪略》,第4卷,第14—16页,18/9/19,奏折;《钦定平定教匪纪略》,第5卷,第14—16页,18/9/22,奏折。

③ 这些人是红拳会教徒,首领叫张景文。张景文已入会多年,他向父亲和祖父学了这套拳路,并以此给其群体命名。《钦定平定教匪纪略》,第23卷,第39—41页,18/12/6,张麟趾和张景文供词;《钦定平定教匪纪略》,第15卷,第18—20页,18/10/29,刘京堂供词。

④ 《钦定平定教匪纪略》,第15卷,第18—20页,18/11/1,刘成供词;《那文毅公奏议》,第33卷,第22—32页,18/12/20,缉捕名录。

的人因缺乏信心而不参与其间。但滑县县城被占，浚县县城遭到进
攻，长垣、定陶和曹县知县被杀，教徒们至少在九个县起事。虽然李文
成受了伤，但他还活着，他的信徒在不下上百英里的一个宽阔的乡村
地带活动。如果林清和他手下的人在北京能按计划攻下紫禁城，那么
还是有希望的。

　　在北京林清手下的人有不少被俘获，遭到审讯。这使我们对他为攻
打紫禁城所做的组织工作能了解得很详细，知道他所做的准备，对信徒
一个个村子的动员，了解官方信息的各种渠道，还有进入紫禁城的方式。
因涉及到皇族成员(以及历史学家的兴趣)使得人们对八卦教起义的这
部分内容特别关注，而文献丰富使我们也很关注。不过，虽然其目标更
为堂皇，但攻打紫禁城还是应该看做是在各省的多次进攻中的一次。在
北京对起义者的动员与在南面所做的没有多少明显区别。

准备攻打紫禁城

　　林清八月中旬开完道口会议后回家，开始着手为他的坎卦教在起义中
大显身手做准备。林清原先的计划只是把他的人集中在彰义门(进北京南
城的西门)外，等与从河南来的人会合，再一起去"关照"皇帝。林清的朋友
陈爽收了些太监当徒弟，他后来劝说林清更好的办法是不用援兵就去占领
147　紫禁城。林清的门徒在讨论这个计划时有些人赞同，但至少有一个人——
刘进得不同意。刘进得要他师父劝林清重新考虑。他说："你们这不成主
意。你们去告诉林清，莫若等河南的人到了一齐进城。"他又说："他们都
说，'一人一骑破幽州'，这事不值什么。我因他们不听我的话，就走散
了。"①于是就决定下来，十五日林清的人在太监接应下进紫禁城，再控制
城门占领北京城。几天内李文成带人来，他们合兵一道往去热河的大

---

　　①《林案供词档》，第 235 期，第 1 页，18/10/27，刘进得供词；《林案供词档》，第 221 期，第 1—3
　　页，18/10/16，董帼太供词。

路,去迎回宫的皇帝车驾,"与之接战"。如果皇帝未被杀死,至少要把他赶回关东。① 这就是在道口会议上通过的计划。

回来后林清考虑再次改变计划,由他自己承担更多的责任,这样就能得到更多的荣耀。他想自己或许可以指派一些手下人不用援兵就去袭击皇帝。他派朋友也是徒弟的刘第五去找教首屈四谈组织这次征讨的事。要求屈四召集尽可能多的人,带他们去燕郊(北京东面)集合。林清想要有一二百人,但他希望只要有很少的人就能成事。屈四听了这个要求说,"我们庄上在理人少,内中有年老年幼者,不能得力。要挑精壮后生,只挑得出十来个人,不能有三五十人之数。"

林清考虑到这一点,不得不承认他无法从派去攻打紫禁城的人中再抽出人来。他派人告诉屈四,如果他只有几个人,就放弃那个计划,因为陪同皇帝的卫兵很多。屈四就不用考虑单独进攻,而是把他的人和其他人一起带进京城。"九月十五日只往京中闹事。官兵们措手不及,必能得手。我们据了京师就好说了。"②有证据表明屈四实际能召集的不止十多个人,但显然可以理解,他不愿单独一人负责攻打皇帝,至少是在没有援兵的情况之下。因而,林清放弃了独力既占领北京又杀死皇帝的想法,又来着手实行已经是雄心勃勃的计划,先占领紫禁城,然后等待援军。 148

为了进入并占领紫禁城,林清需要有内应,为此他依靠的是入教的太

---

① 他们想杀北京的官民。《林案供词档》,第 235 期,第 1 页,18/10/27,刘进得供词;《钦定平定教匪纪略》,第 17 卷,第 4—7 页,18/11/6,屈四供词;《林案供词档》,第 202 期,第 1 页,18/9/19,林清供词;《林案供词档》,第 229 期,第 1—2 页,18/10/23,孙发和韩达子供词;《大清历朝实录》,第 281 卷,第 21—24 页,18/12/24,上谕。

② 《林案供词档》,第 227 期,第 3 页,18/10/21,屈四供词;《林案供词档》,第 207 期,第 1 页,18/9/24,刘兴礼供词;《林案供词档》,第 208 期,第 1 页,18/9/24,屈四供词;《钦定平定教匪纪略》,第 17 卷,第 4—7 页,18/11/6,屈四供词。见本书附录一屈四供词。

有几个起义者用来形容构成其起义暴力行为的词。"闹事"是最常用的词。还有一个常用的词是"造反"。起义者有时也说"起事"。"反"字偶尔只用来指反对官府的反叛状态。所有这些词在语意上是比较中立或是积极的,(除了"反")清政府都不用。政府用的词有"乱"、"逆"、"谋反"。政府称起义者为"贼匪"、"教匪"。有关这个问题详细内容见我的论文"汉语中有关反叛的用词"(Die Chinesische Terminologiefür Rebellen),《世纪》(Saeculum),第 23 卷(1972 年),第 4 期,第 374—396 页。

监。正是由陈爽的徒弟刘得财发展了几个一起干活的太监，还把林清的钱送给他们以保他们效忠。1813年林清见过这些太监两次，第一次在三月，再一次是八月二十四日，当时林清刚从南面回来。因为刘得财在宫里做事，这两次他的父亲到了北京，到紫禁城的西门带信给儿子：要刘得财带徒弟去见他师父的师父。这两次见面都安排在北京城南，第一次在一家饭铺，后来一次在一家大客店。林清、陈爽、陈文魁和祝现都在场，他们与刘得财带来的四个太监见了面。大家讨论了攻打紫禁城的计划，林清答应事成后让刘得财当总管太监。具体安排是在十五日中午，刘得财出宫为聚集在东门的起义者领路，他的两个徒弟在西门领路，还有两个徒弟留在宫里做内应。显然紫禁城的门和宫里通向大内（皇后住在那里，她没去热河）的门只有在午饭时守卫的人不多，知道内情的太监建议选择这个特定的时间。一旦进去，每个人都可直接去大内，再与武装人员会合攻下宫殿。①

　　九月初正在做准备时，有个从饶阳来的会看病的拳师刘玉瀍来见林清。林清认为刘可以带他的徒弟参加攻打皇宫。但刘玉瀍却说这不是个好主意，他宣称找不到路。林清则说刘可以南下加入牛亮臣的队伍，刘玉瀍同意了。刘"声称伊能画符念咒，行走如飞"，这样他能很快回家，带着他的双刃剑和徒弟回滑县。刘玉瀍要林清给他一支新毛笔、一些金纸还有红印泥做一张符，另外再给1 000文钱当盘缠，然后他就走了。（后来，刘玉瀍又改了主意，当他听说八旗兵已被派南下镇压起义军时，他决定躲起来而不是去滑县。）②

149

---

① 《钦定平定教匪纪略》，第3卷，第9—13页，18/9/18，刘得财供词；《林案供词档》，第207期，第1页，18/9/23，刘金供词；《林案供词档》，第221期，第1—3页，18/10/16，董帼太供词；《林案供词档》，第235期，第1页，18/10/27，刘进得供词；《林案供词档》，第205期，第1页，18/9/18，林清供词；《大清历朝实录》，第282卷，第22页，19/1/15，上谕。

　　起义者所录的口供中没有谈到他们为什么要选择中午，也没有提到他们要直接进大内。皇帝也考虑过他们为何要挑选正午时分。我根据事情的经过提出他们的想法。宫门的守卫不严，他们直接进了大内。

② 《钦定平定教匪纪略》，第42卷，第31—34页，21/6/3，刘玉瀍供词；《上谕档方本》，157—159，21/2/13，董帼太供词。

到 1813 年九月中旬，林清至少与京城地区的 360 个人谈过有关攻打皇宫的计划。其中约有 1/3 在 1811 年前就是信徒，另外 1/3 是在 1811 年和 1812 年加入了八卦教，还有 1/3 是在 1813 年前九个月中入教的，里面约有 40% 的人是在起义前的三个月"信教"的。也就是说，在林清和李文成第一次见面以后的那些年中教徒人数稳步增加，而在起义前的几个月中人数急剧增加。① 这些在最后时刻入教的人的宗教取向是有问题的，因为吸收他们入教显然是为了扩大攻打皇宫人员的队伍。

林清认为他手下至少有 250 人可以参加攻打皇宫。他们要分成小股离开家来北京，在十五日正午准时到达紫禁城外。因为一个村子的教徒可能都是一个师父的徒弟，所以林清只是把村子或是师父（和他们的徒弟）划为东队或是西队，这样把他的信徒大致分为两半。就我们所知，大约有 130 人被派往西华门外集中，约有 110 人在东华门外集中。这些门分别是紫禁城的西门和东门。

在理论上，这些人要分成十人一个小队，每队由一个拿白旗的首领

---

① 这些总体的情况是根据已知攻打皇宫的 239 个人中 126 人（即 52%）提供的材料为依据得出的。这些和后面有关参加攻打皇宫者的数字全是我自己定的，在原始文献中没有这样的参与者名录。官方的数字很粗略（如"共有约二百贼匪"）。林清本人估计的数字很不一致，从 100 到 140，董帼太说是"约有一百"（《林案供词档》，第 205 期，第 1 页，18/9/18，林清供词；《钦定平定教匪纪略》，第 4 卷，第 5—9 页，18/9/19，林清供词；《林案供词档》，第 204 期，第 1 页，18/9/19，董帼太供词）。实际的数字会高得多。我以五年内所有被捕的人以及口供中提到名字的那些人为基础编了名单。我的数字应该是最低的，因为肯定有人逃脱了官府的搜捕，我没有列入一个证据不确凿的人。

　　我把这些参与者分为两类：确实已离开家去北京的人，和知道九月十五日那天会发生起义而留在家的人。鉴于那天是否离开了家只有个人的口供可用，所以我相信刑部所得出的结论。刑部的人能看到更多的材料，他们要细心区分这些人是否离开了家（目的是给予适当的惩罚）。

　　我搜集的参与攻打皇宫者的总的情况如下：东华门，107 人确实去了，27 人知道但留在家中；西华门，132 人去了，68 人知道没有去。那天共有 239 人离开了家，103 人（包括 8 个与任何门都没有关系的人）留了下来，总共 342 人。下面总的情况和"统计数字"就以这些人的材料为依据。其他总的情况以所有这些住在北京地区教徒的情况为依据。他们在某个时期曾属于林清坎卦教庞大团体的某一个，有些人可能没有参加起义。（见本书第 4 页注①。）

领着。① 实际上,各队绝没有这样规范。被派往东华门的人分为三大队,每队都由一个大教首管辖:陈爽领桑垈村来的 31 人,祝现领董村的 38 人,李老在羊修店的 38 人由刘第五带领。计划进入西侧的那些人则分成六股:李五领着固安县来的 23 人,还有 9 个(辛家村)人由邢贵荣带,刘进亭领雄县大乘教的 44 个教徒,贺文升领着太平庄的 16 个人,董伯旺带林清家乡宋家庄的 34 个人,太监杨金章领马驹桥的 9 个人。总的来说,北京西南村子的人去西门,东南村子的人去东门。最后,林清任命他的密友陈爽和陈文魁分别为东门和西门的大首领。

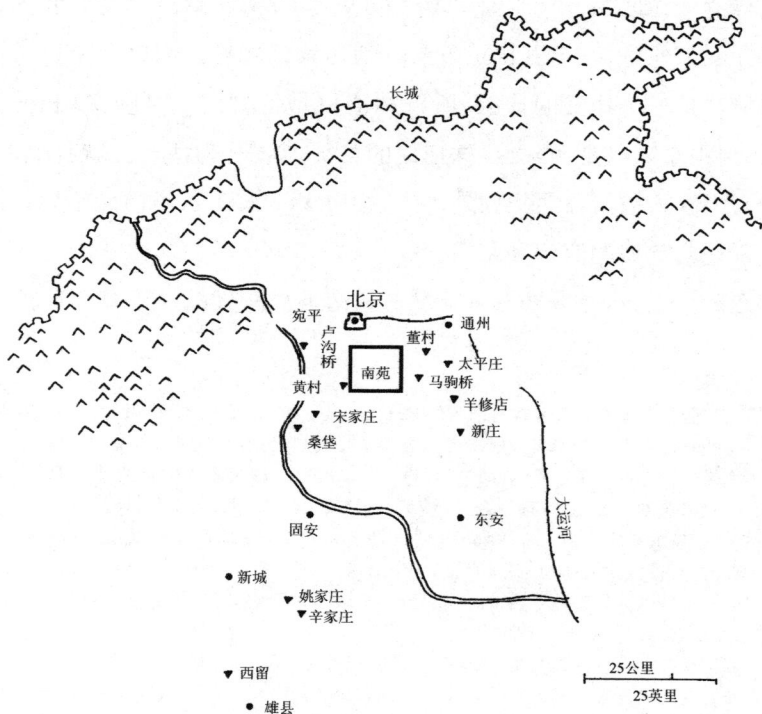

北京及郊区

① 如果算上没有进城的人,这两伙人分别为 134 人(东门)和 200 人(西门)。这部分反映了更多的教徒住在北京西面和南面的村子。有可能起义者知道皇后的住处在大内的西边,也就相应做了安排。有关皇后见《钦定平定教匪纪略》,第 2 卷,第 7—12 页,18/9/16,绵宁和绵恺奏折。有关旗子和十人一队,见《林案供词档》,第 205 期,第 1 页,18/9/18,林清供词。

所有参加攻打皇宫的都是男人。虽然有许多妇女了解策划起义的情况,她们的丈夫或儿子后来参加了举事,但没有妇女随行。60 岁以上的男人也在家待着,大多数参加者三四十岁(62%)。[1] 他们都是有家室的人,通常在家还与孩子住在一起。许多人的近亲也参加了起义,父亲或是儿子,兄弟或是从兄弟参与其间。[2] 有证据表明教派师父还在他们自己和其他家庭雇来帮助收庄稼的雇工中寻找教徒:八九月加入林清一伙的人中 1/3 是雇工。[3] 他们的加入可能是最后时刻为保密和增加人

---

[1] 我有实际离开家去参加攻打皇宫的 239 人中 167 人的年龄。

年龄	人数	%	年龄	人数	%
19 岁以下	6	4	50 多岁	17	10
20 多岁	28	17	60 多岁	8	5
30 多岁	57	34	70 岁以上	4	2
40 多岁	47	28			

[2] 那些人加上参与其间的亲属的实际数字肯定要比现有的数字大得多。对许多人来说,其家庭情况总有某方面的缺失,而直截了当地否认("我没兄弟","我父亲对此一无所知")肯定是在说谎。我估计同一个村子的人都有兄弟或从兄弟的关系,他们的姓和本名的第一个字相同(如宋进耀和宋进会)。至少有 180 人(在总数 342 人中)有父亲、儿子、兄弟、从兄弟中的一人在教,130 人有兄弟或从兄弟在教,112 人有父或子在教,至少 45 人有兄弟或从兄弟中一人以及父或子中一人同时在教。

[3] 在整个坎卦教成员中已知有 44 个雇工。在这些人中 37 人参与了起义,30 人实际参加,7 人了解内情。在这 37 人中我们知道 26 人的入教日期。他们中几乎所有人(23 人)是在 1812 年和 1813 年入教的,差不多有一半(26 人中的 12 个人)是在起义前的最后两个月入教的。在 37 个卷入起义计划的人中,21 个(57%)是由雇他们做工的人(但不都是在最后时刻)介绍入教的。这一总的模式不是最后的结论,但让我们来看看几个教首的情况,就很清楚雇工像师父家的其他成员一样被吸纳入教为徒弟。李老一家有八个雇工入教,屈四家有四个,祝现家有五个。用这些自己人显然要比外人安全,尤其是在最后的时刻。有关李老见《宫中档》017742,20/2/1,刘大供词;《宫中档》017966,20/2/28,刘大供词;《林案供词档》,第 205 期,第 1 页,18/10/18,刘进才供词;《林案供词档》,第 220 期,第 1—2 页,18/10/15,张自声供词;《林案供词档》,第 235 期,第 1—2 页,18/10/27,王老供词;《上谕档方本》,133—136,19/8/9,梁庄儿供词;《上谕档方本》,113—115,21/11/15,王进幅供词;《上谕档方本》,359—362,20/9/26,吴熹供词。有关屈四见《林案供词档》,第 226 期,第 1 页,18/10/19,祝六套儿供词;《教匪案》,16,19/4/12,张奇供词;《林案供词档》,第 214 期,第 2 页,18/10/9,高五供词;《林案供词档》,第 215 期,第 1 页,18/10/9,刘狗儿供词;《宫中档》015579,19/2* /16,戴五供词。见本书附录一部分口供。有关祝现见《上谕档方本》,41—42,20/2/3,扈明柱供词;《上谕档方本》,41—42,20/5/4,;刘胖小子供词;《上谕档方本》,213—214,20/2/20,董幅太供词;《林案供词档》,第 223 期,第 1—3 页,18/10/17,奏折;《上谕档方本》,273—274,20/4/24,刘喜儿供词;《教匪案》,2,19/2/62,祝邢氏供词。

手迫切需要的结果。然而，很明显，成为起义者的典型教徒并不是一无所有没有根基的单身汉。他们大多有家庭，在一个村子里每个信教的人都相互认识，有血亲、姻亲和家族的联系。

一旦确定了谁去哪儿后，林清就必须通过师父传令给徒弟，通知到每个人，告诉他们哪一天去什么地方。所有参加的人都得到了两个字的暗号"得胜"。每个师父一定要保证他所有的徒弟都有一件不管是什么样的武器，至少有一块（有两块更好）素白棉布。这块布用来作区别起义者与其他人的头巾和腰带。根据两个人的描述，戴在头上当头巾的布只有一尺长，而系在腰上的那块布则有约两倍长。一尺布要花大约100文钱，所以这笔白布的开销不小。这些布几乎全是林清弄来的，1813年夏他为买这些布欠了他家附近一家小店五六万文钱。[①] 带队的首领不下十人，每人要打一面小三角白布旗。东队的首领陈爽带了一面旗子，上面写着"奉天开道"，西队可能也是如此。[②] 后来发现有个起义者打着一面布旗，上面绣着几行字：

> 同心合我
>
> 永不分离
>
> 四季平安[③]

除了林清给的白布外，师父还要给徒弟武器或是买武器的钱。虽然有几个人用铁棍，但大多数用的是刀。尽管清朝法律禁止普通百姓拥有能伤人的武器，但还是允许在家庭生活和农业生产中用刀，要想得到少

---

① 有关这些布见《宫中档》017330，19/2＊/21，韩顺林供词；《宫中档》017262，19/12/17，任三供词。张大嘴用500钱买了五尺布（《宫中档》016531，19/10/7，张大嘴供词）。有关林清买布见《林案供词档》，第221期，第1—3页，18/10/16，董帼太供词。林清可能为170—200个人各买了三尺布。中国的一尺比12英寸短。

② 《林案供词档》，第208期，第1页，18/9/24，屈四供词；《钦定平定教匪纪略》，第2卷，第4—7页，18/9/16，奏折。

③ 《钦定平定教匪纪略》，第2卷，第12—14页，18/9/16，奏折。

量的刀显然不是难事。例如,李潮佐就为他手下的人在小集市上
"一把把地在四处"弄到了十多把刀。不过要想得到所需的大批武
器就不太容易,因而也比较危险。有个铁匠拒绝打造的刀超过三
把。(我们知道,由于铁匠向官府告发有人定制武器而使得在滑
县、东明和鱼台抓了人。)当然,并非所有的铁匠都这么小心,李五
就让村里的一个铁匠打了 48 把刀。在教徒中没有提到谁是铁匠,
也没有专门做努力在他们中发展教徒,以便能方便地得到武器。①

为了防止教徒被人查出,决定他们直到进紫禁城时才能露出代
表着反叛的刀和布。在去北京的路上,大家要把这些东西藏在衣
服里,有时则藏在扮做小贩的教徒挑的水果筐下面。

我们可以从白阳教教首李老的徒弟那里详细地了解到刀和白
布是怎样分发的。李老的大多数徒弟都来自通县的四个村子。李
老负责为他村子里的 15 个门徒弄到刀和布,其中六个是他家的
人。八月末,李老叫他 22 岁的侄孙去一个铁匠铺打几把刀。那个
铁匠不愿打的刀超过三把,结果李老就要他的几个徒弟自己去买。
九月十三日和十四日,这些刀和布(显然是林清给的)被分发下去: 153
李老派人送过去,或是那些人自己来他家拿。李老的其他追随者
是他的徒弟张家三兄弟的徒弟。这些张姓兄弟在十三日和十四日
分别去相关的三个村子给他们的弟子送东西。李老本人因年事过
高十五日没去北京。林清就挑选李老的徒弟刘第五(就是此人最
早把李老介绍给林清)带队。刘第五随身带着他的两个儿子,并给

---

① 有关铁棍见《林案供词档》,第 229 期,第 1—2 页,18/10/23,韩达子供词;《林案供词档》,第
214 期,第 1—2 页,18/10/9,李元陇供词;《林案供词档》,第 225 期,第 3 页,18/10/19,边文
良供词。有关李潮佐见《林案供词档》,第 209 期,第 1—2 页,18/9/28,李老供词。有关李五
见《林案供词档》,第 197 期,第 1 页,18/11/4,上谕和张添升供词。有个太监一把两尺长的
双刃剑(一寸宽),剑上有他的名字。《钦定平定教匪纪略》,第 3 卷,第 4—5 页,18/9/18,
奏折。

了他们刀和布。①

有些参加者进攻那天在北京还由他们的首领招待吃饭，或是事先给钱让他们买东西吃。差不多每人都在十五日早晨去买东西吃，招待吃饭增添了他们的勇气，让他们有了力气，使这一天显得不同寻常。②

并不是每个知道起义的人都会去参加攻打皇宫。一些人年龄太大或是不够坚定而没有参加，李老和刘兴礼已年过80，陈亮63岁，眼睛失明，于成儿跛足，那天他们都待在家里。就像河南和山东的情况一样，以兄弟情义将保护范围扩大到以前的信徒和其他白莲教徒，这些人没有参加起义。比如，任自贵加入顾亮的老荣华会已有十多年，在1808年遭迫害时他就退了会，在以后一些年也不再给林清钱。但在1813年八月，有个他同村的教徒来任家。任自贵说，"他们要闹事杀人，念我是曾经随过教的人，给我白布二块，叫我收藏好这布。将来他们要闹事时，将布顶在

---

① 《林案供词档》，第209期，第1—2页，18/9/28，李老供词；《上谕档方本》，91—93，20/1/10，马文同供词；《上谕档方本》，133—136，19/8/9，梁庄儿供词；《上谕档方本》，395—397，19/11/24，王三供词；《林案供词档》，第211期，第1页，18/9/29，李玉陇供词；《林案供词档》，第210期，第1页，18/9/29，李士洪供词；《林案供词档》，第225期，第1页，18/10/18，刘进才供词；《林案供词档》，第220期，第1—2页，18/10/15，张自声供词；《林案供词档》，第235期，第1—2页，18/10/27，王老供词；《上谕档方本》，359—362，20/9/26，吴熹供词；《林案供词档》，第224期，第3页，18/10/18，高成供词；《林案供词档》，第211期，第1页，18/9/29，张老供词；《宫中档》017623，20/1/26，边二供词；《宫中档》017262，19/12/17，任三供词；《上谕档方本》，471—473，19/12/18，任三供词；《宫中档》017189，19/12/13，董二供词；《上谕档方本》，301—303，20/2/28，祝磨儿供词；《林案供词档》，第213期，第1页，18/10/18，韩福供词；《上谕档方本》，205—208，20/7/11，郝八供词；《上谕档方本》，56—61，21/10/12，张七供词；《上谕档方本》，303—305，19/12/10，高六供词；《上谕档方本》，85—86，19/12/3，孟大头供词；《上谕档方本》，257—259，20/9/2，宋二供词。

② 有一个人就拿了400文钱。李五手下的每个人在前一天夜里得到了林清给的300文钱。《林案供词档》，第229期，第1—2页，18/10/23，韩达子供词；《林案供词档》，第213期，第1页，18/10/3，李明供词；一把刀值350文钱到500文钱。《林案供词档》，第211期，第1页，18/9/29，李玉陇供词；《上谕档方本》，91—93，20/1/10，马文同供词。

  给所有攻打皇宫的人装备和食品的开销大致估计要二三十万文钱，折合为120—175两纹银，估计给一个人买布花300文钱，买一把刀400文钱，吃一顿饭200文钱，要供应二三百人。大部分开销都由教首主要(至少为一半)是林清支付。林清从南面的徒弟那里得到的礼金足以支付这些花费。

头上,可免杀害。"①也有一些教徒对师父说不想参加,要待在家里。这些人有许多住在固安县和雄县,离北京很远。师父告诉他们,他们应该等李文成和他手下的人,李文成带的人会从河南去北京时路过这里。当李文成来时,他们要头缠白头巾,腰间围上白腰带,前去迎接,对上暗号,磕头问好,欢迎李文成。只要表明他们是信徒就能免死。②

在那些特别要他们待在家里的人中有几个是刘兴礼的满人徒弟。1813 年七月,刘兴礼的徒弟皇室宗亲海康来看师父。师父告诉他正在组织一次起事,他们认为他应该参加。这件事在商量后,刘兴礼最后决定因为海康是宗亲,要他参加太危险。八月,海康又遇到刘兴礼。刘告诉海康,九月十五的日子已定,如果他愿意被算做信徒就会得到高官职位,尽管他是宗亲显然也得不到这样的官位。海康表示同意,他又抱怨刘兴礼要他捐的 1 600 文钱数额太大。后来,海康在见到他的亲戚、徒弟庆瑶时,提到教派要组织一次起事。他对庆瑶说如果要想参加,就在九月十四日来海康家,他们一起等待新的指令。庆瑶又去告诉他的兄弟庆丰(近年已与教派很少联系),说九月十五日"会满街是人,他要小心"。庆丰对此不感兴趣,喜欢采取更正宗的升迁方式,准备在九月十二日、十三日和十四日几天去参加满人的乡试。而庆瑶和海康十四日和十五日两天全天都在海康家等着。③ 海康还有不少徒弟,他可能为了起事一类的指令也与他们有接触。

林清的徒弟汉军旗人曹纶为起义的日期也得到了专门的指令。1813 年他在北京北面的独石口当都司。一开始告诉他起义计划时,曹纶

<hr>

① 《上谕档方本》,93—94,20/10/14,任自贵供词。
② 《林案供词档》,第 229 份,第 1 页,18/10/23,孙发供词;《上谕档方本》,251—254,20/9/21,刘启武供词;《宫中档》017623,20/1/26,边二供词;《上谕档方本》,131—132,22/10/18,王保供词;《上谕档方本》,81—83,22/11/8,陈升儿供词;《上谕档方本》,117—119,22/11/10,魏闲姐供词;《上谕档方本》,351—353,22/11/29,王成供词;《林案供词档》,第 221 期,第 1—3 页,18/10/16,董帼太供词。
③ 《上谕档方本》,171—190,22/9/14,海康、庆瑶和庆丰供词。

说他来不了京城。于是就对他说，那天他应"临时马头朝南"。后来当起义者能控制局面时，派了个信使去给他送信。此时，曹纶整个夏天都在外面，陪一个满人高官去热河，等他回任所时已太迟，没能得到起义的准确日期。①

尽管曹纶没有参加，但他的儿子曹福昌和朋友王五还是卷入了为起义最后时刻做准备的忙碌之中。有人要曹福昌（当时是二等兵丁敖尔布）②九月十二日去见林清，他去了。但林清见到他很不高兴，"怪刘四说：'你为什么带他来？'刘四说：'恐怕人不足用。'林清说：'他是旗人，不必叫他跟随。'"于是让曹福昌回家，给了他暗号，只是要他准备好白布，在九月十五日用。③

曹福昌按照吩咐去做，但他父亲的朋友王五不是这样。王五跟以前的曹纶一样是汉军旗人前任提督家的奴仆。1813 年夏，王五知道了起义的消息，但他没有保守秘密，而是把事情告诉他主子的儿子安顺。王五以前就对安顺承认他参加了林清的荣华会，但安顺告诉他这样的团伙肯定是邪教。王五不承认是邪教，但这个少东家不相信，不过也没去告发。后来，王五提到他"听说"林清要在九月十五日谋反，对叛乱者幸运的是安顺不肯相信。他说："我说你疯了，满口胡说，现在太平之时，断无此事。莫说一个林清，就是百个林清也不敢闹事。"安顺生气地走了，不

---

① 《钦定平定教匪纪略》，第 16 卷，第 30—35 页，18/11/5，曹纶供词；《林案供词档》，第 227 期，第 3 页，18/10/21，曹福昌供词；《林案供词档》，第 231 期，第 1 页，18/10/26，曹福昌供词。

曹纶说他在军队里没有传教，在独石口没有门徒，官方的调查也证实了这一说法。早在 1811 年就要曹纶在兵丁中发展教徒，可能他也这样做了。他对此所做的解释，"他们要我收人入会，我虽当时应允，后来越想越怕，实未收人"，并不完全可信。很有可能林清认为曹纶即使没有徒弟对他的事业也是很好的宣传，林清可以对有可能成为起义者的人炫耀，他的人中不仅有太监还有清军军官。毕竟如果攻打皇宫得手，曹纶会把他的部下拉到起义者一边。《钦定平定教匪纪略》，第 16 卷，第 30—35 页，18/11/5，曹纶供词；《钦定平定教匪纪略》，第 22 卷，第 37—38 页，18/11/30，奏折；《钦定平定教匪纪略》，第 35 卷，第 21—25 页，19/2/10，杨遇山供词。

② 《林案供词档》，第 227 期，第 3 页，18/10/21，曹福昌供词。见卜内特和 V·V.哈盖尔斯特罗姆：《中国现代政治机构》，#731 有关这个职位。

③ 《林案供词档》，第 227 期，第 3 页和第 228 期，第 1 页，18/10/21，曹福昌供词。

愿再谈这件事,也没去向人告发这个"谣传"。

王五继续为他卷入了八卦教而感到不安。就在起义爆发前(这时安顺到外面去收租),王五向他主子的太太讲了当时的形势。他劝她还是暂时离开北京要安全些,等到谋反的结果明朗时再说。王五就把主子家的一些衣物当掉,换成纹银,在九月初他和年老的主母去了京城外主家的墓地(和乡间的家?)。十三日王五又回到城里,宣称主母病了,要家里的仆人带被褥和用品给她。因此,全家人在十五日前离开城,所有人都平安无事。①

十五日这天留在家里最重要的人是林清本人。对此没有什么特殊的原因可言。估计林清是选择了比较安全的做法,计划等到紫禁城被攻占的消息传来,或是等到李文成到达再与他的徒众会合。他让外甥和三个干儿子在家陪他。他对刘呈祥说:"我的外甥和义子都还年轻,我担心 *156* 他们管不好自己的嘴。带他们进城没什么问题。等河南的人来,我就要他们缠上白布出去迎接。"林清也是为了保护这几个在家与他同住的人:董伯营(林清的连襟)、宋维银(他的徒弟,开春后也是他的雇工)和刘幅受。刘幅受50多岁,是在这天与林清在一起的人中最受信任的。在这年年初他被林清雇用,与其师父兼雇主同住。当林清在十五日等待消息时,正是由刘幅受负责望风。②

到九月十四日,一切安排妥当,起事的记号已经分发,准备参加起义的人开始离家进京。不过就在这同时,秘密的联系网开始散开。正如我们所知,这些准备工作瞒不住叛乱者的朋友和邻居,王五绝不是惟一向

---

① 安顺直到攻打皇宫之后才回到北京。当他终于找到母亲和家里人时,他也见到了王五,开始问他与林清的联系。王五对他说只去过林清家一次,他的名字是否记在他们的号簿中他不清楚。安顺说:"我当时就要呈送他,因想着我家声名要紧,有了这样人脸上不好看。一时糊涂未能及时出首。"实际上安顺帮助王五计划逃跑,但在王五走之前他的名字已经在一份供词中提到,结果他被捉住。《林案供词档》,第231期,第1—3页,18/10/26,安顺供词;《林案供词档》,第232期,第1—3页,18/10/26,王五供词。

② 引自《林案供词档》,第221期,第1—3页,18/10/16,董幅太供词。另见《林案供词档》,第219期,第1—2页,18/10/14,刘幅受、宋维银和董伯营供词。

外人提到起义计划的教徒。有几个场合，有关起义的情况已很公开，足以引起政府官员注意。就如李文成及其门徒的遭遇一样，官府极力打听内情以防止闹事，而教徒则在努力做好起义的准备。

泄　露

我们已经提到，通过一些途径，八卦教为起义逐步所做的准备已有迹象为政府官员所知，如住在乡村的士绅听说夜里有人集会，铁匠报告有人要打造大量兵器，普通百姓听朋友谈到起义的计划转而向当局告发。正如我们已经详细注意到其他这样的渠道，事情很清楚，虽然政府官员和官绅在人数上只代表人口的一小部分，但这绝不表明他们与社会的其他部分是隔绝的。在乡村，八卦教徒和社会上层成员住在同一个村子里，在同一个地方（如县衙）干活，有时还有联系。在北京郊区，在教的汉军旗人、汉人包衣和满人也使起义者与官府之间有了更多的联系。有关其计划的内情通过诸多方式泄露了出去。有时，就像有奴仆在教的汉军旗人安顺的情况一样，向某个精英成员泄露起义计划并不必然就会引来官方的追查，有时会引起追查，但确实没有任何这样的追查阻碍了林清对其门徒的动员。

让我们先来看看在固安县发生的事。那里的教首是李五，他虽然比较富，但显然不会写字（或是写不好），而他的徒弟中也没人能写林清所要的教徒名录。于是李五就找了同村的一个人，此人参加科举考试得过功名。九月初八，他派一个亲戚（也是他徒弟）去拉本村的私塾先生入教。这个塾师已有51岁，考取过秀才，名叫邱自良。李五的亲戚向他许诺只要入教就能得到很多好处，他说被他拒绝了。四天后，就在起义者上路去北京的前一天晚上，邱自良被叫到李五家，请他帮忙写一份教徒名单。邱自良声称，"我见他们人多，将计就计，允写名单，可以知其伙党，将他们按名出首。"他按要求抄了名单，并知道了三天内的起义计划，并被要求对这些保密。

李五在一个生员面前炫耀他的力量是勇敢的，可能也是愚蠢的，因为不管许诺给他什么好处，邱自良都不会保密。第二天（十三日），他去找了那个村帮官府办事的地保，①然后又与村里人一起去县衙。对李五来说幸运的是知县外出公干。邱自良等人只能告诉书办有关邪教徒"谋反"的事，没有提交一份正式报告。知县直到九月十六日才回来，这时叛乱已经爆发。一个月后才进行了调查，当时固安来的叛乱者参与的事已被发现。② 邱自良的"忠心"没有起作用，叛乱者的运气真好。这件事说明，虽然教徒不识字也能行，但起义组织上的需要迫使他们要更多地依赖那些有本事的人。在同一个村里，教派首领、低级乡绅和准官员个人之间彼此的接近对要想起事的教派是一种危险。 ¹⁵⁸

前面已经提到，北京地区的八卦教在一定程度上已传到为北京精英分子世袭为仆的那个阶层成员中。官员和满人家庭的奴仆、伺候皇室的太监以及也是为皇室宗亲效劳的汉人包衣，他们一起构成了起义者与清朝精英之间联系的纽带。为了说明这一联系，让我们来看看一个包衣的家庭，通过由这个家庭形成的渠道，林清活动的消息直接传播到满人精英的最高层。教首祝现是林清的朋友，通过祝现和他的亲戚，我们可以看到一些使这个包衣家庭分裂的相互矛盾的效忠因素。

祝现是林清的徒弟，至少在 1809 年以后就在荣华会中了。他和家人都是正蓝旗的包衣，归豫亲王管，而豫亲王府就在北京。（作为攻打皇宫东队的首领陈爽也是正蓝旗包衣，归属同一个亲王府。）祝现本人没有

---

① 大多数县被分成各个区域（通常叫做乡），每个乡由知县任命一个本地人当地保，这是一种地方治安官，是知县在本地的代表。瞿同祖描述地保的职责为："地保是知县的信使，把知县的命令传达给村民或是地方居民。他还有监视可疑者的责任，报告抢劫、杀人、贩私盐、纵火等案件。他还会报告小的纠纷……但没有权力处理这些纠纷。"瞿同祖还指出"一个地保只是为衙门做事的人，因而他的社会地位很低。他经常因不能及时报告或是未完成指定的任务而遭知县责打"（《中国清朝的地方政府》，第 4 页）。按照这些处理非法行为的看法，地保实质上是为官府在当地传话的人。有几个例证表明这些准官员已成为政府了解八卦教的消息来源，具体见第三部分"泄露"一节。

② 《剿捕档》，439—440，18/10/30，上谕；《上谕档方本》，419—422，22/9/27，邱自良供词。官府最终在 1813 年十月调查了这一控告，但没有深究。邱自良当时没有说他为贼匪做事，只是到 1817 年秋他被逮捕受审时才交代了。

正式的活干，住在桑垡村当"屯田"（旗人农夫）。他的从兄住在这个村当"领催"，此人对他的旗人佐领负责，为那个村的旗人做事。

祝现的家庭比较富裕，家里有不少雇工。他弟弟幼年时就被人收养，名叫刘第五，我们知道此人是荣华会的老教徒，后来又成为李老的徒弟，是攻打皇宫的积极组织者。祝现本人已有 46 岁，第一个妻子去世后他又结婚，他有个 20 多岁的儿子和三个女儿。祝现的儿子是林清的干儿子，1813 年夏天就住在林清家。祝现和他儿子与"住在林清家的女人"（可能是他的两个继女和妻子）睡在一起，祝的妻子和媳妇都可让林清染指。总之，祝现与林清的关系很密切，结果祝现成了攻打皇宫的一个首领，还受命组织他村里的人。[①]

虽然祝现没有被他家所属的王府雇用，但他的亲戚被雇了。他的族侄祝海庆在北京给豫亲王做事。1813 年九月，祝海庆来桑垡村给祖宗上坟，晚上在祝现家住。两个人谈了起来，正在考虑起义准备的祝现问了他侄子许多有关亲王府管理和银钱的事——那里有多少人干活，有多少

---

① 有关祝现及其家庭，见《剿捕档》，447—448，18/11/25，李路子供词；《宫中档》016304，19/8/16，董帼太供词；《宫中档》016763 - E，19/10/20，缉捕名录；《宫中档》017364，19/2/16，祝邢氏供词；《上谕档方本》，375—377，19/12/14，祝龙供词。

　　正是祝现的第二个夫人龙女士把全家人都带入荣华会的。她与其兄弟都是宋进会的徒弟，在与祝现结婚后，龙女士先将祝现的母亲后将家里的其他人都发展为教徒。见《宫中档》017364，19/2/16，祝邢氏供词；《教匪案》，50，20/2/3，祝邢氏供词。

　　有关领催，见罗伯特·李（Robert H. G. Lee）：《清代历史上的满洲边疆》（*The Manchurian Frontier in Ch'ing History*），Cambridge：哈佛大学出版社，1970 年，第 25—29 页。

　　祝现曾向从河南来的林清的助手冯克善学拳，但他的性情看来更平和。他的媳妇说，"几年前，祝现和他母亲去潭柘寺烧香。在回来时祝现说：'山里是这样隐秘安静。如果有人在那里居住耕种，生活会很幸福。'"（《宫中档》017364，19/2/16，祝邢氏供词；《钦定平定教匪纪略》，第 29 卷，第 1—6 页，18/12/26，牛亮臣供词）。

　　有关汉人包衣总的情况，见史景迁（Jonathan D. Spence）：《曹寅与康熙皇帝：包衣和主子》（*Ts'ao Yin and the K'ang-hsi Emperor：Bondservant and Master*），New Haven：耶鲁大学出版社，1966 年（此书有中译本，书名为《曹寅与康熙：一个皇室宠儿的生涯揭秘》，上海远东出版社，2005 年——译者）。有关北京周围旗地的详细情况，见村松佑次："18 世纪中国的旗产和旗地——两份新的材料"（Banner Estates and Banner Lands in 18th Century China—Evidence from Two New Sources），《一桥经济学报》（*Hitotsubashi Journal of Economics*），第 12 卷（1972 年），第 2 期，第 1—13 页。

匹马,每天喂这些马要花多少钱等等。祝海庆在村里还与另一个住在那里的人谈话,此人是他的叔叔祝嵩山。他叔叔对他说祝现参加了一个"邪教",夜里与一个叫林清的人在宋家庄秘密见面。此外,他们计划九月十三日去北京,九月十五日要造反。海庆的叔叔还说,因为祝现在村里有对头,叛乱者还要攻打这些村子,所以他很担心。他要侄子赶快回北京,把这个消息告诉家里其他人。

在桑垡村住了一夜后,祝海庆回到北京的王府。在那里他告诉另一个叔叔他听到的事。这个叔叔认为这样的传闻不能当证据,在具体呈文前必须从祝瑞那里得到具结认可。祝瑞是他们的亲戚,担任领催,对那个村所有的旗人都负有责任。海庆催他叔叔把这情况报告拜绷阿(王爷家的护卫),他叔叔这样做了。拜绷阿称这事不归他管,不过,在那天晚上(十日)他私下还是报告了豫亲王。亲王说:"这恐怕不真,俟结到了再办。"祝海庆和他叔叔十一日花了一整天时间,找人回桑垡村得到具结呈控。最后他的另一个叔叔祝贵山去了。祝海庆要祝嵩山(最早的揭发者)和祝瑞(领催)来北京,签一份呈词给亲王。

祝瑞此人不仅是这个村里对管理旗民负责的人、祝现的从弟,他本人也是个教徒,他的妻子和过继的孙子也都是教徒。所以在九月十二日 *160* 他发现自己的处境很艰难。他先是磨蹭了一天,然后在九月十三日去附近一个村子他的妻弟家,想借头骡骑着去北京。祝瑞在那里待了一夜,和妻弟谈了当时的局势。他妻弟对祝瑞说:"在桑垡村你们这些信徒正准备造反——没准你也是他们中的一员!"①对此祝瑞闭口不答。那天夜

---

① 这是他妻弟赵汉臣的看法,显然是在自我表现。实际上很有可能赵汉臣已经知道祝瑞在教,而且他本人可能也是教徒。正是赵汉臣的姐姐祝瑞的妻子在前一年让她过继的孙子信了教。有关这一情况的材料有《上谕档方本》,291—297,19/3/15,祝海庆供词;《钦定平定教匪纪略》,第39卷,第40—42页,19/3/16,祝海庆供词;《钦定平定教匪纪略》,第39卷,第37—39页,19/3/14,善贵和祝贵山供词;《上谕档方本》,463—465,19/12/18,赵汉臣供词;《宫中档》017259,19/12/17,赵汉臣供词;《上谕档方本》,467—469,19/12/18,祝邢氏供词;《上谕档方本》,299—316,19/3/15,豫亲王仆役呈文。

里他妻子对他说："你能做的只有去报告王爷。如果你的告发成功[阻止造反]，那么一切就好。如果不成，我们最好逃走，因为我担心桑垡村的人知道了不会饶你。"

祝瑞意识到他不得不告发这个教派，但他继续尽可能拖延时间。十四日，当起义者动身去北京时，他骑着自家的驴慢慢地进城，直到起事那天清晨他才到达王府。在这时亲王也知道了传闻要发生叛乱，但他要王府的人等书面的呈词来。最早揭发的祝嵩山十四日来到王府，大家这天都在等祝瑞。当祝瑞第二天早晨终于到达时，要他写份东西讲他知道的事。他说不会写，要他的从兄弟帮他写，还说他吃不准是否有人谋划叛乱（显然不是事实），就叫人只写发现邪教教派的事。他和嵩山在这份呈词上画押。

尽管做了这些努力，但包衣们还是不能把这份呈词立刻送给王爷，因为就在呈词刚写好那天，起义者已在攻打紫禁城了。豫亲王裕丰身为皇室贵胄，已经去宫里大内帮助处理危机，为安全原因不许他家的人进宫去见他。结果直等到十六日黄昏时裕丰回家去给宫里值守的士兵找吃的，他的下属才把那份有关危险邪教的过时呈词交给他。裕丰坐着轿子到了家门口，他拿到呈词，读过后问道："这就是海庆以前提到的那件事吗？有些贼匪已动手。看看那些被提到的人是否在他们之中。不管谁过问这件事都要小心。还有什么？"当天晚上裕丰又回到紫禁城。第二天他又想起来，发话要人把具结的呈词送给他。他的目的不是要向皇帝报告，相反，一旦有了证据在手，裕丰命令他的人"无容声张"。

几乎在六个月内豫亲王事先知道叛乱的事都被成功地掩盖住。但是，1814 年初，有个谣传引起皇帝的注意，谣传称身为当时最有名的通缉要犯祝现躲藏在这个王爷家。结果调查了这个谣传，内情开始泄露。到三月中旬，裕丰被削去亲王爵位，判决在家圈禁。嘉庆皇帝说："令其闭门思过。"①

　　这个例子和前面固安的例子，都是起义者和有地位者之间的个人联系使得普通百姓向当局告发教派以及他们密谋的叛乱，结果没有成功。现在让我们来看看另外两个例子，这些是有责任心的官员事先了解到叛乱的情形，但却不能动员官府的力量来加以制止。

　　自 1813 年一月以来，张步高就在北京西面的黄村当巡检。(林清和他父亲都在这个衙门里当过书办。)②九月十四日晚上，这个巡检收到驻在那里的一个把总送来的报告，称据来衙门避难来的人说，宋家庄的人要造反。张巡检询问了这个人，证实了把总的报告。他立即派两个衙役去宋家庄查看。这时是深夜，林清手下的人正要离开家去北京。但在天亮前这两个衙役回来报告，说宋家庄平安无事。张巡检不放心，十五日又叫来一些兵丁，让他们去通知当地人小心提防。他后来说："不料十五日就是这一干贼匪进京闹事，实是我梦想不到的。"皇帝认为张步高实际 *162* 就在现场，他竟不能发现这样明显的迹象，实在是玩忽职守，应该严惩。确实叫人难以相信那天晚上他派的人(假如真的派了)在宋家庄没看到任何异常情况。③

　　在京畿地区还有另一个官员也风闻了八卦教起义的计划。尽管他也没能阻止为攻打皇宫而进行的组织动员，但结果他的运气要好些。

---

① 《大清历朝实录》，第 288 卷，第 7—10 页，19/3/21，上谕；《钦定平定教匪纪略》，第 39 卷，第 45—47 页，19/3/18，上谕。对叛乱知情不报的通常处罚是杖责一百下，流放三千里。作为皇族成员通常是罚俸两年。因为裕丰已被褫夺爵位，就决定他应该继续领俸，但必须付出所有的罚金并圈禁在家。这个决定是宗人府、军机处和六部尚书合议做出的。裕丰在被判决前受到军机处和宗人府的审讯，但他的供词文本中没有军机处的正式记录。《钦定平定教匪纪略》，第 39 卷，第 40—42 页，19/3/16，奏折；《教匪案》，10，19/3/16，奏折；《钦定平定教匪纪略》，第 39 卷，第 45—47 页，19/3/18，上谕。

② 卜内特和 V·V.哈盖尔斯特罗姆：《中国现代政治机构》，♯795B。这个官员归顺天府知府管辖，是对北京附近地区负责的四个巡检分司之一。

③ 《林案供词档》，第 226 期，第 1 页，18/10/21，张步高供词；《钦定平定教匪纪略》，第 15 卷，第 11—13 页，18/10/30，军机处奏折。

1813 年八月中旬,驻卢沟桥的巡检在宛平县巡查。① 这个官员名叫陈绍荣,是这年四月才任命的。他是第一次巡查,去看了宛平县西部地区,九月十日在卢沟桥南面巡视,林清所在的宋家庄和教徒们居住的十多个村子都在这一带。他描述了发生的事:

> 见该地不种麦子。传询乡民,俱云害怕,不敢种麦。再加诘问,辄纷纷躲避。我见他们神色慌张,心生疑虑。

陈巡检九月十二日回到卢沟桥的任所,他派衙役去叫这一地区的各村地保来报告,同时又派人去秘密调查。这些地保十三日来了,都签了具结担保称他们没听说要闹事。而派去调查的人回来有不同的说法。他们在宋家庄听人说,"若要白面贱,除非林清做了殿。"陈巡检立即命令宋家庄的地保来他的衙门,同时又写了初步的报告。他对上司没有提到人名、地点,只说是要报告一桩"奇谈"。他还说正在调查这件事,很快就要审问当地的地保。因为宋家庄距衙门有 20 多英里远,这个地保直到第二天十四日中午过后才到。陈巡检没有立刻与地保见面(那天下午他碰巧见到了总督),②因此审讯直到十四日晚上才进行。

163

宋家庄的地保也是官方任命的负责控制地方的平民。就像旗民祝瑞一样,他也恰好来自属于林清教派的那些个人组成的群体和阶层。这个地保名叫宋进荣,是宋进耀的弟弟,而宋进耀是顾亮的亲戚,也是他的第一个徒弟,宋进耀还是林清的师父。就如他所说,宋进荣或许不在教,但事实上他家族中的男子至少有 15 人入了教,那么他的这种说法就很难让人相信。尽管他们家没有有功名和当官的士绅,但他的家族在当地

---

① 这个官员是宛平县(该县紧邻北京的西面和南面)知县的下属。见卜内特和 V·V.哈盖尔斯特罗姆:《中国现代政治机构》,♯857.3。下面一段材料见《林案供词档》,第 226 期,第 1—3 页,18/10/21,陈绍荣供词;《林案供词档》,第 227 期,第 1 页,18/10/21,宋进荣供词;《林案供词档》,第 230 期,第 1—3 页,18/10/25,陈巨钏供词。
② 总督温承惠当时正在调集镇压南面的李文成所需的人力和物资。有关"白面贱"的这句引语见本书第 119 页注③。

仍然地位显赫(是宋家庄的宋家)，多年来他们都是这个村子主要的信教家族。即使在林清接手之后，宋家仍继续占了他信徒的一大部分。宋进荣肯定知道1808年的案子，当时他的几个兄弟和从兄弟因加入荣华会而受到惩罚，对他来说不会不了解近几年林清的财富和威望在不断增加。宋进荣当地保只有一年半时间。他想要解释自己为何不能对林清有所行动，他说："[我见到]那些进出林清家的人很杂乱，这让我感到不安。在当了地保后我曾讯问过他们，但从未得到可靠的证据。甚而在七月以后大批邻村来的人住在林清家，我不知道他们在做什么，也不敢告发他们。"

宋进荣被叫到巡检面前时离计划造反的时间只有一天了，他的处境真是很糟。当陈巡检问他是否知道在他村里发生了什么非法活动，或是有什么人在策划闹事时他尽力装作一无所知。陈巡检不相信，打了他十多记耳光。宋进荣最后只好说，"在我们村里这样做的只有林清。假如说有人要闹事，肯定就是他。"由于陈巡检已经知道"若要白面贱，除非林清做了殿"的传言，所以宋进荣讲的并不让他吃惊。他继续以用刑恐吓，结果宋进荣被迫说了几个他在林清家看到的人的名字，不用奇怪这些人中没有他家的人。

于是陈巡检写了份呈词让宋进荣签押，他自己又写了份给知县的报告。[164]他派人押送宋进荣，将宋与那些报告一起送到北京给他的上司宛平知县。所有这一切都发生在九月十四日。宋进荣没有提到第二天要爆发一场叛乱，陈巡检显然无权发捕状逮捕林清。到十五日早晨，这时教徒们正警觉地悄悄进入北京，而宋进荣则被人押着经过城门。不久，陈绍荣也心急如焚地骑马来到北京。到早晨7点，他和宋进荣一起到了新任知县陈巨钏的衙门。

陈知县已经收到下属送来的提到一桩"奇谈"的报告，但他决定在行动前再等等更具体的消息。巡检和地保各自对他述说一番，巡检要求准许去捕捉林清等人。陈知县不同意，要他先把这件事报告知府。巡检劝上司不要固执己见，说是他从未与费知府(也是新任命的)见过面，既没有体面的衣服，也没有个人的凭证。知县最终被说动了，愿意在这件事上负起责任。他签了逮捕地保提到的这些人的捕状，下令要召16名衙役去抓人。经巡检要求又允许他带地保回去指认那些被告发的人，这样他们离了城回到卢沟桥陈绍荣的巡检司，等衙役来。这是十五日上午大约9点的事。

宋进荣和巡检全天都在卢沟桥等衙役，但没有人来。这个知县对下令抓人觉得不放心，就在宋进荣和陈绍荣走后又把这件事报告了知府费锡章。听了事情经过后，费知府告诉他，他们"必须先知道所有的事实，暂时不能随意抓人。他担心我们举措张皇，会出乱子。那个地保也让他回家，[在抓人前]再作查询；如果这个报告被证明是假的，就可告知当地百姓[就能平息下来]"。这次会面在十五日的上午9点到11点之间。结果陈知县回到县署，送了封信给巡检称："我已向知府报告并说明了这件事。此时断不可拿，故而告谕百姓各安生理即可。见函后叫地保来我署所，我个人要再给他指令。"

这封信直到十五日深夜才送到，巡检和地保第二天早晨去北京。这时已太晚了。他们发现城门紧闭（因为攻打皇宫的缘故），任何人都不许进出。宋进荣力图向人说明他是被叫来询问有关林清在宋家庄集结的那伙人的事，最后到那天下午他才被容许去县衙门。宋进荣立即就被带到直隶将军的署所，在那里又问了他有关林清的事。到这时，皇宫已遭到攻打，官府调查的人突然对打听教派首领的名字很感兴趣。他们命令宋进荣给官府当证人，协助抓人。十六日晚宋进荣带着衙役离开北京，在十七日凌晨到了林清家，抓住了林清。其后，巡检终于得到允准，他带领约50个人到宋家庄去抓留在那里的其他人。[①]

---

① 陈绍荣继续在宋家庄一带抓人。九月二十二日，当他路过一个村子时，村里的地保告诉他，有个年轻女人是贼匪的妻子，她愿意自首。陈绍荣就把这个女人（祝现的儿媳祝邢氏）带回他的衙门，让她住在那里，既不管她的案子，也不释放她。到九月，负有责任的官员受到了审查，为他们纵容林清谋反而遭到惩处。陈绍荣为了减轻对他的惩处，提出他事先就打听到林清的情况，但他仍被免职。在离开衙门后他仍把祝邢氏安置在家里。这年十一月受审结案后，陈绍荣被释放回家。他将这个女人纳为妾，后来他在京城的一个人家当塾师，也把她带在身边。最后，在1814年二月，祝邢氏的身份以及她与贼匪首领的关系被发现，遭到捉拿，陈绍荣也受到惩处。《随手登记》，18/9/29，都察院奏折；《宫中档》017364，19/2/26，祝邢氏供词；《随手登记》，19/2*/26，军机处和刑部奏折。

考虑到林清及其门徒的活动引起政府官僚注意的渠道有多条,所以显而易见在九月十五日前已有不少教徒被抓。而那些半官方地代表政府监视这类"作乱者"的人恰好自己就是教徒,这一情况无疑有助于保证林清的安全。有这些人以及他们的许多家庭成员在教内,信徒们就有意无意地破坏了官府侦察的正常程序,给他们的活动罩上了一层掩蔽。[1]

对清朝国家来说同样严重的问题是其官僚机构反应的迟缓。这种缓慢或许在京畿地区尤为明显,在这里多层次的官员紧密地聚集在一起。官员的集中会使政府更加缺乏效率。随着信息的上传其紧迫感也在减缓,除非迫不得已,各个官员都不愿恪尽职守。这两种情形使之缺乏独立性,阻碍他们采取有效的行动。嘉庆皇帝在知道林清公开组织叛乱到何种程度时自然极为愤怒,他称这一事件"突犯禁门……祸起萧墙!"[2]

进入北京

随着起义的时刻临近,林清和他手下的人不再小心翼翼,谨守机密,而是全力于组织工作。有越来越多的人感觉到有什么事要发生,信徒中期待的气氛显得更为浓重。不同寻常的聚会,匆忙走访一个个村子,大量棉白布的奇怪出现,一些人反常地不愿种冬小麦,有关林清夺权的大胆歌谣,还有传闻突然有大批军队准备去河南"剿匪"——这一切都影响到形成这种不稳定的气氛。当他们行动时官方所进行的调查是迟缓而

---

[1] 有关这些准官方的政府雇员不能尽职的情况还有一个例子。刘进保直到 1811 年都是杨保的大乘教成员,这一年该教遭到查抄。他的儿子、兄弟和外甥仍继续信教,杨保的门徒承认林清的领导,所以成为他的八卦教的一部分。1813 年,刘进保出任乡约,这是农村地区的首领,与地保类似。他忙于帮助组织兵丁去河南参战,但他却没有向当地的知县告发谋划在北京起义的事。刘进保不可能对他朋友、亲属和同村乡亲参与组织攻打皇宫毫不知情。有关乡约,见瞿同祖:《中国清朝的地方政府》,第 204 页。有关刘进保,见《上谕档方本》,209—211,20/7/11,刘进保供词。

[2]《钦定平定教匪纪略》,第 2 卷,第 27—29 页,18/9/17,上谕。

无效率的,林清与其门徒能不受阻碍地实行其计划。实际上,林清遇到的麻烦更多来自其内部而不是来自政府。许多坎卦教徒对自己大胆的举动越来越感到害怕,在最后关头他们对成为起义者要走的最后一步犹豫不决。在起义前的最后几天,这种胆怯的情绪与起义者办事的有效率和处事的决断并存。

在这个月十二日,教徒们开始离开家,分成小股来到有着高墙的北京城。让我们来看看这些起义者的队伍以及他们的行程,看看他们是如何想掩盖住起义开始的行动,他们是怎样在城里找到食物和住处——这个城里他们中许多人以前从未来过,以及在走近紫禁城的高墙和闪光的金顶时是如何胆怯起来的。

¹⁶⁷ 起义者较大的一伙被分到西华门。在他们中雄县来的人离北京最远,有约80英里,他们在九月十二日清早离家上路,到十五日早晨才到京城。这伙人由前大乘教教首杨保的徒弟组成。① 他们来自雄县西北的八个村子。这20多人八日晚全部在杨保家会齐,当时发了白布和武器。另外还发给每个人200文钱用来在去京城的路上买东西吃。杨保已有六七十岁,就没去北京,让他的徒弟刘进亭代他负责管这批人。他们在十二日全部离开杨保家,至少有22人,分为三队出行。他们在路上住了两夜,十四日晚有些人到了林清家,在那里睡了片刻。他们或许已经很累。

---

① 在离家去北京的这伙人中有22人留下了名字,还有四个人留在家里。他们的名字见我的论文"1813年的八卦教起义",第三部分,注77。

这些名单代表着我在努力让那些不太清楚的文献材料有一定的规范。再者,几乎每个教徒、起义者都有不止一个名字。官府的审讯者会要被俘者说出他们提到的那些人别的名字,但在许多案子中我不得不仅依靠丰富的背景材料来猜测人们可能的身份。我经常自己做主在绰号中选择以确定给每个人一个"真名"。(要了解有些别名,见本书索引。)从这些名单以及附录的材料,有兴趣的读者能再现我用以得出结论的原始的材料来源。有关这伙人行程的材料有《林案供词档》,第204期,第1页,18/9/19,刘进亭供词;《宫中档》018919,20/6/10,刘二成供词;《上谕档方本》,267—268,20/6/23,刘二成和韩达子供词;《上谕档方本》,209—211,20/7/11,刘进保供词;《林案供词档》,第204期,第1页,18/9/19,范采供词;《林案供词档》,第229期,第1—2页,18/10/23,韩达子供词;《那文毅公奏议》,第38卷,第67—72页,20/9/6,张凤和杜有儿供词;《宫中档》019599,20/8/20,陆大水供词;《随手登记》,18/11/18,军机处奏折;《宫中档》016763-E,19/10/20,缉捕名录。

到十五日拂晓，有一队人至少有 14 个人在北京城外的一座小庙吃早饭，然后就进了城。在这队人中我们知道有刘进亭和其他四个人，他们一路进城在正午时分到达西华门，但其他有些人就在最后一刻打道返回。

李五动员了他所在的固安县的一大批人，至少有 70 人卷入了攻打皇宫的谋划，不过我们只知道有 45 个人（包括李五本人）确实是起程去了北京。[①] 前面提到，留在家里的一些人也得到指令，要去迎接从河南北上的起义者。像李添受和他兄弟这样的人在最后时刻却步了："我们弟兄两个商量，如不应他，他必将我们杀害，暂且应允再商量吧。九月里我们实没有到林清家去。"李五的门徒来自固安和邻近新城地区的十多个村子，但大多数来自辛家村（李五在那里住）和靠近的另一个村子。他们不是李五的徒弟就是李五师父的徒弟，正是李五做了攻打皇宫的主要组织工作。

---

① 45 人去北京。26 人知道计划而因这样那样的原因留在家里。他们的名字见我的论文"1813 年的八卦教起义"，第三部分，注 78。有关李五这伙人的材料有《林案供词档》，第 205 期，第 1 页，18/9/20，奏折；《上谕档方本》，419—422，22/9/27，邱自良供词；《林案供词档》，第 221 期，第 1—3 页，18/10/16，董帼太供词；《上谕档方本》，121—124，22/11/10，董帼太供词；《上谕档方本》，423—424，22/9/27，辛王氏供词；《上谕档方本》，117—119，22/11/10，李宣氏供词；《上谕档方本》，85—86，22/11/8，陈李氏供词；《教匪案》，53，20/2/9，白癞子供词；《上谕档方本》，253—254，20/1/25，奏折；《宫中档》016763－E，19/10/20，缉捕名录；《上谕档方本》，137—154，22/10/16，缉捕名录；《上谕档方本》，103—107，23/11/9，缉捕名录；《钦定平定教匪纪略》，第 4 卷，第 5—9 页，18/9/19，上谕；《上谕档方本》，389—391，21/6/30，张起华供词；《林案供词档》，第 230 期，第 1 页，18/10/24，张昆供词；《上谕档方本》，381—388，23/4/29，张老六供词；《上谕档方本》，259—260，20/1/25，张六供词；《林案供词档》，第 197 期，第 1 页，18/11/4，张添升供词；《上谕档方本》，81—83，22/11/8，张声供词；《宫中档》017330，19/2*/21，韩顺林供词；《上谕档方本》，133—135，22/10/18，高朱供词；《上谕档方本》，97—99，19/7/7，李添受供词；《宫中档》015816，19/6/26，李天祥供词；《教匪案》，45，20/1/24，张刘氏和张六供词；《上谕档方本》，255—257，20/1/25，张刘氏供词；《上谕档方本》，261，20/1/25，刘兴亭供词；《钦定平定教匪纪略》，第 2 卷，第 2—4 页，18/9/16，宋尚忠供词；《钦定平定教匪纪略》，第 2 卷，第 40—43 页，18/9/17，宋尚忠供词；《那文毅公奏议》，第 40 卷，第 63—67 页，21/6/18，蔡明山供词；《上谕档方本》，383—387，21/6/30，蔡明山供词；《上谕档方本》，351—353，22/11/29，王成供词；《上谕档方本》，317—325，22/9/24，王瑞供词；《上谕档方本》，349—351，22/9/24，王必供词；《上谕档方本》，131—132，22/10/18，王保供词；《上谕档方本》，117—119，22/11/10，魏闲姐供词；《上谕档方本》，331—333，22/9/24，王亮供词；《上谕档方本》，355—356，22/9/24，吴显达供词；《那文毅公奏议》，第 40 卷，第 53—57 页，21/5/27，于有儿供词。

在九月十一日前，李五已有了本村铁匠打的近 50 把刀，他还向许多
徒弟筹了钱。在十日、十一日、十二日和十三日这几天，他分发了刀和白
168 布。十二日他要村里的塾师听他口授写了一份所有教徒的名单。就在
出发前，李五请门徒来他家大吃了一顿。给他们准备的食物要能保证他
们去北京体力的需要，也让他们为自己所做的事有一种荣誉感。十三日，
这些人去北京，也是分成小股，这样在路上不引人注目（他们希望如此）。①

举一个例，我们来看看李五的几个门徒走的路线，他们留下的材料
丰富。这些人在九月十三日天没亮时离开辛家村。蔡明山说道：

> 有四人在前走，小的和[连襟]史进忠跟着。路上史进忠告诉小
> 的，如在途中或是在京城遇到同伙，就说"得胜"，他们会知道小的是
> 自己人。到过河……已经天黑，就在鹅坊村河西柴堆上住了一宿。
> 是日夜里因见近处男女有些慌乱，搬家逃走。小的和史进忠、张连
> 三人的刀又长又大，拿着行走恐怕被人看破，都撩弃在堤边河内了。
> 魏扳儿的刀子短，仍带着走的。……他说到城里可以有刀。
>
> 十四日小的仍四人自鹅坊起身……到了彰义门[北京南面的西
> 门]外路北往西便门去的道北小饭铺里住宿一夜。那饭铺是父子两
> 人开的，记得姓曹，如今还认得出来的。
>
> 十五日一早进彰义门到菜市口路南茶铺喝茶。魏扳儿出去买
> 了三把刀分给小的们三人。……喝完了茶，又到路北吃了早饭，就
> 进[去城北的]顺承门。当小的们到西华门前……天已将午时候。②

李五和其他徒弟先去林清家，十四日在那里过夜。十五日，他到达
170 北京，在菜市口遇见了他手下的其他人，然后领他们去西华门。在离家
进城的 45 人中，我们知道至少有 20 人肯定是进了北京，他们中大多数

---

① 《上谕档方本》，97—99，19/7/7，李添受供词。有关餐宴，《上谕档方本》，381—388，23/4/29，
张老六供词。
② 《那文毅公奏议》，第 40 卷，第 63—67 页，蔡明山供词；《上谕档方本》，383—387，21/6/30，蔡
明山供词。我把这两段口供合在一起。

人径直去了西华门。①

　　李五的人中有一小股住在北京东南东安县的新庄。② 虽然这伙人住得比参加攻打皇宫东面的那些人更近,但他们还是被指定去西面,与他们的师父李五在一起。这伙人的首领是邢贵荣,他是李五的徒弟(也是李老的女婿)。十三日晚,邢贵荣把村里这批人召到家里聚会。他们第二天早晨出发,衣服里藏着刀和白布。当天晚上他们住在杨四八开的客

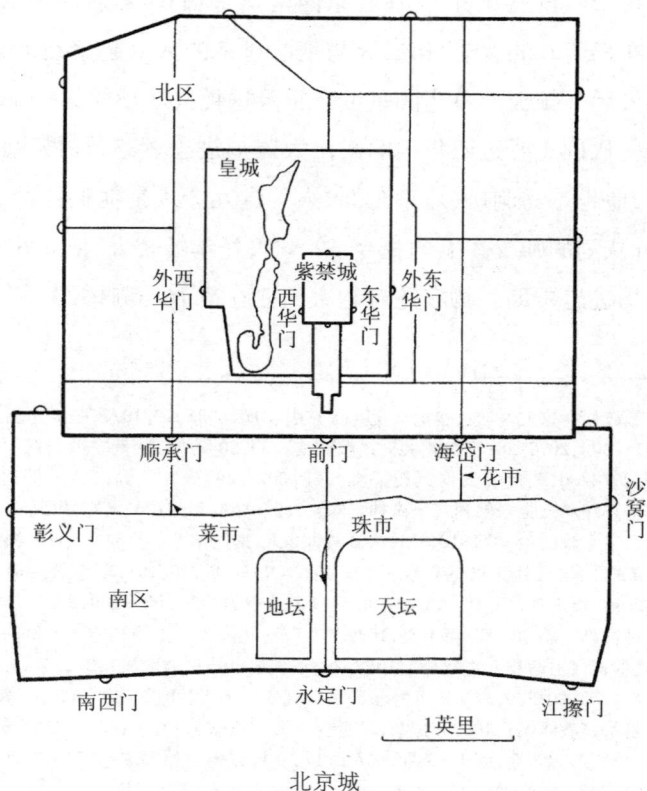

北京城

---

① 见本书第175页注①;有关攻打皇宫的情况可在这些人的口供中找到:张起华、张刘氏、张昆、张老六、张添升、陈声、韩宗林、刘兴亭、宋尚忠、蔡明山、王成、王瑞、王保、吴显达和于有儿。

② 这批人中六人进了北京,七人没去。他们的名字见我的论文"1813年的八卦教起义",第三部分,注82。《宫中档》017966,20/2/28,张二乔和刘大供词;《教匪案》,59,20/2/27,耿世安、世贵和世山供词;《上谕档方本》,337—339,20/2/30,耿世安供词;《上谕档方本》,109—111,21/12/9,王二道供词;《钦定平定教匪纪略》,第27卷,第41—43页,18/12/20,奏折。

店,这家客店在北京的西南角,天坛东面。虽然没有迹象表明杨四八是教徒,但至少有十多个来自各个村子的叛乱者在十三日和十四日住在他的客店。① 第二天即十五日早晨,邢贵荣和五个人离开客店,然后绕到外西华门。不清楚他们有多少人继续行动。

贺文升是太平村教徒的首领,许多教徒都是他的亲戚。至迟自1808年起他就在教了,认识林清,并积极筹划攻打皇宫。他和11个人(可能是15人)在十四日离开村子(在北京西南)。他们转着从西南面进城,可能也是住在杨四八的客店,第二天与别的村来的人一起聚在北京城南的菜市口吃最后一顿饭。不巧的是没有记录这批人活动的第一手材料。②

还有一伙确定要进西华门的人由太监杨进忠领路,杨做事的地方在皇宫西侧,他也是马驹桥(北京东面)人。这九个人是他们的师父刘兴礼组织的,听从刘的师父李老的指令。③ 刘兴礼年龄较大,依靠儿子和他徒弟的徒弟杨进忠帮助。杨家还有赵家都住在靠近马驹桥的一个小村子,

---

① 有关许多教徒住在这家客店过夜的情况,见《宫中档》016531,19/10/7,张大水供词;《上谕档方本》,301—303,20/2/28,祝磨儿供词;《教匪案》,59,20/2/27,耿世安供词;《上谕档方本》,337—339,20/2/30,耿世安供词;《教匪案》,68,20/3/29,朱九供词;《林案供词档》,第211期,第1页,18/9/29,张老供词;《上谕档方本》,359—362,20/9/26,吴熹供词。

② 这些人的名字见我的论文"1813年的八卦教起义",第三部分,注84。《上谕档方本》,147,20/8/10,陈四供词;《林案供词档》,第216期,第1—2页,18/10/11,李六供词;《林案供词档》,第229期,第1页,18/10/23,孙发供词;《上谕档方本》,203—209,22/11/18,董帼太供词;《林案供词档》,第203期,第1页,18/9/19,田马儿供词;《上谕档方本》,251—254,20/9/21,刘启武供词;《上谕档方本》,383,19/7/26,王大名供词;《教匪案》,37,19/11/2,贺苏氏供词;《教匪案》,53,20/2/9,李贝氏和薛王氏供词;《钦定平定教匪纪略》,第3卷,第13—15页,18/9/18,奏折;《教匪案》,46,20/1/25,奏折;《上谕档方本》,137—145,20/10/16,缉捕名录;《林案供词档》,第223期,第1—3页,18/10/17,奏折;《上谕档方本》,17—18,20/3/3,奏折;《宫中档》016763-E,19/10/20,缉捕名录。

③ 马驹桥这伙人的名字见我的论文"1813年的八卦教起义",第三部分,注85。《林案供词档》,第206期,第1—2页,18/9/22,杨进忠供词;《林案供词档》,第212期,第1页,18/10/3,李兰供词;《林案供词档》,第208期,第1页,18/9/25,李潮佐和赵密供词;《林案供词档》,第209期,第1页,18/9/26,高老供词;《林案供词档》,第207期,第1页,18/9/24,赵增和刘兴礼供词;《钦定平定教匪纪略》,第15卷,第10页,18/10/29,奏折;《上谕档方本》,171—212,22/9/14,庆丰、庆瑶和海康供词;《上谕档方本》,41—42,22/9/3,海康供词;《教匪案》,22,19/5/9,李朝有供词;《教匪案》,17,19/4/15,李朝有供词;《林案供词档》,第211期,第2页,18/10/2,李九供词。

杨家的房子成了准备起义活动的中心。1813 年六月,这些人与师父刘兴礼见面商量起义的事。九月九日又在杨进忠家聚会,这一天恰好是杨进忠的生日。十四日晚,他们全都来了,像他们的许多同伙一样大吃了一顿,还商量第二天的行动计划。杨进忠的同事太监赵密要在第二天帮助起义者进宫,这天晚上就离开回他在紫禁城的居所。

十五日早晨,他们吃完早饭后,杨进忠带着他的继子离开。他们经永定门(南面城墙的中门)进北京,径直向北,过前门进入城北,然后绕过东门进紫禁城。杨进忠是太监,故而直接进门去了果房,他与赵密在那里踏勘一番。接着杨进忠又去西侧的西华门。他在那里一直等到正午,然后出去带他的同伙进来。

与此同时,这伙人中的其他人离开家走的是类似的路线,分成小股上路,再在前门聚齐。李潮佐和儿子挑着两筐柿子,筐里藏着 13 把刀,装扮成小贩。所有人都来到西华门外,他们也是在神情紧张地等待。

林清自己村里的那伙人有 32 人去了北京,17 人未去。① 他们大多

① 这伙人的名字见我的论文"1813 年的八卦教起义",第三部分,注 86。有关宋家庄来的人材料有:《林案供词档》,第 219 期,第 2 页,18/10/14,董帼太供词;《上谕档方本》,225—226,19/4/12,董帼太供词;《上谕档方本》,107,20/1/20,董帼太供词;《林案供词档》,第 235 期,第 1 页,18/10/27,季得全供词;《教匪案》,39,19/11/2,贺世成供词;《上谕档方本》,219—221,19/4/12,贺士魁供词;《上谕档方本》,93—94,20/10/14,任自贵供词;《上谕档方本》,17—18,20/3/3,孙八供词;《林案供词档》,第 219 期,第 1—2 页,18/10/14,宋维银供词;《上谕档方本》,419—421,20/11/28,宋文朝供词;《林案供词档》,第 229 期,第 3 页,18/10/23,宋文登供词;《钦定平定教匪纪略》,第 3 卷,第 9—13 页,18/9/18,林清供词;《上谕档方本》,251—254,20/9/21,刘启武供词;《林案供词档》,第 222 期,第 1—2 页,18/10/16,郭潮俊供词;《教匪案》,24,19/5/18,贾万金供词;《宫中档》019414,20/8/4,陆王氏供词;《钦定平定教匪纪略》,第 2 卷,第 4—7 页,18/9/16,奏折;《宫中档》016763 - E,19/10/20,缉捕名录;《林案供词档》,第 203 期,第 1 页,18/9/19,熊金才供词;《林案供词档》,第 219 期,第 1 页,18/10/14,刘帼受供词;《钦定平定教匪纪略》,第 21 卷,第 12—14 页,18/11/23,田起禄供词;《上谕档方本》,109,20/1/10,刘辈儿供词。

　　有关来自邻近小村的人材料有:《林案供词档》,第 214 期,第 1 页,18/10/9,金黑供词;《林案供词档》,第 216 期,第 1—2 页,10/10/11,李岱荣和李六供词;《林案供词档》,第 205 期,第 1 页,18/9/20,奏折;《上谕档方本》,133—145,20/10/16,缉捕名录;《林案供词档》,第 203 期,第 1 页,18/9/19,田马儿和刘三供词;《钦定平定教匪纪略》,第 3 卷,第 9—13 页,18/9/18,刘得财供词;还有缉捕名录和刘帼受、熊金才及田起禄的口供。

数人实际就是宋家庄人，但有些是邻村的人。林清让他的姐夫董伯旺（此人在七年前最早介绍林清入教）当这伙人的首领，而林清的朋友坎卦教首领刘呈祥则负责组织他们。陈文魁是西华门分队的大头领，他也与这伙人一起去北京。这些人和其他村子来的一批批人都在十三日晚来到林清家。摆开了桌子，从黄昏起他们坐着喝茶饮酒，商量攻打皇宫的事。那天晚上，林清制订了行动计划，给这些人授予级别和头衔，还发了白布和刀。① 宋家庄的这伙人直到第二天(十四日)晚上才离开，其他人则在十五日天亮前上路。(就是在这天夜里巡检张步高派的衙役来到宋家庄，发现"一片寂静"。)按照事先的安排他们全都要在北京菜市口聚齐。

这些人中有人记述了行程：

> 四更时分，熊五、李六各挑柿子筐来到我家。瞒着我爹娘，假称邀我进城买物件。我同他们出了村，他们又叫金老虎、金路儿同走……我们来到南西门，等门开了进城，走至菜市口。于日出时见董伯旺先在彼。我们各投饭铺吃了饭。②

从邻村来的人在菜市口与他们会合。他们是在五更(快到拂晓)时离开家，也是在城外等门开。在董伯旺和手下的人吃完饭后，约在上午9点到11点之间，他们经顺承门去城北，再通过外西华门，到西华门附近集中。

在这些人聚集在紫禁城西侧时，其他教徒也在另一侧走向东华门。这伙人的大首领是林清的密友陈爽，他来自桑垡村，带了至少31人进城。③

---

① 有关这顿饭，见《林案供词档》，第213期，第1页，18/10/3，祝林供词；《宫中档》017162，18/12/10，李世功供词；《上谕档方本》，191—193，20/6/18，董帼太供词。

② 《林案供词档》，第214期，第1页，18/10/9，金黑供词。

③ 这伙人的名字见我的论文"1813年的八卦教起义"，第三部分，注89。《林案供词档》，第204期，第1页，18/9/19，陈爽供词；《钦定平定教匪纪略》，第3卷，第9—13页，18/9/18，刘得财供词；《林案供词档》，第207期，第1页，18/9/23，刘金供词；《林案供词档》，第203期，第1页，18/9/19，龚恕供词；《林案供词档》，第213期，第1页，18/10/3，祝林和李明供词；《林案供词档》，第228期，第1页，18/10/22，祝玉供词；《林案供词档》，第220期，第1页，18/10/15，李奉全供词；《宫中档》017094，19/12/2，宋广弼供词；《上谕档方本》，121—124，19/12/4，宋广弼供词；《林案供词档》，第220期，第1页，18/10/15，崇泳安供词；《林案供词档》，（转下页）

　　虽然桑垡村靠近北京西南的宋家庄，但这些人还是与他们的首领去了东侧的东华门。这伙人中有两个太监，还有几个靠近桑垡村的小村庄的人。其中有祝现，是正蓝旗的包衣，这时他的亲戚正在向豫亲王告发他。或许是知道这些事，又因对起义前最后几天活动的前景感到紧张、恐惧而精神不宁，祝现开始有了别的想法。他对家人说，这整个事情很危险。他留着眼泪承认，担心"现在是骑在虎背下不来"。他们全都哭了，表示后悔，最后祝现决定要去找林清宣布退出。他到林清家说了，但林清与他谈话，鼓励他和他们一起去，可能还提醒他能得到好处，再次向他保证，并告诉他这样担心妻子和家人不像一个真正的男子汉，最终祝现被说服了。但在十三日离开家时他对家人说，"如果命运让我们再见面，我会再来看大家。如果命运不济，这就是我们最后一次见面。"在他走时每个人都号啕大哭。①

　　桑垡村的这伙人中有不少十三日晚在林清家聚会，多数人在第二天晚上要去北京。他们中至少有六人住在珠市口的三和客店。为了给其他人找住处，这伙人的首领陈爽动用了一个新近入教的信徒，此人是戏园老板，叫刘潮栋。刘潮栋是陈爽侄子的老熟人，正是这个侄子最早接近他，可能是有意要为他们这伙人在北京找个住处。八月，陈爽和他侄

（接上页）第 225 期，第 3 页，18/10/19，边文良供词；《林案供词档》，第 214 期，第 1 页，18/10/9，边贵贵供词；《林案供词档》，第 214 期，第 1 页，18/10/8，贺万金供词；《林案供词档》，第 229 期，第 1 页，18/10/22，李凤印供词；《上谕档方本》，375—377，19/12/14，祝龙供词；《林案供词档》，第 222 期，第 1 页，18/10/16，麻盛章供词；《宫中档》017199，19/12/13，祝龙供词；《林案供词档》，第 219 期，第 1 页，18/10/14，刘幅受供词；《上谕档方本》，247—249，20/9/2，吴进才供词；《上谕档方本》，113—136，20/10/16，缉捕名录；《林案供词档》，第 205 期，第 1 页，18/9/20，奏折；《上谕档方本》，103—117，23/11/9，缉捕名录；《林案供词档》，第 212 期，第 1 页，18/10/3，刘潮栋供词；《林案供词档》，第 235 期，第 1 页，18/10/27，刘进德词；《宫中档》017364，19/2/26，祝邢氏供词；《宫中档》017259，19/12/17，祝邢氏供词；《上谕档方本》，467—469，19/12/18，祝邢氏供词；《林案供词档》，第 215 期，第 1 页，18/10/9，陈亮供词；《上谕档方本》，463—465，19/12/17，赵汉臣供词；《上谕档方本》，291—297，19/3/15，祝海庆供词。

① 《宫中档》017364，19/2/26，祝邢氏供词。另见《上谕档方本》，291—297，19/3/15，祝邢氏供词。祝现没有进皇宫，而是逃离了北京，他一直未被抓住。他的亲属全部被抓，受到惩处。见本书第 283 页注①。

子来找刘潮栋,对他说:"姓林的打发人来叫你入会,还要收你作干儿子,后有无穷富贵。"刘潮栋同意了,此时已是起事前夕,他答应帮忙。十四日晚,陈爽和侄子先来北京,在刘潮栋的戏园子看了场戏。然后他们一起去一家回民馆子吃饭(吃牛羊肉),后来刘潮栋找了个地方至少安顿了陈爽这伙人中的五个人。①

十五日晨,桑垡村的这伙人有部分聚集在珠市口,他们分到了要用的刀和布。其中有个小首领带着多数人去城北,但他让大约十人留在原地,告诉他们他马上会回来带他们走。(这些人一直等到中午,但没人回来带他们,他们自己也没去找东华门。)其他人就先到前门,再转到紫禁城的东侧。有四个人进了一家酒铺吃东西。这伙人中另外五人在城外南面歇脚,买吃的东西,然后在那天早晨进北京。他们也是经过前门,就在前门内的大街上坐了一会,将近中午时才去东华门。我们知道这伙人至少有十多个到了门外,门内有陈爽的两个太监徒弟在等着,准备为他们带路。

还有一伙起义者是原来的白阳教教徒。他们来自北京东南的四个村子,所有人都是李老的徒弟。我们已经提到他们分发布和刀的情况。他们中有李老的家人、李老的弟子张家兄弟的徒弟,还有他们的首领刘第五及其家人。② 李老虽然是首领却没有去。这伙人的组织较好,几乎

---

① 《林案供词档》,第 212 期,第 1 页,18/10/3,刘潮栋供词。

② 这伙人的名字见我的论文"1813 年的八卦教起义",第三部分,注 92。有关羊修店这些人的材料见李老、李士洪、李玉陇、王老、梁庄儿、吴熹、韩福、高成、刘金财和边二的口供(见本书第 160 页注①)。另见《宫中档》016531,19/10/7,张大水供词;《上谕档方本》,433—434,19/7/29,刘辈儿供词;《上谕档方本》,109,20/1/10,刘辈儿供词;《林案供词档》,第 213 期,第 1—2 页,18/10/8,王育银供词;《上谕档方本》,103—111,23/11/9,缉捕名录;《上谕档方本》,113—132,20/10/16,缉捕名录。

有关来自堤上村、周家庄和马驹桥的人的材料,见《上谕档方本》,133—138,20/1/12,马文良和马文明供词;《上谕档方本》,97—99,20/1/10,甘牛子、张喜和马张氏供词;《上谕档方本》,325—326,20/3/30,白玉供词;《上谕档方本》,81,19/12/3,王五供词;《教匪案》,68,20/3/29,朱九供词;还有董二、马文栋、任三、张齐、高六、孟大头、宋二、王三、祝磨儿和郝八的口供(见本书第 160 页注①)。

所有的人都到了皇宫门前。

来自马驹桥的两兄弟十三日离家上路,在北京住了两晚(一晚住在杨四八的客店,另一晚住在三和客店)。羊修店(也就是李老住的村子)的这伙人中至少有七个在十四日到北京,他们也住在杨四八的客店。张家兄弟中的老大张义夫领着其他大部分人。他们在十四日半夜上路,进入城南,然后径直向北去海岱门或前门。有人这样描述其行程:

> 刚过三更,我跟着张义夫,我们全都出发。到了江擦门外,但门还没开。我看到[我们中其他人]也在那儿等着。门打开时,大家都进了城。我们分开来走,我与张义夫[和其他一些人]一起走。我们买了馍吃,又走到前门,顺着东长安街走,走到皇城脚下,再转到外东华门。走过这座三拱城门,到达东华门外……在那里我们进了一家位于路南的茶馆。①

在茶馆里,张义夫给手下的人点了茶,他们和聚集在东华门附近的李老的其他徒弟一起等待中午来临。

在被安排攻打东侧的第三批也是最后一批人来自通州的董村,他们与首领屈四同行。虽然屈四告诉林清他的徒弟中只有十多个身强力壮,但还是有31(可能是38)个人和他一起来北京。屈四手下的人中有个是与他同村的安帼泰,此人在北京以表演木偶戏为生。特地要他参加叛乱是因为他熟悉京城的道路,能够帮那些如同陷在眩目迷宫中的人找到路。② 这伙人中的多数人十四日晚在屈四家聚会。在屈家,与众多同伙

175

---

① 《宫中档》017189,19/12/13,董二供词。

② 《林案供词档》,第213期,第1页,18/10/8,安帼泰供词。安帼泰的例子是说明叛乱者口供混乱的一个极好例证。有人称他并非教徒,只是被屈四请来参与叛乱的。有个同村的人称,安帼泰九月十日参加了在屈四家的聚会。屈四和安帼泰自己称,安拒绝参加攻打皇宫,十五日没有来北京。而另一方面,这伙人中另外有人说那天在北京看见了安帼泰。在这个例子中,证词很不一致,虽然认为安没有参加的更多些。刑部认为他只是个叛乱的知情者,但没有参加。见前引安帼泰的口供;《林案供词档》,第208期,第1页,18/9/24,屈四供词;《林案供词档》,第211期,第2页,18/10/2,张永瑞供词;《林案供词档》,第214期,第1—2页,18/10/9,李元陇供词;《林案供词档》,第223期,第1—3页,18/10/17,奏折。

一样，他们也吃了饭（这次吃的是面条），分发了刀和白布条，还下达了第二天活动的指令。在会上，屈四简述了将要发生的事，要求每人都参加。对那些在最后时刻想要退出的人，他劝告道："此事去也是死，不去也是死。若能得手，众人都有荣华富贵。"他问谁愿意为大家打旗（是个危险的光荣任务），有两人愿意。旗子上写着"奉天开道"。

这伙人是通过京城南墙的城门进城的，然后聚集在花市口。这时，屈四命令至少有四个人留在后面，等待从南面来的援军。他解释说："就是滑县的人马，叫我随后带他们进城，由江米巷到东华门接应。"①（像被留在城南西侧的另一伙人一样，这些人等着，最终在他们听到攻打皇宫没有成功后就溜了。）其他人和屈四一起先走。有个人拎了一筐枣子，枣子下面藏着这伙人的刀。他们到了东华门外，一些人进了茶馆，另一些人进了酒铺，喝些东西壮胆，消磨时间等待行动的信号。

也有不少人根本就没有到达紫禁城的这两座门。在一份又一份供词中，那些被指控是贼匪的人称，他们一进北京就有了二心，"越想越怕。"这些人中有些人还没到宫门就掉头而回，其他人也畏缩不前，希望"当他们得到'好处'时不要漏了我"，在找借口逃脱。心里的紧张和忧虑只是靠在行走时常常停下来吃喝部分地得以舒解，这样就瓦解了士气，丧失了认为事业必成的信心。当正午时分终于来临时，许多人已丧魂落魄。我们将看到，在冲进宫门的行动中也隐藏着一股退潮，同时有着后退的动力，减损了进攻的力量。

攻入紫禁城

在预定要攻打东华门的起义者中有三四十人就没离开家。在剩下的90—100人中至少有34人根本没到东华门，但至少有61人到了紧邻

---

① "如果你们去可能会死"引语，见《上谕档方本》，245—248，22/11/21，屈名儿供词。屈四在花市口下达命令，见《上谕档方本》，227—234，22/11/20，屈名儿供词。

紫禁城城东的地区。他们多数人提前了不少时间到达,坐在各个茶馆、酒铺吃喝,紧张地等待行动的时间来临。这天清晨,太监刘得财和刘金离开(他们做事的)大内,经东华门出去。根据安排,他们要去外面的酒铺,见他们的师父也是这支东面队伍的大首领陈爽。太监要加入到陈爽的队伍,审核他们的计划,然后在那里坐等,喝酒壮胆。

最后到了正午,这两个太监站起身走向宫门,命令下达,时间已到。起义者打出旗子,扎上识别用的白布,拿着刀,跟随太监首领,快步冲向开着的门。这时按规定应有 17 个人在门边值守,尽管这些人中有不少在吃饭、午休,或是会朋友,但还是有一些人在岗。当起义者冲进来时,这些守卫——没有费力——就关上了门。这一事态的变化可以说集中反映了起义计划的不成熟以及最终的无用。除了两个太监外,只有五个起义者冲了进去,所有其他人都被关在门外。①

站在门旁的起义者看到门关上,离开较远的那些人听到大门关上发出的响声。有个参加者描述了他如何谨慎地保持着前进还是退却的选择权,并目睹了发生的事:

> 行至外东华门,见张泳瑞、李元陇们都在酒铺吃酒,我就进了外东华门,见石桥旁边有多少人在那里挑马,看了一会。我就到桥上站着,等候他们动手。晌午时我见官兵拿人,又听见东华门业已关闭。我就跑出海岱门出东便门到牛栏山一带躲藏。② 177

---

① 《林案供词档》,第 207 期,第 1 页,18/9/23,刘金供词;《林案供词档》,第 203 期,第 1 页,18/9/19,龚恕供词;《钦定平定教匪纪略》,第 3 卷,第 9—13 页,18/9/18,刘得财供词;《林案供词档》,第 222 期,第 1 页,18/10/16,麻盛章供词;《林案供词档》,第 204 期,第 1 页,18/9/19,陈爽供词;《林案供词档》,第 220 期,第 1—2 页,18/10/15,张自声供词;《钦定平定教匪纪略》,第 7 卷,第 32—34 页,18/9/30,上谕;《钦定平定教匪纪略》,第 1 卷,第 2—17 页,19/3/29,上谕;《钦定平定教匪纪略》,第 22 卷,第 22—23 页,18/11/27,上谕;《钦定平定教匪纪略》,第 2 卷,第 2—4 页,18/9/16,奏折。

　　官府对起义者在这座宫门的行动采取缩小的做法,比如在计算人数时不总是将太监算在内,将成功进入的起义者人数说成五、六、七人不等。我知道其中六个人的名字。他们是刘得财和刘金、陈爽、龚恕、刘进玉和祝真。最后一个人是王世有或刘第五。

② 《林案供词档》,第 236 期,第 1 页,18/10/27,刘三供词。

门外的守卫大叫："抓住他们!""抓贼匪!"在许多人掉头逃跑时一阵骚乱。消息很快就传开："东华门出事了。""反了反了，有人反了!"一些起义者到最后一刻才到达门口(至少他们自己这么说)，当他们到那里时为时已晚。有几个人停下来喝茶，刚向宫门走去就遇到一些同伙向别的方向"疯狂乱窜"。他们心惊胆战，调转身尽快跑回家。所有逃离现场的人都尽量扔掉有可能暴露身份的东西，把刀和白布丢在路边，扔进壕河、水渠、阴沟以及大车在路上碾出的深辙。在城南等待的那些人也听到传言："后来听见关了东华门，官兵拿人。我就将刀子、白布丢弃逃往河西务去了。"至少有三个人在宫门附近被抓，但其他人全都不受阻碍地回了家。来自宋家庄的那些人成群地返回，丢脸地来到林清的住处，给他带来坏消息。①

在此同时，两个太监和五个起义者冲进门，发现紫禁城里只有他们几个。这些人中有指挥整个攻打行动的首领陈爽。计划几近失败，他们仍跟随太监刘金财，向北前进要杀死任何遇到的人。他们的目标是大内，希望在那里能找到来自西侧的同伙。一路上遇到抵抗：两个宫里的人拿着木棍要拦住他们。陈爽和另一个人拿出刀砍倒这两个人，继续向前跑。他们走上沿着大内东墙的一条窄路，向这堵墙惟一的一座门苍震门跑去。有人在追赶他们，陈爽和另外两个人被拦住捕获。剩下的四个人包括还在带路的两个太监已到了通往大内的这座门前。

苍震门按规定有 16 个人守卫。这一天，他们中五个人为吃中饭离开了皇宫。另外十个人没按规定在门附近，有些人在休息，其他人闲坐，

<hr/>

① "反了反了!"引语：《上谕档方本》，395—397，19/11/24，王三供词。有关宫门前的情况，另见《林案供词档》，第 222 期，第 1 页，18/10/16，麻盛章供词；《林案供词档》，第 214 期，第 2 页，18/10/9，高五供词；《林案供词档》，第 236 期，第 1 页，18/10/27，郑汉魁供词。

有关扔掉刀和布，见《宫中档》017303，19/11/19，屈幅儿供词；《上谕档方本》，257—259，20/9/21，宋二供词；《教匪案》，68，20/3/29，朱九供词；《林案供词档》，第 213 期，第 1 页，18/10/3，朱九供词；《上谕档方本》，91—93，20/1/10，马文通供词；《上谕档方本》，301—303，20/2/28，祝磨儿供词；《宫中档》017262，19/12/17，任三供词。

聊天或是写东西。只有一个八旗兵关隆在班。当起义者进苍震门时,他 *179*
说自己没看出有什么异常。他们看起来就像是三四个太监,没有人带白
布和武器,虽然第一个太监像是拿着一些布料,但他们不像贼匪。所以
关隆就没去阻止他们,但不久他就发现有问题。大内有人在呼救。"大
内有贼匪!"这些应该值班的守卫都很警觉,就和关隆一起冲到门口看发
生了什么事。同时,宫里的太监与这两个反叛者打了起来,并不要守卫
帮忙就成功地把他们捆了起来,不过在搏斗时有几个太监受了伤。两个
参加叛乱的太监却完全躲过了搜捕。一个走进大内,在宫里找地方躲
藏。还有一个竟对着他的叛乱同伙,拿起棍子开始向他们挥舞。

嘉庆皇帝的二子绵宁(未来的道光皇帝)和三子绵恺当时正在靠近

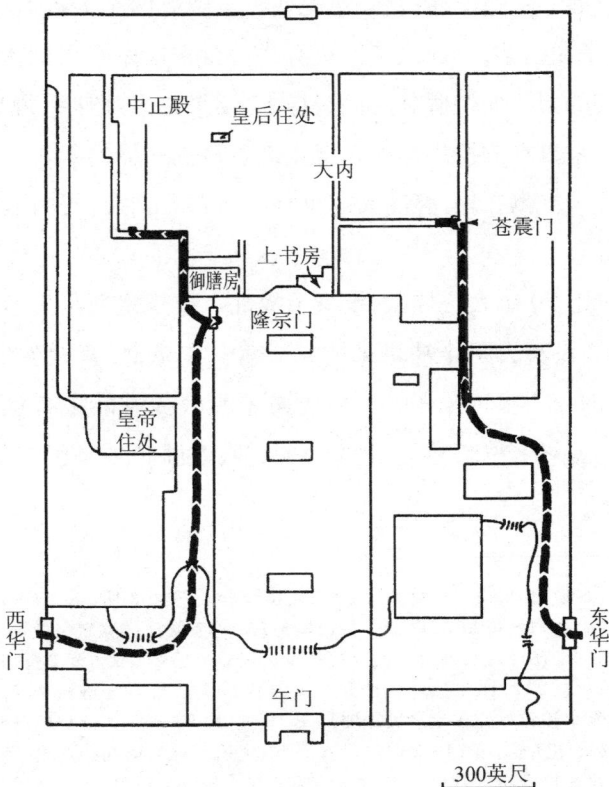

紫禁城,八卦教徒行动路线

大内南墙的上书房。他们听到嘈杂声，很快就出来看出了什么事。他们遇到了由其他太监陪着的总管太监，还见到被捆绑的俘虏。贼匪已被搜到，他们的刀和白布也被找到，向王爷保证一切已被控制住。在门口的其他三个贼匪有两人在进大内前就已被抓住，第三个抓住后被杀。参与搜捕的人没人意识到在西门还会有贼匪。东华门的贼匪被小心地处置，显然又恢复了平静。①

至少有七八十人，或是多至130个人聚集在西华门。准备带这伙人进宫的太监——杨进忠、高广幅和张太——出门来迎接他们的同伙。虽然这两面的进攻都要在正午发动，但有迹象表明西华门这伙人进门是在东边进门之后。一边早些，另一边晚些。至少有四个人挑着小贩用的筐子，装着柿子和山芋，下面藏了刀。有些来自宋家庄的人围着一个人，这人带着他们的刀。他们假装向他买柿子，结果每人都伸手到水果下面拿到一把刀。来自马驹桥的那伙人挤在带着他们武器的年轻人后面，把他和挑着的筐子推倒在地，亮晶晶的黄柿子滚落到街上。他们从筐里拿到刀，冲向大门。

有不少于70个人这样做，投身于叛乱。按规定西华门有20个人守卫，但这些人没有去阻止冲进来的起义者。在里面，首领匆忙决定关上门，因为大部分人都进来了。实际上有不少教徒可能是有意落下，被关在外面。门卫终于被激怒了，他们大叫："有贼匪！"结果留在外面的人匆

---

① 有关宫内对东华门团伙介绍的材料，见《林案供词档》，第203期，第1页，18/9/19，龚恕供词；《林案供词档》，第207期，第1页，18/9/23，刘金供词；《钦定平定教匪纪略》，第3卷，第9—13页，18/9/18，刘得财供词；《林案供词档》，第204期，第1页，18/9/19，陈爽供词；《剿捕档》，277，18/9/23，军机处奏折；《钦定平定教匪纪略》，第7卷，第32—34页，18/9/30，上谕；《钦定平定教匪纪略》，第19卷，第23—25页，18/11/18，上谕；《大清历朝实录》，第277卷，第24—25页，18/10/26，上谕；《林案供词档》，第230期，第3页，18/10/26，军机处奏折；《钦定平定教匪纪略》，第2卷，第7—12页，18/9/16，绵宁和绵恺奏折。

忙逃走。①

在宫里,起义者扎上白腰带和头巾。每个村的首领举着小白旗,每人都拿着刀。② 其中一个首领立即跑上墙头,插上一面旗作为迎接河南来的人的记号。按照计划,这些人很快会来增援。然后这伙人向北前进,此时他们完全依靠作向导的太监给他们在不熟悉的宫内密集建筑群中带路。他们也像东面起义者所做的那样向大内走,经过离果房不远的内务府署。杨进忠在果房做事,在那里还有几个太监教徒在等着。他们遇到宫里的人,此时这些起义者奋不顾身,感到危在旦夕。他们攻击宫里的人,想要杀掉这些人。

这一大批人花了至少半个小时才到达进入大内的前面几座门,但这时宫里的人很警觉,关上了门。(显然东面那伙人在西面的人到达时已全部被抓。)当起义者到达进大内(军机处衙门就在里面)的隆宗门时发现门已关上。他们想把大门撞开,甚至还想用火烧,但却点不着火。最后他们拿了用来守门的弓箭,与那些向他们冲来的守卫搏斗。当这场混战正在进行时,满人开始调度卫兵。

这天早晨,皇帝从热河回程,到了离北京约有五十英里的地方。负 *181*

---

① 《林案供词档》,第 203 期,第 1 页,18/9/19,田马儿供词;《林案供词档》,第 212 期,第 1 页,18/10/3,李兰供词;《林案供词档》,第 216 期,第 1—2 页,18/10/11,李六供词;《林案供词档》,第 214 期,第 1 页,18/10/9,金黑供词;《林案供词档》,第 208 期,第 1 页,18/9/25,李潮佐供词;《林案供词档》,第 203 期,第 1 页,18/9/19,熊金才供词;《林案供词档》,第 204 期,第 1 页,18/9/19,范采供词;《宫中档》017330,19/2*/21,韩宗林供词;《钦定平定教匪纪略》,第 21 卷,第 12—14 页,18/11/23,田起禄供词;《钦定平定教匪纪略》,第 7 卷,第 32—34 页,18/9/30,上谕。

② 有关西华门这伙人在宫内活动的材料有田马儿、田起禄、范采和熊金才的口供(见前注);《林案供词档》,第 204 期,第 1 页,18/9/19,刘进亭供词;《林案供词档》,第 208 期,第 1 页,18/9/25,赵密供词;《林案供词档》,第 206 期,第 1—2 页,18/9/22,高大和杨进忠供词;《林案供词档》,第 203 期,第 1 页,18/9/19,刘三供词;《钦定平定教匪纪略》,第 2 卷,第 40—43 页,18/9/17,宋尚忠供词;《钦定平定教匪纪略》,第 2 卷,第 1—2 页,18/9/16,在京亲王和大臣奏折;《钦定平定教匪纪略》,第 2 卷,第 2—4 页,18/9/16,步军统领奏折和宋尚忠供词;《钦定平定教匪纪略》,第 2 卷,第 12—14 页,18/9/16,内务府奏折;《剿捕档》,89—90,18/9/16,军机处奏折;《钦定平定教匪纪略》,第 1 卷,第 2—17 页,19/3/29,上谕;《上谕档方本》,239—240,19/9/16,军机处奏折;《钦定平定教匪纪略》,第 2 卷,第 7—12 页,18/9/16,绵宁和绵恺奏折;《钦定平定教匪纪略》,第 7 卷,第 4—6 页,18/9/27,军机处奏折;《钦定平定教匪纪略》,第 2 卷,第 35—37 页,18/9/17,上谕;《钦定平定教匪纪略》,第 12 卷,第 1—3 页,18/10/17,步军统领奏折;《钦定平定教匪纪略》,第 2 卷,第 30—33 页,18/9/17,奏折。

责京城治安的步军统领这天清晨已出城去迎接圣驾。他的副手随护皇帝，被派回临时负责。这个人叫玉麟，在十五日下午1点到3点时分回到北京。他立即得到禀告紫禁城的东华门出了事，显然西边发生更严重骚乱的消息还没传到他的衙门。作为步军统领衙门在北京的最高官员，玉麟有权下令全城戒严，他立即这样做了。士兵被派往紫禁城的四座门，并命令守卫比往常提前关闭的13座城门，控制任何看来可疑的人。

同时，玉麟还召集兵丁直接从北面进入大内。他遇到了几个有地位的满人王爷（其中有嘉庆皇帝的哥哥永瑆和永璇）。他们已闻警而动，开始搜寻叛乱者，发现西华门那伙人有些已到了通往大内中正殿的门口，而其他人还在隆宗门外"闹事"。步军统领衙门的兵丁装备精良，立刻就赶来增援宫廷护卫。有些起义者放弃了攻打隆宗门，转而向北。当他们直接与开来的士兵相遇时不得不又掉头向南，离开了大内。

就在这时皇帝的两个儿子也参与了这一行动。在此之前他们看到苍震门前的贼匪被捉受缚，感到局势已被控制。他们议论了一番，决定去看看皇后（是两兄弟中弟弟——18岁的绵恺的生母）是否平安。他们在大内向西北走，到了隆宗门内，这时与第二伙叛乱者的战事仍在进行。

182 至少有三个叛乱者因进不了门而爬上墙，想要从御膳房的屋顶跳进墙内。此时大内没有兵丁，只有被动员起来的太监。他们的器械惟有棍棒，在里面的巷道中巡逻，还站在墙头、屋顶瞭望。看见贼匪要从墙上跳下，年长的皇子绵宁（时年31岁，是未来的皇帝）立刻派一个随从去拿他的腰刀、鸟枪和子药。他知道贼匪想要往北深入大内，如果没有鸟枪就没有办法对付站在墙头和屋顶的人。他事后说，所以他就破坏了禁止在大内开枪的规矩，等到枪拿来就对着贼匪开火，开枪击中一人，此人跌落到墙外。这里面开的一枪使得墙外的多数贼匪不敢再爬墙，但已有几个爬了上来。绵宁跑到邻近的一个院落，又开枪杀了另一个在墙上的贼匪——这是个首领，举着白旗，对其他人发号施令。于是那些落在御膳房顶的贼匪跳到地面，暂时在宫里躲藏。

　　皇帝的侄子绵志（仪亲王永璇的儿子）已先到达现场，这时借来堂弟的枪，打中墙上的贼匪，至少又杀了一人。绵志加入了隆宗门外的搏杀，在一天中手刃一人，开枪击中两人。同时两个皇子按先前的计划去看皇后。绵宁坚持要他的弟弟留在母亲身边，确保她安全，而他自己则返回厮杀的现场，自始至终他都由总管太监和其他几个太监陪着。

　　叛乱者放弃了进入大内的初衷，看到北面有官兵，里面在开枪，就转而向南，走上他们来的路。太监杨进忠仍然还像个首领，至少还有 20 个活着的叛乱分子和他在一起，已经越来越走投无路。杨进忠和他们一起向南走，但他意识到局势已无希望，于是就离开这伙人，跑到他做事的果房。果房的人（有些也在教）关上了门，在里面惊恐地等待。杨进忠爬上墙，跳进院子。他进自己房间拿了把刀，搭了个梯子爬上墙，观察动静。当他看到满族王爷带兵搜寻叛乱者时，就下来想要按常规做事，希望能躲过搜捕。（他的名字几天后才被发现，像其他太监叛乱者一样最终被捉后处死。）没有了首领和向导，剩下的起义者分散开来，处于困境。有些人想要躲藏，其他人则自杀。 183

　　在仪亲王、郑亲王、绵志、绵宁、其他地位较低的王爷、内务府官员和众太监的指挥下，残存的叛乱者遭到围捕，一个个被找到抓住。在十五日夜，宫里和全城照常巡逻，虽然在夜间还有些战事，但到早晨一切都已平静。①

---

① 两个月后，嘉庆皇帝谈到一件被认为是十五日夜发生的事，他说这是在叛乱者的口供中提到的。据我所知在任何叛乱者的供词中都没提到此事。这是清朝对史料随意歪曲以达到其目的的一个明显例证。嘉庆皇帝称：

　　　　既而官军搜捕甚急，贼有上城潜匿者恍惚见关帝端坐午门，乃相率投城自殒尽七十余人，无一脱者。

这位皇帝称，在雷雨交加时关帝像出现在远处，看见他在午门上，贼匪们怕得要命，顿时吓破了胆。见《钦定平定教匪纪略》，第 1 卷，第 2—17 页，19/3/29，上谕（在这份上谕中皇帝称所谓十大奇迹救了清王朝）；《钦定平定教匪纪略》，第 2 卷，第 20—21 页，18/9/16，编者按语；《钦定平定教匪纪略》，第 17 卷，第 1—2 页，18/11/6，上谕。

　　见本书第 277 页注②，另一个编造事件以证明神站在清王朝一边的例子。关帝（也称关公或关羽）崇拜受到了清政府的鼓励，因为他代表了杨庆堃所说的"忠义的市民价值观念，有助于支持合法的政治权力"（《中国社会的宗教》，第 160—161 页）。

在以后的两天中整个紫禁城都被仔细搜寻,很少有叛乱者逃脱。有两人被发现藏在御膳房中,还有个年轻人躲在西华门附近的棚子里。在那座门附近的水沟里找到两具尸体,有二三十具尸体躺在通往大内的各座门外的地上。三天后还发现了三个活着的叛乱分子,他们藏在午门的顶棚里。

大多数叛乱者被抓、被杀,但有几个还是沿着墙走,逃出了宫。范采往紫禁城南跑,十五日下午躲在一座桥下。天黑后,他爬上宫墙,在墙顶上走,到早晨往下跳,跌倒摔伤,不久被抓住。[1] 田起禄要幸运一些:

> 我走到西华门上了马道上,跳到房上就下去,在这房内藏躲。藏了几天,十八日早爬到靠城的大树上,跳到城上顺城走过门楼,往北有一里多地,见外边城根堆有虚土,就下去,又登着砖块上了仓房往北走,见有已拆房间堆有漫坡虚土就走下去,又凫水过河,从南边栅栏门缝挤出,由西华门顺城门彰义门逃往家中。[2]

田起禄两个月后被捕,像其他人一样被处决。

余 波

几乎所有进了紫禁城的起义者不是被杀就是被俘。官方声称有31个贼匪被杀,44人被擒,其中有些受了重伤,不久死去。不过,清朝方面受到的伤亡更大,这76个叛乱者手中只有刀,却能杀死杀伤一百多个宫廷护卫。[3]

大约在十五日下午6时左右,嘉庆皇帝知道了北京发生的事。这天下午,两个级别不高的满人军官碰巧来到东华门。发现门已关上,他们

---

[1]《林案供词档》,第204期,第1页,18/9/19,范采供词。
[2]《钦定平定教匪纪略》,第21卷,第12—14页,18/11/23,田起禄供词。
[3]《钦定平定教匪纪略》,第2卷,第33—34页,18/9/17,奏折;《钦定平定教匪纪略》,第4卷,第5—9页,18/9/19,奏折;《钦定平定教匪纪略》,第7卷,第4—6页,18/9/27,奏折;《大清历朝实录》,第277卷,第22—23页,18/10/24,上谕;《大清历朝实录》,第276卷,第20—21页,18/10/11,上谕。

就绕到北面进入紫禁城,知道了宫里闹事的情况,拿了刀到里面去帮忙。他们亲眼目睹了战斗的实况,又各自向负责的满人王爷询问有什么事要他们做。皇帝的哥哥永璇(他的儿子绵志已在与贼匪交战中大显身手)要他们草拟一份简短的奏章,让在宫中的 17 个王爷和大臣具名。他派这两人尽快把奏章送给皇帝。他们立即离宫,去兵部调马,骑着立即出城。当他们见到 50 英里外的圣驾时,呈上奏章,并向皇帝和在场的军机大臣述说了亲眼看到的情况。① 借此皇帝在几小时内就了解到,有束白头巾、扎腰带的人在闹事,他的子侄表现不凡,局势已被控制住。②

　　嘉庆皇帝已知道这几天(自十二日起)在河南和山东有人闹事,叛乱者都扎白头巾表明这些事件与攻打皇宫之间有联系。在这些叛乱之间可能有密切的联系看来越来越明显。十五日,皇帝接到山东巡抚的奏折,最后说据金乡教徒的口供称,他们的教首住在北京附近。有个山东的教徒说,这人是弥勒佛转世,有不少名字,有时姓林,有时又姓刘。他住在京城南面离城 28 里的地方,靠近大路。他以前去过河南,与当地的教首会商,策划在京畿地区造反。③ 很快皇帝又得到其他的证据,表明有

185

---

① 《剿捕档》,89—90,18/9/16,军机处奏折;《林案供词档》,第 199 期,第 1—2 页,18/9/16,奏折。
② 他的儿子第二天上奏,述说了他们在交战中所起的作用,认为,"子臣皇母同贵妃等位及子臣等,并九公主,仰赖皇父威福,均皆平安,伏祈圣心宽慰"(《林案供词档》,第 201 期,第 1—2 页,18/9/16,奏折)。
　　嘉庆皇帝极力赞赏他的次子绵宁。这个儿子(在 1799 年)已被秘密选为储君,他自 1821 年至 1850 年在位为道光皇帝。嘉庆皇帝很高兴他的判断(没有公开)得到肯定,他很骄傲地发现满人长于狩猎、作战的技能在他家中还未完全丧失。作为奖赏,绵宁被封为智亲王,俸禄加倍。后来的历史学家有时不确切地称,绵宁是因其在保卫皇宫时立功而被立为储君。
　　未来的道光皇帝参与镇压八卦教起义这件事,尽管常常谈得并不准确,但这是历史学家对这次起义特别重视的原因之一。20 世纪初,西方来北京的游客称,在中和殿(这里实际没有发生战斗)可以看到有个箭头嵌入屋顶,据说是道光为保卫皇宫而射的。有个不久去北京的游客告诉我,在隆宗门的一块匾额(比较准确)上有个射入的箭头。实际上绵宁用的是鸟枪。
　　嘉庆皇帝在他儿子奏折上所做的批注见《随手登记》,18/9/16,绵宁和绵恺奏折。有关绵宁所受的奖赏见《钦定平定教匪纪略》,第 2 卷,第 14—15 页,18/9/16,上谕。有关绵宁被选为储君,见慕恒义:《清代名人传略》,第 574 页(房兆楹所写道光皇帝传)。有关箭头见 L·C.阿灵顿和威廉·卢维森:《寻找老北京》,第 37—39 页。
③ 《钦定平定教匪纪略》,第 1 卷,第 29—32 页,18/9/15,张建木供词。

一个姓林的"幕后策划者"存在。宋家庄的地保几天前提到过林清，到十六日他的证词开始得到认真的对待。第二天他被带去现场指认抓捕林清。（有些在宫中被俘的叛乱者已被非正式地审问过，但显然他们中没人在十七日下午以前提到过林清的名字。）

林清在被逮捕前的那几天过得也不容易。宋家庄的人在十四日夜半时离开他家去北京，村子就像是空了一般。林清短时间离家外出，但在吃过早饭后又回来了。他回到董家院落自己的住处，命令他的外甥和其他几个留在家的人和他一起出去，打钹吹号筒，他自己击鼓。到中午，按计划是开始攻打皇宫的时间，林清看起来很镇定，回到房里休息。他说："如果有人来就叫醒我。"董帼太和宋维银站在房门口，看着街上。他们看见了贺世贵，贺是个教徒，应该去北京。而他因胆小没去，这时却去赶集。宋维银把贺世贵拉到附近庙旁的一棵树下，问他为什么没有和其他人一起去。他对贺世贵的解释并不同情，就对贺说，"因为你今天没进城，这就是说以后我们的人会杀了你。"贺世贵连忙跑开。①

到天黑掌灯时分，林清起床了。他告诉一些人现在他们可以去睡了。宋维银和六个待在林家的人奉命拿起刀棍，站着守卫。到夜里和清晨，起义者陆续从北京回来。这些人中至少有11个人或单独或数人来到林清家，把坏消息告诉了首领。林清以宿命的态度对其中一人解释，正是因为他们的根基不牢所以不能成功。意识到这时他自己也确实有危险，林清坚持要每个人都在夜里守卫他的家。

第二天是十六日，其他起义者也从北京逃回村里。② 林清待在自己

---

① 《林案供词档》，第221期，第1—3页，18/9/16，董帼太供词；《上谕档方本》，225—226，19/4/12，董帼太供词；《林案供词档》，第219期，第1页，18/10/14，刘帼受供词；《上谕档方本》，219—221，19/4/12，贺世贵供词。

② 《林案供词档》，第219期，第1—2页，18/10/14，宋维银、刘帼受和董伯营供词；《林案供词档》，第228期，第1—2页，18/10/22，祝玉供词；《林案供词档》，第214期，第1页，18/10/9，边福贵供词；《林案供词档》，第214期，第1页，18/10/8，贺万金供词；《林案供词档》，第213期，第1页，18/10/3，祝林和李明供词；《林案供词档》，第220期，第1页，18/10/15，李奉全和崇泳安供词。

家,与几个朋友成天在一起,大家几乎默然无言,坐着抽烟想事情。林清已经得到有关河南起义进展的一些消息,有段时间他在考虑要亲自去那里。最后他决定派他的朋友同村的支进才去,此人每次都陪林清去滑县,认识路。他要支进才骑马去,先去通知直隶中部的宋跃滩,然后再去滑县,告诉李文成攻打紫禁城没有成功。

这一天林清在考虑何去何从,他决定留在家里。第二天早晨,七天前就运转起来的政府机构最终抓了他。十七日天亮前,地保宋进荣(林清同村的人,又是他师父的兄弟)到了宋家庄,和他一起来的有一个把总、几个当地驻军的士卒,还有三个内务府的差役,很快就抓了人,没有发生抵抗。这么早屋子里惟一醒着的人是林清的外甥董帼太,他恰巧往屋外走,看到舅舅被带走。抓人的官兵拦住董帼太,把他也抓了。这两人被捆了起来,放在大车上带走。①

家里其他人几乎全都醒了。林清的姐姐董帼太的母亲控制了局面。她把大家都叫起来,命令所有人——至少有 20 人——拿起大刀棍棒去追赶大车,救她儿子和弟弟。有个邻居早上去荞麦地,在远处看到这些人挥着家伙追大车,但救人因不够诚心而没成功。大多数人只追到村子边上,每人都有借口不跑远:"车走得快,赶不上。""我匆忙跑到村口,但我不是很有勇气,就跑回了家。"②出于安全考虑,林清和外甥被转道经宽阔的南苑送往北京。南苑位于北京以南,在宋家庄东面,这里不许百姓 ^187^

---

① 《林案供词档》,第 221 期,第 1—3 页,18/10/16,董帼太供词;《上谕档方本》,271—272,20/4/24,董帼太供词;《上谕档方本》,331—333,22/9/24,王亮供词;《林案供词档》,第 227 期,第 1—2 页,18/10/21,董帼太供词;《上谕档方本》,173—174,21/1/25,董帼太供词;《钦定平定教匪纪略》,第 3 卷,第 9—13 页,18/9/18,林清供词。来抓林清的人包括一名把总(卜内特和 V·V·哈盖尔斯特罗姆:《中国现代政治机构》,♯752F)和内务府的人(卜内特和 V·V·哈盖尔斯特罗姆:《中国现代政治机构》,♯81)。

② 《林案供词档》,第 221 期,第 1—3 页,18/10/16,董帼太供词;《林案供词档》,第 219 期,第 1 页,18/10/14,刘帼受和宋维银供词;《林案供词档》,第 228 期,第 1—2 页,18/10/22,祝玉供词;《林案供词档》,第 227 期,第 1 页,18/10/21,宋进荣供词;《钦定平定教匪纪略》,第 7 卷,第 14—17 页,18/9/28,上谕;《钦定平定教匪纪略》,第 3 卷,第 5—6 页,18/9/18,奏折;《剿匪案》,58,20/2/12,宋进保供词。

进入。林清被带到步军统领衙门审讯。南路巡检张步高带着一些人来押送这些被抓的人去北京。① 第二天是十八日,分司巡检陈绍荣也奉命来宋家庄抓人。他发现林清已经不在,但还是搜查了他的住处,抓了董家的人和八个仍在屋里的教徒。②

同时对林清进行了一次初审,他承认组织了攻打皇宫——"其为首悖逆情事,当即挺身直认不辞,及诘其党伙尚有多少,现存何处,又复支离不肯吐实。"林清被送往刑部。在那里他受到刑部高官和皇帝所派专门代表的严厉审讯。③ 在以后的口供中,林清交代了教徒的名字,但他说的是绰号,因而很含混。与其外甥提供的内容相比,他交代的东西没什么用。他外甥的陈述很长,内容详尽、可靠。(董帼太被处决前一直在刑部待了九年。他间断地受审,要他描绘或是指认被缉捕的叛乱者,还要他验证后来被抓的那些人的口供。)④

二十一日,林清再次被刑部的高官审讯。他们教训他:"我皇上爱民

① 《钦定平定教匪纪略》,第 3 卷,第 5—6 页,18/9/18,奏折。
② 《随手登记》,18/9/19,顺天府呈奏折;《林案供词档》,第 226 期,第 1—2 页,18/10/21,陈绍荣供词。
③ 《钦定平定教匪纪略》,第 3 卷,第 5—6 页,18/9/18,奏折。
④ 林清的口供可在《钦定平定教匪纪略》,第 3 卷,第 9—13 页,18/9/18 中找到(另一更准确的文本可在《林案供词档》,第 205 期,第 1 页中找到);《钦定平定教匪纪略》,第 4 卷,第 5—9 页,18/9/19(另一文本在《林案供词档》,第 202 期,第 1 页);《林案供词档》,第 206 期,第 1 页,18/9/21。

　董帼太最终在 1822 年被处决,用窒息的方式处死(《上谕档方本》,407,道光 2/10/28)。他对八卦教的主要陈述有《林案供词档》,第 204 期,第 1 页,18/9/19;《林案供词档》,第 219 期,第 2—3 页,18/10/15;《林案供词档》,第 221 期,第 1—3 页,18/10/16;《林案供词档》,第 224 期,第 1—2 页,18/10/18;《林案供词档》,第 225 期,第 1 页,18/10/18;《林案供词档》,第 227 期,第 1—2 页,18/10/21;《林案供词档》,第 229 期,第 3 页,18/10/24;《林案供词档》,第 233 期,第 1—3 页和第 234 期,第 1 页,18/10/27;《钦定平定教匪纪略》,第 17 卷,第 4—7 页,18/11/6;《钦定平定教匪纪略》,第 20 卷,第 33—34 页,18/11/21;《上谕档方本》,225—226,19/4/12;《上谕档方本》,91—93,19/7/7;《上谕档方本》,379,19/7/26;《上谕档方本》,431—432,19/7/29;《上谕档方本》,123—124,19/11/9;《上谕档方本》,169—173,19/11/14;《上谕档方本》,611—612,19/12/25;《上谕档方本》,107,20/1/20;《上谕档方本》,213—214,20/2/20;《上谕档方本》,271—272,20/4/24;《上谕档方本》,191—193,20/6/18;《上谕档方本》,209—210,20/6/19;《上谕档方本》,171—174,21/1/25;《上谕档方本》,121—124,22/11/10;《上谕档方本》,203—209,22/11/18;《上谕档方本》,371—373,24/6/29。

如子,但有人心应无不感戴天高地厚。你既系宛平百姓,更比不得远省之民,皇上种种加惠百姓之处,岂有不知? 何至纠约多匪,持刀突入禁城?"林清答道:"我起初倡会原是意图敛钱,后来哄诱的愚民多了,就希图富贵,干出这样事来。总是我合该万死,无福做太平百姓,自取绝灭,更有何说?"①

九月二十三日,林清被带到嘉庆皇帝面前,由皇帝和聚集的满人王爷还有大臣审问。与林清一起的还有两个太监和一个叛乱者。林清的朋友陈爽也要被带到殿上审问,但他刚刚因在攻打皇宫受的伤而死。这四个人都受到审讯,主要问他们太监参加叛乱的事,然后把他们带出去处死。林清终于在被凌迟处死前看到了那个他希望赶下台的人。后来他的头被送到了河南的战场,在那里给叛乱者看以作为他已死的证明。②

所有在攻打皇宫时战死的叛乱者的尸体都被运到刑场,"碎尸万段"。后来被抓的那些坎卦教徒及其亲属都受到审讯,再根据他们知道或是参与这次不成功叛乱的程度来细心地判决。在后来的四年中,有800 多人被捕,由刑部处罚,大多数人被处以各种形式的流放。③ 北京周围白莲教的传教网就是与林清没有联系也被摧毁。因为感到在京城及其周围有必要确保安全,所以在李文成及其门徒活动的南面地区推行的

188

---

① 《林案供词档》,第 206 期,第 1 页,18/9/21,林清供词。
② 《钦定平定教匪纪略》,第 5 卷,第 24 页,18/9/23,上谕。
③ 见《钦定平定教匪纪略》,第 2 卷,第 40—43 页,18/9/17,有关处决攻打皇宫犯人的内容。1816 年六月,285 名叛乱者被处决(凌迟、斩首或是窒息),还有 577 个教徒及其亲属和其他人因参与程度不深而被判各种流刑。《钦定平定教匪纪略》,第 42 卷,第 31—34 页,21/6/3。这些被流放的人分别(按照不同法令)被送往新疆、黑龙江,若是妇女则被送往广东、福建、四川和甘肃,通常是给功臣、官军兵丁和"蛮夷"部落为奴。考虑到被送往这些地区的教徒和亲属人数很多,很有可能白莲教义也随之在这些地方传播开来。有关这些判决的样本见《钦定平定教匪纪略》,第 22 卷,第 25 页,18/11/27,奏折;《随手登记》,18/11/27,给将军的指令;《钦定平定教匪纪略》,第 27 卷,第 41—43 页,18/12/20,奏折;《林案供词档》,第 223 期,第 1—3 页,18/10/17,奏折;《大清历朝实录》,第 281 卷,第 5 页,18/12/17,奏折和上谕。

宽大不参加叛乱教徒的政策没有在京畿地区实行。①

回过头来看,由一伙装备很差没有经验的起义者进攻紫禁城也确实可怜。实际上,在山东有几百个人进入了两座城市,杀了县衙里的住户和衙役,但他们甚至都没想占领这两座城市。在河南,动用了几千而不是几百人攻占并控制了滑县。事实表明,攻打皇宫的计划是完全不现实的,做出这样计划的责任应由林清承担。看来正是因林清的野心使他不顾实际。他也可能是自己宣传的牺牲品,迫使他要干件大事以与其"后天祖师"和"掌理天盘"的身份相符。这件大事能让其同伙信服,可继续使他在八卦教徒中赢得尊重。林清不顾他群体内部的缺陷以及对手的力量。他留在家中而没有带人进宫这一点也肯定不妥当,他要参加实际上就能有助于解决组织松散和缺乏纪律的问题,而这些问题削弱了攻打皇宫的力量。

不过,即使条件极为有利,起义者也还是会遇到难以解决的问题。光是以武力出现在紫禁城就对他们不利。在经过了满是尘土拥挤的城乡街道后,肯定会充满着空虚、孤寂的心绪,到处是绚丽的色彩和坚实的房屋,几乎要让他们瘫痪。巨大的城墙和城门,还有密集的宫殿建筑群会让一个外来者感到震惊,最终还成为一个陷阱。即使林清派的人全部能进宫,他们也还是处于少数。再就纪律、武器和军事经验而言,起义者也不能与守卫皇宫的八旗兵相比。还有大批士兵驻扎在北京周围,起义者就没想到他们会被调来吗? 即使他们能杀了大多数宫廷人员以及皇家的人,剩下的起义者能占领紫禁城四门,挡得住一定要冲进来的大军?

林清对宫里的情况不了解,他主要靠自己的太监徒弟向他担保可以攻打。确实总有理由让他们相信可以进入宫中。这一事件之后,嘉庆皇

① 推定这一政策的例子太多难以详加引证。官府既出于慈悲又为了实际:"愚民习教甚多,岂能概行诛戮?"(《那文毅公奏议》,第28卷,第23—26页,18/10/9,上谕)。另见其他例证,《钦定平定教匪纪略》,第14卷,第8—11页,18/10/27,上谕;《钦定平定教匪纪略》,第1卷,第17—18页,18/9/14,上谕;《那文毅公奏议》,第28卷,第19—23页,18/10/1,那彦成奏折;《钦定平定教匪纪略》,第19卷,第9—13页,18/11/14,上谕;《那文毅公奏议》,第33卷,第18—19页,19/1/4,上谕。

帝调查了宫里的防卫,虽然对迅速镇压了叛乱者颇为自豪,但也发现不少地方有问题。至少在一年后,还有奏折和上谕来往交驰探讨改善门卫,确保军队精良堪用、足额齐备,还规定了太监进出宫的规矩,等等。①不管宫中的人如何疏忽,他们在情况紧急时能面临事态迅速而坚决地做出反应。皇家成员和皇族的王爷尽管不习惯这样的暴乱,但他们都能很有信心,作为男子汉和满人有能力去面对并处理危机。

如果把八卦教起义作为一个整体来看,要想把这些白莲教派转变为起义的工具难度还是很大的。为了在指定的时间不同的地点动员多股普通百姓参加暴力的起义又不能提前行动,这就要教徒必须开始从事危险而又违法的活动,使得他们极有可能被官府人员察觉。要想得到起事用的武器也有危险。教派首领要一步步让信徒相信起义是正义之举,因而不可避免,要他们在心理上准备放弃对暴力开始所具备的安全意识,这些做法在整体上对活动的安全也很有危害。朋友、亲属和邻居很自然就会感觉到那些准备起事的信徒在从事的活动,他们的举止显得紧张又有所期待,既感到害怕又很兴奋。这种情绪从教派活动的中心呈波浪状地向外传播,不可避免地会引起官府的注意。总之,在起事前就需要准备良好的心态和具体的物品使得必需的保密无法做到。

有关“起事谋划”的消息在那些有着官方和半官方身份的人中传播,这些人是沟通官府和百姓的桥梁。在这些人中有为皇室服务的太监、为上层满人效劳的汉人包衣、在富人家干活的仆人、富裕家族中的穷人、士

---

① 因这次叛乱而引起的建议改变的内容很多,许多建议可在《清实录》中找到。比较重要的一些建议有地方官要加强对住在乡村的汉人包衣和旗人的监督(例见《大清历朝实录》,第277卷,第29页,18/10/27,上谕;《钦定平定教匪纪略》,第24卷,第1页,18/12/7,上谕;《大清历朝实录》,第280卷,第25页,18/12/15,上谕);对太监要密切监督(《随手登记》,19/5/16,给军机大臣上谕;《大清历朝实录》,第276卷,第7页,18/10/2,上谕);改善宫廷护卫所用的武器(《大清历朝实录》,第275卷,第28—29页,18/9/30,上谕;《大清历朝实录》,第277卷,第8页,18/10/19,上谕)。在叛乱前的三个月中,发现有些宫廷护卫抽鸦片(《上谕档方本》,69,18/6/14,上谕),但在攻打皇宫中没有提到这一点。

绅家的乡邻、有秀才功名的乡村塾师、官府在村子的半官方代表、省级官员派驻集镇的代表——这些人和其他一些人有着其他普通人所不具备的与上层官员的联系，这一联系使他们有可能成为消息的来源。

保守秘密几乎是不可能的，还存在着这些与上面沟通的渠道，这就意味着像八卦教起义这样范围广泛的"谋划"不可能完全守住秘密。正是由于起义者行动迅速而官府行动迟缓才使得起义者没有在行动前遭到干预。正如我们所知，如果官员们对可能的威胁保持警惕，清政府的官署可以靠高墙、人员和钱财得到很好的保护。纵然就这个特例而言，紫禁城在遭遇突然袭击时也能守得住。与此不同，普通的县城在遭到激烈的突然袭击时就比较脆弱。

对那些经历了由"暗"而转向"明"的八卦教徒还有一整套新的问题在等待着他们。这些教徒与官府之间的较量在平时是不直接的，也不明显，而现在已成为在战场上的公开搏杀。让我们来看看这一角逐。

第四部分　求生:争取民众支持

直隶南部长垣县的知县在 1813 年九月六日遭到一群八卦教徒袭击而被杀。第二天,秘密进入豫北滑县的起义者攻打了县衙门,后又占领了县城和邻近的港镇道口。三天后的初十那天,其他起义者袭击了鲁西南定陶和曹县的县衙,但没有占领这两座县城。十五日,即原定发动起义的日子,有一批起义者进入了北京的紫禁城,想要夺取它,但却相继被杀、被捕。

在九月下半月,山东和直隶南部的起义者分成小股,继续在寻找粮食和支持者。官兵逐渐地动员起来,到这个月底把起义者向西赶出了山东。以滑县及附近的村庄为据点,河南的八卦教徒也在向四周寻找人员和补给。他们想攻占浚县,却没有成功。在十月,大批清军慢慢聚集起来,从各个方向对河南的起义者施加压力,而官兵进攻的矛头指向的是滑县。在地方乡勇的帮助下,清军逐步攻占了起义者控制的村庄。随着残存的起义者逃入滑县,他们又重新控制了乡村。到十月底,官兵夺回了道口,并开始围困滑县县城。

起义首领李文成想要逃脱,他带着几千人离开了滑县,先是想去山东,后不得不转而向南,接着又向西,最后找到豫鲁交界地区山脚下一块相对安全的地方,陷在那里一个有圩寨的小村子里。李文成和手下的人在十一月下半月被追踪而来的清军围困后消灭。同时对滑县的围攻也在加紧,到十二月十日从东北调来的 1.5 万军队到达,清军攻下了这座县城。八卦教起义延续了三个月,耗费了清政府约 400 万两白银。有十多万人参加了起义,有些人是被迫的,至少死了七万人。

一旦八卦教徒起事反叛,他们事业的性质和规模就发生了急剧变化。坚定的教徒是一个更广泛、更多样化运动的核心,这时他们必须立即把叛乱力量聚集在一起,在军事上打败清军。所有别的都只是序曲,这才是真正的考验。我们先要来看看起义者是如何争取民众的支持,以及他们给参加者提供了什么样的生活。然后我们再来考察在八卦教首领想要将其模糊的目标和策略与令人失望的实际相适应时遇到的问题,还有这些首领所过的新的生活方式。我们还要以较为常见的说法来探讨清朝对起义的镇压,既动用了大批军队也动用了乡勇。最后,我们还要来关注起义最后的时日,李文成逃出滑县,清军靠血战夺回滑县县城。下面的叙述并不集中于官方,而是集中于起义者的斗争和起义事业痛苦的倾覆。这有助于我们理解八卦教徒作为叛乱者是如何生存下来的,他们又为何会失败,以及他们最后的变化。

争取支持者

他们一旦起事,八卦教徒的人数就迅速地成倍增加。徐安国手下约有 600 个弟子参与了起义的策划。一个月内,在山东有近 6 000 起义者被杀、被俘,据说还有这么多的人逃离了这个省。① 在河南滑县和浚县的

---

① 我有参加起义的一个教派 1 090 人的名单(几乎是全部人员),但他们不属于林清那派(见本书第 4 页注①)。在这些人中有 133 人来自直隶中部的各县,他们没有参加起义(这些人中来自景县和固城的 99 人,来自永年的 19 人,其他的 14 人)。有些人的居住地能弄清楚,在起义爆发前就明确地属于某个教派,他们中 123 人来滑县或浚县,226 人来自山东。

(转下页)

一两千八卦教徒后来吸引了七八千追随者,他们还牢牢地控制住了两万县城的居民。①总之,发动起义的骨干信徒聚集了十倍新的追随者,最终他

(接上页)　　　这些从山东来的人大多来自金乡县,在起义前那里发生了大搜捕。当地的教派网至少有183人,全都是崔士俊的弟子。如果在曹县和定陶也有类似的联系网,那么整个鲁西南的教派人数至少有600人,这得到了这些信徒的师父徐安国的确认,他称自己在山东有"六七百徒弟"(《钦定平定教匪纪略》,第29卷,第1—6页,18/12/26)。

　　　我对滑县和浚县教徒的情况了解不够。黄兴宰称光他那伙人在最初攻打滑县时就有八九百人(《那文毅公奏议》,第30卷,第36—38页,18/12/12)。这批进攻的队伍总数可能有几千人(见本书第139页注②)。在滑县和浚县起义者的分布范围很广,起义前有一两千人看来没问题。

① 下面是对在南部平原地区起义中所有被杀、被俘和投降的起义者人数的归纳。在这一部分,被杀起义者的人数是以清军将领向皇帝的奏报为依据的。这些估计的数字通常是约略的,如二三百人、六至八千人,都不很准确。这些数字大多也无法查证,因为没有别的材料我只能有保留地采用这些数字。

　　　(1)山东:总共有4 400人被杀,2 800人被生擒。见《钦定平定教匪纪略》,第1卷,第1—2页,18/9/12,奏折;《钦定平定教匪纪略》,第3卷,第19—21页,18/9/18,奏折;《钦定平定教匪纪略》,第6卷,第23页,18/9/26,上谕;《钦定平定教匪纪略》,第7卷,第9—10页,18/9/28,奏折;《钦定平定教匪纪略》,第9卷,第5—6页,18/10/3,奏折。有个官员估计,在山东有五千贼匪被消灭,六七千人向西逃窜:《钦定平定教匪纪略》,第19卷,第14—16页,18/11/16,托津奏折。

　　　(2)九月、十月在滑县和浚县有12 300—13 100人被杀,1 500人被俘。见《钦定平定教匪纪略》,第1卷,第32—33页,18/9/15,奏折;《钦定平定教匪纪略》,第3卷,第22—23页,18/9/18,奏折;《钦定平定教匪纪略》,第5卷,第11—14页,18/9/22,奏折;《钦定平定教匪纪略》,第8卷,第1—3页,18/10/1,奏折;《钦定平定教匪纪略》,第6卷,第5—8页,18/9/16,奏折;《钦定平定教匪纪略》,第11卷,第1—4页,18/10/13,奏折;《那文毅公奏议》,第28卷,第31—35页,18/10/13,奏折;《钦定平定教匪纪略》,第1卷,第1—2页,18/9/12,奏折;《钦定平定教匪纪略》,第9卷,第22—25页,18/10/7,奏折;《那文毅公奏议》,第34卷,第13—14页,18/11/11,奏折;《那文毅公奏议》,第29卷,第10—11页,18/10/28,奏折;《那文毅公奏议》,第29卷,第1—3页,18/10/22,奏折;《那文毅公奏议》,第29卷,第5—6页,18/10/24,奏折;《那文毅公奏议》,第29卷,第22—23页,18/11/3,奏折。

　　　(3)在道口之战中有9 000—10 000人被杀,8 400—9 400人被生擒。见《那文毅公奏议》,第29卷,第14—16页,18/11/1,奏折。

　　　(4)十月、十一月和十二月在滑县城郊的战事以及清剿村庄的过程中(但不包括上面的战事):4 100人被杀,800人被俘,1 650人作为"难民"投降。见《那文毅公奏议》,第29卷,第26—28页,18/11/6,奏折;《钦定平定教匪纪略》,第24卷,第3—7页,18/12/8,奏折;《那文毅公奏议》,第30卷,第36—38页,18/12/12,奏折;《钦定平定教匪纪略》,第25卷,第7—10页,18/12/12,奏折;《钦定平定教匪纪略》,第18卷,第23—25页,18/11/13,奏折;《钦定平定教匪纪略》,第19卷,第30—32页,18/11/18,奏折;《那文毅公奏议》,第30卷,第1—4页,18/11/14,奏折;《那文毅公奏议》,第29卷,第33—35页,18/11/11,奏折;《那文毅公奏议》,第29卷,第29—32页,18/11/1,奏折;《那文毅公奏议》,第29卷,第10—11页,18/10/28,奏折;《那文毅公奏议》,第34卷,第13—14页,18/11/11,奏折;《钦定平定教匪纪略》,第19卷,第4—9页,18/11/14,奏折;《钦定平定教匪纪略》,第16卷,第35—38页,18/11/5,奏折。　　　(转下页)

们只是起义大军的一小部分。那么他们是怎样吸引并能确保这些新成员的忠诚的？他们又是如何组织并指导这些人的？为了回答这些问题，我们就必须来看看被占的城市和乡村，这两类地方给教徒和起义领袖提出了不同的吸收新成员的问题。

不幸的是，有关占领滑县县城的材料特别少。只有几个起义首领活了下来并受到讯问，其他人都在十二月县城收复时丧生。只有很少几个人叙述了这次占领对城里居民的影响，并谈到起义者与他们希望能得到其效忠的"良民"之间是什么关系。

我们知道，九月七日晨，李文成在滑县和浚县的助手、弟子冲进滑县衙门，解救了他们的首领。他们进攻了清政权的象征物，开启狱门，打开财库，毁掉田税和户籍登记册，还放火烧了院落。① 对当地的清朝官员他们也同样残忍。强知县得以逃脱，但他的仆人和亲属共有 37 人被杀。教谕跳入井中后被拖出来，后来与家里的 17 口人一起遇害。他的尸体被扔出墙外，而亲属的尸体则被丢在墙内腐烂。起义者扬言谁去收尸就一并杀死。吕教谕的下属八品的县学训导运气要好些。他后来说贼匪

（接上页） （5）收复滑县县城：36 000—38 000 人被杀，2 000 人被俘，2 000 人成为"难民"。见《那文毅公奏议》，第 31 卷，第 1—4 页，18/12/12，奏折；《那文毅公奏议》，第 33 卷，第 4—5 页，18/12/20，奏折；《那文毅公奏议》，第 35 卷，第 16—17 页，19/1/4，奏折；《那文毅公奏议》，第 31 卷，第 8—12 页，18/12/15，奏折；杨芳：《宫传果勇侯自编年谱》，第 3 卷，第 33 页；《钦定平定教匪纪略》，第 28 卷，第 8—10 页，18/12/23，奏折；《那文毅公奏议》，第 32 卷，第 28—31 页，18/12/25，奏折。

（6）逃亡中的李文成一支：4 800—5 400 人被杀，200 人被俘。见《那文毅公奏议》，第 30 卷，第 1—4 页，18/11/14，奏折；《钦定平定教匪纪略》，第 21 卷，第 16—20 页，18/11/24，奏折；《那文毅公奏议》，第 30 卷，第 22—25 页，18/10/25，奏折；《那文毅公奏议》，第 31 卷，第 25—27 页，18/12/20，奏折；《钦定平定教匪纪略》，第 16 卷，第 35—38 页，18/11/5，奏折；《钦定平定教匪纪略》，第 19 卷，第 4—9 页，18/11/14，奏折；《钦定平定教匪纪略》，第 18 卷，第 9—10 页，18/11/11，奏折。

根据这些数字总共有 70 600—75 000 人被杀，37 350—38 350 人被俘或投降。所有自愿或非自愿卷入的总人数大约在 108 000 到 113 000 之间。在收复道口和滑县县城的战事中打死、被俘的总人数在 75 000 到 79 000 之间。在乡村的战事中丧生、被捉的人在 32 600 到 34 100 之间。在河南和直隶南部（与山东相对）卷入的人数在 95 000 到 101 000 之间。（对滑县县城原有居民人数的估计见本书第 208 页注②。）

① 《宫中档》016810，19/11/15，奏折。

强迫他当知县被他拒绝,但他在起义期间只是被关在一家药铺里。他的不愿合作可能是夸大其辞,因为他是惟一被饶恕的官员。① 有必要说明这次起义者针对清朝官员的暴力行动自动地扩大到了这些官员的幕僚、亲属、来访的朋友和仆人身上,而不问其年龄、性别和社会地位。另外,八卦教徒还释放了囚犯,他们中多数人都加入到了造反者的事业中去。②

一开始起义者对城市居民的态度是敌对的。在攻打了衙门之后,成群的武装起义者冲到城里街上。如果下面的叙述是普遍的话,那么他们就会让滑县的居民感到恐惧。魏家属于城里的有钱人:老魏在县城有家店铺卖鞋帽,他儿子经营一家酒铺,侄子有生员的身份,还有个孙子在 20 岁后就一直在准备考科举。七日早晨天刚亮,酒铺主人魏秉均被街上地保的叫声吵醒。快役大声喊道:白莲教徒造反了,已进了城。他要大家拿起棍棒家伙去追捕教匪。魏秉均跟着地保去了县衙大院,但发现有人向他们开枪,于是就放弃了抵抗,大家四散逃跑。魏秉均立即逃出了县城,当然就不能回去照料家人。在还能逃跑时他父亲也离开了县城,魏秉均的妻儿留在家里无人保护。

那天早晨,小魏还像往常一样在书房里等老师,显然他没意识到有人在攻打衙门,突然他听到街上大吵大闹的声音。起义者忙完了官府衙门的事后,这时已分散到城里各处。小魏说:"有人将门撞开,有贼匪一二十人跑进来。我就跑到里面去,贼匪随后赶进,抢我许多衣服、粮食。拿着刀要杀人,母亲将我护着说,'就是这一个儿子,饶了他吧!'贼人不依,将我母亲砍了三刀,就倒在地上了。将我捆住带出去。"在县城被收复后,这家活下来的人发现他们的家被毁,这个年轻人的曾祖父母、叔叔

196

---

① 《那文毅公奏议》,第 34 卷,第 23—25 页,18/12/16,赵心戒供词。有关县学的教谕和训导见卜内特和 V・V.哈盖尔斯特罗姆:《中国现代政治机构》,♯81.5 和 875.6。

② 在滑县、曹县和定陶,起义者各自从狱中释放了 18、41 和 15 个囚犯。在这 74 人中,有 10 人(全是在曹县)拒绝获得自由,29 人后来(先是获得了自由)向官府自首,6 人被重新逮捕,其余 29 人逃脱不归,他们或许加入了八卦教,与教徒一起死了。见兰德尔・爱德华兹等:"自愿投降:案例和材料",第 21 条。有关释放囚犯,另见《宫中档》016750,19/11/13,李成供词。

和两个婶婶全都死了。① 显然官员和城里的头面人物被吓坏了，因而没能有效地动员起来对付八卦教。如果那些有钱有权的人如知县和魏家的人在一开始就选择逃走而不是抵抗，那么那些没什么势力的人对这一新情况保持沉默就不值得奇怪。

当八卦教徒占领县城后，财产被他们没收，房屋被占，城里的居民被迫为叛乱者做事。虽然没有发生如教徒们预想的那种大屠杀，但还是要居民帮忙，要他们积极参与叛乱，那些拒绝的人会立刻被处死。例如，起义首领黄汴公奉命带 200 人去城里搜寻值钱的东西。当他们拿走一户姓张人家的财产时，张家太太尖声咒骂他们。黄汴公命令手下的人杀了她，还杀了这家的 12 口人。②

另外，魏家的这个年轻人是众多屈从于八卦教的人中的一个。他被

---

① 《上谕档方本》，143—146，19/10/14，魏秉均供词；《上谕档方本》，177—178，19/7/14，魏修德（儿子）供词。

② 《钦定平定教匪纪略》，第 41 卷，第 3—4 页，19/7/6，黄汴公供词。有关孩子称其父母因拒绝与贼匪合作而被杀的证词，见《上谕档方本》，153，19/3/10，秦珠儿供词；《上谕档方本》，159，19/3/10，张黑小儿供词；《上谕档方本》，305—306，19/4/18，幼孩名录。

　　在镇压八卦教的战事中，有的全家被杀，许多孩子成了孤儿。清军官兵带走了一些这样的孩子，有的是买的，有的只是"收来的"，在战事结束后他们把孩子带回驻防地。这种做法违反了军队的规定，嘉庆皇帝知道后（在军事行动结束三个月后）下令调查。把这些孩子中父母是叛乱者的和父母被叛乱者杀害的区别开来（前者受到惩罚，后者获得奖赏）。那些还有亲人活着的孩子被送了回去，而没有家的孩子则允许与带他们走的官兵在一起。这样的孩子至少有一千。虽然这样做在程序上违反规定，但这些孩子还是被看做合法的战利品，甚至连军机大臣托津也允许他的 60 个随从带走孩子。皇帝责备官兵，但没有惩罚他们，而是说这是他的错，没有明确禁止（即提醒人们有此规定），他意识到"战事会很快结束"。《钦定平定教匪纪略》，第 39 卷，第 16—20 页，19/3/10，上谕；《上谕档方本》，137—166，19/3/10，军机处奏折；《随手登记》，19/3/18，托津奏折；《钦定平定教匪纪略》，第 39 卷，第 8—9 页，19/3/4，奏折；《上谕档方本》，413—415，19/3/20，军机处奏折；《宫中档》015818，19/6/26，奏折。

　　作为调查的结果，在历史档案中有几百份儿童的证词（有几十份较为详细）。下面是一个例证，可以看作样本。这是一个叫秦珠儿的女孩的陈述：

　　　　我是河南滑县北关人，年十四岁。祖父母俱早病故，父亲秦富贵。去年九月，城内有白莲教，强逼我父亲从他，我父亲不肯，把我父亲杀死了。我母亲高氏见父亲被贼杀死，也跳井了。亲弟满囤儿不知逃往何处。我正该逃走，有前锋校塔斯哈同我说明，带我进京的（《上谕档方本》，153，19/3/10，秦珠儿供词）。

绑着带到起义者控制的一家店铺的院落,在那里和几十个人(全都绑着) [197]
一起关了几天,给他们时间做出选择,不过实际没什么选择。"有十来个
贼人拿着刀,问我们从他不从? 我们想,若说不从,当下就要死,就一齐
答应一声是了。他们将我们放开。"[①]这些只是勉强服从的人不会很受信
任,只是要他们做一些后勤工作,为叛乱首领和城里居民筹集和准备粮
食,为牲口准备草料。[②] 就以桑德为例,他在城外一个村子的路口被一队
起义者拦住。"他们不让他过去,强迫他与他们同去滑县县城,在城里烧
水做饭。他们说若是他不从就把他杀掉。"[③]

除了数量不断增加的搬进滑县城内以求安全的热诚反叛者及其家
人,[④]以及对起义者有用的成年男子外,城里居民很大一部分是妇女、儿
童和老人。虽然显而易见这些依附群体对争取民众支持他们的事业有
象征意义,但他们对起义者的用处有限,而且还要照顾他们,给他们食物
和住处。尤其是孩子一般不会受到伤害,就像下面有个住在道口的孩子
所说的就很有代表性:"去年九月,白莲教反到道口,从南门杀进。我祖
母赵氏领我弃家逃跑,有大队贼将我同祖母冲散。我祖母七十余岁,行
走不动,叫贼杀死了。将我拿住,因系幼孩未经杀害。"[⑤]无家可归的孩子
睡在破房子里,或是睡在城墙边,靠乞讨和吃城内庙里的供品为生。[⑥] 一
般来说,起义首领建立了一套为城里居民筹集、烧煮、分发食物的制度。

---

① 《上谕档方本》,177—178,19/7/14,魏修德供词。
② 相关例证见《上谕档方本》,489—490,19/3/22,白德供词;《宫中档》019478,20/8/1,桑德供
　词;《宫中档》017805,20/2/22,李阳儿供词;《上谕档方本》,163,19/3/10,李敬儿(幼孩)供
　词;《宫中档》017220,19/12/22,徐占贵供词;《上谕档方本》,443—444,19/3/21,殷进德供
　词;《上谕档方本》,307—316,19/4/18,军机处幼孩名录;《上谕档方本》,321—322,19/4/18,
　军机处名录。
③ 《宫中档》019478,20/8/1,桑德供词。
④ 《宫中档》015951,19/7/7,刘春女(幼孩)供词;《宫中档》016027,19/7/24,李兴邦供词。
⑤ 《上谕档方本》,209—212,19/9/14,杨住儿供词。
⑥ 《上谕档方本》,157,19/3/10,朱春牛(幼孩)供词;《上谕档方本》,209—212,19/9/14,杨住儿
　(幼孩)供词;《上谕档方本》,155,19/3/10,陈黑(幼孩)供词;《上谕档方本》,161,19/3/10,杨
　运儿(幼孩)供词。

活下来的人证实他们一天能得到一顿吃的东西,有时是一天两顿。这些
食物都事先烧好(有一次是馒头),但通常每日分发的是米饭、小米。①

198　　　随着起义的进行滑县城里越来越拥挤。原先居民大约是一万人,到
十二月县城被收复时有近六万人,1/3 是妇孺。② 劫掠的小队从农村带
回了供应品和支持者,附近地区的叛乱者逃进城里,所有这一切都造成
人口膨胀。在被起义军占领的三个月,滑县城里生活的破坏和混乱因人
口涌入而更为严峻。

　　然而,通过占领滑县和道口,八卦教徒得以控制了大粮店。在城里
从各户人家、店铺和市场征集粮食。③ 在十月道口遭到进攻时,起义者把
粮店储存的所有东西都搬到滑县县城,结果在滑县受到围攻时,尽管居
民的数量增加了不少,但并没有立刻就会有挨饿的危险。④

　　在滑县被占的三个月中,八卦教教徒守住城门,不许居民离开。以
白布条和口令"得胜"识别的起义者,还有运粮食进城的那些人(在监视
下)被允许进出东门,这是惟一开放通行的城门。开始时控制很严,可能
还很恐怖,但城里的局势稳定后规定又放松下来。后来,官府对该城的
压力加大,尤其是在滑县遭到围攻后,对城里居民的控制又加强了。尽
管严格规定不许离开,但还是有人爬上城墙,用绳子滑落到墙外,投靠清

---

① 《上谕档方本》,177—178,19/7/14,魏修德供词;《上谕档方本》,155,19/3/10,陈黑(幼孩)供
　　词;《上谕档方本》,157,19/3/10,朱春牛(幼孩)供词;《上谕档方本》,163,19/3/10,李敬儿
　　(幼孩)供词;《宫中档》015951,19/7/7,刘春女(幼孩)供词;《那文毅公奏议》,第 34 卷,第
　　23—25 页,18/12/16,赵心戒供词。
② 1814 年,有个官员写道,在赶集的日子滑县城里至少有一万人(《宫中档》016527,19/10/9,奏
　　折);起义前的人口可能至少有这么多。1867 年,城里约有一万丁(能服劳役的成年男子)。
　　假如按照那年与乡村同样的丁与口的比率,1814 年城里的人口约为 13 500(《滑县志》,1867 年,
　　第 5 卷,第 32—33 页)。有关丁、户、口和人口统计的内容,见何炳棣:《中国人口研究,1368—
　　1953 年》,尤见第一部分。有关十二月滑县战事后被杀、被抓的人,见本书第 203 页注①。
③ 《上谕档方本》,151—152,19/3/10,李喜儿(幼孩)供词;《宫中档》018635,25/5/18,奏折。
④ 《那文毅公奏议》,第 38 卷,第 76—78 页,20/9/10,刘志高供词;《钦定平定教匪纪略》,第 41
　　卷,第 3—4 页,19/7/6,赵秉让供词;《钦定平定教匪纪略》,第 42 卷,第 23 页,21/3/27,王二
　　克义供词;《钦定平定教匪纪略》,第 24 卷,第 3—7 页,18/12/8,奏折;《那文毅公奏议》,第 30
　　卷,第 36—38 页,18/12/12,黄兴宰供词;《宫中档》017220,19/12//22,成华亭供词。

朝当局。①

在起义前,有些新成员信奉白莲教,以师徒纽带来组织。有关末日和不信教者会死的预言足以鼓动人入教,然而要保守秘密就必须在私下悄悄地传教。在教徒公开宣布起义后,他们仍然靠这些观念和纽带彼此联系在一起。与之不同,新加入者是在完全不一样的基础上参加八卦教的。他们不把那些与其有着牢固个人联系的人看做是师父,即使师父曾教过打坐、运气、打拳和看病这些本事,但在历史文献中却都不提。他们对白莲教教义甚至是千年末世观念的认识可能也很肤浅。没有迹象表明在被占领的城乡推行过宗教仪规。八卦教有关千年末世力量的传言 ₁₉₉ 作为预言或许太恐怖,这一预言一旦在具体事件中有所表现,它就与起义本身的进程呈正比例关系,或让人信服,或叫人不信。成功让人产生信心和动力,而失败则使人更快地产生悲观和疑虑的情绪。但在任何情况下,新加入者对白莲教历史观的理解都不会深刻,结果一旦起义开始,就整体而言这一运动的宗教意识就大大地淡化了。

尽管八卦教徒能够控制住滑县和道口的居民,但他们的命运最终还要取决于其在乡村的成功。在那里不仅要掌管住地盘,还要不停地吸引大批新的支持者。这就不仅仅要能顶得住清朝马队的反击,八卦教教徒还必须迅速发展,保持活力,使其运动旗开得胜。

这种成功在很大程度上要靠起义者不受限制地有效使用暴力。八卦教教徒用武力破坏了清朝权威的象征,杀戮官员,焚烧房屋,占领设防的行政和商业中心。为了生存,起义者必须消灭当地的反对势力,在战场上打败清军,不断给自己补充粮食和武器。所有这些都要动用武力。同样重要的是,叛乱中释放出的不受限制的暴力甚至残酷的手段已成为

---

① 《那文毅公奏议》,第 29 卷,第 29—32 页,18/11/11,奏折;《钦定平定教匪纪略》,第 21 卷,第 1—3 页,18/11/23,奏折;《那文毅公奏议》,第 28 卷,第 37—39 页,18/10/17,上谕。

起义者的生活方式，这对起义者的事业也有宣传作用。其暴力不仅暴露出清朝统治"秩序"有漏洞，并能让百姓极为害怕而恭顺，而且它还为以后吸纳大批人打下了基础，而这些人通常是不会投身于反叛群体的。

任何日常生活秩序的破坏都会促使人们重新考虑他们的习惯和价值观念，再加上公开鼓吹改变现状，这样就混乱增加，进一步破坏了正常的生活秩序。在中文中这种状况称为"乱"，这是在中国维护现有秩序的统治精英极为害怕的一种状况。拥有武装、决心坚定的八卦教起义者的出现造成了混乱，起义者想要破坏现状，力图使人们改变效忠的对象。正在进行的这场叛乱以及他们想要取代官府并公开蔑视其权威造成了紧张的局面，驱使每个人都重新考虑其利益。在这样体现民意的情况下，清朝的制度或许会崩溃，也可能会得到有力的支持而进一步加强。不管怎么说，要想不削弱并改变传统的忠诚就没有获得成功的希望。

在八卦教起事的地区，地方绅士经常主动组织乡勇，以保卫家乡，防备叛乱。八卦教教徒则进攻并打败这些武装，他们不仅消灭了敌人，而且还证明清朝政权的地方支柱不起作用。他们积极地这样做。例如，在山东，有个姓孔的一家人召集本村人支持官府。为了惩罚他们，八卦教教徒有意去那里，杀了这家人和村里所有的人，人数达到五百多人。在河南，叛乱的王良道带着一伙人去一个村子，他想要那里的人入伙，结果遭到激烈反抗，被赶了出去。那里有个生员组织同村的人参加乡勇。王良道忘不掉这一挑战，后来他领着师父震卦王宋克俊和几千人来这个村子，大肆劫掠，烧了村里的房子。①

八卦教教徒对在战场上与他们为敌的人残酷无情。一个人参加起义反抗国家对个人来说就摆脱了正常生活的束缚，这一新自由的一个方面可能是通过暴力来释放个人的不满、积冤和仇恨。后来被俘的起义者

---

① 有关孔家发生的事见《钦定平定教匪纪略》，第34卷，第19页，19/2/4，奏折。有关王良道见《钦定平定教匪纪略》，第42卷，第24—25页，21/3/28，祝成供词。

的供词证实他们会利用新获得的权力来攻击、杀害个人的私敌,尤其是那些以前拒绝与他们合作的人,并不奇怪许多这样的私敌都是当地的上层分子。

我们发现起义者在刚开始攻打曹县时,起义首领萧汉三就径直由县衙去了他所认识的拒绝入教的一些人的家:他和一个徒弟打了这些人,抢了他们的东西。① 教派首领徐安国称,当他有了徒弟可供驱使时,做的第一件事就是带这些人去一个老对头的家,此人也姓徐(或许是亲戚?),是个武进士。他们杀了这个人和他的家人。② 参加起义的宗元德还谈了一件事,他在住的村子里想拉一个武生员和一个监生入伙没能成功,这些有功名的人不愿与八卦教合作,后来有支起义军来到这个村子大发淫威,烧了这两人的房子,杀了他们全家。③

在金乡县受到起义者攻击的一个村子是生员李九彪住的地方。正是这个李九彪在 1813 年六月把他村里教徒的可疑活动向县里告发的。这次告发直接引起了吴知县的调查,使得教首崔士俊和五个徒弟被捕。李家人知道他们做的事会遭到报复,在九月初就离开了农村的家,搬到了县城。后来他们听说,贼匪们来到李九彪住的村子,为了给同伙报仇,他们杀了李家屋里没走的七个人,甚至还毁了一口准备下葬的棺材,不仅烧了他家房子,还烧了整个村子。④

尽管在原始材料中对起义者攻击地方精英的记载特别详细,但无疑八卦教教徒对普通百姓也同样施加暴力。过去的对头遭到了惩处,起义军占领的村子里不合作的居民被除掉,他们经常是在武力威逼下被迫支持叛乱者的事业的。父母被叛乱者伤害的孩子后来都讲了类似的故事证明下面的情况并非特例。王贵妮是滑县城外一个村子里的小女孩。

------

① 《宫中档》019320,20/7/18,赵振五供词。
② 《钦定平定教匪纪略》,第 29 卷,第 1—6 页,18/12/26,徐安国供词。
③ 《钦定平定教匪纪略》,第 42 卷,第 24—25 页,2/1328,宗元德供词。
④ 《钦定平定教匪纪略》,第 28 卷,第 23—24 页,19/2*/14,奏折;《济宁直隶州志》,第 4 卷,第 20—29 页;《金乡县志》,第 9 卷,第 14 页。

八卦教教徒到她住的村子,杀了她哥哥。她父亲和另一个哥哥逃走(可能是害怕入伙)。她和母亲还有嫂嫂与家里的男人分开,不得不进了滑县县城。在城里她母亲投水(可能是井)后淹死。一个嫂子病死,另一个嫂子自杀。[①]

刘喜儿是另一个村的 10 岁女孩,她讲述了自己的经历:

> 上年不记月日,有白莲教好几百人围了苗固。有贼十数人到我家抢了粮食。问我祖父刘国举、父亲刘履福、母亲申氏随不随。我祖、父与母答应不随,就将我祖、父、母三人绑了,说带到城里要杀。我同我十二岁的姐姐连儿吓跑藏在苇坑泥水内,下晚被贼找着,逼我姐妹二人进城……我走到我干妈门口,井边看见我祖父、父亲、母亲三人尸身,终知是已经被贼杀害,并被狗将衣裳撕乱,手脚不全,头脸我尚认得。[②]

另外也不总是需要动武。威胁要动武或只是叛乱者到达造成了混乱的气氛,这些意味着什么就足以让人害怕。当八卦教教徒来到田连元住的村子时,他家的人开始收拾东西准备逃离此时已有危险的家。"忽然出现了九个骑马的人。他们告诉我们白莲教徒不会杀人,所以不必逃走,我们只要找点东西给他们吃。但我与村里其他人都怕得要命,要跑出去找地方躲起来。不久这些骑马的人走了。我们后来谈起这件事,[有人]说认识其中的一个人,这人像是王家庄的赵二。"[③]

有必要了解叛乱者要比他们遇到的村民有更大的优势。八卦教的团伙都是些成年男子,经常还骑着马,有武器,随时准备动武。与之不同,村民中许多是无法进行有效抵抗的人(妇女、儿童和老人)。按照法律规定,村民家里不允许藏有武器,即使遭到袭击也不能组织抵抗。(官

---

① 《上谕档方本》,305—306,19/4/18,王贵妮供词。
② 《上谕档方本》,151—152,19/3/10,刘喜儿供词。
③ 《教匪案》,65,20/3/24,田连元供词。

方支持的乡勇组织的重要性就在于他们鼓励村里的首领发挥积极的作用,并通过提供粮食和武器使得村里的人能放下手中的活专心去打仗。)起义者的生活本身就是对其事业的宣传,也是获得追随者的一种方法。加入八卦教就可以四处走动抢劫,有机会吃喝、穿戴、旅行,像个大人物那样耀武扬威。这一获得权势的机会对许多人有强烈的吸引力,即使是在与清朝的马队对阵时也是如此。

　　起义者不仅能摆脱通常的束缚而获得新的权力,同样重要的是,他们还在旱涝年份手上有大量的粮食。华北平原总是连年旱涝,引起饥荒。我们知道,滑县和浚县至少在十多年内多是些坏年头(在此之间只有一次短暂的间歇)。① 别的发生叛乱的县受害时间没有这么长,但它们也受到 1813 年初春开始的旱灾的严重影响。② 八月和九月在受旱灾影响的地区终于落下的雨水又来得太大、太晚,以致不能明显改善农业状况,可能还造成了灾害。③ 九月以后,冬季快要来临,人们的绝望情绪更为

① 滑县和浚县在 1803 年、1804 年、1805 年和 1806 年有旱涝灾害。经过五年的间歇后在 1811 年又开始闹灾,发生旱灾,到秋天官府必须来救助,因为又遭到冰雹和水灾的破坏。1813 年春再次出现旱灾。有关 1811 年前的政府救济(以免赋和发放救济粮的形式)见《大清历朝实录》,第 118 卷,第 8 页;第 122 卷,第 8 页;第 125 卷,第 3 页;第 132 卷,第 13 页;第 147 卷,第 19 页;第 150 卷,第 38 页;第 152 卷,第 23 页;第 159 卷,第 1 页;第 165 卷,第 6 页。有关 1811—1813 年灾害状况的材料见本书第 94 页注③和第 119 页注②。
② 有八卦教活动的鲁西南六个县在 1803—1804 年和 1812—1813 年都遇到了经济困难。另外,起义最顺利的定陶和曹县在 1813 年旱灾爆发前的十年中都不需要任何救济。有关鱼台、单县、巨野、城武、菏泽和金乡在 1813 年前的情况见《大清历朝实录》,第 118 卷,第 37 页;第 122 卷,第 15 页;第 123 卷,第 1 页;第 125 卷,第 3 页;第 127 卷,第 23 页;第 133 卷,第 41 页;第 243 卷,第 13 页;第 248 卷,第 5 页;第 253 卷,第 5 页;第 255 卷,第 4 页;第 257 卷,第 17 页;第 260 卷,第 29—30 页;第 263 卷,第 24 页;第 265 卷,第 2 页。另见《金乡县志》,第 11 卷,第 19—20 页;《巨野县志》,第 2 卷,第 27 页。有关 1813 年鲁西南的全部情况见本书第 119 页注②。
　　在直隶省三个最南面的州县——东明、长垣和开州——前面十年的情况并不很困难,但在 1812 年和 1813 年出现了旱涝和冰雹,随后又是旱灾,爆发了饥荒。北面没有出现叛乱的其他县受到 1813 年饥荒的打击更严重。有关 1813 年的情况,见本书第 119 页注②。有关 1813 年前的情况见《大清历朝实录》,第 122 卷,第 4-5 页;第 122 卷,第 10 页;第 125 卷,第 3 页;第 261 卷,第 10 页;第 265 卷,第 2 页;还有《开州志》,第 1 卷,第 59 页;《大名府志》,第 4 卷,第 93—94 页。
③ 关于这场雨,见本书第 126 页注①。

严重,而八卦教起义者的粮食供应一开始就比较宽裕。他们不受惩罚地用武力得到想要的东西,占领的城市和乡村则成了存放粮食物品的仓库。

当八卦教教徒在农村尽力劫掠时,他们肯定是想要众多遭受灾荒的饥民加入其运动。实际上,对叛乱者最早(而不稳固)的支持来自并不愿加入八卦教运动但想利用叛乱机会掩护自己抢劫的那些团伙。有一个出人意料之外的叛乱者是山东城武的刘竹,他曾是翰林院的七品教习。但在看到县城实行了宵禁,其他城镇也遭到贼匪进攻,成群结伙的人在农村抢劫时,刘竹要他的儿子和侄子利用这一机会。按照他的吩咐,这两个年轻人把本村经济困难的人组织起来,领着他们从别人那里抢自己要的东西。至少有 16 个人参加,大多姓刘,或许是刘竹家族的成员。刘竹编些鼓动性的歌谣、口号,但他本人留在家里。其他人把抢到的东西带回去给他分。这伙人出动了多次,“劫掠邻村”,但这一消息传到知县那里,他没有遇到反抗就抓了人。[①] 肯定还有许多像这样的团伙,经常与那些自称八卦教教徒的人难以区分。他们的出现增加了叛乱者的人数,造成乡村的法律和秩序遭到破坏,不过这些抢劫者给予的支持是短暂的。当政府重新加以控制(经常还进行赈灾)时,这些团伙尤其是处于叛乱边缘的团伙就会烟消云散。

如果能得到一些权力,那么不奇怪许多村民就会愿意加入八卦教。山东的教首朱成贵曾领着一伙人四处搜寻粮食和支持者,他来到菏泽县毕家住的圩寨。那家人讲述了下面发生的事:

> 九月十三日,震卦教首朱成贵与其弟带人……来毕家寨。他们烧了庄门,插了一杆上写“奉天开道”的旗子,要大家顺从。因难与这么多敌人对抗,大家都怕被杀,毕广汝[控制这个村子家族的族长]领着大家磕头,迎接朱成贵。

---

① 关于刘竹的品级,见卜内特和 V・V.哈盖尔斯特罗姆:《中国现代政治机构》,♯412A.7。其他内容见《钦定平定教匪纪略》,第 18 卷,第 23—25 页,18/11/13,奏折;《钦定平定教匪纪略》,第 23 卷,第 9 页,18/12/2,奏折和刘竹供词。

毕家显然急于要加入八卦教,这个家族就有 80 人毫不犹豫地离开家打着朱教主的旗子去抢劫。① 在这件事上,以暴力威胁以及允许抢劫就足以让全村人来投靠,这个例子证实了官方的一份报告,称八卦教教徒有时"并不烧杀,邀买人心"。②

虽然有大批八卦教的追随者显然是因畏惧、希望、贪婪和饥饿等因素合在一起而被驱使的,但还是有以前属于白莲教派而敢于跟随别人投身叛乱的人迈出了第一步。这些信徒人数可能不多,但却补充了首领的来源。有个叫王森的信徒描述了八卦教徒在占领了滑县县城后不久一伙人来到他住的村子的情况。当时许多教派首领没有留在城里而是回到了他们自己住的村子,竖起白旗以表示其存在。这时王森就留在家里 *205*看到了发生的事。

> 九月初十日,[贼匪]张三羊伪称乾宫王,率领他本庄的人到附近[王森家所在]的王家庄,声言滑县官已被害,劝令村众入教,免遭杀害。有些村民闻知畏惧,向张三羊磕头。张三羊即令用白布束腰,并分给各家小白旗插在门首,如遇教匪口称"得胜"二字,并派王森为乾宫伯大头目,并给王森大白旗一杆,上写"乾宫伯王森,奉天开道"字样。王森带六十人,里面有[他本村]被迫参加的人。张三羊还任命[其他三人为]首领,每人各带一伙外出搜粮。③

新支持者被归入李文成和林清创造的等级分明的体系,就像旗子、口令和识别布条上的短语那么简单。新加入者被划归卦王和卦主属下的各队。在山东,毕家有 80 多人加入了卦主朱成贵的团伙。他们分为

---

① 《宫中档》018401,20/4/19,毕家人杂项口供;《那文毅公奏议》,第 38 卷,第 20—21 页,21/6/29,毕幅礼供词。

② 《钦定平定教匪纪略》,第 4 卷,第 14—16 页,18/9/19,山东巡抚(他当时不在场,其材料来源未提供)奏折。

③ 《宫中档》018651,20/5/16,王森供词;《那文毅公奏议》,第 38 卷,第 80—85 页,20/11/11,王森供词。有关滑县在不同时期被占领的村子名单,见本书第 238 页注③。

十人一队,每队指定一个首领,毕臬被任命为大头目。朱成贵给了毕臬白布,让他分发,毕臬把布撕开做识别身份的布条。这样组织好后,毕家的这些男人离开家乡,与朱成贵的人一起走。他们到别的村时发现有更多的人愿意加入他们的队伍,就按同样的方式收容这些人。每个村子新入伙的人分为 10—20 人一队,每队有一个首领。这些新增的队伍都归毕臬指挥,最后他属下有了 100 人。①

206　　另一个起义者谈到类似的安排,把人简单地分为十人一组。在这个例子中,刘高玉被指派拿一面小三角布旗,带十个人。他在教内的师父拿一面大方布旗,带 100 人,由十个十人小队组成。他师父的师父拿一面大三角布旗,指挥 1000 个人。教徒赵得说他师父给他一面小旗和指令,让他带十人参加起义。我们看到林清攻打紫禁城的那些门徒进北京时同样也是大致分为十人一队,每队有一个以旗子为标志的首领。② 当然用的是简单十进位制。不用奇怪,就像在北京一样,每队的实际人数会有变化,纯理论的安排与实际不会完全一致。

　　我们知道,八卦教教徒用白布做的旗代表不同的组织级别。小首领用不起眼的旗子或是称做“令”或“令[某人]”的旗子。大些的首领有大旗和不同形状的小旗,旗子上写着八卦教的明号“奉天开道”。这些有头衔的首领有这个明号,还有头衔和写在旗子上的名号。有些首领用绸子而不是布做旗子。普通的起义者在路上和战场上看到这些白旗就知道了这些人的地位,接受指令。③

　　新加入者被指派给某个首领,给他们发武器(通常是刀、矛,但有时

---

① 《宫中档》018401,20/4/19,毕家人杂项口供;《那文毅公奏议》,第 38 卷,第 21—22 页,21/6/29,毕幅礼供词。

② 有关刘高玉见《那文毅公奏议》,第 38 卷,第 21—22 页,19/4/20,刘高旺供词。有关赵得见《宫中档》018146,20/3/25,赵得供词。有关林清的人分为十人一队,见本书第 155 页。

③ 《那文毅公奏议》,第 29 卷,第 1—3 页,18/10/22,奏折;《钦定平定教匪纪略》,第 42 卷,第 26—27 页,21/4/2,周文盛供词;《宫中档》018651,20/5/16,奏折;《上谕档方本》,233—242,22/6/20,胡成德供词;《钦定平定教匪纪略》,第 10 卷,第 24—28 页,18/10/12,奏折。

是火枪),发白布条以代替军服。有四个人证实他们的辫子下面要剃去一绺头发做识别标记,但这不是普遍的做法。① 张为汉住在滑县的一个村子里。

> 九月八日[滑县被占后的一天],乔庄的李枚坐大车来这里。他带着一面大白旗,上写"震官主,奉天开道"。他手下有七八十人,包围了张为汉住的村子,命令村民要想不被杀就跟他们一起走。他们抓住了张为汉,张不想死,就与他们合作。李枚带着所有人回到他住的村子。他们在张为汉的辫子后面用艾灸烧掉一绺头发,再给他一面白旗,让他管村子的门。三天后,张为汉陪着李枚[和其他人] *207*去与李文成的人一起攻打浚县县城。②

大多数加入八卦教的人都被分派了作战任务。有几个农民称他们被迫在前沿干活,被给予一个特别的名称"马前到"。③ 这些人不参加战斗和值勤,也就是说那些年龄大或是不受信任的人被安排在起义者的营房做粗活,经常还有人监督。他们切草料,喂牲口,照料牲口,磨面粉,做饭,赶车,帮首领运行李。④

因为难以得到那些被迫加入叛乱的"好人"的忠诚,八卦教教徒就经常用暴力来确定这种关系。新加入者被鼓励(或是被迫)表示对新首领的忠诚,他们犯下的"罪"越多,投入叛乱事业的赌注就越大。八卦教首

---

① 有关这种做法及其材料,见本书第35页注④。有个人自称是被迫参加叛乱的,他在其直率但内容不丰的口供中说他被割掉了辫子。《宫中档》015602,19/6/3,郭北尚供词。没有其他有关剪辫子的说法。

② 《宫中档》019556,20/8/13,张为汉供词。

③ "马前到"又称"马前刀"。有关这些说法见《那文毅公奏议》,第32卷,第12—16页,18/12/3,秦理供词;《钦定平定教匪纪略》,第10卷,第10—15页,18/10/9,奏折;《上谕档方本》,315—318,19/5/25,安黑供词;《那文毅公奏议》,第29卷,第35—37页,18/11/11,王起志等供词。

④ 《上谕档方本》,233—242,22/6/20,胡成德供词;《宫中档》016995,19/11/25,贺金标供词;《宫中档》019478,20/8/1,贺恕供词;《宫中档》017805,20/2/16,李阳供词;《宫中档》015972,19/7/12,刘山岗供词;《宫中档》019478,20/8/1,桑德供词;《上谕档方本》,243—245,22/6/20,王克俊供词;《钦定平定教匪纪略》,第42卷,第15—16页,20/12/14,王秉元供词;《教匪案》,65,20/3/24,赵得远供词。

领会要刚入伙的人去威胁那些不太愿意加入的人。陈金贵以放牧为生，陈辰是屠夫，他们两人讲述了自己的经历。有一伙八卦教徒来到他们的村子，要把许多人强行带走，其中就有他俩。陈金贵分到一支火枪，陈辰得到一把铁矛。第二天，起义者和新成员去另一个村子找吃的东西和支持者。有些被要求入伙的人拒绝了，于是起义首领就命令陈金贵开枪打其中的一人给其他人做样子看。陈金贵开火杀了一人，但这没有产生预想的效果，又要陈辰用长矛去杀另一个村民，陈辰只是戳了他的腿而没有杀他。[①] 在另一场合，一个同样也是"被迫"加入的人奉命用发给他的刀处决两个俘虏。[②] 有个叫王文佐的新加入者看着他的新同伙把一个顽固分子捆起来，用矛刺死，然后他被指派用刀把这个死人的头割下来。[③]

208
有许多与起义者同住同战斗的人最终决定背弃这一事业。尤其是在军事失利后，参与叛乱的人纷纷逃生，在清军到达后更是经常发生。有些可能确实是被迫违心入伙的人还主动与胁迫他们的人斗争。比如，程进秀与几个也是被迫加入八卦教团伙的亲戚商量，制订了投到官方一边去的具体计划。当一支正规乡勇开来进攻他们的营盘时，程进秀偷偷地离开，向乡勇头目投诚。他答应召集其他人，次日在营盘做内应为官府打仗。于是程进秀爬回叛乱者控制的村子，搜集并藏起了20多支枪。第二天交战时，他在营盘里开火，武装了自己和其他人，把枪口对准叛乱者，至少打死了一人。（他后来参加了乡勇，又几次与八卦教教徒作战。）[④]

尽管八卦教教徒在起义期间拥有实际超过十万的支持者，但重要的是要注意，受起义影响的华北平原乡村的人口密度与被占领的城市居民相比要小得多。起义者突然控制了这一地区大的商业中心，占据了整个地区的乡村，通讯、交通和商业中断，更不要提因随心所欲烧杀抢掠的武

---

① 《宫中档》016813，19/11/15，陈辰等供词。

② 《宫中档》016995，19/11/25，贺金标供词；《宫中档》019478，20/8/1，贺恕供词。

③ 《宫中档》017220，19/12/22，王文佐供词。

④ 《那文毅公奏议》，第32卷，第32—34页，18/12/12，程进水供词。

装团伙出现造成的恐慌,甚至谣传有这些人也会造成恐慌。这一切肯定让人感到惊恐不安,不过只有相当少的人直接卷入了叛乱活动。被认为是叛乱最严重的滑县人口密集,人口在 70 万到 80 万之间。① 依粗略估计,这些人中只有约 10% 直接与八卦教教徒有联系。② 即使实际数字是两到三倍,我们仍可认为大多数人个人最终并未被迫与叛乱者遭遇。

如果有些八卦教的支持者是流离失所的饥民——通常会是这样③——那么有证据显示光是饥荒还不足以成功地招募到人。李文成在十一月初带了几千人离开滑县,他领着这些人在豫北卫辉府各县绕了大半个圈子。起义者途经的这些县在 1813 年饥荒时受灾严重。封丘、阳武、延津和获嘉(见第 266 页地图)都遇到了严重的旱灾,金乡和辉县因这年的水灾形势更加严峻。④ 人们会以为(李文成肯定希望如此),他带

209

———————————————

① 作为卫辉府 10 个县中的一个,单是滑县就占全府人口的 40%。《卫辉府志》(1788 年)中滑县的人口为 7.6 万户,67.4 万人。1812 年全府的人口略少于 1788 年,但没有各县的数字可用。到 1867 年滑县有 9.2 万户,依同类比率计算人口超过 80 万。1788 年整个卫辉府的人口是 177.3 万。1788 年浚县的人口是 21.8 万,为全府的 12%。见《卫辉府志》,第 18 卷,第 5 页;《滑县志》,第 5 卷,第 32—33 页;《嘉庆重修一统志》(1812 年),第 196 卷,第 7 页。

按照萧公权对县人口定的平均数:1749 年 10 万人,1819 年 25 万人,滑县的人口非常多(《乡村中国:19 世纪帝国的控制》,第 5 页)。1788 年滑县有 71 万亩农田,意味着一人有一亩地。见《卫辉府志》,第 17 卷,第 6 页;第 18 卷,第 5 页。

② 如果从参与起义的总人数中,我们要减去(1) 滑县县城原有人口的估计数字,(2) 来自山东的那些起义者,(3) 跟随李文成出走的人,所有这些数字见本书第 203 页注①和第 208 页注②,那么剩下参加起义的人在 8 万到 9 万之间,他们可能是滑县人。(这个数字显然包括来自直隶南部和浚县的人,他们来到滑县,与其他人难以区分)这最多是滑县 70 万到 80 万人口的 10%—13%。

两个别的对起义影响同样粗略的估计表明有着类似的比例。在所有现存有关这次起义的档案中,只有 90—100 个村子被提到名字,或是起义者住的村子,或是他们要去扎营、劫掠的地方。1867 年滑县有 1 200 个村子,而更早些时数字也不会有多大不同。因此只有 7% 的村子"卷入了"(《滑县志》,第 18 卷,第 5 页)。在起义之后,清朝当局称没收了近 4 万亩土地,这些土地显然是起义者的财产,但也包括在起义中被抛弃的地产,这一数字在 1788 年该县登记的 71 万亩土地中只占到 6%。见《宫中档》016810,19/11/15,奏折;《卫辉府志》,第 17 卷,第 6 页。尽管所有这些数字都很粗略,但它们表明这个县约有 10% 的人直接与起义有牵连。

③ 这种情况可以一个人为例,他后来向官府做了陈述,见《宫中档》015602,19/6/3,张二小供词。

④《大清历朝实录》,第 113 卷,第 8 页;第 118 卷,第 22 页;第 122 卷,第 8 页;第 125 卷,第 3 页;第 132 卷,第 13 页;第 147 卷,第 19 页;第 150 卷,第 38 页;152 卷,第 23 页;第 242 卷,第 10 页;第 248 卷,第 7 页;第 248 卷,第 17 页;第 248 卷,第 22 页;第 253 卷,第 4 页;第 261 卷,第 11 页;第 268 卷,第 23 页;第 269 卷,第 17 页;第 272 卷,第 26 页。

的这伙人可以在这些县得到新的支持,或许能给衰退中的起义注入新的活力,但却没有出现这种情况。起义军的人数根本就没有增加:李文成在逃亡期间召集到的人至多在 1 500 到 2 000 之间。① 显而易见,无论是起义事业的感召还是经济困难的压力都不足以像原先在东部各县那样能吸引到大批人投入起义队伍。

有趣的是,没有材料表明有原先就存在的民族和职业少数群体整个地投入起义者的行列,就像在中国其他时候和地点常发生的那样燃起反叛之火。其原因可能并不复杂,也就是在华北没有这样的群体,一般说来华北在经济和民族方面是较为同质的地区。起义者更多的只能依靠教派组织和群体阶层所形成的联系而非教徒间的联系,尤其是在面对强大反对势力的情况下,彼此联系的脆弱使八卦教教徒自有其不足。相反为了镇压叛乱,清政府却能也实际在依靠有着巨大力量的社会组织——政府官僚、两支各成系统的军队和历史悠久的有权势乡绅的地方联系网。不过,在关注这些现存秩序的捍卫者之前,还是让我们先回到这次叛乱爆发时的情况,来看看李文成及其同伙,并来注意这些八卦教教徒为对付其新的民众追随者以及官府的镇压所采取的措施。

改变战略

很少有大规模的行动能按计划进行,八卦教的行动也不例外。自1813 年夏在道口会议上制订了计划后,教派首领就不得不做出调整,加以变动。实际上,各支起义军之间缺乏协调,许多群体整个行动失败,在北京又满盘皆输,李文成受了伤,首领之间有分歧,在战场上连遭败绩。210 这一切使起义首领必须不断地重新考虑其选择和目标。

---

① 官方的数字表明李文成在逃亡期间共有 5 000—6 000 起义者被杀,见本书第203 页注①。在这些人中,很有可能有2 000 人在起义者进入这些县之前就被杀了,这时李文成的追随者在1 700 到1 800 之间。所以在豫西逃亡时只有约 1 500—1 600 人加入了他的队伍。

至于预想的十多个县的县官被杀,再在紫禁城被林清攻下并得到李文成的帮助杀掉嘉庆皇帝、占领北京后会发生什么事就很不清楚,我们可能永远不会知道。实际上,我们都不清楚决定攻占滑县(是起义中有重大影响的举措)是否在原计划之中。很可能是因在约定的日子前两周李文成突然被捕确定了这一特定的战略改变。正是由李文成的亲属和大弟子做出了这个决定,安排改变日期,提前救出他们的首领,占领了县城,但显然在最后一刻还是有人不同意这一计划。在重新确定进攻日子的前一天,有个在滑县生活多年的教徒叫王学道,他劝大家放弃占领县城的想法。王学道对他们说,他很了解这个地方的战事,他认为在打开监狱后他们占领不了县城。如果想要占住,肯定会遭到官兵围攻,最终所有人都会被杀。王学道自认是军事战略家,他甚至还带着一本小册子,里面写了对过去战事的简要叙述,但让他气愤的是没人重视他的劝告。①

九月七日,来自滑县和浚县的八卦教徒进入滑县县城,从狱中救出了李文成和牛亮臣。他们封锁控制了县城,然后又迅速到邻近的道口也这样做。道口是粮食谷米的储藏地,也是这一地区的重要商业中心。它主要为浚县和滑县服务,在卫河岸边,正好位于两个县城的正中,与任何一个的距离都不超过十英里。② 该地区的教徒显然熟悉这个地方,就是在这里,那年夏天召开了八卦教首领都来参加的会议。起义者至少动用了两千人,在九月七日或八日占领了道口,是否遇到了抵抗史料中没有

---

① 《宫中档》016703,19/11/2,王学道供词。嘉庆皇帝看了王学道的供词,写道"幸贼不听其言,据守滑县,得以迅就歼洗,设或听其诡计,纷纷铤走,岂不滋蔓难图"(《钦定平定教匪纪略》,第41卷,第30页,19/11/2,上谕)。

② 《那文毅公奏议》,第35卷,第9—12页,18/12/25,奏折;《钦定平定教匪纪略》,第11卷,第1—4页,18/10/13,奏折。有关道口较详的介绍见马德罗(Madrolle)编的旅游书《华北与朝鲜》(*Northern China and Korea*), London:Hachette,1912年,第201页。对浚县尤其是对在城外小山上举办的"庙会"的有趣介绍,其中包括"很有吸引力的老奶奶"庙,见格兰特(W. H. Grant):"河南浚县集市"(Hsun-hsien Fair, Honan),《中国基督教传教年鉴》(*China Mission Yearbook*), 1914年,第138—139页。

记载。成群的起义者过卫河到达浚县南面的村子，袭击了一些村子，在其他村子建立了营地。① 同样，八卦教团伙也在滑县的一些村子出现，控制了这些村子，主要在县城东面和南面的村子活动。

就在这时他们仍在考虑与北京的林清会合：有个起义者称他们"要往浚县，过山往北京去"②。不管怎么说，对起义者来说有重要战略意义的是要把官府赶出浚县县城。浚县离滑县只有 15 英里，那里有虎视眈眈的军队，所以（最终）会因太近而不舒服。另一方面，起义者要是占领了全部这三个城市——滑县、道口和浚县，控制了流经这些城市的卫河，就能大大加强他们的地位，而不用去考虑他们是否会去北京。总之，浚县非常重要。所以显得有点让人吃惊的是，在九月七日进攻滑县的同时没有秘密地进攻浚县。有十多个高层的教派首领出自这个县，其中包括李文成的义子，至少还有一个卦王。③ 可能首领们决定集中所有力量去解救教主李文成并占领滑县，主张以后再用武力攻占道口和浚县。确实

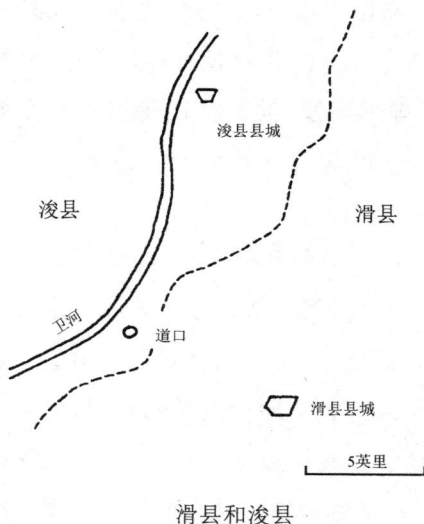

滑县和浚县

① 《钦定平定教匪纪略》，第 6 卷，第 5—8 页，18/11/1，奏折和蔡成功供词；《钦定平定教匪纪略》，第 3 卷，第 19—21 页，18/9/18，奏折；《钦定平定教匪纪略》，第 5 卷，第 2—4 页，18/9/21，奏折。

② 《钦定平定教匪纪略》，第 15 卷，第 20—23 页，18/11/1，荣兴太供词。

③ 卦王是王秀志，李文成的义子是刘成章。见《钦定平定教匪纪略》，第 4 卷，第 5—9 页，18/9/19，林清供词；《宫中档》015951，19/7/7，刘春女供词；有关来自浚县的各卦首领见《那文毅公奏议》，第 33 卷，第 37—42 页，19/1/16，奏折；《那文毅公奏议》，第 33 卷，第 22—32 页，18/12/20，奏折；《那文毅公奏议》，第 33 卷，第 14—18 页，19/1/14，奏折；《钦定平定教匪纪略》，第 25 卷，第 7—10 页，18/12/12，奏折；《钦定平定教匪纪略》，第 6 卷，第 5—8 页，18/9/26，蔡成功供词；《宫中档》017220，19/12/22，程华亭供词；《剿捕档》，127—131，18/12/7，军机处奏折。

当李文成被捕时就已不可能再进行奇袭,滑县的强知县在这月五日已通
知了浚县的知县,这个知县立即就开始查访、抓人。① 不过,起义者或许
是失算了,因为小心地悄悄进入浚县除掉知县要比公开用武力进攻便利
得多,而现在公开进攻则成了起义者惟一的手段。

　　九月七日滑县县城一被攻占,浚县知县祝凤森就关上城门,准备守
城。按照李文成的命令,牛亮臣和其他起义首领带着几千人想要迅速攻
占这座设防的城池。最近在滑县和道口连续获胜,他们在浚县东面和南
面的小山坡上扎营,封锁了作为城市主要通道的城壕上的石桥。其他小
股队伍则在邻近的村庄集结。② 这个城市只有小股清军防守,但起义者
开始的进攻(史料中记录得很不充分)极不成功。尽管掌握着主动,来
势凶猛,数量上也占有优势,但八卦教教徒还是不能冲进城。这是因
为起义军缺乏军事技能,精神不振,还是因为守军虽人力有限但有城
墙防卫?

　　起义者尽管威胁浚县县城有十天时间,但却无法夺取。后来到九月
十七日,第一批派来的清军到达。从豫西来的一千绿营兵来到浚县城
外,攻下了通往县城的西大道,将起义军赶出了这一带。③ 后来又有一千
清军赶来,牛亮臣不得不向滑县求援。到二十六日起义军已有 8 500 人,
其中有些是从山东来的。他们在浚县南面扎营,还安装了火炮,准备再
次攻城。与他们对垒的官兵只有两千人,但起义军甚至都不能夺回他们
原先的阵地,更谈不上攻克城池。他们在九月二十六日发动进攻,猛攻
浚县南面一座山上的官兵大营,并派出小股队伍去搜寻、摧毁官兵的供

---

① 《钦定平定教匪纪略》,第 1 卷,第 16—17 页,18/9/14,奏折;《宫中档》017340,19/12/15,蔡世
　　贵供词。
② 《钦定平定教匪纪略》,第 1 卷,第 16—17 页,18/9/14,奏折;《钦定平定教匪纪略》,第 42 卷,
　　第 24—25 页,21/3/28,祝成供词;《宫中档》017340,19/12/15,蔡世贵供词;《宫中档》
　　019556,20/8/13,张为汉供词;《钦定平定教匪纪略》,第 5 卷,第 11—14 页,18/9/22,奏折;
　　《钦定平定教匪纪略》,第 5 卷,第 2—4 页,18/9/21,奏折。
③ 《钦定平定教匪纪略》,第 5 卷,第 11—14 页,18/9/22,奏折;《钦定平定教匪纪略》,第 3 卷,第
　　22—23 页,18/9/18,奏折;《钦定平定教匪纪略》,第 4 卷,第 18 页,18/9/19,上谕。

应基地。不过,官兵的阵地位置很好,那天起义军损失了一千人都不能将清军赶出山顶。虽然在起义军撤退时官兵不敢追击,但实际上他们在这一天大获全胜。① 这是起义军最后一次试图夺取浚县县城。他们在那里打了两个星期,损失了三四千人,却不能达到目的。② 再者,这一攻打浚县县城的角逐历时长久而最终未能成功,给了清政府集中力量反攻的机会,也使清政府得到了一次在军事上和心理上有重要意义的胜利。

到九月底起义首领肯定已意识到,要想成功地向北进军实际已无可能。牛亮臣曾计划攻打卫辉府城,还派人去打探情况,现在这一计划则被放弃。③ 起义者可能已听到传闻,攻打紫禁城失败,林清已死。皇帝下令把林清的头送到南面去公开示众,以让所有人都知道他已被处决。更重要的是,清军开始向豫北开拔,目的主要是保卫市镇中心,封锁叛乱者出行的道路。已抵达浚县的清军充分利用离道口和滑县近的优势,在十月他们就逐渐收复被起义军占领的村庄,将叛乱者的据点围困起来。

起义军渐渐感到在西北面受到的压力,考虑向南发展,并派人向那个方向去打探。十月中旬,官府方面的压力更大,起义将领王进道要他手下的一些人过黄河。"如南岸兵勇不多,即渡河焚抢。"④如果河上结冰过河就会容易得多,但官兵在黄河一直有人巡查,又缺乏渡河的船,而在省会开封地区驻有重兵也是起义军向这个方向运动的有力阻碍。在这

---

① 《钦定平定教匪纪略》,第 8 卷,第 1—3 页,18/10/1,奏折;《钦定平定教匪纪略》,第 7 卷,第 21 页,18/9/29,奏折。

② 有关起义者在浚县城外被杀的材料,见《钦定平定教匪纪略》,第 1 卷,第 32—33 页,18/9/15,奏折;《钦定平定教匪纪略》,第 3 卷,第 22—23 页,18/9/18,奏折;《钦定平定教匪纪略》,第 5 卷,第 11—14 页,18/9/22,奏折;《钦定平定教匪纪略》,第 6 卷,第 5—8 页,18/9/26,奏折;《钦定平定教匪纪略》,第 8 卷,第 1—3 页,18/10/1,奏折。

③ 《钦定平定教匪纪略》,第 3 卷,第 22—23 页,18/9/18,奏折和宋兴供词;《那文毅公奏议》,第 32 卷,第 12—16 页,18/12/3,秦理供词。

④ 《钦定平定教匪纪略》,第 12 卷,第 27—31 页,18/10/20,李志茂供词;《钦定平定教匪纪略》,第 15 卷,第 23—25 页,18/11/1,奏折。

多难的十月还有一个被提出又遭拒绝的计划,是向西南方向运动。有个在豫西被捕的探子交代,他的上司考虑占领位于滑县西南约一百英里的府城怀庆,"在那里掘壕"。他说:"怀庆府北依太行山,南阻黄河,产硝磺、铁器,其地可战可守。"①这一计划也因官军的调动而遭破坏,清军进 *214* 入了河南这一地区以及邻近的山东,清军和正规乡勇又出现在滑县的西界。起义军花了两周时间未能攻下浚县县城,挫伤了他们的锐气,使得他们丧失了在对付官军对手时常因有备突袭而具有的优势。结果他们很快就发现自己在北、西、南三面都被封锁。

即使没有这些问题,对李文成来说这几个星期也过得不轻松。他的脚和腿在强知县手上受的伤疼得很厉害。他不能走,成天都在床上,就住在起义者占据的他家乡的村子里。他在床上下命令,做决定,但只能依靠身边的人告诉他情况,执行他的指示。就在这时,李文成的义子刘成章离开滑县后就再没有回来。刘成章 30 多岁,热心教派活动,在占领滑县期间是个头目。显然很有可能李文成派他北上去北京打听林清的消息,还要告诉林清河南的情况。不知什么原因,刘成章失踪了,再也没有回来。② 李文成失去了他最信任的一个助手,也是最亲密的一个伙伴。

对李文成同样不幸的是在攻打浚县县城的作战中他的助手于克敬战死。③ 正是这个于克敬有一本叫《三佛应劫统观通书》的经卷,献给了林清。他热心发展信徒,对教仪教规很熟悉并积极参与。1811 年李文成把对教派的管理交给了于克敬,当时他和林清开始筹划"大事"。于克敬也参加了组织攻打滑县以救出李文成,他可能救了李文成的命。刘成章

---

① 《钦定平定教匪纪略》,第 11 卷,第 1—4 页,18/10/13,口供。

② 史料只是提到刘成章突然消失。我猜测这是个合乎情理的使命,刘成章是完成这一任务的合适人选。他以前至少去过林清家两次。《上谕档方本》,15—17,22/9/2,苏广子供词;《宫中档》015774,19/6/20,刘大顺供词;《那文毅公奏议》,第 32 卷,第 12—16 页,18/12/3,秦理供词。

③ 《那文毅公奏议》,第 32 卷,第 16—26 页,18/12/3,名录;《那文毅公奏议》,第 32 卷,第 12—16 页,18/12/3,秦理供词;《那文毅公奏议》,第 31 卷,第 18—21 页,18/12/16,牛亮臣供词。

和于克敬在整个华北有很多关系，他们都有丰富的组织经验。在起义初期就失去这两个人肯定会让李文成感到很苦恼。

可能让李文成不那么伤感的是"地盘"和"军师"冯克善的离去。不太清楚在冯克善与李文成之间到底发生了什么事，我们只有一面之辞，这就是冯克善本人不可靠的供词。他后来告诉官方的审讯者，在攻打滑县时他正在山东，匆忙赶回滑县，在攻城的两天后到达，进了城。"我寻到家中，见我女人同儿子、女儿都已砍死在地。彼时于克敬、刘成章因我没有在家救李文成，告知牛亮臣前来拿我。我苦苦哀告，牛亮臣方才饶我，叫我好好替李文成办事。"照他所说，冯克善向李文成住的村子运送粮食，但李文成仍不愿见他，理由是有伤。又过了些日子当官军对滑县城的压力加大时，冯克善开始担心自己的前途。他解释说："又因李文成把我妻子、儿女都杀死，心中忿恨，想逃往德州找宋跃滢约人起事，兼杀李文成报仇。"①

尽管这段叙述看来很动情，但至少有部分内容完全是虚构。有充分证据说明冯克善不仅参与了攻打滑县县城，而且其级别还是个首领。为惩罚冯克善不帮忙他的妻子和孩子被朋友杀害的说法实际是冯编的。②然而，在冯和李之间也确实有了麻烦。冯克善没有参与高层的决策，在十月中旬离开了滑县。另一个起义者谈到因经济状况不佳而引起的纠纷，说"冯克善因与李文成不和，现赴山东德州，那里有他的徒弟"③。冯克善的身份原本就是熟练的游方拳师和地方硬汉，看来并没有因他与八卦教徒接触而有所改变。他显然愿意在主要的目标上与宗教领袖合作，以满足自己的野心和好胜心。他很少让自己的门徒入教，也不让门徒参

①《钦定平定教匪纪略》，第24卷，第21—26页，18/12/11，冯克善供词。
② 在第一份供词中，冯克善称他在八月底离开山东去滑县（这显然是花言巧语，因为我们知道他去山东是在道口会议后陪林清回北京）。他说，后来有人向当局告发了他，于是他就逃走，只是在滑县被占后才回来。有关冯克善自相矛盾的供词和他在攻打滑县县城中的作用，见本书第137页注③和第139页注②。另见《那文毅公奏议》，第33卷，第35页，18/12/20，奏折；《那文毅公奏议》，第33卷，第33—34页，18/12/25，奏折。
③《钦定平定教匪纪略》，第18卷，第19—23页，18/11/13，车得新供词。

加起义,也就不奇怪在起义开始后他就难以与八卦教首领相处。他的离去可能也没有多少值得后悔的。

没有了林清、冯克善,甚至也没有了密友于克敬和刘成章,李文成身上又有伤,他只能独自一人来处理不断恶化的军事局势。同样,他也是独自一人承担起扮演领导角色的责任,以此来招集他的弟子和他们的追随者。事先确定的有关白阳期的新等级因九月十五日后现实的变化而有了改变,就像起义者的目的和雄心同样也遭到糟糕的军事形势的打击。没有了林清和冯克善,三位一体的天盘、地盘和人盘瓦解。以前曾设计过,李文成作为人皇将由其统治,他还将得到于克敬和冯学理的协助。九月底,于克敬(或许他曾帮助制订这些头衔)被杀。看来不管是如何简陋都有必要确定一些新的等级,既可满足信徒的期望,也给整个起义组织以可取代清朝体制的正式替代物。所以李文成特别强调他作为统治者的作用,显然他不在意其他各种头衔,而是建立了一个办事机构以适应现实的需要。有关这一新制度的材料很少也很混乱。我们不知道这是李文成在遵循起义前规划的蓝图,还是他自己在随机应变,也不知道他设想的这一制度(或其部分内容)是暂时的,只局限于转折时期,还是永久的,一直要延伸到白阳期。

从狱中被救出后,李文成第一件认真做的事就是在礼仪上确定他和下属的地位。有个见多识广的李的助手说,"李文成被尊为主,然后受封[在此又确定了下属的各种头衔]。"①考虑到李文成身体虚弱,这不能算是一个隆重的典礼,但却很重要。李称自己为教内的"真主",是地位最高的师父,对教义、教规都有权威。他还称自己拥有前朝明朝的合法地位,同时也拥有反对明朝的最著名反叛者的合法地位,自称为"大明天顺李真主"。李文成还利用自己的姓自称是李自成转世。李自成是个起义领袖,推翻了明朝,建立(但未能长久)了大顺政权。此外,李文成宣布他

①《那文毅公奏议》,第32卷,第12—16页,18/12/3,秦理供词。

217　重建了明朝,按照传统的创建王朝的做法选择了一个年号。他选的是"天顺",让他想到李自成和明英宗皇帝。①　因而,他使自己发挥了起义者和王朝恢复者的双重作用,以这两者给他获得政权再创造一种合法的氛围。

李文成至少在为下属所定的一套封号上采用的是以前制订的计划。他确立了卦王,八卦(离、艮、震、乾、坤、巽、兑、坎)中每个都有一个卦王。在每个王下面有八个卦伯,总共是 64 个。②　这些称号至少有部分也可能全部是在起义前确定的,但受封则是在教徒公开参与反叛后才进行的。这些称号原准备只是在进入白阳期的过渡时期才使用的。最终以李文成为首的八卦教成了九宫教,③因此每个卦王和卦伯都将其称号变为宫王和宫伯。没有明确的记载说到李文成宣布了新劫期的正式开始,但很可能他在第一次正式举行仪式时就这样做了,因为在起义的几个月中这些反叛首领都在用两种称号。④

不清楚李文成和卦王、卦伯之间到底是什么关系,应该是一种松散的联系而不是紧密的指令性关系,相对而言卦伯的地位有很大的独立性。卦王和卦伯把他们的名字和称号写在白旗上,显然是以此作为其权威的标志。⑤　在起事期间,普通的起义者都被分派归这 72 个王和伯中的

---

① "天顺"是明英宗(1436—1449 年在位,1457—1464 年再次在位)的年号,他在当了七年蒙古人的俘虏后于 1457 年再次被立为皇帝。《那文毅公奏议》,第 32 卷,第 12—16 页,18/12/3,秦理供词。

② 八个卦王是王道隆(离卦)、刘宗顺(艮卦)、宋克俊(震卦)、寿光德(乾卦)、冯相林(坤卦)、王修志(巽卦)、刘帼明(兑卦)和尹老德(坎卦),后来由他的儿子尹振众继承。《那文毅公奏议》,第 32 卷,第 12—16 页,18/12/3,秦理供词。还有被称为卦伯的 64 人的材料(有些不太可靠),每卦八人。常有几个被俘的起义者供认某人是卦伯,但他所属的卦却不同。

③ "九宫"一词是将天空分为九个占星的区间,有些像黄道十二宫的标记,被用来算命。(见本书第 15 页注②。)这些白莲教派将九宫与八卦连在一起,将这两者用来为其群体命名。例如,李文成原本是九宫教主,他被称为"八卦会之九宫卦主"(《那文毅公奏议》,第 33 卷,第 13 页,18/12/25,秦理供词)。

④ 《那文毅公奏议》,第 32 卷,第 12—16 页,18/12/3,秦理供词;《那文毅公奏议》,第 30 卷,第 36—38 页,18/12/12,黄兴宰供词;《钦定平定教匪纪略》,第 16 卷,第 1—6 页,18/12/26,徐安国供词。

⑤ 有许多这样的例子。在震宫王宋克俊给教徒王法文授封时,王把名字改为进道,他的旗子上写着"震宫伯王进道,奉天开道"。《那文毅公奏议》,第 38 卷,第 7—10 页,19/3/14,王进道供词。

一个指挥。王、伯与其战士之间的关系比较密切,大多数起义者都通过名字知道他们的上司和所属的卦。①

这些王、伯,还有李文成和他的几个助手,都有权给那些为他们做事而有才干的人官职。② 其他起义者就自己给自己定官衔,这样在起义期间官衔大泛滥,出现了千奇百怪的称呼大杂烩。它们相互间的关系以及在一个大系统中的位置都不清楚。出现这一问题的部分原因是历史编纂学的,因为有关这些头衔的主要材料都见于官兵军官编的名录,按官衔排列那些被打死或被俘的贼匪名单,排列的方式有条理但没内容。另外,其他材料则又是混乱而矛盾的片段,从这些材料只能了解到有限的内容。我对之进行归纳,编了下面的对照表,列出中文官衔和试译的英文:③

218

　　宰相,丞相 *　　　　Chief Minister

------

① 《宫中档》019367,20/7/19,董天竹供词;《那文毅公奏议》,第38卷,第7—10页,19/3/14,王进道供词;《钦定平定教匪纪略》,第41卷,第3—4页,19/7/6,赵秉让供词;《钦定平定教匪纪略》,第23卷,第9—11页,18/12/3,申文显供词。

② 《钦定平定教匪纪略》,第41卷,第3—4页,19/7/6,黄泮公供词;《宫中档》019556,20/8/13,张为汉供词;《钦定平定教匪纪略》,第26卷,第7—9页,18/12/14,张元禄供词;《那文毅公奏议》,第38卷,第7—10页,19/3/14,王进道供词。

③ 有关这些头衔的材料如下:宰相至先锋:《那文毅公奏议》,第32卷,第12—16页,18/12/3,秦理供词;《那文毅公奏议》,第33卷,第22—32页,18/12/20,名录;《那文毅公奏议》,第32卷,第16—25页,18/12/3,名录;《钦定平定教匪纪略》,第23卷,第1—2页,18/12/1,奏折;《钦定平定教匪纪略》,第37卷,第21—22页,19/2/24,王进道供词;《那文毅公奏议》,第33卷,第36页,19/1/4,宋三妮供词;卜内特和V·V·哈盖尔斯特罗姆:《中国现代政治机构》,#751B,752A,752C。

　　先行官至副总官:《那文毅公奏议》,第32卷,第16—25页,18/12/3,名录;《那文毅公奏议》,第33卷,第22—32页,18/12/20,名录;《钦定平定教匪纪略》,第41卷,第1—2页,19/5/22,王仲供词;《宫中档》017162,18/12/10,李世恭供词。

　　许诺的职位:《宫中档》019556,20/8/13,张为汉供词;《济宁直隶州志》,第4卷,第20—29页,李经秀供词;《林案供词档》,第206期,第1—2页,18/9/22,杨进忠供词;《钦定平定教匪纪略》,第3卷,第9—13页,18/9/18,刘得财词;《钦定平定教匪纪略》,第23卷,第1—2页,18/12/1,奏折;《那文毅公奏议》,第38卷,第78—79页,20/9/23,李铎供词;《钦定平定教匪纪略》,第42卷,第26—27页,21/4/2,周文盛供词;卜内特和V·V·哈盖尔斯特罗姆:《中国现代政治机构》,#50,848,856。

　　"天下都招讨兵马大元帅"(见上列李经秀供词)正是吴三桂(为满人效力的明朝将领)的头衔,1673年他起兵抗清,建立了自己的王朝。恒慕义等编:《清代名人传略》,第879页。另见本书第234页注②。吴三桂成了民众的反叛英雄?

总元帅	Chief Commander
元帅 *	Commander
副元帅 *	Assistant Commander
总兵 * * *	Brigade-General
参将 * * *	Lieutenant-Colonel
都司 * * *	First Captain
前部总头领	Captain of the Forward Bureau
鸟枪总头领	Captain of Musketry
先锋 *	Adjutant
开路先锋	Adjutant Who Leads the Way
提调兵马总先锋	Adjutant for Transferring Soldiers and Horses
先行官 *	Advance Officer
督粮官 *	Grain Supervisor
都总官 *	Superintendent
副总官 *	Assistant Superintendent

仅为起义首领许诺的官衔

九门提督	Military Governor of the Nine Gates
天下都招讨兵马大元帅	Great Commander Who Summons Men and Horses for the Pacification of All under Heaven
总管太监 * * *	Chief Eunuch
知府 * *	Perfect
知县 * *	Magistrate

* 任命给不止一人的官衔

* * 清政府也用的官衔

总之，大多数这些官衔都有容易理解和堂皇中听的优点，没有什么是普通起义者不明白的。所有这些显然都是实衔，反映出在起义期间主宰起义者生活的主要是军事和后勤活动。这些官衔中至少有十个(用单星号 *219* 标出)任命给不止一个人。担任某个官职的总人数(没有迹象表明有妇女任职)至少有一百人。

虽然对九月十五日起事的号召八卦教群体只有部分予以响应，而且起义者在北京和浚县的表现也让人失望，但李文成还是对清政府发出了挑战，并仍拥有他的下属以及成千上万追随者的支持。他缩小了自己的目标和组织以适应新的形势，但到十月之后来自官方的压力加大，愈益明显，起义者如果要想生存无论如何要迅速转向。在本部分最后，我们要回过头来看看李文成以及他为自救且为挽救其事业所做的努力。首先，让我们较为详细地来了解教徒们为他们自己及其追随者所创造的新生活。

新的生活

不管有什么期望，那些八卦教徒抛弃了自己熟悉的生活，以无生老母的名义发动叛乱。他们会不由自主地对新生活的刺激、狂热和难以预料而感到震惊。尽管许多人都肯定能适时地意识到，建立一个"人人在教"的云城远非他们的力量所能做到，但这一过渡时期仍是一种新的生活，与过去彻底决裂，凭自己的力量获得解放。

生存问题最为重要，因为起义者不仅必须要在现在已完全破坏的世界上得到食物和住处，而且还必须在兵戎相见的作战中打败敌军。如果他们想要消灭清军就需要有人员、武器弹药、有效的组织和合乎实际的计划。对在白莲教内的信徒而言这些不是任务，这样的生活只是适当的准备。不仅要改变教派的组织以适应整个新局势的需要，而且教徒的态度也不得不有所变化。信徒的忠诚和谨慎必须要以起事者的决心和反 *220*

抗来代替。这些叛乱者不再受到限制和报复,只要他们能够利用就大有机会表现其勇气和独立的行动。

对起义的组织者和首领来说,这种新生活是由无数要发布的命令和要做出的决定组成的。占领滑县、道口和乡村是桩耗费巨大的事。这两个城镇必须封闭起来,所有出口都得守卫。粮仓库房、当铺钱庄必须清空,东西要储存起来。除了必须对起义首领和战士供应粮食外,也要向成千上万的附属人员(老人、妇女和孩子)供应。他们被带到起义据点,数量在不断增加。如果这一运动能成功,这一工作就必须由起义首领组织,再由其追随者按部就班地执行。新加入者须要编入起义组织,并劝他们为事业而战。

在起义的头两个月,李文成待在滑县城外北面的一个村子里,在家躺在床上,治疗被打断的腿、踝和脚。[①] 他把对滑县县城的管理交给两个人:宰相牛亮臣和总元帅宋元成。宋元成40多岁,是浚县的一个工匠,靠做画工维持生计。他在1813年初去拜访林清,他也是决定提前行动救李文成出狱的人之一。牛亮臣是滑县的库书,1808年遇见林清,成了他的徒弟,是他安排了林清和李文成在1811年初次会面。他在九月初被捕,九月七日和李文成一起被救。这两个人监管县城的供应和防卫。当李文成在十一月初离开滑县时,就由这两人负责。[②]

材料中很少提到有关宋元成所起作用的详细情况,而牛亮臣最终被捕受到审讯,他对自己这一时期的生活谈了很多。牛亮臣在被捕前

---

① 《钦定平定教匪纪略》,第12卷,第5—7页,18/10/17,扈二胖子和曹光辉供词;《钦定平定教匪纪略》,第24卷,第21—26页,18/12/11,冯克善供词。

② 宋元成是画匠,也可能是个画工。有关他的情况见《那文毅公奏议》,第32卷,第12—16页,18/12/3,秦理供词;《宫中档》017586,20/2/2,奏折;《那文毅公奏议》,第31卷,第18—21页,18/12/25,牛亮臣供词;《上谕档方本》,611—613,19/12/25,董帼太供词;《那文毅公奏议》,第30卷,第36—38页,18/12/12,黄兴宰供词。有关牛亮臣和宋元成负责的情况见《那文毅公奏议》,第30卷,第36—38页,18/12/12,黄兴宰供词;《那文毅公奏议》,第31卷,第18—21页,18/12/25,牛亮臣供词;《钦定平定教匪纪略》,第41卷,第3—4页,19/7/6,黄泮公供词。

曾积极参与策划起义。与李文成不同,他在滑县狱中的五天没有因刑讯而受伤。他承担了宰相的工作,跟随起义军监督攻打浚县。起义军在那里的失利说明他的指挥并不出色,但他在当库书时学到了不少官场的学问。这或许使得他在管理滑县时比较顺利,而这后来花费了他不少精力。①

对像牛亮臣这样的八卦教首领,他们作为起义者的新生活就意味着拥有权势,并有机会在教内公开显示其崇高地位。在滑县的起义者中牛亮臣可以声称他与林清有特殊的关系,他最主要的地位就在于是林清的徒弟。他做了公开打出的旗子,上面写着"林门弟子",有的写得更长也更为郑重——"掌理天盘八卦法开后天祖师林大弟子牛"。显然,牛亮臣并不满足作为李文成的宰相所承担的实际工作,也不满足作为天盘弟子的权势地位,他还要扮演另一种角色。他声称过去他的师父曾读了他的《三佛应劫统观通书》,由此决定在天、地、人三大盘之外还应有一仙盘——牛亮臣。因此,在起义的几个月中,牛亮臣身穿精致的长袍,上面有八卦图,还戴了道士的方冠。大家都称他"先生"。②

可能其他起义首领也像牛亮臣那样改变生活方式和装扮以适应新的宗教角色。(牛亮臣特别愿意谈论宗教事务,而他的同伙通常对当局则不谈这些事。)③其他首领所用的称号或是有着难以解释的宗教含意,或者只是那些很想获得权势的人当场决定的。比如,有些人用的是"大

---

① 有关牛亮臣在起义军的活动,见本页注③,和《那文毅公奏议》,第32卷,第12—16页,18/12/3,秦理供词;《钦定平定教匪纪略》,第24卷,第21—26页,18/12/11,冯克善供词;《钦定平定教匪纪略》,第15卷,第18—20页,18/11/1,刘成供词;《钦定平定教匪纪略》,第3卷,第22—23页,18/9/18,宋兴供词;《宫中档》016027,19/7/24,李兴邦供词;《宫中档》016750,19/11/13,李成供词;《那文毅公奏议》,第38卷,第76—78页,20/9/10,吴成倪供词;《宫中档》019367,20/7/19,董天竹供词;《宫中档》015774,19/6/20,刘大顺供词;《钦定平定教匪纪略》,第41卷,第3—4页,19/7/6,赵秉让供词。

② 《钦定平定教匪纪略》,第29卷,第1—6页,18/12/26,牛亮臣供词;《那文毅公奏议》,第31卷,第8—12页,18/12/15,奏折。

③ 牛亮臣的供词,见《那文毅公奏议》,第31卷,第18—21页,18/12/16和《钦定平定教匪纪略》,第29卷,第1—6页,18/12/26。

将军"称号,有一个人被称为"中元大将军",可能是指第二个的现时大劫期,另一个人叫"大白将军",可能是指即将来临的白阳期。①

还有一些人自称为"王",与李文成选定的八卦王无关。其中一些称号有"顺天王"、"平西王"。② 其他人只是按姓和数字来称呼,如萧二大王、蔡四大王。后者名叫蔡成功,在教内没有什么地位,他的供词(或许还有他作为叛乱者的生活)反映了他极想出人头地。尽管他的称号是自己定的,但他声称曾向牛亮臣和冯克善这样的人下过命令。③ 有个入教参加叛乱的和尚宣称他被立为"护国禅师"。并不奇怪会有起义首领身穿上层精英的衣服,甚而僭用皇家的称号。④

为了说明起义首领所进行的各种活动,我们还要来关注材料相对比较丰富的一类首领:兑卦卦王和卦伯。刘帼明是兑卦(或宫)王,是起义前选定的八王之一。刘帼明曾是李文成的师父,但他在 1811 年李文成接掌权力后承认李为教主。刘帼明发展徐安国入教,并负责徐安国及其在山东的庞大弟子网参与八卦教的活动。他参加了进入滑县解救李文成的行动,但在确认了他的卦王地位后就带人离开了滑县。刘帼明和两个兑卦卦伯(刘的徒弟王学礼和刘师父的徒弟魏得中)在滑县东北的司前坊、潘章和南湖几个村子扎营,竖起旗杆升上写有他们头衔的白旗。

---

① 《钦定平定教匪纪略》,第 25 卷,第 5—7 页,18/12/12,奏折;《宫中档》017162,18/12/10,李世恭供词;《钦定平定教匪纪略》,第 42 卷,第 26—27 页,21/4/2,周文盛供词;《那文毅公奏议》,第 33 卷,第 22—32 页,18/12/20,名录。

② 《上谕档方本》,233—242,22/6/20,胡成德供词;《钦定平定教匪纪略》,第 26 卷,第 43—44 页,18/12/16,侯文志供词。吴三桂也称为"平西伯"或"平西大元帅"。这些封号是新建立的清朝授予他的。见恒慕义等编:《清代名人传略》,第 878 页。

③ 《钦定平定教匪纪略》,第 9 卷,第 16—20 页,18/10/6,奏折;《钦定平定教匪纪略》,第 6 卷,第 5—8 页,19/8/26,蔡成功供词。

④ 有关和尚见《钦定平定教匪纪略》,第 21 卷,第 28—32 页,18/11/24,宗印供词。有关服装见《上谕档方本》,233—242,22/6/20,胡成德供词;有个被杀的教匪穿着绿蟒袍,见《那文毅公奏议》,第 29 卷,第 14—16 页,18/11/1,奏折;《钦定平定教匪纪略》,第 15 卷,第 18—20 页,18/11/1,刘成供词。田日曾自称为驸马,因为他的岳父是个宫王。《宫中档》017340,19/12/25,奏折;卜内特和 V·V.哈盖尔斯特罗姆:《中国现代政治机构》,♯15。(这是清朝以前对皇帝女婿的称呼。)

在九月和十月他们留在那里，为筹粮袭击了滑县和邻近的开州的其他村子，有必要时就与当地乡勇和官兵作战。刘卦王指挥的至少有 3 000 人：魏卦伯任命了不下八个人，包括他自己和王学礼，他们都是刘帼明属下被任命的"头目"，每人指挥三四百人。在滑县城内刘帼明与其他起义首领之间有联系，但没有正式的指挥关系，而在兑卦刘卦王和六个被指定为兑卦卦伯的人之间也没有可见的组织关系。[①]

　　还有六个卦伯是三对兄弟(或堂兄弟)，显然他们是成对地在一起做 [223] 事。沈国先和沈国珍是牛亮臣的徒弟，来自滑县东北一个边远的集镇。不幸的是对他们在起义期间做了什么人在哪里都不清楚。他们可能与刘帼明在一起，因为在十一月刘陪李文成逃离滑县时这两兄弟最终加入了刘帼明的队伍。黄兴宰和弟弟黄兴相也是牛亮臣的徒弟，兑卦卦伯。他们来自滑县东南的一个集镇，曾带人协助将李文成救出牢房。两人还参与了道口的管理，兴相十月二十七日在道口的作战中战死。兴宰手下的人数不明，他"身经百战"，参加了守卫道口的战斗而未能守住，遂迁往滑县县城，在那里一直到滑县被攻克，他也被俘。这两对兄弟与兑卦王没有直接的联系。最后一对卦伯是朱成贵和朱成方，这对堂兄弟来自山东，都是徐安国的徒弟，在本省是起义首领。这两兄弟和其门徒组织起来攻打了曹县和定陶，他们在这两个县的村庄中袭扰了好几个星期，以自己家所在的村子作为据点。九月末遵照徐安国的指示，他们带着门徒来到滑县县城，参加了攻打浚县，后来又和徐安国一起去道口守城。朱成贵和徐安国在滑县一直坚持到最后，而朱成方则跟着李文成走了。朱

---

① 《钦定平定教匪纪略》，第 28 卷，第 11—13 页，18/12/24，刘宗林供词；《钦定平定教匪纪略》，第 29 卷，第 1—6 页，18/12/26，徐安国和牛亮臣供词；《钦定平定教匪纪略》，第 19 卷，第 25—28 页，18/11/18，魏得中供词；《钦定平定教匪纪略》，第 16 卷，第 35—38 页，18/11/5，刘保义供词；《宫中档》018651，20/5/16，韩金榜供词；《钦定平定教匪纪略》，第 18 卷，第 9—10 页，18/11/11，杨廷冈供词；《钦定平定教匪纪略》，第 19 卷，第 4—9 页，18/11/14，奏折和郭明山供词；《宫中档》015972，19/7/12，刘山岗供词；《宫中档》016763 - E，19/10/20，缉捕名录；《钦定平定教匪纪略》，第 23 卷，第 9—11 页，18/12/3，奏折；《那文毅公奏议》，第 30 卷，第 36—38 页，18/12/12，黄兴宰供词。

家两兄弟可能与黄家兄弟协调行动,他们都参与了守卫道口,后来又失去了道口,看不出他们与兑卦王刘帼明有什么联系。①

这一颇为粗略的描述应该说明了各卦的卦王和卦伯之间的联系是松散的。一般来说,卦王的职位是给积极策划起义的八个教内师父(全是李文成的人)的,另外64个职位则在高层的徒弟中分配。在各个教派重组师徒关系以适应八卦王和64卦伯的结构时,显然家庭和教派的联系受到了尊重,但一个卦王对其门徒的权势被"他的"卦内有人忠于其他首领而淡化了。结果形成的组织是灵活的,但也显然是可以管理的,因为师徒关系确实还在继续发挥着补充卦王、卦伯指令的作用。

如果我们再来看看张姓四兄弟的事,就能对起义者所遇到的一些组织和指挥问题有更进一步的了解。他们都是离卦王王道隆的徒弟,其中第三个兄弟张凤祥原先由王卦王指定为离卦伯,因此他就能"管事"(可能是在滑县城内)。张凤祥事管得不好,而且王道隆还发现"他私下积攒了些钱"(从城里的居民那里?),没有把钱交给起义当局。王道隆就迫使他辞去卦伯的职位。这一头衔没有给外人,而是由凤祥的哥哥(四兄弟中的第二个)来接受。并不是说事情都落在凤祥身上,他的其他两个兄弟也得到了职位。最小的兄弟成为"先锋",大哥得到师父许诺,"在乱期过去后"(可能是新的白阳期)要给他官职。所有四兄弟都留在滑县县城,在那里全都丢了性命。②

上文所说的纠葛说明叛乱者的"劫掠"可能是有组织、有系统的。由一个叫黄泮公的叛乱者的口供就能确定事实正是如此,至少在滑县县城

---

① 有关沈家兄弟见《宫中档》017586,20/2/2,奏折;《宫中档》016763 – E,19/10/29,缉捕名录。有关黄家兄弟见《那文毅公奏议》,第30卷,第36—38页,18/12/12,黄兴宰供词;《那文毅公奏议》,第29卷,第14—16页,18/11/1,杂项口供。有关朱家兄弟见《钦定平定教匪纪略》,第29卷,第1—6页,18/12/26,徐安国供词;《那文毅公奏议》,第32卷,第12—16页,18/12/3,秦理供词;《钦定平定教匪纪略》,第5卷,第14—16页,18/9/22,朱成珍供词;《那文毅公奏议》,第33卷,第22—32页,18/12/20,名录;《钦定平定教匪纪略》,第10卷,第17—20页,18/10/10,王奇山供词。
② 《那文毅公奏议》,第33卷,第14—18页,19/1/4,秦理供词。

是这样。黄说的事情还可反映出起义首领在滑县是如何生活和做事的。黄泮公是滑县衙门七个在教并参加了起义的库书和快役之一,黄本人就是个衙役。他的师父传达牛亮臣的指示,安排他参加起义。黄泮公后来还帮助从狱中解救了牛亮臣和李文成。在起义爆发后黄没有得到头衔,但"总元帅"宋元成命令他去搬走并登记由起义者抢占的一家当铺内的东西。"宰相"牛亮臣后又来察看这家当铺,赞扬黄泮公干得不错,并正式提升了他。黄说他成了"大头目"。有了这一新身份,黄泮公手下有两百人。他在城里的街道和房屋中巡查,寻找并拿走值钱的东西。这种奉命而为的抢劫还包括有权杀死反抗的人。①

除了对滑县可能还有道口有系统的劫掠外,十月许多起义者还在将 225 道口的粮食运到滑县城里去。开始时,这些运粮食的人可以自由出入城门。当清军对道口的压力加大时,他们决定把镇内大量的粮食全都运到滑县去。这个任务交给了几个卦王、卦伯和他们手下的人。②

尽管有许多起义者参加了攻取和保卫道口和滑县的战斗,但多数八卦教将领还是在乡村过着造反的生活。他们在村子和集镇扎营,随心所欲地拿他们想要的东西,过他们想过的日子。许多来自滑县和浚县的教派首领喜欢这种生活,直到遇到进攻的清军无法抗拒的压力才不得不进滑县县城。③ 在鲁西南的起义者同样也一度摆脱了束缚(尽管时间相对

①《钦定平定教匪纪略》,第41卷,第3—4页,19/7/6,黄泮公供词。
②《那文毅公奏议》,第38卷,第76—78页,20/9/10,刘志高供词;《钦定平定教匪纪略》,第4卷,第3—4页,19/7/6,赵秉让供词;《钦定平定教匪纪略》,第42卷,第23页,21/3/27,王二克义供词;《钦定平定教匪纪略》,第24卷,第3—7页,18/12/8,奏折;《那文毅公奏议》,第30卷,第36—38页,18/12/12,黄兴宰供词;《宫中档》017220,19/12/22,程华庭供词。
③ 在九月六日攻打滑县县城后,起义者还占领了滑县东南的老安集,杀了驻在那里的巡检和他的家人。他们在镇子四周掘壕,要居民参加八卦教,不然就要被杀。与之相似,震卦王宋克俊带着手下人在位于县城东北的桃园扎营。在后来几周,起义军先后占领了白茅村、司前坊(巽卦王王修志的家乡)、谢家庄(李文成的家乡)、沈家庄和潘章集,所有这些村子都在滑县县城的北面和东面。在东面和南面(邻近直隶南部),他们还占领了八里营、留固、曹齐营、南湖(兑卦王刘帼明的营地)、王家道口和丁栾集。 (转下页)

较短)，过着类似的出外打劫、不时作战的生活，不过在他们被彻底赶出营地之前也已越来越多地处于防守状态。我们要较多地关注在山东的起义者，因为材料能让我们深入了解这些底层人的生活。他们以村庄为据点，最终遭到围困。他们的经历可以看做是在直隶南部和豫北的其同伙生活的代表。

　　山东的起义者在遭到官军团团围困而被赶入滑县之前只有三个星

（接上页）　　有关老安镇：《那文毅公奏议》，第30卷，第12—16页，18/12/3，秦理供词；《那文毅公奏议》，第38卷，第7—10页，19/3/14，王进道供词；《钦定平定教匪纪略》，第37卷，第21—22页，19/2/24，王进道供词；《钦定平定教匪纪略》，第18卷，第9—10页，18/11/11，杨廷冈供词。

　　有关白茅村：《宫中档》019478，20/8/1，贺恕供词；《宫中档》016995，19/11/25，李大荣供词；《那文毅公奏议》，第29卷，第33—35页，18/11/11，奏折。

　　有关司前坊：《钦定平定教匪纪略》，第15卷，第18—20页，18/11/1，刘成供词；《那文毅公奏议》，第32卷，第12—16页，18/12/3，秦理供词；《钦定平定教匪纪略》，第16卷，第35—38页，18/11/5，刘保义供词。

　　有关谢家庄：《钦定平定教匪纪略》，第12卷，第5—7页，18/10/17，曹光辉供词；《钦定平定教匪纪略》，第24卷，第21—26页，18/12/11，冯克善供词。

　　有关沈家庄：《开州志》，第6卷，第42—43页。

　　有关潘章集：《那文毅公奏议》，第32卷，第12—16页，18/12/3，秦理供词；《宫中档》015972，19/7/12，刘山岗供词；《钦定平定教匪纪略》，第14卷，第12—15页，18/10/27，奏折。

　　有关八里营和留固：《那文毅公奏议》，第29卷，第29—32页，18/11/11，奏折；《那文毅公奏议》，第32卷，第12—16页，18/12/3，秦理供词；《那文毅公奏议》，第29卷，第10—11页，18/10/28，奏折；《那文毅公奏议》，第34卷，第13—14页，18/11/11，奏折；《钦定平定教匪纪略》，第18卷，第19—23页，18/11/13，奏折；《钦定平定教匪纪略》，第9卷，第22—25页，18/10/7，奏折；《钦定平定教匪纪略》，第37卷，第21—22页，19/2/24，王进道供词；《那文毅公奏议》，第38卷，第7—10页，19/3/14，王进道供词；《上谕档方本》，239—240，21/5/29，世贵供词。

　　有关曹齐营：《宫中档》017220，19/12/22，王进道供词；《那文毅公奏议》，第29卷，第1—3页，18/10/22，奏折。

　　有关南湖：《那文毅公奏议》，第32卷，第12—16页，18/12/3，秦理供词；《钦定平定教匪纪略》，第19卷，第25—28页，18/11/18，魏得中供词；《钦定平定教匪纪略》，第9卷，第22—25页，18/10/7，奏折。

　　有关王家道口：《教匪案》，65，20/3/24，赵得元供词；《那文毅公奏议》，第38卷，第56—58页，20/3/4，赵得元供词；《那文毅公奏议》，第32卷，第12—16页，18/12/3，秦理供词；《那文毅公奏议》，第29卷，第29—32页，18/11/11，奏折。

　　有关丁栾集：《那文毅公奏议》，第29卷，第1—3页，18/10/22，奏折；《那文毅公奏议》，第34卷，第4—6页，18/11/3，奏折；《那文毅公奏议》，第32卷，第32—34页，18/12/12，程进水供词；《那文毅公奏议》，第34卷，第13—14页，18/11/11，奏折。

期的时间,但在这几周里他们特别自由,可以为所欲为。他们只是通过其大师父徐安国与八卦教的上层首领联系,而徐安国已离开在直隶南部的家而加入到滑县同伙的队伍中,他在这一时期很少给徒弟指示。虽然所有山东的首领与其众多追随者都是教徒,但他们没有什么兴趣要把教派的教义变为现实。而这些叛乱者关心的只是活着,如有可能还要享受生活。

有个官府的探子这样谈到他们的生活:"他们只在曹县和定陶活动,白天抢店铺,晚上与女人一起喝酒。他们强迫[这些县]乡间的人入伙。现在他们四处走动,犹豫不定,不敢靠近城市。"有个地方知县也谈到类似的情形:"济铁村的贼匪团伙早起吃饭后就分成几股,外出放火抢劫……晚上吃完饭后,准备攻[县]城,但在得知防御加强后就不敢进攻。"[①] 226

有关起义者的活动最好的材料是首领胡成德的供词,叙述比较生动。胡成德参加了攻打曹县的官府和当铺。他和手下的 70 个人在同一天(九月十日)离开县城,步行去了范家庄。有其他人加入他们的队伍,当他们到达这个村子时已有约两百人。在范大皮更(他的一个副将,这个村子就因他家而得名)家外面,他们造了个临时的棚子。在棚子里大家坐着休息到晚上,用范大皮更家的东西(可能是事先储备的)下了汤面给大家吃。

休息了一两天后,这伙人又振作精神向约六英里外的马家庄前进。那个集镇上有几家当铺,被起义军砸开门洗劫一空。当铺里夏天存的东西使得他们有了衣服穿。[②] 胡成德穿了一件蓝棉袍和一件绿棉马甲。他

---

① 第一段引文:《钦定平定教匪纪略》,第 5 卷,第 14—16 页,18/9/22,奏折。第二段引文:《济宁直隶州志》,第 4 卷,第 20—29 页,知县陈述。

② 据在 20 世纪 30 年代的一项调查,当铺中的物品通常近 60% 的是衣服,另约 40% 的是"私人首饰",其他的则为农具。推想起义军拿来用的是些服饰。天气越来越冷,1813 年九月相当于阳历的 10 月,保暖的衣服就特别需要。有关当铺里的物品,见罗国贤:"中国农村财政与当铺"(Chinese Rural Finance and the Pawnshops, 1937),被翻译收录在太平洋关系研究院(Institute of Pacific Relations)编的《农业中国:中国作者文献选编》(*Agrarian China: Selected Source Materials from Chinese Authors*),上海:别发洋行,1938 年,第 190 页。

还为自己弄到一种比较尊贵的代步方式，征用了一辆带席篷的载人马车。那天在路上他遇到一个熟人，就劝他入伙。这人是个赶车的车夫，因此胡成德就要他赶车。对另一个新入伙的人，胡成德给了扛旗的差使（或是权势），旗子上写着胡的师父给他的头衔"顺天王胡成德"。那天夜里，他派头十足地返回范家庄，坐在马拉大车的席篷下面，扛旗的人走在前面。

起义者必须关心的除派头外还有如何存活，他们发现范大皮更家的东西用完了，就到村里其他人家去拿面粉和馍。第二天，他们又待在村里休息寻欢。这就是他们在起义初期的生活方式。有一天，他们离开村子去寻找食物、衣服和支持者，然后回来休息一两天。每天晚上大家回到村里，都要相互深深地弯腰行礼，口说"得胜"，然后哈哈大笑。①

在外出抢劫时他们拿到些什么东西？起义军"劫掠"的主要是粮食，必须要有大量粮食以供应每支不断扩大的起义队伍。他们从人家里和粮店弄到粮食和其他物品。（奇怪的是起义军和官府两方面都没有提到打开官府的粮仓。）除了粮食外，起义者还要其他值钱的东西。我们知道，在进攻官衙时他们搬走了库房里的东西（大概是纹银和铜钱）。在城市后来在小集镇，他们冲进钱铺和当铺。从当铺和百姓家里起义者拿走了衣服，尤其是绸衣和棉衣——这是他们以前享用不到的奢侈品。为了制作起义首领用的白旗（被官府大量缴获），我们推测还随时在拿棉布。为了运人和辎重，起义军征用了骡马和各种规格的大车。同样，他们还武装起来，储存武器弹药，弄到了刀矛和火枪，在城里还得到了火炮。②

---

① 《上谕档方本》，233—242，22/6/20，胡成德供词。
② 有关食物、值钱物品和衣服的情况，见《钦定平定教匪纪略》，第4卷，第14—16页，18/9/22，奏折；《官中档》018401，20/4/19，毕豪人供词；《钦定平定教匪纪略》，第5卷，第14—16页，18/9/22，奏折；《官中档》015970，19/7/10，李第四供词；《官中档》018651，20/5/16，王森供词。
　　有关其他的东西见《钦定平定教匪纪略》，第10卷，第24—28页，18/10/12，奏折；《钦定平定教匪纪略》，第13卷，第13—16页，18/10/22，奏折；《济宁直隶州志》，第4卷，第20—29页，知县陈述；《那文毅公奏议》，第29卷，第17页，18/11/1，奏折。

　　刚开始,与清军作战有获胜的前景,让那些攻打曹县和定陶县城的起义军备受鼓舞,使得他们极为兴奋,信心满怀。在攻打这两个县城几天之后,有个驻在曹州府城的三品绿营军官带着两百人(其中有乡勇)冒险南下进入定陶县。起义军得知消息后,传话给在定陶地区的各支队伍(我们知道至少有四支),告诉他们清军逼近,要大家集中与敌人作战。(九月)十二日或十三日,起义军在一个叫孔连坑的地方发动进攻。清军虽然装备较好(有火枪),但数量不多,"贼多兵少,众寡不敌",起义军轻而易举就打赢了。有近1/4的清军包括指挥官死伤。① 有个清军的间谍化装去打探起义军的情况,他报告道:"匪徒所据之村庄大小不一,接连 229横亘约有四五十里,昼出夜伏,裹胁年壮有力者逼充头阵,又分遣匪党赴各处探路勾结。"②

　　山东的起义军在定陶和曹县有几周时间没有遇到对手,但到九月底情况开始变化。九月二十一日,山东巡抚和一个经验丰富的将领到达曹州府城,带来了从省内别的地方调来的步卒和马队。这些士兵开始攻打小股起义军。从江苏调到山东的清军也这样做。大约就在这时,教首徐安国向他在山东的大弟子发话,要他们来滑县商洽,协助攻打久攻不下的浚县城。③ 这两件事——清军的到达和徐安国求援——最终结束了这一自由不受阻碍的劫掠时期,但这些到滑县来帮助同伙的起义军仍表现出起事初期兴奋的特点。

---

① 《钦定平定教匪纪略》,第19卷,第33—36页,18/11/18,奏折;《宫中档》016869,19/11/18,赵飞义供词;《钦定平定教匪纪略》,第22卷,第7—8页,18/11/25,奏折;《宫中档》015970,19/7/10,刘第四供词;《宫中档》019320,20/7/18,赵振五供词;《上谕档方本》,233—242,22/6/20,胡成德供词。

② 《钦定平定教匪纪略》,第10卷,第10—15页,18/10/9,奏折。有关探子的情况见《钦定平定教匪纪略》,第5卷,第14—16页,18/9/22,奏折;《钦定平定教匪纪略》,第4卷,第14—16页,18/9/19,奏折;《钦定平定教匪纪略》,第6卷,第8—9页,18/9/26,奏折。

③ 《钦定平定教匪纪略》,第26卷,第1—6页,18/12/26,徐安国供词;《钦定平定教匪纪略》,第42卷,第25—27页,21/4/2,周文盛供词;《宫中档》016750,19/11/13,李成供词;《宫中档》018651,20/5/16,王森供词;《那文毅公奏议》,第38卷,第80—85页,20/11/11,王森供词;《上谕档方本》,233—242,22/6/20,胡成德供词。

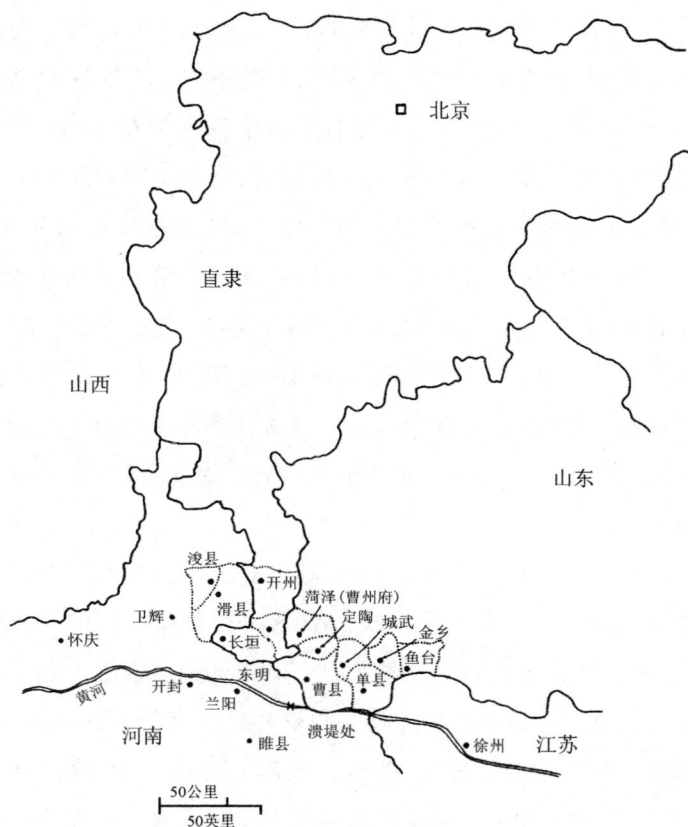

华北平原府县

参加起义的胡成德有师父给他的徐安国的口信。他谈到了自己所遇到的事。当胡成德和手下人得到口信后，这一天整个都在忙着做准备，到晚上出发去滑县。"一路抢馍吃，抢骡马骑，又抢了客车一二十辆。我就换坐布篷骡套轿车一辆……那时我与纪大幅原带的人及裹来的人有五百来人。"滑县县城在 70 英里外，两天后的清晨时分胡成德带人到了城外约五英里的地方。胡的助手范大皮更自告奋勇骑马去向徐安国报告他们来了。不久当胡成德快到城东门时，看见一群人向他走来。范大皮更牵着马谦恭地跟在"徐师父"后面。胡成德带人去迎候徐安国，向他讲述他们在村里劫掠和打胜仗的情况，然后对徐磕头。"众人都作一揖，口称'得胜'，公揖同声，哈哈大笑。"

后来，徐安国对他们说：

> 你们给我办事有功，将来识字的给官做，不识字的给地种，怕官兵捉拿你们，不必耽搁，即日回去搬了家口再来会合吧。①

有些起义者选择仍留在滑县，协助作战。胡成德等人则回到山东去接亲属和同伙。但他们在十月初到山东时，力量的均衡已发生变化，发现清军已在等着他们。这时山东八卦教教徒的日子不太好过，他们与占有优势的清军进行了殊死的战斗。

平定山东起义军的事是宿将山东运司刘清干的。九月二十七日，他先带领 500 名士兵(1/4 是马队)冒险进入起义军占领的村子，然后出兵进攻，打散了对方的营地。只要有一支大的起义军去救援同伙，清军就会去占领他们的营地，把起义军赶出去，让他们在别的地方重组。十月一日曹县的战斗就很典型。清军前进，"贼众蜂拥迎拒，经官兵奋力攻击，毙贼一百五十余名，余贼百余人奔入寨内，坚闭楼门，抛弃砖石如雨。我兵不避矢石，冒险仰攻，放火烧楼。"跳楼的和还活着的人被俘，其余的在里面被烧死。② 在一再被清军打败后，有些起义军不敢再战。当听到有更多清军逼近的消息，有些人极为害怕，"即将刀杖抛弃，拼命奔逃"，其他人则上前扯掉白布，向清军磕头。③

到十月第一周底，山东的起义军已减少到只剩两个营地，一个在扈家集，还有一个小的在附近的安陵集。他们已意识到处境危险，准备加强这些村子的防卫，设立围栏。在安陵集，村子四周有一英里多的土墙。虽然墙上的四个门洞没有装木门，但起义军在里面塞满荆棘。扈家集是

---

① 《上谕档方本》，233—242，22/6/20，胡成德供词。
② 《钦定平定教匪纪略》，第 13 卷，第 13—16 页，18/10/6，奏折。
③ 《钦定平定教匪纪略》，第 9 卷，第 16—20 页，18/10/6，奏折。

231 朱成贵几兄弟(徐安国在山东的大弟子)的老家,防守更为严实。在村子四周已建起土墙,大门关闭,圆木、树枝和荆棘堆在墙外。在此之前,卦伯朱成贵带着许多人去了滑县,他的弟弟朱成良领着近两千人留下守卫他们的家。①

十月四日,扈家集的大营盘遭到攻击。在清军穿过荆棘时,起义军被迫退到围墙里面。很快墙上扔下火球,风助火势,草房着火冒烟,迅速笼罩了全村。起义军无法组织反击,大多数想逃走的人很容易就被截住。少数人竭力逃脱,尽管遭到官兵马队追击还是安全地回到了安陵集。还在扈家集的人不是被烧死,就是在清军进镇后被俘。② 经过这次战斗,山东的起义军骨干被打垮。

一旦扈家集被毁的消息传开,许多仍在山东的起义军决定到滑县去寻求安身之地,其余的则聚集在安陵集。虽然有一支朱家兄弟的队伍来入伙,他们是从滑县回来援助其亲属和弟子的,但还是丧失了主动权。留下的起义者成了瓮中之鳖,孤立而虚弱,清军迅速发动进攻。从曹州府来的一个马队军官领兵赶到这个被围困的村落。他爬到村子圩寨墙外的一个小土丘上,将宣布赦免的文告扔进墙内,希望以此瓦解叛乱者的士气。这个村子很快就被清军合围,其中有专门由北京派来的皇家一品侍卫带领的精锐八旗兵。十月七日清晨,官兵发动进攻,攻下了这个村子,杀戮、俘虏了守卫者。③ 面对接连不断的失败,剩下的山东起义军毫无斗志,怕死畏战,丢下武器、旗子和抢到的东西,尽快离开这里,或是

---

① 有关安陵集:《钦定平定教匪纪略》,第 9 卷,第 16—20 页,18/10/6,奏折;有关扈家集:《钦定平定教匪纪略》,第 8 卷,第 20—22 页,18/10/2,奏折;《钦定平定教匪纪略》,第 10 卷,第 17—20 页,18/10/10,奏折和王奇山供词。

②《钦定平定教匪纪略》,第 10 卷,第 17—20 页,18/10/10,奏折。

③ 有关八旗兵见《钦定平定教匪纪略》,第 5 卷,第 1—2 页,18/9/21,上谕,和卜内特和 V·V. 哈盖尔斯特罗姆:《中国现代政治机构》,♯99.1 和 951。有 600 多起义者被杀,200 多人被俘;60 多头骡马、23 辆大车和 300 多面旗子被缴获。《钦定平定教匪纪略》,第 10 卷,第 24—28 页,18/10/12,奏折;《宫中档》018401,20/4/19,毕家人供词;《钦定平定教匪纪略》,第 9 卷,第 16—20 页,18/10/6,奏折。

逃回家,并希望他们的参与不会被当局查到。[1]

山东起义军的遭遇也是整个起义军的命运。他们一旦失去向前的动力,就遭到进攻、追击,最终还会被围困。起义首领在军事上缺乏经验,没有有效的指挥系统,因而他们在军事战略上既缺乏想象力,也不灵活。当清军接近时,起义者只能撤到防守薄弱的村子里。受到围困处于 232 守势,他们很快就只能逃走,或是战斗到死。在以后的两个月中,那些占领河南和直隶南部村子的八卦教教徒也处于同样的境地,他们因获得新地位而拥有的自豪和愉悦很快就成了焦虑、恐惧甚至是痛苦。

清政府反击

在中国有关起义的大部分史料主要叙述的都是政府如何镇压起义。与起义本身有关的事务如政府的决策、财政、交通、军事准备以及皇帝及其主要官员的个性则述之不详。而我关注清朝打败八卦教教徒则要注意起义者与政府之间斗争的性质以及他们为得到或保住政权相互角逐的策略。我们先要来看看清政府为重新得到乡间地方绅士和"良民"的忠诚而采取的措施,然后再来看看在战场上打败起义者的全盘计划。

为平定八卦教起义,清政府采取了组织和宣传的措施以回击起义者要求合法地位的主张。首先,政府必须获得未参加叛乱的百姓尤其是地方精英的忠诚和支持。其次,重要的是要诱使大多数叛乱的追随者"重新效忠"清朝。

皇帝及其官员按照对官府效忠的程度不同把百姓分为几类:(1)"义民",他们以其钱财和精力支持国家,并积极招集其他人反对叛乱者;

---

[1] 就以胡成德为例,他回到了其家人所在的豫中。只要一过黄河就不会被抓,他平静地在那里住了五年,后来却犯了错误,不止一次回到自己老家的村子。在那里被王克俊(在起事时胡成德曾强迫他赶车)认出,告发了他。胡成德慨叹:"方知[王克俊]会官家人拿获我,实是怨恨王克俊"(《上谕档方本》,233—242,22/6/20,胡成德供词;《上谕档方本》,243—245,22/6/20,王克俊供词)。

(2)"良民"，他们拒绝参加任何异端教派或是这些教派领导的叛乱；

(3) 被"诱骗"加入教派的"良民"，但他们又后悔而没有参加叛乱；

233 (4)"难民"和"胁民"，他们在贼匪抢劫、放火、杀人时不情愿地加入了叛乱队伍，但最终还是向官府投诚，或是拒绝与清军作战;(5) 叛乱的追随者，不管是怎样被拉入叛乱队伍，但他们拿起了武器与官军作战;(6) 叛乱首领和在反对清朝国家的叛乱中积极影响别人的教徒。前两类人要给予奖赏，第三和第四类人可原谅他们的过失，第五和第六类人则要受惩罚，或者是杀掉。

赦免所有洗手不干向官府投降的叛乱者的政策目的是在坚定的八卦教首领和不很坚决的追随者之间打下个楔子，并阻止再有人继续投到叛乱者方面——"贼众中凶狡者必闻而股栗，愚懦者必相率解散"。这一宽大、赦免的政策会在布告栏中宣传，写在传单上散发，还要在战前大声宣读。作战时，官方要在看得见的地方专门竖起一杆红旗，所有"胁民"和"难民"都可来那里投降。[1]

清政府一面劝说叛乱的支持者投降，同时又在恢复秩序的过程中寻求地方精英的帮助，而这些人也与之利益相关。这些举措的实质是允许权力(以拥有决断权、金钱和武器的形式)由中心流向地方层面。清政府通常的政策是把这一权力控制在县、省、都市的官僚和军人手中，而对县级以下和政府以外的地方领袖和有钱有势者，是不鼓励他们采取任何会造成他们拥有独立权力基础的行动的。但在发生叛乱的危机时刻，中央政府突破了这一规则，为了换取那些在通常权力结构外(或是位于其边缘)的家庭和个人的忠诚，允许他们在地方层面有新的合法独立行动的空间。

---

[1] "胆怯的会逃走"：《钦定平定教匪纪略》，第6卷，第16—18页，18/9/26，上谕。另见《那文毅公奏议》，第28卷，第23—26页，18/10/9，上谕;《那文毅公奏议》，第28卷，第43—44页，18/10/11，上谕;《那文毅公奏议》，第28卷，第19—23页，18/10/1，奏折;《钦定平定教匪纪略》，第8卷，第29—32页，18/10/2，上谕。

八卦教叛乱一爆发，嘉庆皇帝就号召地方乡绅和富裕商人给予支持。他鼓励所有受到威胁的乡、村和城镇都来"团练义勇，刨挖沟壕"。皇帝宣称："是亦坚壁清野之良策。"按照这一策略，专为"自相保卫"训练 *234* 的乡勇可以给百姓以保护，假如大军不在时也可用来击退贼匪的进攻。[1] 这一官方支持的乡勇组织也给了百姓一种表忠心和为中央政府利益出力的方式，实际显然是在迫使他们这样做。通过"捐献"时间、人力和物品，所有"义人"都可望从中央政府得到具体的奖赏，奖赏的方式有钱财、称号和职位。[2] 在遭到八卦教徒进攻和威胁的山东、直隶和河南各县，组织地方乡勇、准备村镇防卫以及争取地方支持既是策略也是实践。在地方首领的领导下，这些乡勇防卫城镇，捕捉教徒和贼匪的探子，还与来他们县的成群贼匪作战。危险过去之后，乡勇也就解散了。[3] 让我们再来看看 1813 年的事以仔细考察这一策略是如何实行的。

在山东，鱼台、城武、单县和金乡的知县都警惕地注视着潜在的危险，并积极阻止起义者在他们县里闹事。总之，清朝当局在这些地区的代理人显示了他们的领导才能，还要给广大百姓以信心。比如，在城武县城，关闭市场，组织乡勇。守城者起先感到不安，觉得在周围敌视的乡村包围下显得孤立。这些守城夫夜里在城墙上巡逻以防偷袭，据说在天空中看到一道奇怪的火光，这是让他们害怕的凶兆。为了战胜日益严重的恐慌感，当地的一个教谕晓谕乡勇们，他谈到官府的力量强大，而与之

---

[1]《钦定平定教匪纪略》，第 5 卷，第 21 页，18/9/22，上谕；《钦定平定教匪纪略》，第 5 卷，第 21—22 页，18/9/22，编者按语。

[2] 在金乡县，捐献按占有土地的多少而定：有田百亩以上者出守城夫一人，自备饭食、器械和灯烛，再捐银五两备修浚城池；有田 50—100 亩者出守城夫一人，不捐银；有田 30—50 亩者二家合出一夫。实际上，有许多人大笔捐（或许是勒索的雅称）银达百两以上（最多的是 600 两），他们的名字记在地方志上。《济宁直隶州志》，第 4 卷，第 30—35 页；盛大士：《靖逆志》，第 2 卷，第 6 页。

自 1813 年十一月中旬起一直到 1814 年的前几个月，皇帝给了协助镇压叛乱的乡勇和地方绅士以奖赏。见《钦定平定教匪纪略》和《那文毅公奏议》（尤见第 35 卷）。一个样本见《钦定平定教匪纪略》，第 32 卷，第 1—5 页，19/1/19，奏折和上谕。

[3]《钦定平定教匪纪略》，第 14 卷，第 22—23 页，18/10/28，奏折。

相比贼匪弱小、无组织。这一对前景充满希望的变化，再加上局势稳定，不断改善，就逐渐在城武恢复了公众的信心。①

我们已知道金乡的吴知县是如何主动出击，破坏并瓦解了他所在县内准备叛乱者的联系网。直到九月十五日金乡的教徒才在曹县和定陶同伙获胜的激励下敢于起事。但当知县从城里派出小股清军再去抓人时，叛乱者就只是逃跑而不敢交战。此后，乡村的百姓都意识到是官府而非叛乱者在当地有势力，因而他们也开始主动出击。村民们搜寻、捕捉贼匪和教徒，把他们送进县城收押。就此在九月十八日到二十日在六个村有40人被抓。大股起义军离开了这个地区，到二十四日吴知县宣称"纵有数名教匪隐匿、逃窜，然事态终已平息"。②

菏泽县在定陶的正南方，是曹州府治的所在地，不用奇怪这里的士绅会迅速地组织起来，人数不会少。从曹县来的一股叛乱者在九月十日攻打县城后来到菏泽，他们立即就遇到了抵抗。当地士绅中有武举人以下功名的人组织并协调来自十多个村的乡勇，据官方材料人数超过千人。在九月中旬几天内这支乡勇就与起义军打了好几仗，杀了几百人，还把其余的人向南赶回了定陶。十三日，一支只有两百人的当地驻防军加上一些乡勇受到打胜仗的鼓励，深入到曹县境内，但他们遭到几支起义军的联合进攻而被打败。③ 此后，菏泽县的军民仍成功地守住了县城，他们在等待大批清军开来叛乱区域。

在鲁西南这些县发生的事表明，地方士绅负起了领导责任，迅速组织城防并坚决打击叛乱者，这些都有加强民众对官府信任的效果。教徒们不敢参加叛乱，而叛乱者也不敢进入这些地区。刚开始时惊恐和忧虑的气氛如果延续，对官府可能就是一场灾难，而这种气氛很快被驱散，代

---

① 《城武县志》，第6卷，第37—39页。
② 《济宁直隶州志》，第4卷，第20—29页；《钦定平定教匪纪略》，第42卷，第16页，21/1/28，节三供词；《上谕档方本》，239—240，21/5/29，施魁供词。
③ 《钦定平定教匪纪略》，第6卷，第23页，18/9/26，奏折。有关十三日在孔连坑的战事见本书第241页注①。

之以让民众感到清政府的力量强大,叛乱者不会成功。

在九月和十月,八卦教徒随意从他们在滑县和山东的据点迁到邻近的直隶南部各县。他们在那里人数上占有优势,使得当地驻军处于劣势。在外来的军队能够到达前县城和乡村都孤立无援。"目下兵力未齐,"这个省的总督上奏:"全仗该地方绅民自为守御,必须资给口食,臣已飞饬素纳[布政使]每县酌给银一二千两。"①在开州(西边与滑县有 30 英里的县界相邻),城里已实行宵禁,人们被召集起来由大家出钱守城。开州的士绅(作为表彰当地英雄事迹和爱国举动重要渠道的地方志里记载了七人的生平)立即征召志愿者,并率领这些人去攻打叛乱者。没费多大周折乡勇就被击退,死伤了不少士绅领袖。② 尽管开州当局承认在首次受挫后这些人没有得到任何援助,但他们仍在继续尽力而为。他们发告示列出已被贼匪占据的村子,鼓励乡村百姓在村子四周挖壕沟,抵制贼匪软硬兼施想要人入伙的各种企图,有可能时还要捕捉单个的贼匪。③ 这些行动对于标志清朝统治权力的继续存在是很重要的,但有一支能在战场上有效对付叛乱者的军队以弥补地方势力的不足则更有必要。

与直隶南部的村子一样,面对人数占优势的叛乱者滑县的乡村也得不到援助。此外,他们甚至还没有了知县(他在逃离县城后耻辱地自杀)和城市士绅(这时就如县城本身一样他们都落在贼匪手中)的领导。要想清除来自乡村的叛乱者必须有数量较多的军队,而这些军队组成了官府的先头部队,先用于道口,再要用于滑县,所以滑县的乡村就别指望能得到外来的军事援助。为了使每个乡有一支能对付叛乱者的兵力,让当

236

---

① 《钦定平定教匪纪略》,第 1 卷,第 13—16 页,18/9/14,奏折。

② 《钦定平定教匪纪略》,第 1 卷,第 13—16 页,18/9/14,奏折;《开州志》,第 1 卷,第 69 页,第 6 卷,第 42—43 页。

③ 《钦定平定教匪纪略》,第 5 卷,第 21 页,18/9/22,上谕;《钦定平定教匪纪略》,第 1 卷,第 13—16 页,18/9/14,奏折;《钦定平定教匪纪略》,第 1 卷,第 6—9 页,18/9/13,奏折;《钦定平定教匪纪略》,第 5 卷,第 2—4 页,18/9/21,奏折。

地士绅有活动的空间,皇帝允许建立一种特殊的乡勇。

以前被允许建立的乡勇通常由当地组织、资助,也只用于本乡的防卫。而嘉庆皇帝坚定不移的政策是不允许组织高层次的乡勇,而这种高层次的乡勇能在外乡活动,财政上独立于其组建的本乡,已到"与军队并列"的程度。在不到十年前的规模巨大的白莲教起义(1796—1803 年)被₂₃₇镇压后,为解散乡勇造成了诸多问题。而这种乡勇是在陕西、四川和鄂西的山区作战时组建的,发挥了很大作用。然而,考虑到滑县特殊的紧急局势,官方在 1813 年允许其可不受此政策所限。①

滑县县城一陷落,卫辉知府就令在省会开封的一个官运不错的官员孟屺瞻去滑县组织乡勇。孟是山东人,年龄 50 岁出头。九月二十日,孟屺瞻到达滑县东南的集镇牛市屯。遵照指令,他从大约 180 个村子招人,从中选出 5 200 名身强力壮的"勇"。训练营地就设在镇上,发给每个人器械,向他们下达命令,并用地方上的捐款来维持。这支大规模的乡勇武装要打击任何去卫辉府城(向西)或是去黄河(向南)的贼匪。② 孟屺瞻和他手下的人十月上战场在滑县的西面和南面打了几个小仗,在那个月的前三周杀了 1 300 多起义军。③ 在战场上显然有效地对付了叛贼,之所以能做到这一点,其中部分原因是允许乡勇的规模较大,也比较专

---

① 《钦定平定教匪纪略》(1818 年出版)的编者归纳这一经验为:"前此川楚陕用兵时,动辄雇募乡勇随征,册报不下数十万人,聚无藉之徒,干不戢之禁,去来无定,桀骜不驯。当其战胜之时,已有难制之势,洎乎凯撤之际,尤鲜善方。遣之则为流民,羁之又成悍卒。宁陕瓦石坪[以前是乡勇,1806 年秋暴乱]之案前鉴具在。……此次[与八卦教徒战事]采坚壁清野之议,惟令团练义勇,自卫其乡,不准随同打仗。"(《钦定平定教匪纪略》,第 5 卷,第 12—22 页,18/9/22,编者按语)有关宁陕暴乱见《大清历朝实录》,第 164 卷,第 22—24 页,11/7/16,上谕。滑县的乡勇是惟一被允许"随同打仗"的。

　　孔飞力所说的高层次乡勇还是允许组织的,但这些人靠地方供给,也只在当地作战。例见菏泽县的武举人"联络"了十多个村的上千乡勇。《钦定平定教匪纪略》,第 6 卷,第 23 页,18/9/26,奏折。有关清朝对乡勇(团练)的政策,见孔飞力:《中国帝国晚期的叛乱及其敌人:1796—1864 年的军事化与社会结构》,尤见第二部分。

② 《上谕档方本》,235—242,19/10/19,孟屺瞻供词;《那文毅公奏议》,第 34 卷,第 6—7 页,18/11/3,奏折。

③ 《那文毅公奏议》,第 34 卷,第 13—14 页,18/11/11,奏折。

业,而与山东和直隶的乡勇不同。孟屺瞻与其乡勇也成了招集"良民"的一个实际且有象征意义的招牌,既是得到食物和工作的一个来源,也是获得奖赏和名誉的一个机会。

在大批官兵抵达距滑县县城只有几英里的地方时,孟屺瞻的乡勇也在乡村和清军一起联合作战。比如在十月十八日,陕甘提督杨遇春指挥两千陕兵(1/3是马队)和孟屺瞻的一些乡勇合力在滑县南面与数量大致相当的起义军作战。他们追击这些起义军,把这些人赶进营盘,然后再攻打营盘,迫使起义军放弃了营盘退回滑县县城。第二天,杨提督又带人上战场进攻丁栾集的一个起义军大营。因为通过叛乱者的供词得知,他们真正害怕的是官兵而不是乡勇,于是杨遇春就让他的士兵化装成乡勇。那个村子的起义军看见只是些乡勇在攻打他们就充满信心地前进, *238*而一与显然训练较精善于作战的官兵相遇,起义军很快就溃败。杨遇春指挥的联合兵勇还没有力量包围或是摧毁起义军的营盘,但却能驱使大部分起义军逃避到滑县城内。① 孟屺瞻的乡勇继续进行这种骚扰活动,用迫使起义军去别的地方重新组合而不是在战场上彻底击败他们的办法来清理乡村。② 在十一月和十二月,这些乡勇和大批官兵合作,协助收复了道口和滑县县城。为他们的辛劳,许多人都得到了奖赏,孟屺瞻当上了滑县知县。③

虽然组织地方乡勇甚至是像孟屺瞻那样的特殊乡勇对聚集当地百姓以及保卫村镇以对付小股起义军的进攻有用,但这些措施还绝不足以

---

① 《那文毅公奏议》,第29卷,第1—3页,18/10/21,奏折。这一情况与通常认为嘉庆朝的军队是腐败而无效能的看法不同。
② 《那文毅公奏议》,第34卷,第13—14页,18/11/11,奏折;《那文毅公奏议》,第29卷,第10—11页,18/10/28,奏折。
③ 在滑县当知县不到一年,孟屺瞻就被免职,有个御史控告他,最后的调查表明他在任期间确有劣迹。有关他的任职见《那文毅公奏议》,第34卷,第6—7页,18/11/3,奏折。有关御史的控告和孟的辩解见《大清历朝实录》,第297卷,第28—30页;《上谕档方本》,235—242,19/10/19,孟屺瞻供词。有关他受惩处和最终从流放地释放见《上谕档方本》,285—296,19/10/22,军机处奏折;《上谕档方本》,65—66,19/10/19,上谕。

整个地镇压叛乱。镇压八卦教的主要责任要由清军承担。为了理解清朝政策的其他方面并弄清大股军队是如何部署的，就有必要首先来看看清朝整个的军事体制以及在华北平原处理大规模动乱的总的模式。

绿营由汉人组成，而在最高层则由满人掌管，这些军队分成小股在华北平原有规则地间隔部署（平均每支人数不到一千）。这样的安排使得很少有一个乡离驻防军的营地会超过五十英里。最大的驻军在运河沿岸和省会开封（河南）、济南（山东）和保定（直隶），每支驻军有一两千人。在第二个更高的层次上是驻扎在三个战略城市的满人八旗兵：这三个城市是靠近黄河的开封、位于山东大运河边的德州，还有北京。最后，在北京、京城北面的长城沿线和东北还有大量特别安排的满人军队驻扎。①

这三个层次的部署可以看作是清政府能用来制止叛乱的三个对应的不同层次。小规模的汉人驻军用来对付小的动乱，那些在战略地点的汉人和满人大部队用于对付大规模的动乱，而在北面的那些军队则是应急的预备力量。按一定距离分布的不下于七百人的绿营兵只能控制与 239 之人数相当或是更少的叛乱群体。因为绿营兵的指挥体系不允许单独一个指挥官统率大量士兵，又因为许多乡离大的驻军（一千人以上）有几百英里远，所以对这些小驻军来说在那些异端群体开始发展前就打败、消灭它们很重要。在地方一级时刻保持警惕做好准备，就能抑制异端群体不致发展得过大而难以由地方驻军（常得到当地乡勇的帮助）来对付。一旦有一支叛乱队伍人数超过数百，那么第二层次的防卫就必须运作起来。

动员驻扎在战略要地较大规模的驻军可能会很慢（如果他们与事发地点相距遥远）而无效率，这是由于指挥系统分散的缘故。这一层次的防卫实际作用有限。那些人数增加缓慢的叛乱者最终可以在当地被镇

———————————

① 有关华北平原地区的兵力部署见《钦定大清会典事例》，1818年，第470卷，第471卷。

压下去,但一个有几千人的叛乱群体若继续吸引人参加,就能在有一支庞大而协调的官兵集中起来对付他们之前轻而易举就达到万人以上。在这种情况下就有必要动用第三层次的防卫,亦即北方的满人军队,有时几乎是立即就要动用。按照设想,这些从北京和东北来的士兵与在当地和本地区的驻军还有地方乡勇联手,就可合在一起组成一支有足够数量和技能的军队,去镇压一场规模已非常大的叛乱。指挥的问题则以委派钦差大臣来解决,给钦差大臣为镇压某场具体叛乱以指挥所有士兵的暂时权限。

在八卦教起义的个案中,所有这三个层次几乎是立即就投入行动。地方驻军在处于叛乱地区的边缘时还有些用,但在叛乱队伍壮大的情况下,即使是几千人的官兵也至多只能把起义军赶出本地区而不能在作战中打败他们。在滑县县城一带,起义军的数量增加得很快,远远超过现有的当地官兵。八卦教徒为自己赢得了发展的时间和自由,直到由一位指挥官统率一支庞大的官兵时情况才改观。这支官兵中包括从长城外调来的军队,到这时起义军才被打败。

清政府镇压八卦教起义的总体计划很简单。东西向的黄河流经华 ²⁴¹ 北平原,黄河以南没有出现动乱,这样黄河就成了一道在最南面防止起义军扩张的屏障。要从苏北、鲁东、北京、东北、山西、陕西、甘肃和豫西北调满人八旗兵和汉人绿营兵进入黄河以北地区。这些士兵组成一个巨大的弧形逐步向内推进,像一张网在各个方向限制起义军的扩张。就如捕猎一样——"鱼在釜,兽在阱",起义军将被赶到一个越来越小的地区,最终被围困在滑县县城。为了对付起义军在滑县县城大量聚集,同时也为了保护附近特别容易受到攻击的城市(如浚县和卫辉),还要专门派一支军队直接去滑县,挫败任何想要向外突围的起义军,最终予以剿灭。当滑县遭到进攻时,处于外围的官兵要准备捕捉任何想要逃跑的人。这一方案在战事初期提出,得到了皇帝和钦差大臣那彦成的首肯,也没有什么会影响他们的计划。嘉庆皇帝主要的抱怨是镇压花费的时

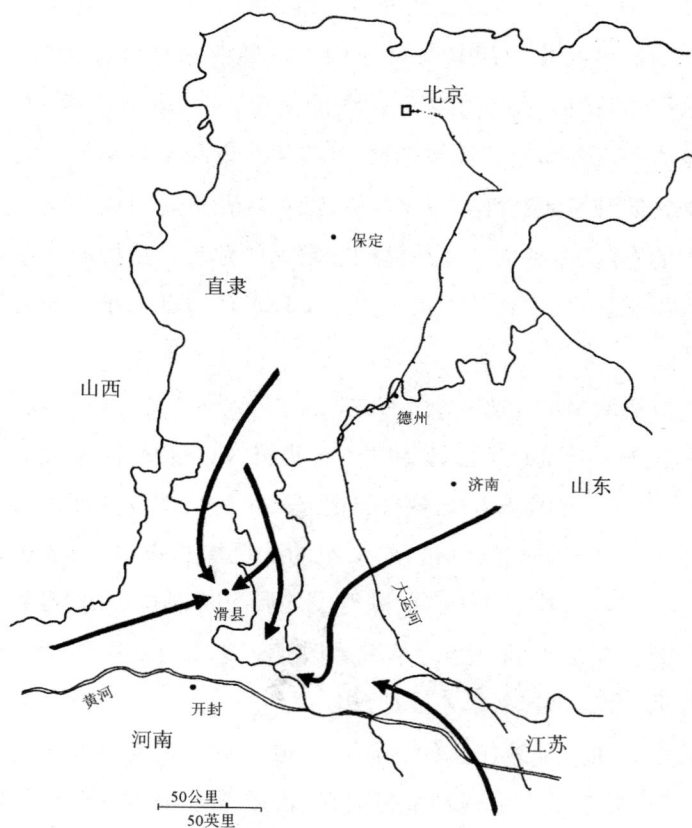

官兵进攻路线

间比他预料的长。行动拖延主要是因为从长城外调来南下参加最后进攻滑县县城的满人军队速度迟缓。① 现在让我们来看看这一计划的实施。

1813年，黄河由西向东几乎是笔直地流经华北平原。这条河途经豫北和山东南界，是一道遏止起义军向南发展(以及政府向南调兵)的天然屏障。一开始得到叛乱的消息，皇帝就立即下令在这两个省所有能渡过

---

① 《钦定平定教匪纪略》，第1卷，第20—21页，18/9/14，上谕；《那文毅公奏议》，第28卷，第19—23页，18/10/1，奏折；《那文毅公奏议》，第28卷，第23—26页，18/10/9，上谕。

这条大河的船都要停泊在南岸,以使贼匪没有办法渡河,或是沿河顺流逃窜。有些船装载着从云南矿山开采来的宝贵的铜,这些船得到命令要立即停泊,不要走远以免不安全。① 而河南兰阳的知县决定,尽管有这些命令,他也要把在九月底聚集在北岸的大约两千"难民"渡到南岸:"难民逃奔河滩,群在淤泥浅水之中,哀号求救。"为此他被解职,还命令他审讯所有所谓的难民,逮捕其中的贼匪。② 总之,这一遏止政策很成功,可能起义者也没有想到要通过水路活动。

对官府来说不幸的是,八月下旬在河南睢县的黄河堤坝溃决。河水涌出南岸,流到了正常河道的南面,流向正东的主河道几乎都干了。③ 早在起义军起事前就开始堵这个缺口,但现在这个河工工地则成了官府的软肋。有不少山东的起义者和少数河南的起义者打听到河工的情况,就去了河工工地,目的是要破坏官府的器械和材料。例如,在十月初七被抓的朱得三供认,他那伙的首领给了他火药,告诉他至少还有五个人也去了河工工地,装成乞丐或是车夫。然后他们要"乘间在秸垛内放火"。④ 各路小股的探子很容易就被逮捕,因为他们是独自或小股外出,许多人被当局当场抓获,最后河工工地没出什么事。

镇压山东的八卦教起义军进展相当平稳而迅速,但这一任务完成得比较容易是因为大股起义军多数已撤离这一地区。我们注意到在曹州府东面的各县,政府官员和百姓表现出的信心使得一些教徒不敢贸然行事,又使其他教徒只能撤走去找他们在曹县和定陶的同伙。清军的迅速到达加快了起义军向西移动。为了遏止叛乱者并保护受堤坝溃决影响的地区,有个在江苏徐州的二品武官奉命去这个地区。九月十八日,他

① 《钦定平定教匪纪略》,第1卷,第11—12页,18/9/13,奏折;《随手登记》,18/9/13,东河道总督奏折。
② 《钦定平定教匪纪略》,第21卷,第4—5页,18/11/23,奏折;《钦定平定教匪纪略》,第8卷,第3—5页,18/10/1,奏折;《钦定平定教匪纪略》,第8卷,第8—9页,18/10/1,上谕。
③ 《钦定平定教匪纪略》,第8卷,第20—22页,18/10/2,奏折。
④ 《钦定平定教匪纪略》,第10卷,第28—29页,18/10/12,朱得三供词。

带着四百人(很快增加到一千)到达单县县界,在那里停留了几个月,以阻止大股的叛乱者,并在他控制的范围内肃清其小股。①

243　　我们已经知道,在山东清军的反击是由那个省的运司进行的。此人叫刘清,当时已 71 岁,以前是个武官,在四川参加过镇压白莲教起义的作战,因其指挥干练而受人尊重。② 巡抚和运司两人去了曹州府城,在九月二十六日到达,而北面则是叛乱者盘踞和劫掠的地区。刘运司决定立即进攻,他率领五百满汉士兵(其中有马队)向南进入定陶县。③ 在那天一连串的小战中,有另一支从东面来的两百人的官兵助战。刘运司督率官兵与一支至少有一千人的起义军交战,杀了三百人,俘虏了一百人。更重要的是,他迫使这些起义军离开了定陶,向南、向西退却。在以后的两周中,刘清无论在哪里只要发现起义军就下令追击、进攻。当起义军退到一个村庄想坚守时,他就包围他们,用火枪和放火突破对手的防线。在他们逃跑时,他又用马队追逐。在韩家大庙(九月三十日)、扈家集(十月四日)、安陵集(十月八日)和郝家集(十月九日)的战斗中,山东的起义军逐渐被赶出了这个省,有近五千人送了命。④ 在这些战斗中参加作战的是官兵(大多是绿营兵,有些是八旗兵),继续清剿的任务则留给无法对付大股叛乱者的乡勇。十月以后,当河南和直隶的起义军想要进入山东时,发现道路已被清军封锁。那些仍留在山东的起义军则"耗竭",当每个人都想自保时团伙就分崩离析。⑤

──────────────

① 此人是徐州总兵沈洪。《钦定平定教匪纪略》,第 1 卷,第 38 页,18/9/15,上谕;《钦定平定教匪纪略》,第 6 卷,第 9—13 页,18/9/26,奏折。

② 恒慕义等编:《清代名人传略》,第 446 页;蒋湘南:《七经楼文钞》,第 5 卷,第 1—9 页,"刘清传"。刘清盐运司的职位见卜内特和 V·V. 哈盖尔斯特罗姆:《中国现代政治机构》,♯835.2。

③ 这些士兵中 100 人是驻在德州的八旗兵,其余的是省里的绿营兵。《钦定平定教匪纪略》,第 4 卷,第 14—16 页,18/9/19,奏折;《钦定平定教匪纪略》,第 8 卷,第 17—20 页,18/10/2,奏折。

④ 有关这些战斗见《钦定平定教匪纪略》,第 8 卷,第 17—20 页,18/10/2,奏折,所引材料见本书第 203 页注①(2)。

⑤《钦定平定教匪纪略》,第 13 卷,第 26—28 页,18/10/23,奏折。

而在直隶南部的被围城市没有像邻近的山东城市那样得到援助。起义一爆发,直隶总督温承惠就开始向南调兵。九月十二日,他被任命为钦差大臣,并奉命与直隶提督马瑜各自督办剿捕事宜。① 九月十六日,在紫禁城遭到攻打之后,皇帝处罚了温承惠,解除了他的职务,任命了一个新钦差大臣。温承惠被告知要继续留在战地,协助作战以弥补他的疏忽过失。所以他和马瑜带领4 200绿营兵直到十月二日才到开州城,这 ²⁴⁴ 已是长垣知县被贼匪害死的三个多星期之后。就在这时,浚县县城周围的局势仍很危急,对行政中心的威胁看来比叛乱团伙在直隶南部的游荡更为严重,所以皇帝就命令温承惠和马瑜带人转道向西,要他们去帮助河南巡抚以减轻浚县的压力。② 十天之后,局势得到改善,皇帝又意识到:"倘贼匪被剿北窜,尤不可不预为防范。"于是命令马瑜回开州地区,着手把叛乱者清除出直隶南部。③

马瑜得到指令准备阻截从滑县来的起义军,带着两千人去直隶的最南面,收复被起义军占领的村子,将大股起义军向西赶回滑县。他终于在十月二十一日到了开州。直隶南部的起义军在六周内没有遇到激烈抵抗,只遭到乡勇的一些小挑战。五百到一千人的起义军自由地从他们在滑县的大本营进入直隶,控制着乡村——"势甚猖獗"。④

---

① 《钦定平定教匪纪略》,第1卷,第1—2页,18/9/12,奏折;《大清历朝实录》,第273卷,第16页,18/9/12,上谕。

② 《钦定平定教匪纪略》,第9卷,第22—25页,18/10/7,奏折;《钦定平定教匪纪略》,第2卷,第39页,18/9/17,上谕;《钦定平定教匪纪略》,第3卷,第19—21页,18/9/18,奏折;《钦定平定教匪纪略》,第9卷,第5—6页,18/10/3,奏折。

③ 《钦定平定教匪纪略》,第11卷,第9—10页,18/10/13,上谕。

④ 有关这一时期起义军在直隶南部的活动见《钦定平定教匪纪略》,第11卷,第4—5页,18/10/13,奏折;《钦定平定教匪纪略》,第13卷,第32—34页,18/10/24,奏折;《钦定平定教匪纪略》,第4卷,第12—15页,18/10/27,奏折;《钦定平定教匪纪略》,第13卷,第1—3页,18/10/21,奏折;《钦定平定教匪纪略》,第12卷,第7—8页,18/10/17,奏折;《钦定平定教匪纪略》,第14卷,第22—23页,18/10/28,奏折;《那文毅公奏议》,第34卷,第4—6页,18/11/3,奏折;《钦定平定教匪纪略》,第8卷,第3—5页,18/10/1,奏折;《钦定平定教匪纪略》,第9卷,第5—6页,18/10/3,奏折;《钦定平定教匪纪略》,第11卷,第9—10页,18/10/13,上谕;《钦定平定教匪纪略》,第13卷,第26—28页,18/10/23,奏折。

在得到从山东来的一千士卒(该省已不需要)的加强后,马瑜终于在十月二十三日率领手下的人开战。他们进攻约十英里外滑县境内潘章集的一个起义军营地,官军看来占有优势。起义军从一个小山顶上保卫这个镇子,但结果被赶进镇里。清兵放火烧镇上的草房,有近一千起义军送了命。但就在清军清点尸体,搜寻火器、旗子和俘虏时,突然遭到两千起义军的进攻,这些人来援救同伙刚刚赶到。马瑜的部下"鏖战一日,已如强弩之末,未甚得手"。这时天色已晚,官军迅速撤回开州。① 马瑜意识到他手下的三千人对付大股起义军还不够,于是集中兵力在小村子里与起义军对阵,杀了一些人,但还想把他们中大部分人向西赶进滑县县城。② 从这个方向对叛乱者施加压力很重要,就在这时八卦教教徒已感到对他们的围困越来越紧。十一月初一,军机大臣托津来到开州负责直隶的战事。③ 当李文成带人在十一月初想要逃离滑县时,这些士兵正等着他们。此后当起义军陷身在滑县县城时就只需要清剿他们。

在九月和十月期间,因官兵在山东和直隶的清剿,起义军被赶进了滑县县城。这一内线运动还是受到迫切需要保卫道口和滑县的影响,这两座城市遭到聚集在这里的清军越来越猛烈的攻击。九月十七日,驻扎在怀庆府(在滑县西面)的总兵率领一千绿营兵到达浚县城外。④ 河南的高杞也领着一千人在二十日到达。我们知道,有这支军队就足以使官兵与进攻浚县的起义军旗鼓相当。十月,有更多清军赶到:两千绿营兵来自直隶,五百精锐马队来自甘肃。⑤ 在这几个星期,这支马队的统领陕甘提督杨遇春在有效地指挥官兵进攻。像刘运司一样,杨遇春也镇压过白莲教起

①《钦定平定教匪纪略》,第 14 卷,第 12—15 页,18/10/27,奏折;《钦定平定教匪纪略》,第 14 卷,第 16—17 页,18/10/27,上谕;《宫中档》015972,19/9/12,刘山岗供词。

②《钦定平定教匪纪略》,第 16 卷,第 35—38 页,18/11/5,奏折。

③《钦定平定教匪纪略》,第 13 卷,第 38—40 页,18/10/24,上谕;《钦定平定教匪纪略》,第 16 卷,第 24—26 页,18/11/4,奏折。

④《钦定平定教匪纪略》,第 1 卷,第 5 页,18/9/12,上谕;《钦定平定教匪纪略》,第 1 卷,第 20—21 页,18/9/14,上谕;和本书第 223 页注③。

⑤《钦定平定教匪纪略》,第 11 卷,第 1—4 页,18/10/13,奏折。

义,还参加过乾隆年间在甘肃、台湾和尼泊尔的战事,并在西南地区镇压过苗民起义。皇帝一得到滑县县城陷落的消息就命令他赶到事发地点。① 在十月,杨遇春、高杞和温承惠驻扎在起义军和山区之间。他们担心起义军会放弃滑县,向西面不到五十英里外的太行山挺进。在这段时间只发生过一场大战:十月九日,杨遇春率领集结的清军成功地把起义军赶出了流经道口的卫河河西地区。② 然后他就将一些军队与孟玘瞻的乡勇合在一起,在滑县南面打了一些小仗,然后暂时停止进攻,等待新任命的钦差大臣到达。

嘉庆皇帝在九月十六日解除了温承惠的职务后,就让那彦成来代替他出任钦差大臣,一个月后那彦成又担任了直隶总督。那彦成这年49岁,正白旗满人,是乾隆时期的官员、将军阿桂的孙子。镇压白莲教起义时他在陕西也带过兵,还当过军机大臣、两广总督(处理沿海海盗事端),自1810年起出任陕甘总督。③ 他的职务高,经验丰富,又得到皇帝个人的信任,因而所有被调往河南和直隶与八卦教徒作战的军队都归那彦成指挥。 *246*

指挥官和军队花了些时间才到达战场。那彦成于九月二十六日才离开他在兰州(在甘肃)的衙门,又因下雨道路泥泞而在路上耽搁,十月四日才到潼关(陕西、河南、山西三省交界处)。此后他沿着黄河向东迅速前进,十月八日到卫辉府城。那彦成又用了十天时间整编军队,最后在十月十九日到浚县。和杨遇春及其他人一起,他立刻在与道口隔河相望的新城建立了营地。那彦成带来了3 500人(500绿营兵,其余的是八

---

① 恒慕义等编:《清代名人传略》,第896—897页;《钦定平定教匪纪略》,第1卷,第4页,18/9/12,上谕;《那文毅公奏议》,第28卷,第1—2页,18/9/22,奏折;《那文毅公奏议》,第28卷,第4—7页,18/9/25,奏折。

② 《钦定平定教匪纪略》,第11卷,第1—4页,18/10/13,奏折。

③ 《那文毅公奏议》,第28卷,第5页,18/9/17,上谕;《那文毅公奏议》,第28卷,第29—30页,18/10/13,上谕。有关那彦成见恒慕义等编:《清代名人传略》,第584—587页。

旗兵）；高杞有3 000河南兵；温承惠手下有2 000人（全是绿营兵）。[1] 因而，到十月中旬已有8 500人集结在起义军控制的城乡一带的西面，两面临河，随时准备进攻。（见本书第222页地图）

十月二十一日，这些指挥官得知有三四千"屯聚道口之贼倾巢而出"，分为两股各自向南、向东进发。实际上还有第三股在秘密地准备，起义军希望能引诱清军进入一个伏击圈。那彦成和杨遇春都投入了战斗，分别用马队和步卒进攻，一队清军打散了起义军，迫使他们回到道口。想要设伏的起义军也遭到拦截，他们发现杨遇春带人正等着他们。战事持续了一整天，这是到此时官兵获得的最大胜利：有1 400多起义军被杀，五门火炮被缴获，一千"胁民"向清政府投降（他们被允许获得自由）。在这次战斗中幸存下来的起义军撤回道口和滑县。[2]

这一战斗发生于起义爆发后的第七周，反映出八卦教教徒不但已失去了主动权，而且此时道口也遭到严重的威胁。他们开始增强这个镇子的防卫：在周围深掘壕沟，关闭大门，也不再派大股起义军外出袭扰，道

247

---

[1] 有关那彦成奔赴浚县的旅程见《那文毅公奏议》，第28卷，第31—32页，18/10/13，奏折；《那文毅公奏议》，第28卷，第19—23页，18/10/1，奏折；《那文毅公奏议》，第29卷，第1—3页，18/10/22，奏折。那彦成率领的军队计有驻西安的1 000八旗步卒、驻西安的1 000八旗马队、500驻北京的外火器营八旗兵、500驻北京的健锐营（卜内特和 V·V.哈盖尔斯特罗姆：《中国现代政治机构》，♯737和738）八旗兵和他自己（陕甘总督）管辖的500驻兰州的绿营兵。《钦定平定教匪纪略》，第2卷，第39页，18/9/17，上谕；《那文毅公奏议》，第28卷，第4—7页，18/9/25，奏折；《钦定平定教匪纪略》，第7卷，第20页，18/9/29，上谕；《钦定平定教匪纪略》，第7卷，第22页，18/9/29，上谕；《那文毅公奏议》，第28卷，第11—12页，18/10/4，奏折；《钦定平定教匪纪略》，第11卷，第12页，18/10/13，奏折；《那文毅公奏议》，第28卷，第44—46页，18/10/18，奏折。

高杞率领的军队计有500驻河北的绿营兵、1 200他自己（河南巡抚）指挥的驻河南的绿营兵和1 300来自荆子关（在河南）营的绿营兵。《钦定平定教匪纪略》，第1卷，第20—21页，18/9/14，上谕；《钦定平定教匪纪略》，第1卷，第32—33页，18/9/15，奏折；《钦定平定教匪纪略》，第6卷，第5—8页，18/9/26，奏折；《那文毅公奏议》，第28卷，第44—46页，18/10/18，奏折。

温承惠率领2 000直隶总督和提督属下的士兵，全是绿营兵。《那文毅公奏议》，第28卷，第32—35页，18/10/13，奏折；《钦定平定教匪纪略》，第1卷，第1—2页，18/9/12，奏折；《钦定平定教匪纪略》，第9卷，第22—25页，18/10/7，奏折。

[2]《那文毅公奏议》，第29卷，第5—6页，18/10/24，奏折。

口剩余的粮食都被运往滑县以保安全。官兵则堵上浚县城外卫河的下游河道,使上游河水汇聚,加宽了道口的河道,让起义军难以渡河向西退却。道口的起义军想用木板在镇子附近的渡口建一座浮桥,以便他们最终能保住一条通往西面山区的畅通道路,结果却立刻遇到抵抗。高杞派人到道口对面的河西,和杨遇春一起破坏了这座桥,把起义军又赶回这座港镇,在作战中又杀了一千起义军。①

约有 8 500 名官兵在十月二十七日开始进攻道口。这是他们第一次直接进攻起义军的大据点。他们面对人数占优势的对手发动进攻,希望能借助连续获胜的势头。在道口镇有 1.7 万到 2 万起义军,其中至少有一半拿起了武器守城,他们还得到了来自滑县的几千援军的帮助。清军在河对岸架起大炮,派出士兵南北夹击,而起义军只有一条退路,那就是向东南退往滑县县城。孟妃瞻和乡勇被召来助战。官兵在二十七日早晨发动进攻,当起义军向滑县退却时,清军进入了道口,在镇上放火。到晚上有五六千起义军战死,另有四五千人被烧死。按照赦免"胁从"的政策,官军竖起一杆醒目的大旗,宣称所有"良民"要想得到饶恕就该来这里。城里有八九千"难民"拒绝参战,纷纷跑过来乞求活命。②

清军在晚上休息了之后,第二天早晨又进入道口,去搜寻那些仍躲在废墟中的人。有一小股约五百起义军突围,逃往滑县,引得官兵在后面追赶。那彦成和高杞带人尽力追逐,但突然从附近一个被起义军控制的村子里先是冲出了三千人,然后又有五千人从滑县县城赶来,迫使那、高等人退回了道口。在那里这两个将领各自监督了一场屠杀,他们看到遍地是尸体,塞满了房屋、街道。士兵们不遵从他们的命令,不但对抵抗的人大开杀戒,而且对所有活下来的无辜居民和受胁迫参加叛乱的人也无丝毫怜悯之心。

248

---

① 《那文毅公奏议》,第 29 卷,第 10—11 页,18/10/28,奏折;《那文毅公奏议》,第 29 卷,第 1—3 页,18/10/22,奏折。

② 有关这场战斗,见本书第 203 页注①和《那文毅公奏议》,第 34 卷,第 13—14 页,18/11/11,奏折。

随着道口的陷落，官兵对八卦教教徒布下的网收得更紧了。虽然起义军继续在滑县附近的村子里驻扎，但他们的活动受到的限制越来越多。到十一月一日，那彦成的部下在城墙外扎营。起义军被迫关上了除两扇外的所有城门。接着又有一千官兵到达，使清军的数量增加到近万人。[①] 那彦成用了一个多月时间完成了合围，后又有五千士兵调来归他指挥。同时，城内的起义首领考虑到他们面临的局势，决定采取决定性的重要行动。

陷入重围

到十月底，李文成决定带少数亲信在遭到清军攻击前离开滑县县城。在此之前他在滑县城外北面的家里养伤。十月间，他有时搬到附近桃园镇的震卦王宋克俊的营地。此时兑卦王刘帼明也驻扎在不远处，他和宋克俊正在滑县东北不断与清军交战。[②] 在清军于十月二十七日攻打、收复了道口后，滑县以外的起义军营地没有一个是安全的了。

大约就在这时，地王冯克善与李文成发生了争执，结果加深了起义领导层的分裂。于是冯克善就骑马离开了滑县县城，想要去组织他在山东的下属，然后"起事，回来杀李文成报仇"。十一月初，冯克善到了靠近山东省的景县他的徒弟宋跃滩的家。宋跃滩后来对官府审问他的人讲了冯克善的行程(他不停地提到人名和地名肯定是要让审讯者感到，他害怕冯克善再次起事，顽固地要把他拖进去)：

　　[冯克善]随后直闯出来，奔到南馆陶，在河湾子里过夜。二十

---

① 《那文毅公奏议》，第29卷，第22—23页，18/11/3，奏折；《那文毅公奏议》，第28卷，第44—46页，18/10/18，奏折。

② 有关刘帼明和宋克俊交战的情况见《钦定平定教匪纪略》，第19卷，第25—28页，18/11/18，魏得中供词。有关李文成改变驻地见《那文毅公奏议》，第32卷，第12—16页，18/12/3，秦理供词；《钦定平定教匪纪略》，第19卷，第28—30页，18/11/18，司遇魁供词；《那文毅公奏议》，第29卷，第33—35页，18/11/11，口供。

四日天明时渡河，是他师弟赵老四预备的船。过河后即同至东店子村赵老四家住了三天。因骑马持刀难走，连马并刀俱交给以与赵老四，又因原穿衣服、靴子都有血迹，捆成一处弃在河里，借换了赵老四的衣服、鞋袜，并穿了自己垫马鞍的一件狐狸马褂，于十月二十七日在赵老四家起身。

两周后，冯克善到了宋跃潍家，向宋解释他为何要离开滑县，并求宋帮他向李文成报仇。但是他发现，如果没有像李文成和林清这样的宗教首领支持，他以为是为自己建的势力地盘实际已不存在，宋跃潍直率地告诉他自己没有足够的人手来干这件事。冯克善遭到拒绝，表面上还显得很有底气，称他要去找住在山西（实际此人住在河南，对叛乱并无兴趣）的最早教他拳的师父。有此人的帮助以及在陕西的其他人协助（"陕西还有大头目，手下也有好几万人"），他还要回滑县"与李文成争个高低"。冯克善许诺如能成事就让宋跃潍当大官，要宋给他16两银子做川资。冯克善说的有关山西和陕西的事只是在吹牛，他并没有其他支持者。几个星期后，他在北面约五十英里外的一个小村子被抓，当时他正在卖药，给人治病。①

---

① 见本书第226页注①和注②。宋跃潍描述了冯克善离开时的外貌：

> 该匪三十二岁，车轴汉子，黄圆脸，微麻，胖身量，穿佛青线绉黄狐狸皮马褂，蓝布面羊皮一裹。圆头戴毡帽，青布单脸鞋，有搭连布被套一个，内装紫蓝花布被一床。装作卖药材的模样。

逮捕他的知县在审问他时，冯克善说他的名字叫刘明德，但他"清词闪烁，似系河南滑县口音。查对年貌服色并随带衣被等项与奉旨饬拿之逆犯冯克善相符"。冯克善被送到直隶省城，在那里受到总督审讯，初录口供后上了镣铐，锁在木笼中，在重兵看守下送往北京的刑部。他后来由军机大臣审讯，最后由皇帝廷审（同时被审的还有被捕的他以前的同伙徐安国和牛亮臣），1814年一月十二日他被凌迟处死。

有关宋跃潍见《钦定平定教匪纪略》，第22卷，第5—7页，18/11/25，宋跃潍供词。有关冯克善逃跑和被捕的其他情况见《钦定平定教匪纪略》，第28卷，第1—4页，18/12/21，宋玉林供词；《钦定平定教匪纪略》，第24卷，第21—26页，18/12/11，冯克善供词；《钦定平定教匪纪略》，第24卷，第9—11页，18/12/9，奏折；《钦定平定教匪纪略》，第31卷，第3—4页，19/1/12，奏折。

同时在十月二十九日这一天,那彦成命令他的属下开始围攻滑县县城。这座城周围有约三英里长的城墙,共有五座城门,两座在西面(面对道口和卫河),其他几面各有一座城门。起义军预计会围城,开始清理约二十英尺宽的城壕,还至少在城的三面夯土以加强防卫。此外,他们在城外把大车围成圈以作一道防线。① 官军已能封锁东门、南门和西南门,只有北门和西门让起义军出入。通过这些城门,城里的起义军与李文成以及仍在滑县北面、西面扎营的其他首领保持着联系。

十月二十九日,在丢失道口两天之后,有两千来自桃园宋卦王营地的起义军在从滑县县城来的一千人协助下,在北城墙外会合,合力赶走了驻扎在那里的官兵。又在城墙上发射的枪炮支援下,他们在那天终能挡住清军的前进,但北门外的地泥泞潮湿,既难以作战,也无法坚守。第二天是三十日,桃园和城内的起义军不得不再次作战以驱赶清军。从清晨一直战至黄昏,桃园的一千人和城里的两千人与杨遇春和几个皇家侍卫指挥的清军打仗。起义军损失了一千多人,官兵在被城上雨点般的石块和炮火赶走前已推进到北城墙脚下。到天快黑时,起义军还能出入北门,但关上了西门。②

那天夜里,卦王刘帼明、宋克俊和卦伯王学义各自坐大车从北面向滑县前进,随身带着七八百人。他们在离城不到一英里处扎营。到半夜,宋克俊走到城墙北面,叫城里的同伙开门,然后和刘帼明一起进了城。李文

---

① 有关滑县县城,见《滑县志》地图和《嘉庆重修一统志》,第196卷,第7页。有关起义军保卫县城的举措见《钦定平定教匪纪略》,第13卷,第19—20页,18/10/22,上谕。

有个起义军的探子在十月初被抓。他在不完全可靠的口供中称,起义军的士气大为低落,"俱皆痛哭,后悔不及"(《那文毅公奏议》,第28卷,第44—46页,18/10/8,张德供词)。

有关围城和守城,见福赫伯(Herbert Franke):"中古中国的围城和守城"(Siege and Defense of Towns in Medieval China),载弗兰克·基尔曼(Frank A. Kierman, Jr.)编:《中国人的战争方式》(Chinese Ways in Warfare),Cambridge:哈佛大学出版社,1974年,第151—201页。

② 《那文毅公奏议》,第29卷,第26—28页,18/11/6,奏折;《钦定平定教匪纪略》,第24卷,第3—7页,18/12/8,奏折。

成有可能就是在这时和他们一起进的城,也可能是在前一天进城的。就在十月最后一天的夜里,还活着的八卦教首领,有李文成、刘帼明、宋克俊、巽卦王王修智、主帅宋元成、牛亮臣和徐安国,一起讨论了令人忧虑的局势。大家还能做什么？刘帼明觉得李文成和少数核心骨干可以得救,他要带他们去山东到徐安国的大弟子兑卦伯朱成贵的家里躲藏。自九月底以来朱成贵就在滑县,但留下他弟弟在曹县的崮家集负责。没有人知道山东的情况,于是立刻派出了探子。同时,众首领同意刘帼明带李文成出城。他们 *251* 最终还要尽量带援军回来解救留下的人。①

天亮前,刘帼明、李文成、朱成贵和宋克俊带人出了北门。他们手下有一千人,去了刘帼明在南湖镇的营地,这里还没有遭到攻击。李文成仍不能走,也不能骑马,就坐一辆四匹马拉的大车。他们在南湖停了几天,等待从山东那边来的消息。②

与此同时,军机大臣托津到达大名府指挥清剿直隶南部的起义军,这是被马瑜延误了的差使。③ 这时马瑜正在进攻开州和滑县交界处起义

①《钦定平定教匪纪略》,第 19 卷,第 25—28 页,18/11/18,魏得中供词;《那文毅公奏议》,第 31 卷,第 18—21 页,18/12/16,牛亮臣供词;《钦定平定教匪纪略》,第 16 卷,第 10—12 页,18/11/3,刘二番草供词。

②《钦定平定教匪纪略》,第 19 卷,第 25—28 页,18/11/18,魏得中供词;《那文毅公奏议》,第 31 卷,第 18—21 页,18/12/16,牛亮臣供词;《钦定平定教匪纪略》,第 20 卷,第 25—27 页,18/11/21,宋国兴供词;《那文毅公奏议》,第 32 卷,第 12—16 页,18/12/3,秦理供词;《钦定平定教匪纪略》,第 20 卷,第 25—27 页,18/11/21,上谕。

③《钦定平定教匪纪略》,第 13 卷,第 10 页,18/10/21,上谕;《钦定平定教匪纪略》,第 13 卷,第 38—40 页,18/10/24,上谕;《钦定平定教匪纪略》,第 16 卷,第 16—18 页,18/11/3,上谕;《钦定平定教匪纪略》,第 16 卷,第 24—26 页,18/11/4,奏折。

　　托津是镶黄旗满人,见恒慕义等编:《清代名人传略》,第 177 页。他被从东北(正在那里调查)召回北京去协助处理攻打紫禁城的事,然后南下去监督战事。托津的指挥官当得并不成功,他没做什么事,经常遭到皇帝指责。最后,托津不再带兵打仗,而是在滑县收复后被派到那里去参与商量重建的事,在那里待了两天后回京城。见《钦定平定教匪纪略》,第 2 卷,第 4 页,18/9/16,上谕;《钦定平定教匪纪略》,第 13 卷,第 10 页,18/10/21,上谕;《钦定平定教匪纪略》,第 19 卷,第 14—16 页,18/11/16,奏折;《钦定平定教匪纪略》,第 17 卷,第 27—28 页,18/11/21,上谕;《随手登记》,18/11/25,托津奏折;《钦定平定教匪纪略》,第 24 卷,第 15—17 页,18/12/9,上谕;《那文毅公奏议》,第 35 卷,第 1—2 页,18/12/17,奏折。

军占据的村子。十一月一日,正当刘帼明带一队人马从滑县到达他的营地时,由卦伯魏得中率领的一伙人与附近马瑜的军队遭遇。约有五百起义军在战斗中丧生,丢了五门火炮、几百件轻便武器,还有装满布、染料、火枪和子药的两辆大车。有些起义军想要逃走,但被烧死了。

李文成和刘帼明意识到这支军队离他们这样近就不能再指望有机会向东退却。在几天内,他们从探子那里打听到山东的局势已毫无希望:大股起义军都被赶出了这个省,朱成贵的家乡在一个月前被烧,清军驻扎在进入山东的边界各处。已没有多少时间来考虑能到哪儿去,迫在

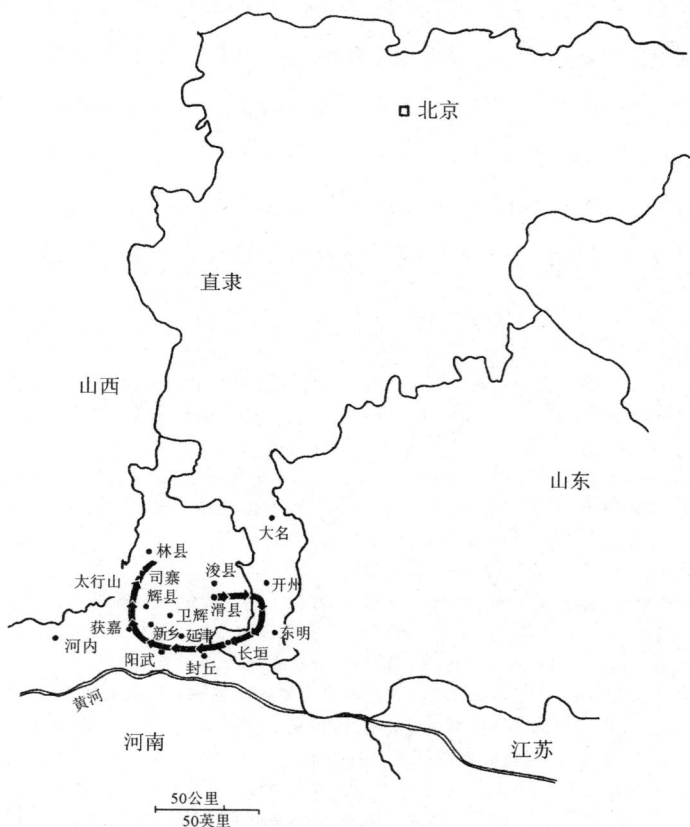

李文成逃跑路线

眉睫的是李文成和他带的人要尽快出发。李文成的情况也没有什么改善,这时他的眼睛又得了病。①

十一月三日,马瑜听说在南湖驻扎了约三千贼匪,不过他还不知道"首逆"本人就在这些人中。为了防备对手进攻,起义军在营地和邻近的两个村子四周挖了一道深壕。当马瑜在三日进攻时,起义军还能守得住。很有可能刘幅明、李文成和其他人那天晚上就逃走了。第二天,马瑜再次进攻。官兵砍倒树,把树干拖到壕沟上架起来,然后冲过壕沟,扔出火球烧着了草房。村子被烧掉,死了四五百起义军,一千多没有走掉的人包括妇孺在内成了俘虏。②

所有重要的起义首领和他们最忠实的追随者(可能不到一千人)都逃走了。刘幅明和李文成认为惟一求生的机会是到河南西界的太行山区以得安全:在那里他们能扎营结寨,重新聚集并壮大起来,准备好(估计是指李文成养好伤)之后就可重新起事,回到滑县来救坚守在城里的人。③ 要想到达山区并避开官府布置的口袋和在滑县地区集结的重兵,惟一的办法是向南、向西再向北绕大半个圈子。李文成带人沿河南和直隶交界的地方前进。十一月四日他们先是在开州和滑县交界处被地方官"窥见",再向南到达滑县县界,十一月六日进入了河南的封丘县。此时他那伙人据说有 1 500—1 600 步兵,两百多骑兵,还有大约七八十辆大车——可能至多有两千人。在那里他们不经意间与另一支约五百人的起义军会合。这一队人被仍在滑县中心地带清剿的孟屺瞻带的乡勇

----

① 有关十一月一日的战事见《钦定平定教匪纪略》,第 16 卷,第 35—38 页,18/11/15,奏折和刘保义供词。有关其他情况见《钦定平定教匪纪略》,第 16 卷,第 10—12 页,18/11/3,刘二番草供词;《钦定平定教匪纪略》,第 19 卷,第 28—30 页,18/11/18,司遇魁供词。

②《钦定平定教匪纪略》,第 19 卷,第 4—9 页,18/11/14,奏折和孔传文供词。

③《钦定平定教匪纪略》,第 19 卷,第 28—30 页,18/11/18,司遇魁供词;《钦定平定教匪纪略》,第 20 卷,第 16—17 页,18/11/21,宋国新供词;《那文毅公奏议》,第 32 卷,第 12—16 页,18/12/3,秦理供词。

那些陪李文成一起走结果送了命的人有:刘幅明(兑卦王)、吕俊台(坤卦伯)、王学义(兑卦伯)、罗国旺(乾卦伯)、王进道(总兵)和宋克俊(震卦王)。见上引宋国新口供。

赶出了营地(因阵亡和变节损失了不少人)。①

此时这伙人离开滑县已有六天,在后三天他们共走了约七十英里。开始时起义军还包围、劫掠沿途路过的一些村子,后来他们则想避战,不愿冒险进攻任何有军队抵抗的地方。他们的辎重、子药和武器都装在车上,妇女和一些大头目还有李文成也在车上。因为是尽可能骑马而行,起义军总是尽量地掳掠骡马。②

在滑县的清军指挥官逐渐知道了有这伙贼匪存在,但没有立刻意识到这伙人行动迅疾,目的是向西前进。起初派出一小股人跟在后面,但这些人不能阻止他们。③ 那彦成最后得到了各种报告和口供,使他相信李文成就在这伙人中间,于是决定采取更为有力的行动,即使会减少围城的兵力也在所不惜。十一月一日,他命令新任命的总兵杨芳带两千人夜里出发,以免被城里人看见他们离开,要他们迅速去拦截正在逃跑的那伙人。④ 同时,有个从陕西来的总兵带着一千人暂时驻在河南的河内县,他听到贼匪靠近的消息就从西面去拦截他们。⑤

起义军先沿着延津和阳武交界的地方前进,然后继续顺着新乡和获

---

① 《钦定平定教匪纪略》,第18卷,第9—10页,18/11/11,奏折;《钦定平定教匪纪略》,第18卷,第23—25页,18/11/11,奏折;《东明县志续》,第2卷,第2—3页;《那文毅公奏议》,第29卷,第33—35页,18/11/11,奏折;《钦定平定教匪纪略》,第18卷,第19—23页,18/11/13,奏折。
　　有关在路上与李文成会合的那伙人见《那文毅公奏议》,第29卷,第10—11页,18/10/28,奏折;《那文毅公奏议》,第29卷,第35—37页,18/11/11,奏折和王起志供词;《那文毅公奏议》,第34卷,第13—14页,18/11/11,奏折。

② 《钦定平定教匪纪略》,第18卷,第23—25页,18/11/13,奏折;《那文毅公奏议》,第32卷,第12—16页,18/12/3,秦理供词。

③ 例如在阳武县的战事见《那文毅公奏议》,第29卷,第33—35页,18/11/11,奏折;《钦定平定教匪纪略》,第18卷,第19—23页,18/11/13,奏折;《那文毅公奏议》,第30卷,第1—4页,18/11/14,奏折。

④ 《那文毅公奏议》,第30卷,第1—4页,18/11/14,奏折。杨芳当时正在服丧,他此前是西安总兵。年龄43岁,是十年前与白莲教起义军作战的老将,曾跟随杨遇春征战。见恒慕义等编:《清代名人传略》,第884—885页房兆楹为杨芳写的传,另见杨芳的自传《宫传果勇侯自编年谱》。有关杨芳领的兵见本书第271页注①。

⑤ 《钦定平定教匪纪略》,第18卷,第19—23页,18/11/13,奏折;《钦定平定教匪纪略》,第20卷,第22—23页,18/11/21,奏折。

嘉的南界向正西方向行进。① 起义军发现官兵就在西边他们的正前方,就再次改变了前进方向。部分起义军留在后面,转而向东,在延津地区"作乱"。包括李文成和所有大头目在内的大股则转往北面,沿着新乡和获嘉交界的地方向前走,目的地是辉县县城北面的山区。到十一月十一日,他们已离开封丘走了 50 英里(自滑县出发后他们已走了 120 多英里),到了辉县的西南。据官方报告,起义军逃跑沿途的村庄遭到"蹂躏、攻击、焚烧、劫掠,居民被迫入伙,不然就要被杀死"。假如情况属实,这些报告表明起义军已缺乏供给,愈益处于绝望之中。②

在向山区推进时起义军肯定不会得到广泛的支持。尽管这些县因水旱灾害有许多人在挨饿,但他们得到的新追随者也不会超过一两千人。不清楚李文成和他手下的人是如何争取支持的。他们打着写有"大明天顺李真主"字样的旗子给大家看,但他们从事的显然是一项失败的事业。在他们开始劫掠村民,要各村提供给养后就不会受到欢迎。③

十一月十二日,当他们到达辉县北面的山脚时,起义军的人数已有四千左右。为了通过不高的山口,他们不得不丢弃大车,人和物资都靠步行、马驮。李文成仍不能骑马,就由两人用一个大簸箩抬他。起义军继续向北走,靠近了山西地界,最后决定停下来,在一个叫司寨的村子建立营地。他们在那里休息了几天,或许是认为已经安全。十一月十七日,有一半的人约数千人被派往东面的林县去打粮。他们烧毁、抢劫了两个集市,但当听到有官兵开来时,就带着坏消息迅速回营。司寨是个设防的村子,后面有山,还有深陷的壕沟和结实的围墙,能取到水。这时

255

① 《钦定平定教匪纪略》,第 18 卷,第 19—23 页,18/11/13,奏折;《钦定平定教匪纪略》,第 20 卷,第 22—23 页,18/11/21,奏折;《那文毅公奏议》,第 30 卷,第 1—4 页,18/11/14,奏折;《钦定平定教匪纪略》,第 20 卷,第 16—17 页,18/11/21,宋园新供词。

② 可能没有人留在后面,而是在他们离开后有起义者继续在地方上生事,然后静静地平息下来。《钦定平定教匪纪略》,第 20 卷,第 15—16 页,18/11/21,奏折;《那文毅公奏议》,第 32 卷,第 12—16 页,18/12/3,秦理供词;《钦定平定教匪纪略》,第 19 卷,第 28—30 页,18/11/18,奏折;《那文毅公奏议》,第 30 卷,第 16—19 页,18/11/24,奏折。

③ 有关召集到支持者的数目,见本书第 203 页注①和第 220 页注①。

李文成和其他人已筋疲力竭,对求生的机会肯定已感到很悲观,遂决定坚持下来战斗。①

　　杨遇春的部将杨芳奉命离开滑县去追击起义军,他带着人很快就走了五十英里,在十八日进入了山区。第二天,杨芳布置了一场伏击。他只派了四百人去进攻以引诱起义军出寨。或许是希望能很快获胜,几乎是全部的起义军三千人(其中有约三百骑兵)匆忙出堡进攻。他们就如杨芳谋划的那样追击清军,直接落入了陷阱。在四百人的诱饵止步掉转过来打他们时,又有几百清军出现在左右两侧。起义军尽管人数占有优势,但还是被包抄了,当六百八旗铁骑突然进攻时,起义军拼命退却。他们跑到附近的一个山岭,坚守了一阵,向下对清军抛掷砖石,但他们又遭到由皇家侍卫率领的马队的背后突袭,从后面包围他们。经过上下夹攻,一千幸存的起义军想要下山返回营地,但只有几百个人回去了。那天有 2 200—2 500 起义军被杀,还有数目不明的一些人在岩石上摔死,或是落入溪水中淹死,另有几百人被生擒。②

　　这对起义者是一个灾难性的打击,在一仗中他们的战斗人员减少到只有原来的 1/4。官兵还保持着锐气,自离开滑县他们只走了五十英里。与之不同,起义军差不多走了有三个星期,距离是官兵的三倍。正是靠了刚从吉林和黑龙江调来助战的精锐八旗马队和从陕西、甘肃来的步骑兵才赢得了这场胜利。然而,这一仗打得也不容易。后来有奏报称有些士兵(既有汉人也有满人,既有省军士兵也有京营士兵)在得到命令后拒绝进攻起义军占据的山岭,只是在指挥官当场处死了两个士兵后才被迫

① 《钦定平定教匪纪略》,第 20 卷,第 15—16 页,18/11/21,奏折;《那文毅公奏议》,第 32 卷,第 12—16 页,18/12/3,秦理供词;《钦定平定教匪纪略》,第 19 卷,第 28—30 页,18/11/18,奏折;《那文毅公奏议》,第 30 卷,第 8—10 页,18/11/23,奏折;《那文毅公奏议》,第 30 卷,第 16—19 页,18/11/24,奏折;《钦定平定教匪纪略》,第 21 卷,第 16—20 页,18/11/24,奏折。
② 《钦定平定教匪纪略》,第 21 卷,第 1—3 页,18/11/23,奏折;《钦定平定教匪纪略》,第 21 卷,第 16—20 页,18/11/21,奏折。

行动。据说为征讨司寨杨芳的胡子"一夜变白"。①

在堡寨内有李文成、刘帼明、几个首领和约八百名他们的追随者。这些人占据了几百间房子,大多由砖石砌成,还有七八座石头碉楼,在上面能看得见包围他们的清军。

杨芳还没有失去他的那股冲劲,在第二天也就是十一月二十日就发动了进攻。官兵跃过壕沟,整个上午都想冲进寨墙而未成功,不断遭到起义军从墙上开火射击,被雨点般的砖石打退。最后,清军终于在一处撞开墙,当起义军用木板、砖块填补缺口时,清军冲了进去,边走边开枪、射箭。起义军只好下了寨墙,继续在这个山村的狭窄街巷中作战。起义军意识到末日就要来临,于是逃回碉楼和房屋。从碉楼里他们开枪放炮,向下抛掷砖瓦。这时已到晚上,双方都筋疲力尽,但杨芳不想让起义军在那天夜里有机会逃走,下令立即放火烧房。他手下的士兵积聚柴草在石头楼房四周点火。有些起义者不顾浓烟快速跑向寨门,但他们被拦截抓住,有的被杀掉。②

向被俘的起义者询问李文成的情况,杨芳得知他还躲在一个未倒的碉楼里,就匆忙赶到现场。据他的奏折介绍,他带着不多的人进入这座碉楼:

> 楼上突有一贼,自称刘帼明,持刀跃出,连伤兵丁二名。官兵始行开枪,将刘帼明击毙。并喝令李文成如果投出,余贼均皆免死。该逆首自出指称,"李文成在此,只管上来抓我,我断不出来"等语。257

---

① 杨芳:《宫传果勇侯自编年谱》,第3卷,第19—33页,和蒋湘南:《七经楼文钞》,第5卷,第45—53页。据杨芳及其部属给钦差大臣那彦成的报告,这些拒绝前进的士兵是在河南驻防的绿营兵、驻西安八旗营的满人士兵和北京健锐营的满人士兵(《那文毅公奏议》,第34卷,第15—16页,18/12/3,奏折)。其他参加司寨之战的士兵有来自吉林和黑龙江的马队、陕甘总督属下的绿营兵和陕甘总督属下的绿营马队。另见《钦定平定教匪纪略》,第21卷,第16—20页,18/11/24,奏折;《那文毅公奏议》,第30卷,第16—19页,18/11/24,奏折。

② 《那文毅公奏议》,第32卷,第12—16页,18/12/3,秦理供词;《那文毅公奏议》,第30卷,第22—25页,18/11/25,奏折。

兵丁闻声，俱各持刀扑进。讵该逆首自己举火焚烧，贼众四五十群
向拥抱，他竟被压死。

逃出碉楼的一个起义者称，"李文成见无法自救，大叫贼众赶紧放火，众
头目遂……全被烧死。"①

大火烧了一夜，第二天清军搜查了碉楼废墟和里面的尸体。那天上
午又俘虏了四十人，他们在粪坑和谷仓里藏了一夜，几个逃出碉楼的人
很快就遭到围捕。李文成的尸首在一堆炭木砖块中被发现，很容易就从
他的眼疾和三个月前在滑县遭拷打时腿脚上的伤认出来。他头戴网巾，
面带枪箭伤痕。"尸身完整……身穿数件皮衣。面容如生，左眼瞳人处
有白翳。脚踝裹布，内里骨折肉翻，有[上刑时]夹棍留下的伤。"②写有他
称号的大白旗就在附近。除了李文成外，所有有地位的教首都被找到并
认了出来。在寨堡里有七八百具尸体，很少有人幸免。

这时离李文成最初被捕还不到三个月。他自滑县出走是场赌注很
高的赌博。他只能暂时骗过清军将领。假如这伙人起初就直接向西进
入山区，而不是向山东绕一个大圈，或许他们能保持着制止清军追击并
赢得新支持者所需的热情。此时没有了李文成和陪同他的卦王、卦伯，
仍陷在滑县县城的八卦教教徒的处境就变得更没有希望。

当李文成逃跑时，钦差大臣那彦成正在围困滑县县城。他首先要做
的是严密封锁县城，以防起义军从北门出入。因为北墙外土地泥泞，清
军难以控制这一地区，在他们靠近城门时，不停地被城墙上阵阵齐射的
枪炮赶走。此外，他们还偶尔会遭到仍在附近村庄驻扎的少数起义军袭

① 《那文毅公奏议》，第 32 卷，第 12—16 页，18/12/3，秦理供词；《那文毅公奏议》，第 30 卷，第
22—25 页，18/11/25，奏折。

② 杨芳：《宫传果勇侯自编年谱》，第 3 卷，第 30 页。另见《那文毅公奏议》，第 30 卷，第 22—25
页，18/11/25，奏折；《那文毅公奏议》，第 34 卷，第 17—18 页，18/12/3，奏折；《钦定平定教匪
纪略》，第 23 卷，第 30—33 页，18/12/5，奏折和牛时旺供词。

扰。于是那彦成决定先清理这些残余势力占据的乡村,他派出大股清军去攻打、平毁这些营地。在这些军队、直隶南部马瑜的部下以及滑县南部孟屺瞻的乡勇的压力下,大多数分散的起义军都在十一月放弃了营地,退到了滑县,或是在李文成那伙人西行时加入其中。一旦等到附近的盟军被扫荡一空,滑县的八卦教教徒就关上北门,自己封闭了包围圈。

十一月初,那彦成已聚集了约 1.3 万清军,其中有 9 000 人能打仗。有近三周时间他都没有攻城,那彦成对极不耐烦的皇帝解释说,这是用来愚弄贼匪的诡计,目的是要让他们过于自信。滑县城内的起义军人数至少有五万人,那彦成在发起进攻前小心地在等东北的马队来。① 在此同时,他准备攻打城墙,清理城壕,在县城四周竖起被称为"鹿角"的尖利木障(成排的尖木棍按一定角度插进地里,朝向城内),火炮在炮台上架好,对准城墙上的要害部位。② 为了挫伤城里人的士气,那彦成下令从全县各村找来一些"良民",这些人是在被贼匪"胁迫"后自愿向官府投降的,要他们让城里的居民也这样做。这些人被派去在滑县的城墙外走动,举着皇家的杏黄旗。他们对城里人大声喊叫,鼓励他们投降,许诺可以免受惩罚。确实有些人(显然不多)爬过墙头来投降。③

后来在十一月十九日,那彦成下令向全城的五个城门发动总攻。(他不知道,就在这一天,杨芳在司寨外的山上给李文成的人马以毁灭性的打击。)火炮轰击,士卒冲向城门。起义军鸣锣报警,从城墙上扔下大石块和火把,放枪、射箭,炮火"如雨"。尽管有木盾和木笼保护,士兵们仍顶不住上面如雨点般的打击,而要想破坏城墙的目的没有一点进展。④

259

---

① 《那文毅公奏议》,第 29 卷,第 29—37 页,18/11/11,奏折;《那文毅公奏议》,第 30 卷,第 1—4 页,18/11/14,奏折;《那文毅公奏议》,第 30 卷,第 8—10 页,18/11/23,奏折。

② 《那文毅公奏议》,第 29 卷,第 29—32 页,18/11/11,奏折;《钦定平定教匪纪略》,第 17 卷,第 27—28 页,18/11/10,奏折;《钦定平定教匪纪略》,第 19 卷,第 28—30 页,18/11/18,奏折。

③ 《那文毅公奏议》,第 29 卷,第 29—32 页,18/11/11,奏折;《那文毅公奏议》,第 29 卷,第 35—37 页,18/11/11,奏折。

④ 《那文毅公奏议》,第 30 卷,第 8—10 页,18/11/23,奏折。

进攻失败后，那彦成开始意识到城墙和城门不能只用强攻，少许炮火无法把它们轰倒。他要试试别的办法，于是下令在每个城门附近挖地道，延伸到城墙下，在地道里放地雷和火药。这一工程十二月初就开始了。杨芳这时已在出征打败李文成后回来，那彦成为宽慰怒不可遏的皇帝，呈上了到那时为止被杀、被俘的 81 名重要贼匪头目的名单。挖地道是件不容易的事，有些是秘密地挖，其他的则公开挖，指望这些会引起贼匪注意而去引爆。城里的人往士卒身上扔砖石，向射程内的人开枪。一天夜里(十二月二日)，他们扔下燃烧的草把，火把碰巧点爆了一些已安装好的地雷。因为地道的一头没有堵上，爆炸的威力不能发挥出来，只有几英尺的城墙被轰坏，但在地道里的民伕和士卒全被炸死。①

八卦教教徒可能已到走投无路的地步，但他们并没有屈服。后来在十二月三日夜晚，天上没有月光，徐安国率领大约六百个同伙静悄悄地出北门。他们的目的是要摧毁火炮阵地，害怕火炮会轰垮城墙。徐安国带人进攻位于城西北角附近的炮台，投掷火药想把它烧掉。驻扎在那里的清兵遭到袭击，报了警，准备反击。负责炮台的指挥官下令用大炮对起义军开火。由于抵挡不住轰击，徐安国和他手下的人掉头回北门，后面的人追了一程。那彦成第二天奏报，沿着北墙的地上全是血迹，但有个起义者说他的同伙死了不到 150 人。

在奏折中，那彦成讲述了这时滑县的情况：

> 现在城中贼匪明知逆首已歼，外援已绝，大兵四面围攻，别无生路。是以负隅抗拒，其守益坚。查贼匪占据道口已先将该处粮食运贮城内，其口食尚有余。惟贼匪马草乏绝，即便出城逃窜，马匹已疲，谅步行奔走者多。以官兵马队及吉林、黑龙江马队追击，

---

① 《钦定平定教匪纪略》，第 24 卷，第 3—7 页，18/12/8，奏折。有关名单见《那文毅公奏议》，第 32 卷，第 16—25 页，18/12/3。

断无免脱。①

那彦成感到更有了信心，当最后一批八旗马队开到时，他准备最后总攻。在城门外（尤其是地面结实的西侧和东侧）竖起了双层鹿角，以阻拦任何想要逃跑的贼匪。乡勇被安排在附近的村子里，要他们准备围歼那些在城破时总会有的想要逃走的残贼。② 嘉庆皇帝仍对拖延很不满意，希望能在新年前完事，遂不断发布上谕命令立刻进攻。③

城内的起义军继续反击，大元帅宋元成与牛亮臣和徐安国一起指挥留在城里的起义军。他对卦伯黄兴宰说，现在轮到你去捣毁炮台。十二月七日夜里，当一伙人在城东吸引人注意时，黄兴宰带了四百人到县城西北角的炮台。官兵这次反应敏捷，在乡勇协助下没有让起义军达到目的，使得他们不得不再次退回县城。黄兴宰的胳膊中了两箭，腿上中了一弹，倒在地上。第二天，他藏在乡勇中，希望不被人察觉而得以逃脱，但在清点人头时被发现，后来在受审后被处决。④

杨遇春和杨芳指挥在西门和西南门附近挖地道，这时那彦成下令 ₂₆₁

---

① 《钦定平定教匪纪略》，第24卷，第3—7页，18/12/8，奏折；《那文毅公奏议》，第30卷，第36—38页，18/12/12，黄兴宰供词。

② 《钦定平定教匪纪略》，第24卷，第3—7页，18/12/8，奏折。

③ 例如："已近年底，外藩要来京师，我已告诉他们那彦成等现正围攻滑县，很快就能攻下县城，战事告终。他们很高兴。你怎能再拖延？"（《钦定平定教匪纪略》，第25卷，第15—17页，18/12/9，上谕）

　　皇帝为十二月十日收复滑县的欢欣又因在陕西山区爆发了另一场起义的消息而冲淡。十一月下旬，一群伐木工在被解雇后开始劫掠。这一小事件严重起来，由于这一地区粮价上涨发生了明显的饥荒而得到推动。虽然这些起义者也用不同颜色的旗子来组织，但他们的起事与八卦教教徒和任何白莲教派都没有联系。（李文成那伙人能到有这样不满情绪的地区吗？他们能——就像十年前的白莲教起义者那样——为其造反寻找到新的力量吗？）在河南已参战的清军于滑县收复后又被派去镇压这些起义者。有关南山起义的文献收在《钦定平定教匪纪略》中，成为这部书倒数第三卷的主要内容。有关这次起义首先要参考的材料在《钦定平定教匪纪略》，第25卷，第17—21页，18/12/12，奏折。《钦定平定教匪纪略》的编者对这次起义（没多大困难就被镇压）的看法是："陕省三才峡匪徒因饥掠食原其起衅之始，固非若教匪之蓄心谋逆。然南山勘定未久，民气浮动，又陕甘各营昔弁兵丁征调外出，奸民伺隙构乱。"（《钦定平定教匪纪略》，第25卷，第27—28页，18/12/12，评论）

④ 《那文毅公奏议》，第30卷，第36—38页，18/12/12，奏折和黄兴宰供词。

全力修筑这些地道。这一工程在十二月九日完成，最后把地雷和火药都安放在地道内，引信拉好，封好地道口。那天夜里，所有官兵都得到命令进入指定位置。那彦成把他的人安排在西南角，高杞的人安排在东边，杨遇春的人在西边，马瑜的人和孟屺瞻的乡勇则在北面。每支军队后面还有别的士卒作援军，给大家都配备了云梯和沙袋。来自东北和陕西的马队则安排在不同的位置，以便围歼想要逃跑的人。到十日清晨万事俱备，大炮准备开火，地雷即将爆破，每个人都将同时进攻。

命令下达开始进攻，起初清军在城墙上起义军连续不断的石块和枪子打击下进展不大，最后西南角的地雷引发了一场大爆炸，炸开的砖石飞向四方，毁掉了二十英尺长的城墙。当那彦文和杨芳带人占领缺口时，西北角的地雷也爆炸了。战事胜负的契机开始转向，官兵在城墙上架好云梯，与墙头上的起义军短兵相接。杨遇春带人突破了南门，其他城门也逐个被打开。起义军退到了城内有围墙的屋子里。这时已是晚上，战斗已超过 12 个小时。显然需要逐座攻占房屋，那彦成决定夜里暂时休战。他下令关上城门，在每座城门外和城墙的缺口处布置卫兵，让手下的人先休息。①

在城内，起义军仍不准备投降。李文成留下的妻子张氏也在城内，和女儿在一起。徐安国、牛亮臣和宋元成都还活着，仍在指挥。他们要张氏混进女难民中离城去投降，以便能逃生。据那彦成称，"张氏声言惟愿同死，不愿逃走。是夜[十二月十日]，徐安国即令该犯妇骑马，贼人数千拥护出城。"在夜里二三更时，这股两三千人的起义军冲出西南角的城墙缺口，大喊大叫，冲击官兵设立的障碍。清军遭到这一突然打击，终于顶住了。这时附近的一幢房子着了火，能够看得见，清兵遂又占了上风。

262

---

① 《那文毅公奏议》，第 31 卷，第 1—4 页，18/12/12，奏折。

他们杀了一千多起义军,把其他人包括张氏都赶回城内。①

次日,官军再次进入滑县,封锁了仍有起义军躲藏的约五十幢房子。他们看守住这些房屋,放火焚烧,用烟把起义军熏出来。这一逐屋收复滑县的行动持续了三天。当这一切过去后,城内一片废墟。躲过起义军占领的房子也躲不过战火,就像城墙一样只是勉强立着。尸体遍布城外的壕沟,塞满街道、沟渠和水井,在地窖里腐烂,悬挂在树上。②

打仗时有两万多人逃出了城,自称是难民请求饶恕。在这些人中发现有五百人是"真匪",两三千是男孩,其余的是妇女。在大战那天有约两千起义军被活捉,但此后留在城里的那些人据说是贼匪而被杀。根据官方的数字,十日那天死了九千人,在以后几天又杀了同样多的人,还有七八千人在城里被烧死,几千人在废墟被烧死。总之,大约死了 3.5 万人。③ 张氏不愿当俘房而自杀,官兵割下了她的头。大元帅宋元成、坤卦王冯相林和艮卦王刘宗顺全都被杀。徐安国和牛亮臣被俘。④

----

① 《那文毅公奏议》,第 33 卷,第 4—5 页,18/20/20,奏折;《那文毅公奏议》,第 35 卷,第 16—17 页,19/1/4,奏折;《那文毅公奏议》,第 31 卷,第 8—12 页,18/12/15,奏折;杨芳:《宫传果勇侯自编年谱》,第 3 卷,第 33 页。

　　这场夜战的"历史"是有趣的。在十二月十二日发出的奏折中,那彦成称,遵照他的命令士兵们只休息了几个小时就又投入进攻。在另一份奏折(十二月二十九日发出,一月四日收到)中,他进行了不同的叙述,比较可靠、可信,我就按照这一说法叙述这些事。但在这份奏折中,那彦成提到,在那天夜里的作战中,"邻近县城的一座庙突然起火,在火光中我们能看得如白昼一样清楚。"那彦成还说(不怎么可信),那座庙的前殿供的是关帝,虽然整座庙都烧了,但关帝像毫发无损(这座庙的后殿据说供的是三教佛)。皇帝对这第二次证明关帝的超自然力量保佑他的王朝感到很高兴,多次提到这次"不寻常"的火灾,并将其列为允许镇压八卦教的天意十显之一。有关关帝据称干预攻打紫禁城的事见本书第 191 页注①。有关天意十显见《钦定平定教匪纪略》,第 1 卷,第 2—17 页,19/3/29,宣谕。

② 《那文毅公奏议》,第 33 卷,第 22—32 页,18/12/20,奏折;杨芳:《宫传果勇侯自编年谱》,第 3 卷,第 19—33 页;《钦定平定教匪纪略》,第 28 卷,第 8—10 页,18/12/23,奏折;《那文毅公奏议》,第 33 卷,第 37—42 页,19/1/16,奏折;《那文毅公奏议》,第 35 卷,第 16—17 页,19/1/4,奏折。

③ 《那文毅公奏议》,第 31 卷,第 1—4 页,18/12/12,奏折;《钦定平定教匪纪略》,第 28 卷,第 8—10 页,18/12/23,奏折;《那文毅公奏议》,第 32 卷,第 28—31 页,18/12/25,奏折;《那文毅公奏议》,第 31 卷,第 8—12 页,18/12/15,奏折。另见本书第 203 页注①。

④ 《那文毅公奏议》,第 33 卷,第 4—5 页,18/12/20,奏折;《那文毅公奏议》,第 31 卷,第 8—12 页,18/12/15,奏折。

所有官兵将领都得到明确的指令要生擒贼匪大头目，以使他们能被审讯并当众凌迟处死。有个姓张的把总知道徐安国一家住的地方，就带兵包围了徐和家人在楼上住的杂货铺。徐安国不在，他的亲属拒绝投降，扔砖石反抗。士兵们烧了这幢楼，把里面的人全都烧死。[1]

 徐安国与丞相牛亮臣和坎卦王阴成德一直守在城内西北角。徐安国叙述了在攻城时发生的事："我们的人腰里都系着白布，官兵进城时见系布条的人就杀。我受伤倒在地上。我哥和他儿子……把我拖到别人家，我们藏在地窖里。[巽卦王]王修智的弟弟……移了一块磨盘在入口处作盖子，然后填土伪装。"两天后，满人将领格布舍抓到一个叫汪德风的起义者（也藏在地窖里），问他是否知道那些大头目的下落。汪德风说徐安国就藏在一个地窖里，"若不杀我，我能寻着他。"

汪德风带路把清军领到伪装的入口前，用铁锹铲开泥土，徐安国和他哥哥、侄子知道自己被发现了。据徐安国称，"我看到情况很糟，就割喉杀了兄侄，然后切自己的喉。"在此同时，石块被移开，清兵搬出尸体，先是徐安国的哥哥，后是他 16 岁的侄子，徐安国在自杀前被人抓住肩膀拖了出来。告密的汪德风证实这就是徐安国。徐安国对他说："是你告诉拿我的吗？"汪德风回答："我家有十来口人，你杀了我六口。我还不告诉将你拿住报仇吗？"[2]

徐安国已受了重伤：头上被砖砸成重伤，肋部被矛刺伤，右腿骨折，背和左腿烧伤。官员们担心他在被送到北京处罚前就会死去："他很疼，一直在呻吟。我们担心大车颠簸会让他因伤而死，这就意味着让他逃脱对其罪责的惩罚。"因此，在进行了简短的初审后，把徐安国放在木笼中，由挑夫抬到北京。在北京他得到了治疗，被仔细审问，然后

---

① 《那文毅公奏议》，第 33 卷，第 7—9 页，19/1/19，奏折；《那文毅公奏议》，第 33 卷，第 7 页，19/1/10，上谕。

② 《上谕档方本》，439—441，19/3/21，奏折；《钦定平定教匪纪略》，第 29 卷，第 1—6 页，18/12/26，徐安国供词。

处决。①

　　牛亮臣像徐安国一样藏在地下,也是在被发现后抓住。他在作战中受了伤,上臂有枪伤。为了避免被处决,牛亮臣也想自杀,虽然他让自己受了很重的伤,但没死。② 他与徐安国同样也得到了照顾,被带到北京,先由刑部后由皇帝审讯,在新年的一月十二日最终被凌迟处死。③　　264

　　当牛亮臣和徐安国被选出在北京受审处决时,所有其他首领都一起在收复滑县时被杀。十二月十七日,那彦成上奏报告在滑县已认出尸首的 191 个贼匪头目的名单。他解释这一名单不包括次要头目,因为在乱作一团的腐尸中"辨认并非易事"。④

　　到十二月中旬,正好是初次起事的三个月后,八卦教起义告终。有近四万人向官府投降,得到了赦免,但有七万多人丧生。镇压这次起义的战事花费了清政府至少四百万两白银,⑤打仗加重了已在华北平原肆虐

---

① 皇帝下令"若是在路途徐安国不能活着到京师,就选一人多之地凌迟处决"(《随手登记》,18/12/16,致广厚上谕)。另见《宫中档》017302,18/12/22,奏折;《钦定平定教匪纪略》,第 26 卷,第 42 页,18/12/16,奏折。

　　徐安国的家人(像其他叛乱首领的家人一样)被全部根除。甚至在滑县被收复前,清朝官吏就已找到了他父母和祖父母在长垣的坟,挖出了尸骸。山东巡抚以让人生厌的详尽上奏:"立掘其高祖父母骸骨,纯绿色。曾父母骨骸骨纯紫色。祖徐六卿,有紫藤缠其尸,六卿妻霍氏,身长白毛。父徐进城,母张氏,妻李氏,新坟在程庄东北阡,亦发掘。尸骨皆焚毁挫伤。霍氏头骨尚有脑浆迸流。尸灰皆扬大道任车马践踏。"(《钦定平定教匪纪略》,第 20 卷,第 18—20 页,18/11/21,奏折。

② 《宫中档》017302,18/12/22,奏折;《钦定平定教匪纪略》,第 26 卷,第 42 页,18/12/16,奏折。

③ 《钦定平定教匪纪略》,第 31 卷,第 3—4 页,19/1/12,奏折。

④ 《那文毅公奏议》,第 33 卷,第 22—32 页,18/12/20,奏折。

⑤ 镇压八卦教起义的财政花费在现有的材料中记录得不完整。嘉庆皇帝和其他官员都没有提到总的开支情况。我估算出的总开支所依据的各项费用并不总是清楚、完整。尽管想要精确,但这些数字肯定只是个约数。

　　在 1813 年的九月到十二月,作为军费开支和与镇压八卦教起义有关的专项赈济总共至少开支了 399.3 万两白银。按省分开来算,这一总数中包括江苏 51.7 万两(13%)、直隶 103 万两(26%)、山东 85 万两(21%)和河南 159.6 万两(40%)。江苏(那里没有战事,但军队被调往省界以保护这个富裕、重要的地区)的高数额值得提出,但这笔钱超过 1/3 是两淮盐商的捐献,其余来自盐运司和省库。直隶省的开销最初由省库和长芦盐运司支付,后来由该省的前任官员(1806 年到 1812 年在任)出,捐出他们的养廉银以作为让叛乱(尤其是攻打紫禁城)爆发的惩罚。山东从省库中出了 40 万两,临清关税中出 8 万两,盐运司出 30 万两,该省盐商捐 7 万两。河南从省库中出 22.6 万两,有劣迹的官员出 7 万两,两淮盐运司出 130 万两。　　(转下页)

的自然灾害的影响。受到信徒信仰并追随八卦教首领的教派被摧毁了。
李文成被俘的随从秦理有一个恰当的说法："我们这教内的人信林清并
李文成的话，如今为头的二人已死，这教也就散了。"①

（接上页）　　总之，这些省的官员提供了 97 万两（26%），省库出 79.3 万两（19%），其他的来
自清朝的商业税——盐运司收入、关税和商人的捐款。在花费的近 400 万两中，超过 80% 是
用于除赈济外的军事行动。

　　清政府出的钱相对较少，但对我来说不是很清楚，依靠商人出资是否是清政府势力强弱
的标志。乾隆时期的战事开支一般都比较大，但它们延续的时间比镇压八卦教起义所需的
只有三个月也要长。1747—1748 年在四川镇压金川少数民族的第一次战事花费了近 800 万
两白银；1771—1777 年第二次战事花费了近 7 000 万两；1766—1769 年缅甸战事花费了 900
万两；1787—1788 年镇压台湾的天地会起义花费了 800 万两。

　　见赵翼：《檐曝杂记》，1877 年，第 2 卷，第 43—44 页。我感谢比阿特丽斯·巴利特（Bea-
trice S. Bartlett）让我注意这一材料。另见恒慕义等编：《清代名人传略》，第 7—8 页，第 370 页。

　　为了把这些开支进一步连贯起来，我们可以将之与地税的年收入加以比较。1753 年（这
年有数字可用），全国的地税收入超过 5400 万两，直隶省是 300 多万两，山东是 500 多万两，
河南近 500 万两，江苏约 850 万两。（见王业键：《中国地税征收估算，1754 年和 1908 年》
[An Estimate of the Land-Tax Collection in China, 1753 and 1908]，哈佛东亚文丛，第 52
辑，Cambridge：哈佛大学，东亚研究中心，1973 年，表 27。在 1810 年五月至 1814 年四月，两
淮盐商给了官府 1240 万两白银，几乎是全部的治河费用（《上谕档方本》，159—164，24/10/
16，军机处奏折；另见本书第 56 页注②）。

　　有关江苏开支的材料：《钦定平定教匪纪略》，第 6 卷，第 9—13 页，18/9/26，奏折；《随手登
记》，18/10/14，致同兴上谕；《随手登记》，18/10/14，恒龄奏折；《钦定平定教匪纪略》，第 29 卷，
第 17—19 页，18/12/26，上谕；《钦定平定教匪纪略》，第 38 卷，第 35—38 页，19/2*/22，奏折。

　　有关山东开支的材料：《钦定平定教匪纪略》，第 6 卷，第 8—9 页，18/9/26，奏折；《钦定平
定教匪纪略》，第 18 卷，第 23—25 页，18/11/13，奏折；《钦定平定教匪纪略》，第 19 卷，第
32—33 页，18/11/18，奏折；《钦定平定教匪纪略》，第 30 卷，第 24—26 页，19/1/18，奏折和上
谕；《钦定平定教匪纪略》，第 24 卷，第 31—32 页，18/12/11，奏折。

　　有关河南开支的材料：《钦定平定教匪纪略》，第 12 卷，第 8—10 页，18/10/17，奏折；《钦
定平定教匪纪略》，第 13 卷，第 16—17 页，18/10/22，奏折；《钦定平定教匪纪略》，第 13 卷，第
19—20 页，18/10/22，上谕；《钦定平定教匪纪略》，第 24 卷，第 18—19 页，18/12/9，奏折；《钦
定平定教匪纪略》，第 35 卷，第 8—9 页，19/2/8，奏折。

　　有关直隶开支的材料：《钦定平定教匪纪略》，第 4 卷，第 25—26 页，18/9/20，奏折；《钦定平
定教匪纪略》，第 7 卷，第 27—28 页，18/9/29，奏折；《随手登记》，18/10/20，广会奏折；《钦定平
定教匪纪略》，第 18 卷，第 23—25 页，18/1/13，奏折；《那文毅公奏议》，第 35 卷，第 8 页 18/12/
27，奏折；《钦定平定教匪纪略》，第 31 卷，第 30—31 页，19/1/16，奏折；《那文毅公奏议》，第 37
卷，第 20—21 页，19/4/12，奏折；《那文毅公奏议》，第 37 卷，第 23—25 页，19/12/14，奏折。

① 《那文毅公奏议》，第 32 卷，第 12—16 页，18/12/3，秦理供词。

结 语

　　八卦教的首领终于未能应劫,也未能奉天开道。林清攻打北京紫禁城的行动被迅速有力地制止,他和弟子被杀、被抓。李文成和鲁西南、直隶南部、豫北的首领实施他们的计划要成功一些。他们公开向清朝政权挑战,有十多万人参加支持他们,但最终因清朝势力的强大以及他们自身的弱点而遭到了与京城附近的同伙一样的命运。

　　就像在北京遭到袭击的皇宫守卫一样,清朝在省一级的民政和军事机构对叛乱所造成的危机反应迟缓。在大批官兵赶来前的几个月中,这段时间八卦教教徒能够发展、充实,并对一般来说比较虚弱的对手显示力量。然而就是在大股军队调来前,清政府还可以指望当地现有的和潜在的精英成员(那些对国家的力量、权势和保护寄予希望的人及其家人),并需要得到他们的帮助。要动用完善的士绅和商人之间的联系以鼓励"良民"保持忠诚,保卫城市中心,并将叛乱者的发展控制在一个有限的范围内。在训练精良的军队终于赶来援救被围的城市和乡村时,叛乱者就不再是他们的对手了。清廷还可以吸取十年前与陕川鄂白莲教起义军作战时获得的经验,起用那些在那场战事中能征惯战的将领,在行政管理上也有所借鉴,注意不重蹈以前的覆辙。嘉庆皇帝和众多官员对这些战事记忆犹新。

另一方面，八卦教起义者就没有这样宝贵的经验。他们的背景
多样，虽然有少数是旗人，中过武举，还有人自称会剑术，但普通的起
义者和大多数首领都肯定不懂基本的军事常识。此外，策划起义的
不少教派首领没能活下来指导起义的进程，最后只有李文成单独在
承担领导的重责，而他又受了伤，思想不敏锐，缺乏准确的判断力，还
没有最亲密同伙的陪伴。与主要从事后勤和决策的清朝官僚机构不
同，八卦教派通常起的是完全不同的作用，将一个分散的秘密宗教联
系网变成一个雄心勃勃的武装起义核心给教派首领带来了不少困
难。事实上，很明显八卦教教徒在起义的军事和行政管理上都取得
了成功。他们依靠师徒纽带保持首领间的联系，采用其他简单的组
织体系来造就一种分散的结构，仍能对来自上层的命令迅速做出反
应。各个首领都愿意照李文成的命令去做，能很快去救援同伙（即使
在成功的前景令人怀疑时也是这样）。他们也会承担责任，处理各自
团伙遇到的具体困难。下层首领（他们是教徒及其追随者，多数是新
加入者）间的关系带来了更严重的困难。那些构成主要追随者的人
既未在思想上也未在组织上得到很好的统一，有些人原先是被迫加
入的。结果，许多入伙者在胜利时留在起义者中，而在官府有可能获
胜时就很快离之远去。

总之，清政府知道必须镇压这场叛乱，它有民政官僚组织、军事机
构、地方支持、财政资源和宣传手段可用。而八卦教教徒则对对手的特
点没有充分的了解，对所从事的任务也显得比较幼稚。他们有用来召集
支持者的理念，但却缺乏一个在新追随者中进行宣传的有效体系。他们
事先也积累了一些资源，但在起义时就只能依靠强制手段来为其事业获
得给养、钱财和武器。他们有一批投身于事业的领袖，但这些领袖却缺
少能与强大对手在战场上兵戎相见的军事才能。这些人中只有很少的
人具备组织其运动的必需的行政才能，而且不仅仅是在中心还要在各个

分散的方面进行组织。

对无生老母的信徒无论是个人还是群体而言,八卦教起义都是一场灾难。在受起义影响的地区,那些总算能幸存下来的信徒一直都有被捕的危险,即使其教派与八卦教教徒没有任何联系也是如此。在后来的十年中,清朝官员按照皇帝经常发布的缉匪清单来搜捕罪犯。① 许多教派联系网被发现后根除,其他的则选择暂时解散以避免类似的命运。除了众多信徒丧命以及教派组织解体外,八卦教教徒的失败还使白莲教教义受到怀疑。尽管起义本身可以看做是其教义有着内在正确性的明证,但它的失败又让人强烈地感到教派师父的预言或许是灾难性的错误。

虽然八卦教首领极其轻松地准备这次起义,并不注意保密,其开始对清朝机构的打击令其猝不及防,但 1813 年的事件并不能证实将乾隆晚期当做是传统中国开始终结的说法,这一说法描绘出一幅王朝腐败、衰落的图景。再者,对这次起义的镇压被看做是嘉庆皇帝、皇室以及官员们的胜利。所进行的战事没有蒙受大的耻辱,所花费的开支也未过于

---

① 1813 年十二月七日,刑部发布了第一份(至少有四份)搜捕、确认教首和其他知名八卦教教徒的清单。有个御史上奏建议编制这样的清单,得到了皇帝的允准。(见《大清历朝实录》,第280 卷,第 11—13 页,18/12/7。)这些清单将人分为两类:首要人犯和次要人犯。我看到的四份清单中有 40—70 个人名。每个名字都是先作介绍,然后简要说明此人在叛乱中的作用。详细程度要靠从他们被捕的同伙那里得到的材料来定。林清的外甥董帼太在刑部大牢关了多年,他提供了许多有关北京地区教徒的情况。大多数被通缉的罪犯都是林清的门徒。尽管皇帝多次(在几年中每月至少一次)发布严谕,许诺抓到这些人给以奖赏,但许多罪犯仍未被抓获。(见《大清历朝实录》,第 296 卷,第 31—32 页,19/9/15,上谕。)在许多情况下,这样的鼓励造成无辜的人被捕。在几个月内,山海关(内地与东北之间的一个关口)的官员特别无耻,逼迫无辜的人做假供承认自己参加了叛乱。因为这些供词不可信,皇帝很快就下令调查。《钦定平定教匪纪略》,第 27 卷,第 13—15 页,18/12/18,奏折;《钦定平定教匪纪略》,第31 卷,第 8 页,19/1/12,奏折,对此叙述甚详。

有一份缉捕清单是给中国南方一位总督上谕的附录,见故宫博物院《宫中档》016763 - E,19/10/20。是手写在正常奏折或上谕一半大小的纸上,写得不太清楚。汉人包衣祝现是林清的同伙,下面是有关他的条目:

祝现或祝显,年四十六岁,平常面色,褐须,身高体壮。宛平县桑垡村人。据董帼太供认,该犯为桑垡村总头目。林清命其带人进西华门闹事。

巨大。八旗兵、绿营兵和地方乡勇没有多大困难就承担起了职责。① 省一

---

① 见本书第 271 页注①，记载了一次官兵在较为不利的情况下拒命不愿进攻的事件。在谈到参
加这些战事官兵的表现，嘉庆皇帝称"其奋勇出力言，吉林、黑龙江官兵为最，火器、健锐营次
之，绿营官兵又次之"(《钦定平定教匪纪略》，第 39 卷，第 16—20 页，19/3/10，上谕)。在作战时
官兵的表现确实如此(《钦定平定教匪纪略》，第 26 卷，第 40—42 页，18/12/16，上谕)。作战中
官兵共损失了 1 913 人，其中 253 个八旗兵和 1 660 个绿营兵，占参战的八旗兵的 4.9%和绿营
兵的 8.6%(见下文)(《那文毅公奏议》，第 35 卷，第 19—22 页，19/1/9，那彦成奏折)。

对 1813 年军事机构状况的零散评论见《那文毅公奏议》，第 28 卷，第 23—26 页，18/10/
9，上谕；《钦定平定教匪纪略》，第 9 卷，第 16—20 页，18/10/6，奏折；《那文毅公奏议》，第 28
卷，第 4—7 页，18/9/25，奏折；《那文毅公奏议》，第 29 卷，第 19 页，18/11/1，上谕；《那文毅公
奏议》，第 35 卷，第 1—2 页，18/12/17，奏折；《钦定平定教匪纪略》，第 9 卷，第 7—9 页，18/
10/4，上谕；《大清历朝实录》，第 287 卷，第 1—2 页，19/3/1，上谕。最后一份上谕是对一个御
史奏折的回复，这份奏折以严峻的语气称，在京畿地区之外各省驻防地人员不足，严重失修。

在一份奏折中，钦差大臣那彦成称有一万五六千官兵参加了围攻滑县(《那文毅公奏
议》，第 34 卷，第 26—27 页，18/12/17)。照我的计算，共有 24 600 官兵从驻防地调来，多少
不等地参加了作战。其中 19 500(包括 1 200 马队)是绿营兵，5 100(包括 1 000 马队)是八旗
兵。按省计算，参战的各支军队如下：

江苏：1 000 来自徐州的绿营兵。见《钦定平定教匪纪略》，第 1 卷，第 38 页，18/9/15，上
谕；《钦定平定教匪纪略》，第 6 卷，第 9—13 页，18/9/26，奏折(主要用于清剿)。

山西：1 000 来自大同的绿营兵。见《钦定平定教匪纪略》，第 18 卷，第 19—23 页，18/11/
13，奏折；《钦定平定教匪纪略》，第 20 卷，第 22—23 页，18/11/21，奏折(主要用于清剿)。

北京：500 火器营(卜内特和 V·V.哈盖尔斯特罗姆：《中国现代政治机构》，♯737)的
八旗兵；500 健锐营(卜内特和 V·V.哈盖尔斯特罗姆：《中国现代政治机构》，♯738)的八旗
兵。见《钦定平定教匪纪略》，第 7 卷，第 20 页，18/9/29，上谕。总数 1 000。

东北：1 000 来自吉林的八旗兵和 1 000 来自黑龙江的八旗兵。见《那文毅公奏议》，第 34
卷，第 13—14 页，18/11/11，奏折。总数 2 000。

山东：100 来自德州的八旗兵；300 来自济南的绿营兵(山东巡抚属下)，内有 100 马队；
1 000 来自登州的绿营兵；100 来自兖州的绿营兵。见《钦定平定教匪纪略》，第 4 卷，第 14—16
页，18/9/19，奏折；《钦定平定教匪纪略》，第 8 卷，第 17—20 页，18/10/2，奏折；《钦定平定教匪
纪略》，第 1 卷，第 27—29 页，18/9/15，奏折；《钦定平定教匪纪略》，第 7 卷，第 10—12 页，18/9/
28，奏折；《钦定平定教匪纪略》，第 14 卷，第 12—15 页，18/10/27，奏折。总数 1 500。

河南：1 000 来自怀庆河北镇标的绿营兵；1 200 来自开封的绿营兵(河南镇标，巡抚属
下)；1 300 来自荆子关镇的绿营兵。见《钦定平定教匪纪略》，第 1 卷，第 32—33 页，18/9/15，
奏折；《钦定平定教匪纪略》，第 1 卷，第 38—39 页，18/9/15，上谕；《钦定平定教匪纪略》，第 1
卷，第 20—21 页，18/9/14，奏折；《钦定平定教匪纪略》，第 6 卷，第 5—8 页，18/9/26，奏折；
《那文毅公奏议》，第 28 卷，第 44—46 页，18/10/18，奏折；《钦定平定教匪纪略》，第 5 卷，第
11—14 页，18/9/22，奏折。总数 3 500。

直隶：1 000 来自保定的绿营兵(总督属下)；1 600 来自古北口的绿营兵(提督属下)；
2 500 来自宣化的绿营兵；2 000 来自正定的绿营兵。见《钦定平定教匪纪略》，第 1 卷，第 1—2
页，18/9/12，奏折；《钦定平定教匪纪略》，第 3 卷，第 19—21 页，18/9/18，奏折；《钦定平定教
匪纪略》，第 9 卷，第 5—6 页，18/10/3，奏折；《那文毅公奏议》，第 35 卷，第 19—22 页，19/1/
9，奏折。总数 7 100。

(转下页)

级官员(至少是暂时)变得更加警觉,在以后的十年中整个华北的白莲教派都受到严密监视。不过,尽管对八卦教的镇压说明清政府还有活力,但爆发这样规模的起义也表明清王朝出现了一定程度的衰落。其他对嘉庆朝的研究也说明在这一时期王朝确实在衰落,爆发叛乱和镇压叛乱屡见不鲜。

　　本书的研究描述了那些成为八卦教教徒的男女的生活方式和社会背景,以及他们之间形成并连接彼此的纽带。这只是一项个案研究,是有关白莲教组织及其成员的一个样本。在清朝,由这种宗教观 *268*念和活动聚集起来的人脉构成了一个在华北地区范围很小、不由正统精英控制的社会组织。虽然通常分散而不引人注意,但这些教派是在乡村和城市社区争取权力和影响的一个重要部分。它们也是那些地位来自其他社会认可资源的群体的对手,而这些资源包括占有土地,出任官职,从事有利可图的商业,还有获得功名。对清代社会的研究不应忽视这些教派所提供的获得钱财和给予权势的机会,尽管对其在清代社会结构中的地位能被充分了解之前,就显然已被要求予以较多的研究。

　　将这些白莲教派与另一个"秘密社会"即长江中上游的三合会做一粗略的比较会有所启示。与白莲教类似,三合会也是一个有着共同观念和组织特征的自治聚集的团体,但在通常时期只有松散的联系。三合会

<hr>

（接上页）　　陕甘:500 来自兰州的绿营兵(总督属下);2 000 来自固原的绿营兵(提督属下),内有 1 000 马队;2 000 来自静宁和靖远的绿营兵;1 000 来自河州和兰州的绿营兵;1 000来自西安的八旗马队。见《那文毅公奏议》,第 28 卷,第 44—46 页,18/10/18,奏折;《钦定平定教匪纪略》,第 2 卷,第 39 页,18/9/17,上谕;《那文毅公奏议》,第 28 卷,第 4—7 页,18/9/25,奏折;《钦定平定教匪纪略》,第 7 卷,第 22 页,18/9/29,上谕;《钦定平定教匪纪略》,第 11 卷,第 12 页,18/10/13,奏折;《那文毅公奏议》,第 28 卷,第 11—12 页,18/10/4,奏折;《钦定平定教匪纪略》,第 11 卷,第 1—4 页,18/10/13,奏折;《钦定平定教匪纪略》,第 14 卷,第 30—31 页,18/10/28,奏折;《那文毅公奏议》,第 35 卷,第 19—22 页,19/1/9,奏折。总数 7 500。

组织向其成员传播坚持反抗满人王朝的传统。这些会社吸引了小商人、衙役、职业赌徒、流氓、海盗和走私者,给了他们某种神秘感、组织以及可用来相互保护以对付更强大社会群体的力量源泉。[①] 而白莲教教徒通常不会靠暴力或犯罪维持生计。他们为了宗教目的聚会,按照师徒的上下关系相互联系,在秘密传播宗教观念和活动的教派内考虑成员身份和权威。在平常年份,信徒们接受清朝政府的统治,只是在新劫期(无论何时出现)才会拒绝这一统治。对白莲教来说,无论怎样难以持久,他们上下之间的牢固联系以及很有说服力的历史观使之比华南的三合会在统一行动时有更大的能量。

因为本书的研究只是列举了白莲教组织的一个个案,所以它仅描绘了多样而变化的白莲教教义内容的一部分,叙述了一次由教派领导的起义。对这一宗教信仰和活动的进一步研究可揭示其是如何产生、发展的,并在先是面对清朝征服,后面对安定、繁荣岁月,以及19世纪的剧变、外国人和外来宗教的来临,和20世纪的混乱和新正统观念出现时所产生的反应。

与之类似,1813年的八卦教起义也必须置于一长串由教派发动的起义的场景中来考虑。作为反叛者八卦教教徒比较成功,他们在近一百天的时间里对清朝国家发起了挑战。不过,初期将分散小教派重组、动员、改造为一个统一的反叛运动遵循的是在清朝多次不太成功的教派起义所重复的模式。清朝政府几乎一直(有时是默默的)在与这些教派较量,通常会在初期阶段完全(或是近乎完全)破坏其动员,1813年的情况就是如此。八卦教的形成可以当做其他未成功的教派起义要具备的内在潜力的榜样,另外与其他同样成功的起义(如徐鸿儒起义[1622年]、王伦起义[1774年]和白莲教三省起义[1796—1803年])相比,可以看出其中有着能使这些教派有力变革的不同因素。19世纪中期的

[①] 魏斐德(Frederic Wakeman, Jr.):"广东的秘密社会,1800—1856年"(The Secret Societies of Kwangtung, 1800—1856),载让·谢诺编:《中国的民众运动与秘密社会,1840—1950年》,第29—47页。

太平天国起义反映出可以进行另一种由千年末世观念激励的统一运动,虽然这次起义是建立在客家少数群体的社区基础之上的,其观念还受到基督教的强烈影响。①

白莲教反叛者与三合会不一样,而与太平天国起义者类似,他们是"邪匪"。信奉允诺保护、拯救信徒的无生老母,预言末世来临,有未来千年王国的想法以及期望有个救助所有信徒的天命领袖。所有这些观念都被国家当然看做煽动、犯上作乱而有破坏作用。在前现代中国存在着这种宗教,政府和信徒之间不断的较量表明,清代的精英阶层并不是完全不熟悉对其政治和社会制度的重大挑战。精英层对这种破坏性宗教的敌视或许也是该宗教具有危险性的某种征兆。

最后可以以一种更广阔的比较的角度来考察八卦教。现在历史学家和社会科学家对研究大多数千年末世运动的兴趣越来越大,而这些运 ₂₇₀ 动被看做是对现代西方文明的思想和技术的一种反响。② 而八卦教起义

---

① 有关太平天国起义,见简又文:《太平天国革命运动》(*The Taiping Revolutionary Movement*),New Haven:耶鲁大学出版社,1973 年;弗朗兹·迈克尔(Franz Michael):《太平天国起义:历史与文献》(*The Taiping Rebellion : History and Documents*),3 卷本,西雅图:华盛顿大学出版社,1966—1971 年。

② 对非西方的千年末世观念的研究集中于南太平洋的岛屿文化、非洲的部落文化以及北美和南美的印第安文化。有关千年末世运动的一些基本著作有西尔维娅·思拉普(Sylvia L. Thrupp)编:《行动中的千年末世梦想:革命性的宗教运动研究》(*Millennial Dreams in Action : Studies in Revolutionary Religious Movements*),纽约:Schocken Books,1970 年;约尼纳·塔尔蒙(Yonina Talmon):"千年末世观念"(Millenarism),《社会科学国际百科全书》(*International Encyclopedia of the Social Sciences*),纽约:麦克米伦出版社,1968 年,第 10 卷,第 349—362 页;安东尼·华莱士(Anthony F. C. Wallace):"复兴运动"(Revitalization Movements),《美国人类学家》(*American Anthropologist*),第 58 卷(1956 年),第 264—281 页;埃里克·霍布斯鲍姆(Eric J. Hobsbawm):《原始反叛者:社会运动古老类型研究》(*Primitive Rebels : Studies in Archaic Forms of Social Movements*),第 2 版,纽约:W. W. Norton,1965 年,第 4—6 章;凯内尔姆·伯里奇(Kenelm Burridge):《新天新地:千年末世活动研究》(*New Heaven New Earth : A Study of Millenarian Activities*),纽约:Schocken Books,1969 年;韦斯顿·拉巴雷(Weston La Barre):"危机崇拜史文献"(Materials for a History of Crisis Cults),《当代人类学》,第 12 卷(1971 年),第 3—44 页;布赖恩·威尔逊(Bryan Wilson):《魔法与千年末世:对部落和第三世界民族的宗教抗议运动的社会学研究》(*Magic and the Millennium : A Sociological Study of Religious Movements of Protest Among Tribal and Third-world People*),纽约:Harper and Row,1973 年。

和孕育这一起义的白莲教派反映的是一种不同的现象，其内部有类似的千年末世观念，在部分程度上是对一种伟大宗教传统的反映。从清代正统思想的角度来考虑白莲教派，或许可以将之与中世纪基督教的异端教派、伊斯兰教的马赫迪运动或苏菲派、印度教中的众多弥赛亚传统以及印度和东南亚的佛教文化相比较。① 这些大众宗教常被裁定为非法的邪教，它们通常能长期存在，但只在短期内被体制化。它们一再产生出社会运动，充满了希望，而对其失败和失望的历史则予以淡化。如果我们要想了解这种强烈、持久的千年末世观念，就必须进一步仔细研究这些伟大传统中的每一个与其许多小传统之间的紧张关系。

---

① 有关中世纪基督教派的经典著作有诺曼·科恩(Norman Cohn)：《追寻千年王国：中世纪的革命末世论者和神秘的无政府论者》(*The Pursuit of the Millennium：Revolutionary Millenarists and Mystical Anarchists of the Middle Ages*)，修订扩充版，纽约：牛津大学出版社，1970年。有关苏丹的马赫迪运动，见理查德·德克梅吉安(Richard H. Dekmejian)和玛格丽特·威泽米尔斯基(Margaret J. Wyszomirski)："伊斯兰教中的魅力领导：苏丹的马赫迪"(Charismatic Leadership in Islam：The Mahdi of the Sudan)，《社会与历史比较研究》(*Comparative Studies in Society and History*)，第14卷(1972年)，第193—214页；彼得·霍尔特(Peter M. Holt)：《苏丹的马赫迪国家，1881—1898年：对其起源、发展和倾覆的研究》(*The Mahdist State in the Sudan，1881—1898：A Study of Its Origins，Development and Overthrow*)，牛津：Clarendon，1958年。白莲教和伊斯兰教的苏菲派在组织和活动上有一些惊人的相似之处。见迈克尔·吉尔西南(Michael Gilsenan)：《现代埃及的圣徒与苏菲：一项宗教社会学研究》(*Saint and Sufi in Modern Egypt：An Essay in the Sociology of Religion*)，牛津：Clarendon，1973年。有关中亚的苏菲派，见约瑟夫·弗莱彻(Joseph Fletcher)："明清易代时期中国的西北地区"(China's Northwest at the Time of the Ming-Ch'ing Trasition)，提交"从明至清：征服时期的国家、宗教与个人"学术会议的论文，加州棕榈泉城，1974年11月27日至12月1日。有关印度和东南亚，见贾斯特斯·克罗夫(Justus M. Van Der Kroef)："爪哇的弥赛亚期望：起源与文化环境"(Javanese Messianic Expectations：Their Origin and Cultural Context)，《社会与历史比较研究》，第1卷(1959年)，第299—232页；贾斯特斯·克罗夫："西里伯斯、苏门答腊和婆罗洲的弥赛亚运动"(Messianic Movements in the Celebes，Sumatra and Borneo)，载西尔维娅·思拉普编：《行动中的千年末世梦想：革命性的宗教运动研究》；斯蒂芬·富克斯(Stephen Fuchs)：《反叛先知：印度宗教中的弥赛亚运动研究》(*Rebellious Prophets：A Study of Messianic Movements in Indian Religions*)，纽约：亚洲出版社，1965年；基茨里·马拉戈达(Kitsiri Malagoda)："与佛教有关的千年末世观念"(Millennialism in Relation to Buddhism)，《社会与历史比较研究》，第12卷(1970年)，第424—441页；谢尔登·夏皮罗(Sheldon Shapiro)："宗教改革的类型"(Patterns of Religious Reformations)，《社会与历史比较研究》，第15卷(1973年)，第143—157页。

附录一:供词样本

屈四是北京西南一个村子的教派师父,1813 年秋被捕。起义者曾考虑由屈四带人在皇帝圣驾从热河回来时攻打他们,后又放弃了这一计划。屈四为此数次受审。他对这件事和其他事做的几个口供,加上一些同伙的口供,描述了各种情形,说明这些证词的可靠性以及讯问口供的司法过程。

一、第一次审讯屈四

军机处和刑部奏折(《林案供词档》,第 207 期,第 1 页,嘉庆 18/9/24):

> ……[九月]二十三日,据巡视南城御史,将刘兴礼、屈四拿到,随严加究诘。

屈四供词(《林案供词档》,第 208 期,第 1 页,18/9/24):

> 我系通州董村人,年三十六岁。母孟氏,兄屈文祥,妻蔡氏,子常有儿十岁。我本是屈德信的儿子,过继屈五。
>
> 十九岁上,刘第五引我与屈文祥拜已故之顾亮为师,入教念真空八字。

本年八月十四日，林清叫刘第五铺排我办一二百人，带到燕郊起事。后来因人少，我只有五十多人，不敢前往，就在五十多人内挑选十人来京，进东华门。并给我"奉天开道"白旗一块、刀二把。余人各执刀一把、白布二块。

我带同李元陇、邓二、周三、周四、张永瑞、祝六套、任二、高五、安大、张永贵来京起事。高五、安帼泰、张五三人畏，俱未来。我与李元陇等七人先后进沙窝门，后进前门，到东华门外取齐。我们见在前走的伙党进门闹事，门已关闭，即各自跑散。日落时我跑回藏躲，十七日被官人拿获住。又刘第五也派羊修店的李老手下的人是进东华门。顾四、李二的人是西华门的。是实。九月二十四日。

二、第二次审讯屈四

屈四第二份供词[军机处和刑部呈送]（《林案供词档》，第 227 期，第 3 页，18/10/21）：

本年八月十四日，刘第五引我到宋家庄见刘四即刘呈祥。他们二人对我说："我们宋家庄、桑垡两处现有五六十人。你那里要挑三五十人，凑合一百多人，齐上燕郊。"我说："我们庄上在理人少，内中有年老年幼者，不能得力。要挑精壮后生，只挑得出十来个人，不能有三五十人之数。"他们将我的话告知林清，随后林清叫我去见，说："你那里既凑不出三五十人，我这里人又分拨不开，围上护从官兵也多，竟不必上燕郊。九月十五日只往京中闹事，官兵们措手不及，必能得手。我们据了京师就好说了。你只带着十来个人随刘四进东华门吧。"

此外实不知近京一带尚有何人？河南人几时来接应？林清实未对我说。现在我犯了重罪，断不敢再隐瞒。

三、第三次审讯屈四

军机处奏折(《钦定平定教匪纪略》,第 17 卷,第 4—7 页,18/11/6):

又据屈四供,八月十四日刘四即刘呈祥向我传林清的话,凑人齐上燕郊去。我实因庄上人少,不能凑合人,回复他们。随后林清叫我去,说"你那里既凑不出这么多人,且就你拣出的人跟着刘四去东华门起事。我们据了京师,不怕圣驾不到关东去。"我出来刘四又替我说,"九月十五日河南人来,卦主自有安排。彼时杀害了京师内外的官兵,十七日一拥就可上燕郊去闹事了。"十五日我带了张顺等十人进城闹事是实。

(《钦定平定教匪纪略》,第 17 卷,第 23—24 页,18/11/9)

廷讯曹纶、屈四二犯,凌迟处死,枭首示众。

四、审讯阎七

阎七供词[军机处和刑部呈送](《林案供词档》,第 225 期,第 1—2 页,18/10/21):

阎七即阎正理供,我是大兴县老君堂人。年四十三岁,父母俱故。亲弟阎老,女人屈氏,大儿子亮儿,小儿子山儿,大女五姊,小女三兰。

这屈四是我女人堂弟。本年九月初十日,屈四带信约我到他家中,劝我入他的会,我不应允。他又说:"你若肯入会,十四日再到我家来,还有几句真心话告诉你。"我因不肯入他的会,十四日并没有来。

十五日黑早,我女人亲弟屈名儿来对我说:"屈四今日造反,要

你帮助他,备着刀子、白布在花市大街茶馆里等候。你快同我去找
着他一同进东华门起事。"我不敢应允。屈名儿说:"你若不去,屈四
将来得胜,你全家性命不保。"我一时害怕,同着屈名儿进沙窝门。
一路越想越怕,来到花儿市就跑回家中。是日并没有见屈四的面,
也没有见刀子、白布。隔了几日,官人到我家,将我拿了。

五、审讯戴五

[直隶] 顺天知府奏折(《宫中档》015579,19/2＊/16):

我们得到一份报告,说武清有个旗人打听到,在林清案子中有
个贼匪藏在他们县之汪名村附近。十二日戴五被抓……受到审讯。

供其为董村人,过去在李元陇家做事。随李元陇入教,为屈四
赶车。去年九月,李元陇给他刀子、白布,安排十五日去前门等屈
四,然后再随之齐去东华门。十五日一早,他与张顺、张亮、李大脖、
王博进城。寻不见屈四,即去东华门外,见到刘四。当他们向内东
华门走时,门被关闭,他们也就溜走。他回到李元陇家,后在各处躲
藏,现被拿了。

六、第一次审讯屈名儿

军机处奏折(《上谕档方本》,227—234,22/11/20):

臣等将屈名儿严加鞫讯,据供:

我系通州黄村人,年三十三岁。父屈得敏于六年六月病故。现
在案下之年老妇人就是我母亲屈马氏,少的系我的女人屈温氏。那
八岁的孩子系我儿子谟儿。我在提督衙门供,母亲亡故,女人被烧
并无子女的话,系因十八年九月烧董村时恐怕我母亲、女人、儿子都
被烧死了。

我于十四年四、五月间经堂兄屈四引我入教，念的系"真空家乡无生父母"八字。我常跟屈四一起坐功学好。阎七系我姊夫，与我同教认识。

十八年九月十四日，屈四叫我到他家，见有同教的果栓儿、蒋生儿即蒋立生、杨东儿即杨广弼、高五、张二秃子、张五秃子、王柱儿即王博、张二柱即张喜成、曹五、李文陇即李元陇、张顺、戴五，还有不知姓名的好些人，都在那儿。每人分给刀布，约同进城。我得了刀一把、白布两块，另有白布旗一杆，旗上写的字我不认识。屈四吩咐我们，同进城时谁要拿旗子就是谁。我与杨东儿都拿过。

十五日一早起身。我们同进了广渠门，走至崇文门外花儿市辘轳坝地方。屈四带了好些人先进内城。叫我同杨东儿、张二柱、王柱儿在花儿市等候有南来斜背着蓝小包袱的数十人，就是滑县的人马。叫我随后带他们进城，由江米巷到东华门接应。我们等了好一会，不见滑县的人来。到了晌午错时。屈四同了果栓儿们慌慌张张地走来，骂了我们几句，说不中用的东西，各自逃跑吧。我逃出广渠门回家，把刀、布、旗子交还给屈四。

我白日就在附近的粪坑藏躲，夜间潜回家中吃饭。至董村被烧后，我即往浑河南一带讨吃度日。

七、第二次审讯屈名儿

军机处奏折(《上谕档方本》，245—248，22/11/21)：

臣等遵旨监提屈名儿讯问，诘以十八年九月屈四带人要上燕郊。行至八里桥，遇一老人，告以燕郊已有官兵。屈四等始不敢前往。尔系屈四之弟，自必在内同行。彼时屈四所带人数若干？系何姓名？所遇老人如何用言拦阻？又屈四有药伙党吃下，使人心迷力大，尔亦必吃过。究竟吃此药后作何光景？系用何方配合？

据屈名儿供称：我从屈四习教，先不知屈四要闹事。十八年八月十四日，我从二里沟财神庙回家，我母亲告诉我说，屈四是白莲教，听说就要闹事。彼时我还不信。我本有地五六十亩，从财神庙回家，原为回来收拾庄稼。我住董村南头，屈四住董村西头，相隔有二十余家，与屈四并不天天见面。

九月十四日……屈四说明日要进城闹事。此事去也是死，不去也是死。若能得手，众人都有荣华富贵。我贪富贵，应允同去接受刀布旗子。屈四又说道，进紫禁城后举起刀来见人便砍。……我自八月十四日回家至九月十四日屈四给我刀布旗子，中间止见屈四数次，不见面日子甚多。屈四于何日带人上燕郊？……至问我屈四有药吃了使人心迷力大的话，屈四从没有告诉过我。就是十八年九月十四日晚上，我们在屈四家吃面，也没有分给我们药。

八、审讯王博

王博供词[军机处和刑部呈送]（《林案供词档》，第215期，第1—2页，18/10/11）：

我是董村人，年三十二岁。父亲已故，母亲吴氏，亲弟王世泽，并无妻子。

十六年十一月，李元陇引我入白阳会，传我"真空家乡无生父母"八字。本年九月十一日，屈四派我同曹五们十来人帮同林清造反，议定十五日进东华门闹事。我自己备了刀一把、白布二块。

十五日黑早，我带刀子、白布进沙窝门、海岱门，走到外东华门外，寻不见屈四。晌午时听见人说贼进了内东华门了。我因寻不见我们的人，不敢进去，又站了一会，我即逃走。行至王府大街遇见曹五。他说："东华门外官兵拿人，我们快走吧。"我就同他走到花儿市，吃了饭，就逃回家中去了。

九、审讯钟有义

军机处奏折(《上谕档方本》,15—17,19/10/3):

钟有义供:我系通州董村人,年六十二岁。女人徐氏生有一子一女,儿子叫黑儿,听说去年冬间被官人拿了。女儿叫二格,嫁与陈黑子的儿子陈二为妻。

八年十月,我同儿子黑儿拜屈四为师,入白阳教。屈四教我念"真空家乡无生父母"八字。十八年八月,我又引进我亲家陈黑子入了屈四的教。那时我女婿在京中琉璃厂开饭庄子,并未在家,所以没教他入教。我记得在七月内,屈四、张顺、李元陇们商议打刀闹事,以白布为号,叫我村里入他教的人各出钱去帮助他。若不出钱,就要杀害。我害怕出钱一百六十文,陈黑子出钱二百文。他们各给我们白布二块,我与陈黑子俱各留下。

九月初十日,屈四等约戴五、高五、李大脖、李二脖、小屈四即屈幅儿、屈明子即屈名儿、曹二五即小曹二、曹黑子们,定于九月十四日进京闹事。说同进沙窝门到东华门,并给我刀一把,要我去。我害怕不肯去,并未接他的刀。九月十六日,我逃在皮家营一带讨乞……小屈四即屈幅儿,董村人,年二十七八岁。高身量,白麻脸,尖下颌,有须。

军机处奏折(《上谕档方本》,197,19/11/16):

钟有义供:我在董村居住,与同村的曹黑儿素常熟识。他小名叫黑儿,也有人称有曹老大,并没有叫曹黑脸的名儿,也没有曹黑脸的绰号。曹黑儿有两个兄弟,一个叫小曹二,一个叫曹六,都是同教……我所认识同教姓曹的人还有老曹二、曹凤文这两个人……我女人徐氏实没有入教。

军机处奏折(《上谕档方本》,229—230,22/12/22):

> 又据屈四徒弟钟有义供:李元陇、曹凤文、张顺、张二秃子、张五秃子、曹黑子、屈名儿、戴五、高五、李大脖、李二脖、高栓儿都是同教,全是屈四徒弟。

十、审讯刘狗儿

刘狗儿供词[军机处和刑部呈送](《林案供词档》,第 215 期,第 1 页,18/10/9):

> 刘狗儿即任二、任福儿供:我系通州三闸人,年二十五岁。父母俱故,并无兄弟,妻子已故。我于四岁上过继神树村任奉理为嗣,改名福儿。于四岁上改归本宗人家,都还叫我刘狗儿旧名字。
>
> 九月初间,我在屈四家做短工活,屈四邀我入会。传我真空等八字。十三日我随屈四上集,屈四叫我买杀猪刀一把,说要宰牲使用。十四日屈四告诉我说,十五日要进城造反,叫我帮助,并给我白布二块,成事后给我兵粮一份。我一时心动,就应允了。
>
> 十五日一早,我跟着屈四进沙窝门、前门到东华门外。屈四手下的人中我只认识张顺、李元陇,其余都不认识。我见他们进东华门去,门被关闭,我想逃跑,就派官人将我拿了,并将所带的刀子、白布都搜了去。

附录二:对八卦教的捐献

入教捐献:[①]

　　100 文

　　100—200 文

　　200 文

　　"数百文"

　　400 文

　　400 文

其他捐献:

　　每年两次:[②]100 文

　　每月一次:[③]30 文

　　每年一次:[④]80 文

[①]《林案供词档》,第 204 期,第 1 页,18/9/19,范采供词;《宫中档》018945,20/6/13,杂项口供;《教匪案》,59,20/2/27,耿世安供词;《钦定平定教匪纪略》,第 1 卷,第 22—27 页,18/9/15,崔士俊供词。

[②]《上谕档方本》,349—351,22/9/24,王必供词。

[③]《那文毅公奏议》,第 40 卷,第 3—6 页,20/5/27,郭洛云供词。

[④]《上谕档方本》,355—356,22/9/24,吴显达供词;《上谕档方本》,209—211,20/7/11,刘进保供词;《上谕档方本》,331—333,22/9/24,王亮供词;《宫中档》015816,19/6/26,李天祥供词;《上谕档方本》,97—99,19/7/7,李添受供词;《林案供词档》,第 209 期,第 1—2 页,18/9/28,李老供词。

200—300 文

500 文

1 000 文

2 000 文（给首领的生日礼金）

4 000—5 000 文（两人所交）

4 两和 4 000 文（取自首领）

最后时刻的捐献（为了起事）[1]

"各处二三十文及数百文不等"

160 文

200 文

1 600 文

2 000 文

4 000 文（取自两个首领中的一人）

5 000 文

对货币的注释：在口供中最常被提到的货币单位是"文"，通常一两银子值 1000 文。1000 文钱串在一起称为"一吊"。

不幸的是，这一理想的算法在实际中并非如此。1813 年，人们认为一吊钱的数目大约为 1 000 左右，但具体数目却随着时间和地点不同而有不同，一吊"京钱"会少于正常的一吊。[2] 与此类似，能够购买一两银子

① 《钦定平定教匪纪略》，第 28 卷，第 11—13 页，18/12/24，梁健忠供词；《上谕档方本》，15—17，19/10/3，钟有义供词；《上谕档方本》，171—190，22/9/28，杂项口供；《林案供词档》，第 221 期，第 2 页，18/10/2，李九供词；《林案供词档》，第 209 期，第 1—2 页，18/9/28，李老供词；《林案供词档》，第 222 期，第 1—2 页，18/10/16，郭潮俊供词；《上谕档方本》，97—99，19/7/7，李添受供词。

② 《上谕档方本》，331—333，22/9/24，王亮供词；《宫中档》017364，19/2/26，祝邢氏供词。

的钱的数目也有不同,当银贵时钱的数目就上升。有个人称,1813 年(在北京)他用 1 200 吊钱换了 700 两银子,也就是说,他花了 1 700 文钱(而不是理想的 1 000 文)买一两银子。①

_____

① 《林案供词档》,第 232 期,第 1—3 页,18/10/26,王五供词。另见弗兰克·金(Frank H. H. King):《中国的钱币与货币政策,1845—1895 年》(*Money and Monetary Policy in China*, *1845—1895*),Cambridge:哈佛大学出版社,1965 年;彭信威:《中国货币史》,上海,1954 年。

    1870 年,有个在福建的西方传教士想要调查中国人在一年中为宗教节日和礼仪的"典型"花费。他抽样调查的十个人每年为这些活动平均花费近两万文。见匿名文章"论自然捐献"(On Nature Contributions),《教务杂志》,第 2 卷(1870 年),第 211—215 页。

附录三:1810年代的生活花费

购地价格:(每亩以文计算)①

　　直隶北部:6 000

　　　　　　　　1.8两(约3 000文)

　　直隶南部:良田,好年成:10 000

　　　　　　　良田,坏年成:1 000

　　　　　　　薄田,好年成:3 000—4 000

　　　　　　　薄田,坏年成:300—400

　　典地(北京附近):②1 666

在河南租地:③

　　500文/亩(头等地)

---

① 直隶北部:《宫中档》011671,13/8/1,陈茂林供词;《那文毅公奏议》,第36卷,第18—20页,
　 19/2/14,那彦成奏折。直隶南部:《那文毅公奏议》,第37卷,第25—27页,19/9/8,那彦成
　 奏折。
② 《宫中档》011671,13/8/1,陈茂林供词。
③ 庙田:《那文毅公奏议》,第41卷,第32—35页,21/4/18,那彦成奏折。租金:《宫中档》
　 016810,19/11/15,河南巡抚奏折。

400 文/亩(次等地)

300 文/亩(再次地)

1 000 文/亩(庙田)

400 文/亩(庙田)

工钱：

亲王家包衣：每月 4 两(付钱和粮)①

丰年时农业雇工：每天 100 文②

荒年时农业雇工：每天 70—80 文③

在大车店喂骡：每月 1 500 文京钱④

在药铺(北京)当伙计：每月 6 000 文京钱⑤

当兵：每月 1.81 两(约 3 100 文)和 2 石粮⑥

在县衙当衙役的收入：每月 50 000 文⑦

房租和服役：⑧

房租：每月 100 或 200 文

房租和炭火钱：每月 600 文

乡勇饭钱：每月 50 文

乡勇教头饭钱：每天 200 文

---

①《上谕档方本》,291—297,19/3/15,杂项口供。

②《上谕档方本》,593,19/9/29,韩志供词。

③《上谕档方本》,593,19/9/29,韩志供词。

④《上谕档方本》,369—371,19/12/14,董二供词。

⑤《林案供词档》,第 221 期,第 1—3 页,19/1/16,那彦成奏折。

⑥《那文毅公奏议》,第 35 卷,第 26—30 页,19/1/16,那彦成奏折。

⑦《林案供词档》,第 221 期,第 1—3 页,18/10/16,董帼太供词。这显然过高。

⑧ 房租:《上谕档方本》,163,20/2/17,姜宽供词;《上谕档方本》,169,20/2/17,王四供词;《上谕
档方本》,121—124,19/12/4,宋广弼供词。乡勇饭钱:《济宁直隶州志》,第 4 卷,第 30—35
页。其他饭钱:《林案供词档》,第 229 期,第 1—2 页,18/10/23,韩达子供词;《钦定平定教匪
纪略》,第 3 卷,第 26 页,18/9/18,上谕。

攻打紫禁城前最后一餐饭钱：200文

士兵每日饭钱：150文

人与货：①

刀：500文

1英尺白棉布：100文

14岁男孩：4 000文

11岁男孩：1 000文

妇女：10 000文

---

① 刀：《林案供词档》，第221期，第1页，18/9/29，李玉陇供词。衣：《宫中档》016531，19/10/7，张三供词。人：《宫中档》017829，20/2/13，李大旺供词；《林案供词档》，第230期，第1页，18/10/24，张昆供词。18世纪90年代北京类似的价目被一个西方访问者记录了下来，见J·L·克兰默，宾（J. L. Cranmer-Byng）编：《出使中国：马戛尔尼勋爵访问乾隆皇帝日记，1793—1794年》(An Embessy to China , Being the journey kept by Lord Macartney during his embassy to Emperor Ch'ien-lung 1793-1794)，Hamden, Conn,：Archon Books，1963年，第244页。

索　引

（条目后的数字系原书页码，检索时请查本书边码）

Chia-tzu(day or year),甲子(日或年),16,17

Chiang-chün(general),将军,221

Chiao(teaching,sect),教,8,43

Chiao-chu(sect master),教主,38—40

Chiao-chu nai-nai(Granny Sect Master),教主奶奶,44

Chiao-kung(linked mansions),交宫,88

Chiao-shou(sect head),教首,39

Chiao-t'ou(sect head),教头,39

Chieh,劫　见 Kalpa

Chieh-shu,劫数　见 Kalpa

Chien-chueh(sword formula),剑诀,35

Ch'ien-jen(preceptor),前人,39

Ch'ien-lung reign(1736—1795),乾隆朝(1736—1795 年),63—65,245

Ch'ien-p'u(loan house,money shops),钱铺,97,109,141,227

Ch'ien-pu tsung-t'ou-ling(captain of the forward bureau),前部总头领,218

Chien-sheng,监生,201

Ch'ien trigram king,乾卦王,217

Chih(sect branch),枝,44

Chih-chao(certificate),执照,23

Chih-fu(prefect),知府,218

Chih-hsien(magistrate),知县,218

Chihli,直隶,28　另见 Ch'ang-yuan; Chi; Ching; Chülu; Hsin-ch'eng; Hsiung; Jaoyang; K'ai; Ku-an; Ku-ch'eng; Luan; Pao-ting; Peking; Ta-hsing; Ta-ming; Tienhsin; Tsao-ch'iang; Tung-ming; Tz'u; Wan-p'ing; Yü-t'ien; Yung-nien

Children(uprooted),孩子(受株连),197,201—202

Ch'in-ch'ai ta-ch'en(special imperial commissioner),钦差大臣,239,243,245—246

Chin-chung-chao(Armor of the Golden Bell),金钟罩,30—31,37

Chin-hsiang district(Shantung),金乡县(山东),56,105,115,122—126,142—145,201,234—235

Chin-shih,military,武进士,86,201

Ch'in-wang(prince),亲王,161

Ching(sutra,classic),经　见 Scriptures

Ching district(Chihli),景县(直隶),106—107,115,127,130

Ch'ing-ching(Clean and Pure)sect,清净教,44

Ch'ing-shui(Clean Water)sect,清水教,65

Ch'ing-yang-hui(azure sun assembly),青阳会,11

Controller of Earth,地盘　见 *Ti-p'an*

Controller of Heaven,天盘　见 *T'ien-p'an*

Controller of Immortals,仙盘　见 *Hsien-p'an*

Controller of Men,人盘　见 *Jen-p'an*

Copper boats,运铜船,241

Cost of campaigns:against the Eight Trigrams,与八卦教作战的花费,264,267

Cost of living,生活费用,52—53

Court interrogations,廷讯,185—186

Crops,谷物,112—113,162

Date for uprising:起义日期:decided,决定,112—113;changed,改变,132,137,143

Death:in sect teachings,教义中的死亡,23,28

Diet,饮食,46—47

Dragon-Flower Assembly,龙华会　见 Lung-hua-hui

Dynastic decline,王朝衰落,1,121—122,165—166,189—190,265—267

Eight Banners(*pa-ch'i*),八旗,238—239

Eight-character mantra,八字真言(经),24—26,33,38　另见 *Chen-k'ung chia-hsiang wu-sheng fu-mu*

8/15(date of uprisings),八月十五日(起义日期),17,63,65,112

Eight trigrams(*pa-kua*)(Chen,Ch'ien,K'an,Ken,K'un,Li,Sun,Tui),八卦(震、乾、坎、艮、坤、离、巽、兑),18,28,53,217

Eight Trigrams boxing,八卦拳　见 pa-kua-ch'üan

Eight Trigrams rebellion(1813):八卦教起义(1813 年):goals,目标,109,114—115,210—214; organization, 组织,90—92,205—206,217—218,222—224; names used,曾用名,43; weaknesses,弱点,121,130—131,231—232,265—267; Ch'ing strategy against,清朝对付八卦教起义的战略,232—233,238—239,241;number of people affected,影响的人数,194,208,264　另见 Palace attack

Eight Trigrams rebellion(1796):八卦教起义(1796 年)　见 Pa-kua rebellion

Emperor of Men,人皇　见 *Jen-huang*

Empress,皇后,148,181—182

Entrusted by Heaven to Prepare the Way,奉天开道　见 *Feng-t'ien k'ai-tao*

Eternal and Venerable Mother,无生老母,8—19,27—28　另见 *Wu-sheng lao-mu*

Eternal Progenitor,无生父母　见 *Wu-sheng fu-mu*

Eternal Progenitor in Our Original Home in the World of True Emptiness,真空家乡无生父母　见 Eight-character Mantra

"海外中国研究丛书"书目